Ihr MANZ Buch

Die Republik Österreich stellt Ihnen Buch und SbX für Ihre Ausbildung zur Verfügung.
Ihree Professorinnen und Professoren helfen Ihnen, den Stoff zu erlernen und so eine gute Basis für Ihr späteres Berufsleben oder Ihr Studium zu legen. Übernehmen Sie aber auch selbst Verantwortung für Ihren Lernerfolg und nutzen Sie die vielfältigen Möglichkeiten, die Ihnen dieses Buch und das zugehörige SbX zum Lernen, Üben, Sichern und Wissen bieten.

Buch-Nr. 130763

Autoren:

Mag. Maria Auchmann
Kirchliche Pädagogische Hochschule in Wien

Univ.-Lektor
Mag. Dr. Christoph Berger
Pädagogische Hochschule Wien

Gerlinde Feierfeil
BHAK und BHAS Wien 10

Mag. Alfred Panis
Pädagogische Hochschule Wien
Höhere gewerbliche Bundeslehranstalt für Tourismus und Höhere Bundeslehranstalt für wirtschaftliche Berufe
Wien 13

MMag. Dr. Karin Schubert
Pädagogische Hochschule Wien,
biz: Consult Unternehmensberatung

Mag. Susanne Spangl
BHAK und BHAS Wien 10, Unternehmensberaterin

Mag. Monika Timm
VBS HAK III/HAS IV Schönborngasse, Wien 8

Dir. Mag. Dr. Alexandra Valny
Die Herbststraße – Höhere Lehranstalt für Mode und Bekleidungstechnik sowie künstlerische Gestaltung Wien 16

Wien 2011

Dieses Lern- und Arbeitsbuch wurde vom Bundesministerium für Bildung, Wissenschaft und Kultur mit Bescheid vom 21. Dezember 2005, Geschäftszahl 5.025/0004-V/9/2005 für den Unterrichtsgebrauch an Handelsakademien für den IV. und V. Jahrgang im Unterrichtsgegenstand Projektmanagement und Projektarbeit sowie an höheren land- und forstwirtschaftlichen Lehranstalten für den IV. Jahrgang im Gegenstand Projektmanagement für geeignet erklärt.

Dieses Lern- und Arbeitsbuch entspricht der Rechtschreibreform 2006.

Printed in Austria, ISBN 978-3-7068-4050-7

Das vorliegende Buch wurde auf chlorfrei gebleichtem Papier gedruckt.

Umschlaggestaltung: buero 8, Wien; Druck: Ferdinand Berger & Söhne GesmbH, 3580 Horn

MANZ

Herzlich willkommen im neuen Schuljahr!

Das innovative MANZ Lernpaket

Als führender Verlag im berufsbildenden Schulwesen wissen wir, dass Sie Lernpakete benötigen, die Sie zielgerecht zum Lernerfolg – zu Wissen und Kompetenz – führen. Wir wollen, dass Sie nach Abschluss Ihrer Ausbildung Ihre persönlichen Chancen am Arbeitsmarkt bestmöglich wahrnehmen können.
Wir arbeiten täglich an der Produktion zeitgemäßer Lernpakete und stehen dabei im ständigen Dialog mit erfahrenen Schulbuchautorinnen und -autoren sowie Wissenschaftlerinnen und Wissenschaftlern.

Ihr Lernpaket besteht aus einem übersichtlich gegliederten Schülerbuch und abwechslungsreichen Online-Ergänzungen inklusive des MANZ Lernraums in Ihrem SbX. Alle Teile des Lernpakets sind aufeinander abgestimmt und folgen dem MANZ 4-Schritte-Lernmodell.

Das MANZ 4-Schritte-Lernmodell

Dieses Buch ist ein speziell für Sie gestaltetes, modernes Lern- und Arbeitsbuch. Der Lernstoff ist in diesem Buch in Kapitel und innerhalb der Kapitel in Lerneinheiten gegliedert. Die Lerneinheiten sind nach dem MANZ 4-Schritte-Lernmodell aufgebaut und ein spezielles Leitsystem erleichtert die „Navigation" im Buch.

LERNEN (Input)
Information aufnehmen, Zusammenhänge erkennen, Theorie erfassen

ÜBEN (Anwendung)
Routine erwerben, Zusammenhänge verstehen, Erfahrung sammeln

SICHERN (Festigung)
Gelerntes zusammenfassen, Übersicht gewinnen, Inhalte wiederholen

WISSEN (Kontrolle)
Wissen testen, Kompetenz überprüfen, Können beweisen

SbX Zu diesem Lern- und Arbeitsbuch gibt es im Rahmen von SbX (Schulbuch*Extra*) vielfältige Online-Ergänzungen sowie ein Lernmanagementsystem, den **MANZ Lernraum.** Auch die Online-Ergänzungen sind nach dem MANZ 4-Schritte-Lernmodell aufgebaut und ermöglichen Ihnen zusammen mit dem Buch abwechslungsreiches und nachhaltiges Lernen.

Dem Verlag MANZ ist es ein grundlegendes Anliegen, ...

... Chancengleichheit wo immer möglich zu fördern. Frauen und Männer werden in den Texten und Beispielen dieses Buches gleichberechtigt behandelt. Um den Lesefluss nicht zu stören, wird aber – wo nötig – auf das Nebeneinander weiblicher und männlicher Formen verzichtet.

Das Schülerbuch

Lerneinheiten
führen Sie Schritt für Schritt durch den Lernstoff.

Marginalspalte
enthält Zusatzinformationen und Beispiele.

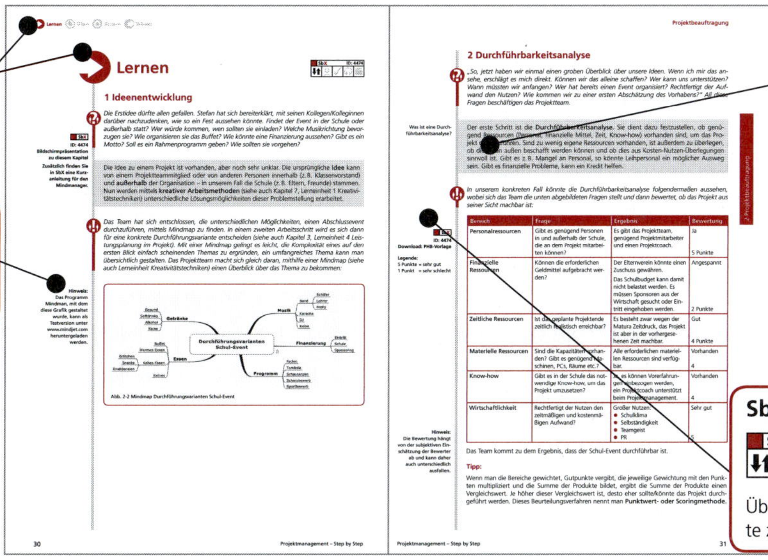

Hervorgehobene Merksätze
erhöhen die Aufmerksamkeit für wichtige Lerninhalte.

SbX-Leiste und SbX-ID
SbX ID: 0003
Übersicht über die SbX-Inhalte zu jedem Arbeitsschritt

SbX – Schulbuch*Extra*

ID-Eingabe
führt direkt zu den passenden Online-Inhalten.

MANZ Lernraum
effiziente Kommunikation in der virtuellen Klasse

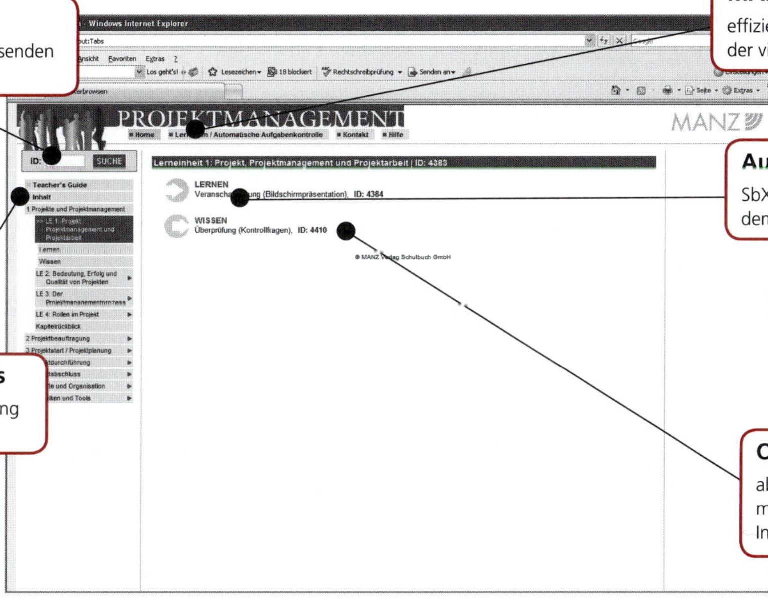

Aufbau
SbX und Buch folgen demselben Aufbau.

Inhaltsverzeichnis
übersichtliche Darstellung der Inhalte

Online-Ergänzungen
abwechslungsreiche Übungsmöglichkeiten und aktuelle Informationen zum Lernstoff

Aktivieren Sie jetzt kostenlos Ihr SbX direkt bei MANZ:

→ **www.wissenistmanz.at**

→ **Startcode: 00254050**

Inhaltsverzeichnis

Editorial V

Kapitel 1: Projekte und Projektmanagement 1
1 Projekt, Projektmanagement und Projektarbeit 3
2 Bedeutung, Erfolg und Qualität von Projekten 9
3 Der Projektmanagementprozess 17
4 Rollen im Projekt 21

Kapitel 2: Projektbeauftragung 29

Kapitel 3: Projektstartprozess bzw. Projektplanung 41
1 Projektabgrenzung und Projektkontextanalyse 43
2 Projekt und Business Case 60
3 Projektauftrag 62
4 Leistungsplanung im Projekt 65
5 Planung von Terminen und Verantwortlichen 76
6 Ressourcen-, Kosten- und Finanzmittelplanung 85
7 Projektrisiken 91
8 Projektkultur 94

Kapitel 4: Projektdurchführung 107

Kapitel 5: Projektabschluss 125

Kapitel 6: Projekte und Organisation 133

Kapitel 7: Nützliche Techniken und Tools 147
1 Kreativitätstechniken 149
2 Zeitmanagement 162
3 Die Basistechniken der Kommunikation 167
4 Konfliktmanagement 187
5 Moderationstechnik 197
6 Präsentation von Projekten 202
7 Wissenschaftliches Arbeiten 212

Anhang 221
Musterhandbuch Übungsfirmenmesse 222
Checklisten 232
Stichwortverzeichnis 237
Literaturverzeichnis 239
Bildnachweis/Abbildungsnachweis 239

SbX **Zu den meisten Lerneinheiten dieses Buches gibt es ergänzende SbX-Inhalte. Eine genaue Inhaltsübersicht finden Sie auf der Startseite des SbX-Angebotes zu diesem Buch.**

Editorial

Wie können Sie das Buch verwenden bzw. wie ist es aufgebaut?

Das Buch folgt dem MANZ 4-Schritte-Modell LERNEN – ÜBEN – SICHERN – WISSEN:

Im Schritt LERNEN werden Sie Informationen aufnehmen, Zusammenhänge erkennen und Theorie erfassen.

Jede Lerneinheit beginnt mit der Darstellung eines Problems bzw. einer Aufgabe aus dem zusammenhängenden Fallbeispiel, das Sie durch das gesamte Buch begleiten wird.

Die erforderlichen Kenntnisse werden grafikunterstützt erklärt. Die besonders wichtigen theoretischen Grundlagen sind zusätzlich so wie hier – mit grauem Kästchen dargestellt hervorgehoben.

Die Aufgabe bzw. das Problem wird im Anschluss daran für das Fallbeispiel als Musterlösung dargestellt und mit diesem Symbol markiert.

Wenn Sie den Anweisungen für die Projektpraxis folgen, können Sie handlungsorientiert selbst ein eigenes Projekt bzw. die Beteiligung an einer Übungsfirmenmesse planen und durchführen.

Am Ende einer Lerneinheit werden die wesentlichen Teile zusammengefasst.

Wenn Sie Ihre theoretischen Kenntnisse überprüfen möchten, lösen Sie die Kontrollfragen. In den Problemstellungen können Sie Ihr Wissen in konkreten Fällen anwenden.

Zum Abschluss eines jeden Kapitels können Sie Ihr Wissen noch mit Multiple-Choice-Fragen überprüfen.

Als Quellen wurden ua Gareis (2003), Patzak/Rattay (2004) und pma – PROJEKTMANAGEMENT AUSTRIA herangezogen, da dieses Schulbuch auch als Grundlage für die Zertifizierung zum Projektmanager/zur Projektmanagerin dienen soll.

1 Projekte und Projektmanagement

Mein Name ist Tina, seit September bin ich 18. Das Schuljahr hat eben erst begonnen, dennoch denke ich bereits an den Schulschluss. Im letzten Sommer habe ich einen ganz tollen Event besucht. Ich finde, dass wir das auch in unserer Schule organisieren sollten, einen Event, den es so noch nicht gegeben hat. Von meinen Erlebnissen habe ich vielen Freundinnen und Freunden erzählt, und sie fragen alle: „Es wäre super, wenn du das organisierst, da gehen wir sicher hin."

Aber wie und wann soll ich anfangen? Wer wird kommen? Wer hilft mir? Wie soll ich das vorfinanzieren? Wo wäre ein optimaler Ort, soll es Musik geben? Nur Klang und ein Buffet? Gibt es rechtliche Auflagen? Wer macht was und wann?

So viele Fragen – soll ich es einfach lassen? Was denkst du?

Von dem Gedanken „Soll ich es einfach lassen?" zum festen Vorsatz „das schaffe ich nie, ich lasse es lieber" ist es nur ein kleiner Schritt. Doch was Tina und ihre Freunde, die an und für sich von der Idee begeistert sind, nicht wissen: Es gibt PROJEKTMANAGEMENT!

PROJEKTMANAGEMENT (oft mit PM abgekürzt) beinhaltet ein Instrumentarium, man könnte auch sagen, einen „Werkzeugkoffer", der hilft, alles, was während der Arbeit am Projekt zu bedenken und zu berücksichtigen ist, in eine Struktur zu bringen, die den Arbeitsablauf wesentlich erleichtert und hilft, dass nichts Wichtiges vergessen wird.

Projektmanagement umfasst aber auch alle Tätigkeiten im Zusammenhang mit der Planung, Durchführung und dem Abschluss eines Projektes.

Der Projektansatz, den Sie in diesem Buch kennenlernen werden, schaut nicht nur das Projekt selbst an, sondern auch alles, was rund um das Projekt förderlich oder hinderlich sein könnte. Dieser Ansatz hilft also, rechtzeitig zu erkennen, wo es Probleme geben könnte und regt an, rechtzeitig Maßnahmen dagegen zu ergreifen.

Im obigen Fall würde dies bedeuten, dass Tina Folgendes überlegt und damit unter Zuhilfenahme der Tools (Werkzeuge, Mittel) lernt, Projekte zu managen:

- *Mit welchen Mitteln soll*
- *welches Ergebnis (Ziel) erreicht werden und*
- *was ist zu tun bzw. nicht zu tun*
- *in welchem Zeitraum?*
- *Mit wem werde ich arbeiten und welche Auswirkungen ergeben sich auf die Umwelt?*
- *Wie teile ich die Zeit ein?*
- *Wer kann kontaktiert oder muss informiert werden?*
- *Welche Gegebenheiten beeinflussen mein Projekt in sachlicher Hinsicht und welches Risiko gehe ich ein?*
- *Was hat eigentlich dazu geführt, dass das Projekt durchgeführt wird und*
- *was wird die Folge dieses Projektes sein?*

Schon das Nachdenken über diese Fragen schafft die erste Übersicht über das Projekt. Die im folgenden Teil dargestellten Instrumente werden dies noch wesentlich besser ermöglichen. Eines lässt sich sofort erkennen: Es gibt Fragen, die betreffen das Projekt selbst, und es gibt Fragen, die betreffen das Umfeld des Projektes.

Projektmanagement beinhaltet also ein sehr umfassendes Instrumentarium. Als ersten Schritt kennen Sie nach diesem einführenden Kapitel

- die Begriffe Projekt, Projektmanagement und Projektarbeit,
- Arten von Projekten,
- Projektmanager/-managerin als Berufsbild,
- die Bedeutung des Projektmanagements in der Wirtschaft,
- Erfolg und Qualität von Projekten,
- den Projektmanagementprozess und
- die Rollen in einem Projekt.

Lerneinheit 1: Projekt, Projektmanagement und Projektarbeit

Lernen
1 Das Projekt 3
2 Projektmanagement 4
3 Projektarbeit 4
4 Projektarten 5
5 Projektmanager/-managerin als Berufsbild 6
Üben 6
Sichern 7
Wissen 7

Lerneinheit 2: Bedeutung, Erfolg und Qualität von Projekten

Lernen 9
1 Bedeutung von PM in der Wirtschaft 9
2 Erfolg von Projekten 10
3 Projektmanagement und Qualitätsmanagement 11
Üben 15
Sichern 15
Wissen 16

Lerneinheit 3: Der Projektmanagementprozess

Lernen 17
Ablauf des Projektmanagementprozesses 17
Üben 19
Sichern 19
Wissen 20

Lerneinheit 4: Rollen im Projekt

Lernen 21
Rollenbeschreibungen und Rollen im Projekt 21
Üben 24
Sichern 24
Wissen 25

Kapitelrückblick 26

SbX
Alle SbX-Inhalte zu dieser Lerneinheit finden Sie unter der ID: 4383.

Lerneinheit 1

Projekt, Projektmanagement und Projektarbeit

Tina weiß, dass es nicht so einfach ist, so einen riesigen Event zu organisieren. Dazu kommt auch noch, dass viele verschiedene Begriffe durch die Gegend schwirren: Was ist der Unterschied zwischen Projekt, Projektmanagement und der Projektarbeit, die z. B. für die Matura fertiggestellt werden muss?

Lernen

SbX ID: 4384

1 Das Projekt

Wie wird ein Projekt definiert?

Um festzustellen, ob eine Aufgabenstellung ein Projekt ist und daher eine andere Organisation braucht, um optimal gelöst zu werden und um festzulegen, in welchem sozialen System gearbeitet wird, muss das Projekt als Aufgabe, die zeitlich begrenzte Projektorganisation und das Projekt als soziales System betrachtet und analysiert werden.

SbX
ID: 4384
Bildschirmpräsentation zu dieser Lerneinheit

Projekt als Aufgabe: (siehe auch Projektwürdigkeitsanalyse Seite 32 f.)

Die Merkmale einer Aufgabe, die als Projekt durchgeführt wird, sind:

- komplex
- neuartig
- riskant
- strategisch bedeutsam
- zieldeterminiert

Treffen diese Merkmale überwiegend nicht zu, wird die Aufgabe nicht als Projekt, sondern besser in der Stammorganisation durchgeführt.

Tina hat sofort erkannt, dass sie sich in diesem Fall auf eine ganz spezielle Aufgabe einlässt. Viele Fragen stellen sich, viele verschiedene Lösungen dieser Aufgabe sind möglich, viele Kenntnisse und Fähigkeiten sind erforderlich, um diese Aufgabe zu lösen. Die Aufgabe ist sehr komplex. Außerdem hat sie noch nie einen Event selbständig organisiert, das ist ganz neuartig für sie. Was passiert, wenn sie letzten Endes scheitert, wenn der Event ein Flop wird? Es ist ganz schön riskant, aber eigentlich würde er gut an ihre Schule passen, denn es heißt ja immer, die Schüler/Schülerinnen sollen kreativ sein, sollen gemeinsam etwas auf die Beine stellen, man könnte sagen, es ist strategisch bedeutsam. Schließlich steht genau fest, was Tina erreichen will, sie hat ein Ziel vor Augen, man könnte sagen, es handelt sich um eine zieldeterminierte Aufgabe.

Projekt als zeitlich begrenzte (temporäre) Organisation:

Ein Projekt hat eine temporäre Organisation, das heißt eine zeitlich begrenzte Organisation, die nur so lange besteht, wie am Projekt gearbeitet wird.

Hinweis: Organisationen weisen eine permanente Organisation auf. Details dazu finden Sie im Kapitel „Projekte und Organisation".

Projekt als soziales System:

Das heißt, im Projekt selbst arbeiten Menschen miteinander und haben Beziehungen zueinander, die durch ihre Rollen beeinflusst sind. Das Projektteam hat aber auch Beziehungen zu den Menschen außerhalb des Projektes, z. B. zu Kunden, zu Lieferanten, zu Menschen, mit denen während der Abwicklung des Projektes Beziehungen aufgenommen werden müssen.

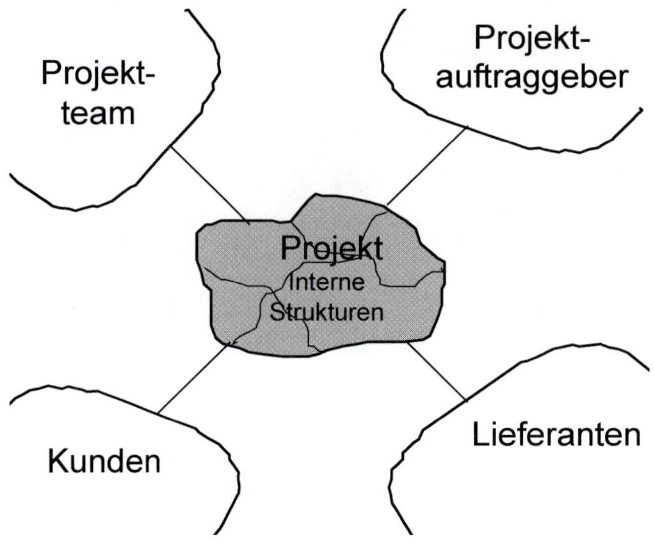

Abb. 1-1 Projekt als soziales System

2 Projektmanagement

Tina hat gerade noch gezweifelt, ob sie das Projekt in Angriff nehmen soll. Stefan ist schon ganz begeistert und hat einige Ideen. Sie erzählen es in der Klasse und Alex, Karin und Lukas erklären sich bereit, mitzuarbeiten. Lukas hat schon einmal bei einem Projekt mitgearbeitet. Damals hat es viele Probleme gegeben, weil keiner so recht wusste, was zu tun ist. Er vertritt daher die Meinung: „Zuerst müssen wir alle ganz genau wissen, was wir wollen, bis wann was zu tun ist und wer wofür verantwortlich ist, sonst gibt es nur Streit!" Sie beschließen also, eine Planung zu machen und festzulegen, wie das Projekt durchgeführt werden soll. Sie wollen auch gleich festlegen, was bis zum Abschluss des Projektes noch zu tun sein wird.

Wodurch wird eine strukturierte Abwicklung eines Projektes gewährleistet?

Projektmanagement ist ein Prozess, der eine strukturierte Abwicklung eines Projektes mit einem speziellen Instrumentarium gewährleistet. Der Prozess gliedert sich in die Teilprozesse:

- Start (Planung)
- Koordination
- Controlling
- Abschluss

Für die optimale Abwicklung dieser Prozesse steht ein Instrumentarium zur Verfügung, die sogenannten Projektmanagementinstrumente. Sie erleichtern die Abwicklung der jeweiligen Prozesse enorm.

Das bedeutet also, dass Tina und ihr Team zuerst das Projekt ganz genau planen müssen. Erst wenn das gesamte Team ein einheitliches Bild (big picture) von seinem Projekt hat, beginnt es, daran zu arbeiten.

Während das Team daran arbeitet, wird laufend koordiniert. Es gibt in gewissen vereinbarten Zeitabständen Controllingsitzungen, in denen der Projektfortschritt genau unter die Lupe genommen wird. In diesen Sitzungen wird auch überprüft, ob die Pläne noch stimmen, oder ob sie angepasst (adaptiert) werden müssen.

Im letzten Prozess, dem Abschlussprozess, werden Tina und ihr Team alle Abschlussarbeiten durchführen, die Dokumentation abschließen und die Projektorganisation auflösen. (Siehe auch Kapitel Projektabschluss, Seite 125 ff.)

3 Projektarbeit

Tina und ihre Kollegen/Kolleginnen haben von ihren Freunden aus den höheren Jahrgängen gehört, dass für die Matura in manchen Schultypen eine umfangreiche Projektarbeit zu erstellen ist. Die Kollegen/Kolleginnen müssten Lösungen für ein Unternehmen erarbeiten – das war sehr viel Arbeit und auch sehr stressig. Die Projektarbeit ist verpflichtend, um zur Matura antreten zu können. Aber was hat das mit einem Projekt und Projektmanagement zu tun?

In manchen berufsbildenden höheren Schulen, wie z. B. der Handelsakademie, ist die Erstellung einer **Projektarbeit** im Lehrplan fix verankert. Die Schülerinnen und Schüler sollen dabei:

- „Fachliche und soziale Kompetenz erwerben und praxisorientierte Aufgabenstellungen lösen können,
- betriebswirtschaftliche bzw. fachrichtungsspezifische Aufgaben selbstständig bearbeiten, eigene Lösungen entwickeln und diese gegenüber anderen vertreten können,
- Projektmanagementmethoden einsetzen können,
- vernetztes Denken bei der Bearbeitung von einfachen und komplexen Fällen zeigen,
- Software zielorientiert und den Anforderungen des jeweiligen Falles entsprechend einsetzen können,
- in anderen Unterrichtsgegenständen erworbene Kenntnisse und Fertigkeiten bei der Durchführung der Projektarbeit anwenden können sowie
- gemäß den persönlichen Erfahrungen, Interessen und Fähigkeiten ein Projekt mit betriebswirtschaftlichem bzw. fachrichtungsspezifischem Schwerpunkt initiieren und im Team oder einzeln (im Ausnahmefall) durchführen und abschließen, dokumentieren und präsentieren können."[1]

Hinweis: Die Gestaltung einer Projektarbeit ist ab Seite 212 beschrieben.

Die Schüler/Schülerinnen müssen also in manchen berufsbildenden höheren Schulen ein Projekt selbständig planen und durchführen. Die dabei zu lösende komplexe Aufgabenstellung muss z. B. in der Handelsakademie betriebswirtschaftlichen Hintergrund haben und für eine real existierende Organisation (z. B. ein Unternehmen, eine Non-Profit-Organisation, die Schule etc.) gelöst werden. Das Projekt muss dokumentiert und präsentiert werden, wobei die Projektdokumentation der Kern der **Projektarbeit** ist. Die fertige Projektarbeit ist Antrittsvoraussetzung für die Matura und gleichzeitig Prüfungsgegenstand der mündlichen Reifeprüfung.

Das trifft sich nun für Tina und ihre Kollegen/Kolleginnen sehr gut. Da sie die Handelsakademie besuchen und den Ausbildungsschwerpunkt „Internationale Geschäftstätigkeit und Marketing" gewählt haben, werden sie den Schul-Event nach allen Regeln der Kunst des „Schul-Marketings" planen und durchführen und wie in der Projektarbeit gefordert dokumentieren.

4 Projektarten

Lukas erzählt den anderen, dass es unterschiedliche Projektarten gibt. Er hat gehört, dass auch in der Wirtschaft immer mehr Aufgaben als Projekt durchgeführt werden. Sein Vater hat ihn darauf aufmerksam gemacht, dass in den Stelleninseraten immer häufiger „Projektmanager" gesucht werden. Das ist für ihn Motivation genug, sich genauer mir dieser Materie auseinanderzusetzen.

Welche Projektarten gibt es?

Je nachdem, welche Kriterien man betrachtet, kann man unterschiedliche **Projektarten** unterscheiden:

Differenzierungskriterium:	Projektart:	Beispiele:
Inhaltliche Ziele	Auftragsprojekte Marketingprojekte Organisationsentwicklungsprojekte ...	Bau und Ausstattung einer Fertigungshalle Konzept für Werbekampagne Personalentwicklungsprogramm
Konkretisierung	Konzeptionsprojekte Realisierungsprojekte	Konzept für Werbekampagne Bau und Ausstattung einer Fertigungshalle
Wiederholungsgrad	einmalige Projekte sich wiederholende Projekte	Bau und Ausstattung einer Fertigungshalle Messebeteiligung
Auftraggeber	interne Projekte externe Projekte	Personalentwicklungsprogramm Bau einer Parkgarage für ein Kaufhaus
Komplexität	Projekte mittlerer Komplexität Projekte hoher Komplexität	Messebeteiligung Bau und Ausstattung einer Fertigungshalle

Beispiel Fertigungshalle

Beispiel Parkgarage

[1] HAK-Lehrplan BGBl. 291 vom 19. Juli 2004

Tina und ihre Kollegen/Kolleginnen streben nun einen konkreten Projektauftrag von der Direktion an, denn ohne ihre Zustimmung kann das Projekt ohnehin nicht durchgeführt werden. In unserem Fall liegt damit ein Auftrags- und Marketingprojekt, ein Realisierungsprojekt, ein hoffentlich sich wiederholendes Projekt, ein internes Projekt sowie ein Projekt mit hohem Komplexitätsgrad vor.

5 Projektmanager/-managerin als Berufsbild

„Du hast Recht", sagt Karin, „ich habe auch schon Stellenangebote für den Beruf ‚Projektmanager/Projektmanagerin' gesehen. Habt ihr eine Ahnung, wie man Projektmanager/Projektmanagerin wird?"

Der Beruf **„Projektmanager"** ist ein neuer Beruf. Es gibt dafür weiterführende Ausbildungen z. B. an der Wirtschaftsuniversität Wien, bei Coachingunternehmen oder anderen Erwachsenenbildungsinstitutionen. Näheres zum Thema Projektmanager/-managerin finden Sie in der Lerneinheit Rollen im Projekt ab Seite 21.

Was ist ein Projektmanager?

Projektmanagement International ist eine Vereinigung, die u. a. die genauen Standards festlegt, wer sich als **Projektmanager** bezeichnen darf. In Österreich werden diese Standards von Projektmanagement Austria (= pma) definiert. Es gibt Zertifizierungsstellen, wo man sich zum Projektmanager zertifizieren lassen kann.

Tipp:

Die genauen Zertifizierungskriterien finden Sie auf der Website von pma unter www.p-m-a.at.

Üben

Anweisungen für die Projektpraxis

Projekt A – Wahlprojekt:

Finden Sie sich in Gruppen zu 3 bis 4 Personen zusammen. Informieren Sie sich über Projekte und Projektarbeiten vorangegangener Klassen (z. B. bei den Projektbetreuern, in der Schulbibliothek, im Internet …) und beantworten Sie gemeinsam die untenstehenden Fragen für ein beliebiges Projekt bzw. eine beliebige Projektarbeit.

Projekt B – Beteiligung an einer Übungsfirmenmesse:

Im In- und Ausland finden zahlreiche regionale und internationale Übungsfirmenmessen statt (siehe auch www.act.at). Viele Übungsfirmen nützen daher die Möglichkeit, sich an diesen Messen im In- und Ausland als Besucher oder als Aussteller zu beteiligen. Nehmen Sie daher Kontakt mit Übungsfirmen an Ihrem Schulstandort auf und bitten Sie die zuständigen Personen um Dokumentationen (Projekthandbücher, Berichte, Unterlagen …) über erfolgte Messebeteiligungen als Aussteller. Analysieren Sie nun die Unterlagen in einer Gruppe von 3 bis 4 Personen:

1. Erklären Sie anhand der Projektunterlagen den Begriff Projekt als Aufgabe, als temporäre Organisation und als soziales System.
2. Worin besteht der Unterschied zwischen Projekt und Projektarbeit?
3. Welche Projektart liegt hier vor?
4. Machen Sie sich eine Liste mit Tipps für Ihr eigenes Projekt: Was hat Ihnen am bearbeiteten Projekt besonders gut gefallen, welche Fehler sollten Sie selbst im Rahmen des Projektmanagements vermeiden?

Sichern

Projektmanagement

Projektmanagement beinhaltet ein Instrumentarium, das erleichtert, ein Projekt strukturiert abzuwickeln, ohne auf wesentliche Bereiche zu vergessen. Unter Projektmanagement versteht man aber auch die Tätigkeiten im Zusammenhang mit der Planung, Durchführung und dem Abschluss von Projekten.

Projekt

Ein Projekt ist eine komplexe, neuartige, riskante, strategisch bedeutsame, zieldeterminierte Aufgabe. Das Projekt wird in einer zeitlich begrenzten Organisation abgewickelt. Ein Projekt ist ein soziales System.

Teilprozesse des Projektmanagements

Projektmanagement besteht aus den Teilprozessen Projektstart, Projektkoordination, Projektcontrolling und Projektabschluss.

Projektarbeit

Die im V. Jahrgang HAK zu erstellende Projektarbeit resultiert aus dem selbständig zu planenden und durchzuführenden Projekt mit einer komplexen betriebswirtschaftlichen Aufgabenstellung meist aus dem Bereich des Ausbildungsschwerpunktes oder der Fachrichtung, bei der ein Problem für eine real existierende Organisation gelöst wird.

Projektarten

Die Projekte werden nach dem Inhalt, der Konkretisierung, dem Wiederholungsgrad, nach dem Auftraggeber und der Komplexität unterschieden.

Der Beruf Projektmanager/-managerin

Bei dem Beruf Projektmanager/-managerin handelt es sich um einen neuen Beruf, für den auch Zertifizierungen erworben werden können.

Wissen

SbX ID: 4410

SbX
Fragen 1–11 mit automatischer Aufgabenkontrolle
ID: 4410

erledigt ☑
Frage 1 ☐
Frage 2 ☐
Frage 3 ☐
Frage 4 ☐
Frage 5 ☐
Frage 6 ☐
Frage 7 ☐
Frage 8 ☐
Frage 9 ☐
Frage 10 ☐
Frage 11 ☐
Frage 12 ☐
Frage 13 ☐

Kontrollfragen

1. Welche Merkmale hat ein Projekt?
2. Welche sozialen Beziehungen gibt es in einem Projekt (innerhalb des Projektes und zur Umwelt)?
3. Was versteht man unter Projektmanagement?
4. Woraus besteht eine Projektarbeit?
5. Welche Teilprozesse sind Bestandteil des Projektmanagementprozesses?
6. Nach welchen Kriterien kann man Projekte differenzieren?
7. Wann darf man sich als Projektmanager/-managerin bezeichnen?
8. Welche Aussagen stimmen?
   a) Ein Projekt läuft über lange Zeit, das Ende ist nicht festgelegt.
   b) Ein Projekt hat einen klar definierten Anfang und ein klar definiertes Ende.
   c) Ein Projekt ist zeitlich begrenzt
   d) Ein Projekt hat einen klar definierten Anfang, das Ende ist offen.
9. Welche Beziehungen sozialer Natur gibt es in einem Projekt (innerhalb des Projektes und zur Umwelt)?
10. Was ist der Unterschied zwischen laufender (permanenter) und zeitlich begrenzter Organisation?
11. Welche Aussagen treffen auf die Projektorganisation zu?
    a) Die Projektorganisation ist eine laufende Organisation.
    b) Ein Projekt hat eine zeitlich begrenzte Organisation.
    c) Die Projektorganisation wird nach Abschluss des Projektes aufgelöst.
    d) Die Projektorganisation steht Folgeprojekten zur Verfügung.

12. Welche Merkmale hat ein Projekt, wenn man es als Aufgabe betrachtet?
13. Welche Begriffe sind aus dieser Lerneinheit bei Ihnen hängen geblieben? Zeichnen Sie diese bitte in die Knotenpunkte des unten abgebildeten Fischernetzes ein:

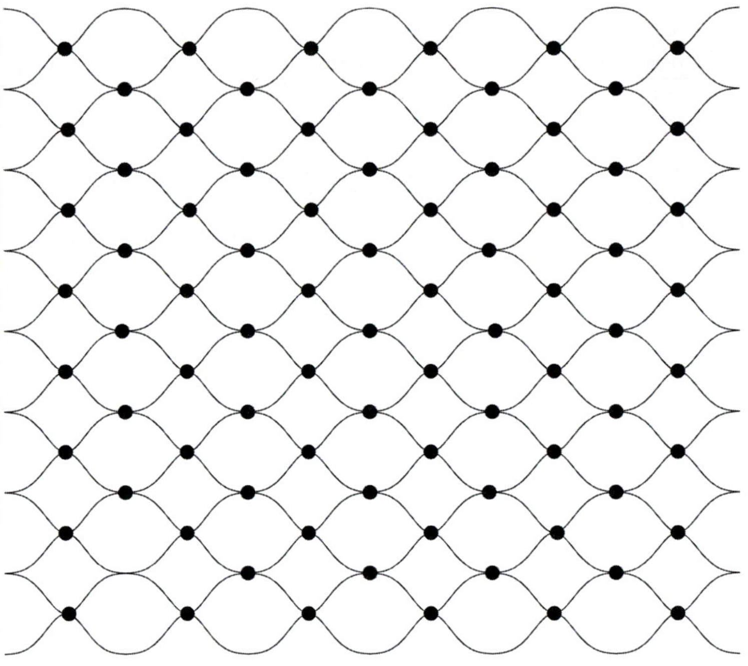

Abb. 1-2

Problemstellungen

1. Welche Vorteile bietet Projektmanagement für die Organisation Schule?
2. Stellen Sie fest, um welche Projektarten es sich beim Projekt Schulskikurs handelt.
3. Suchen Sie in den Online-Zeitungsarchiven nach aktuellen Beispielen, die die wachsende Komplexität, die dynamischen Märkte, Entwicklungen in der ökologischen Umwelt, technische Entwicklungen und den Wertewandel als Gründe für die Bedeutung des Projektmanagements in der Wirtschaft untermauern.
4. Besuchen Sie die Website von Projektmanagement Austria (www.p-m-a.at) und beschreiben Sie die Zertifizierungskriterien für den niedrigsten Level. Geben Sie an, welche von diesen Kenntnissen und Fähigkeiten in der Schule erworben und welche erst in der Unternehmenspraxis angeeignet werden könnten.
5. Besuchen Sie die Homepage einer Online-Zeitung und suchen Sie im Bereich Karriere oder Stellenangebote nach Jobs, in denen Projektmanagementkenntnisse und/oder -erfahrungen verlangt werden. Listen Sie zumindest aus fünf Stellenbeschreibungen die erforderlichen Kenntnisse und Fähigkeiten in Zusammenhang mit Projektmanagement auf.
6. Der Bäcker in der Nachbarschaft der Schule hat ein Rezept für eine neue Gebäcksorte entwickelt und möchte, dass Sie ein Konzept für die Produkteinführung erstellen. Um welche Art von Projekt handelt es sich?
7. Die Abwicklung von bestimmten Aufgaben als Projekt bringt Vorteile mit sich. Finden Sie Vorteile, die für eine Abwicklung als Projekt sprechen.
8. Suchen Sie im Internet nach Stellenangeboten (siehe auch Problemstellung Nr. 5). Machen Sie bitte eine Liste jener Jobs, für die Projektmanagementkenntnisse erforderlich sind.
9. Beschreiben Sie anhand des Projektes Schulschikurs die Teilprozesse des Projektmanagementprozesses.

SbX
Alle SbX-Inhalte zu dieser Lerneinheit finden Sie unter der ID: 4411.

Lerneinheit 2
Bedeutung, Erfolg und Qualität von Projekten

„Ich habe gestern den Samstag-Kurier durchgeblättert und sehr viele Stellenanzeigen gefunden, in denen das Wort Projekt zu finden ist", erzählt Tina. „Projekte dürften in der Wirtschaft wichtig sein!", ergänzt Stefan. „Ja, das stimmt", bestätigt Alex, „meine Mutter hat sogar einige tausend Euro Erfolgsprämie für ein Projekt bekommen." „Da hat sicher die Qualität gepasst", meint Stefan. „Ich bin mir nicht sicher, aber ich glaube nicht, dass damit das Gleiche gemeint ist", erwidert Tina, „mal sehen, was das wirklich heißt ..."

Lernen

SbX ID: 4412

1 Bedeutung von PM in der Wirtschaft

Warum ist PM in der Wirtschaft so wichtig?

Folgende Grafik zeigt, warum immer mehr Aufgaben in Projektform abgewickelt werden und warum Projektmanagement eine immer größere Rolle in der Wirtschaft spielt.

SbX
ID: 4412 Bildschirmpräsentation zu dieser Lerneinheit

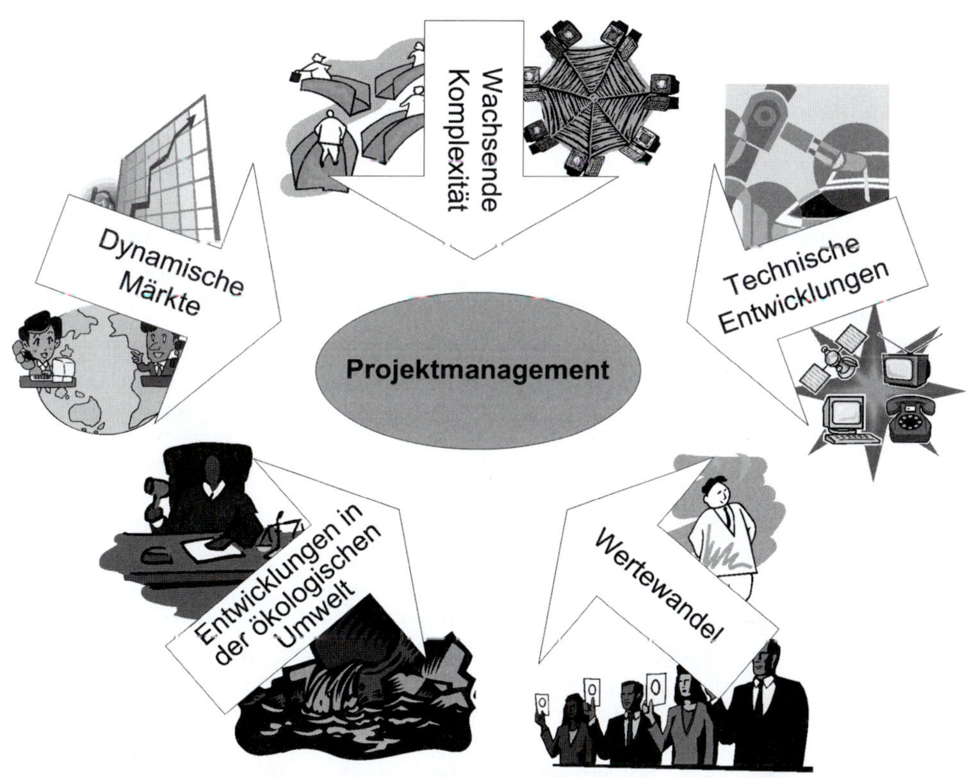

Abb. 1-3 Gründe für die wachsende Bedeutung von Projektmanagement

- **Wachsende Komplexität:** Die Situation am Weltmarkt macht die Zusammenarbeit und **Vernetzung** von Kunden und Lieferanten und auch den Einsatz von **Supply Chain Management** erforderlich (z. B. arbeiten in der Autozulieferindustrie die Lieferanten, Hersteller und Zwischenhändler entlang der logistischen Wertschöpfungskette [= supply chain] so in beide Richtungen aufeinander abgestimmt zusammen, dass gemeinsam das angestrebte Ziel, zufriedene Kunden, erreicht wird). Dazu kommt auch, dass die **technischen Lösungen immer komplexer** werden und **Elektronik umfassen,** die in nahezu jedem Produkt eingesetzt wird.

Der Trend geht dahin, nicht einzelne Waren anzubieten oder zu kaufen, sondern komplette Lösungen für ein Problem.

Ein Installateur schließt z. B. nicht nur die Badewanne und die Waschmuschel an, er verkauft sie auch. Aber nicht nur das, er richtet das komplette Badezimmer ein, er bietet von der Wasser- und Heizungsinstallation über die Verfliesung, die Einrichtung und die Accessoires alles an. Ein Betrieb kauft ein komplettes EDV-System für die Organisation und Vernetzung aller betrieblichen Vorgänge.

- **Technische Entwicklungen:** Die fortschreitende technische Entwicklung ermöglicht neue Informations- und Kommunikationssysteme, neuartige Lösungen und Lösungsansätze sowie Entwicklungen. Ein gutes Beispiel dafür ist die Entwicklung der Mobiltelefone: vom reinen Telefon zum Multimediagerät.

  Für die Fertigung werden z. B. nicht nur Maschinen für einzelne Tätigkeiten angeboten, sondern eine komplette automatische Fertigung, die viele Arbeitsschritte beinhaltet.

  In den oben angeführten Fällen ist es sinnvoll, wenn Experten, teils aus unterschiedlichen Fachbereichen, zusammenarbeiten, um eine kundenorientierte Lösung zu erarbeiten. Dafür eignet sich eine Abwicklung in Projekten besonders gut.

- **Wertewandel: Dezentralisierung** (Funktionen und Aufgaben werden auf eine untergeordnete Stelle übertragen, z. B. werden die Bestellungen nicht mehr zentral von der Einkaufsabteilung, sondern dezentral vom Filialleiter durchgeführt), **Partizipation** (Mitarbeiter/Mitarbeiterinnen werden in das Unternehmen verstärkt eingebunden und nehmen an unternehmerischen Entscheidungen teil), **Selbstverwirklichung, Empowerment** (einem Mitarbeiter werden anspruchsvollere Arbeitsbereiche und mehr Eigenverantwortung übertragen) nehmen zu.

  Ein Team übernimmt die Verantwortung für ein Projekt. Das bedeutet, dass die Teammitglieder die Verantwortung für das Gelingen dieses Projektes übernehmen. Dadurch kommt es zu einer Dezentralisierung der Verantwortungsbereiche, die Mitarbeiter nehmen am Entscheidungsprozess teil (partizipieren), kommen ihrer Selbstverwirklichung näher, erfahren Empowerment in ihrem Arbeitsbereich und übernehmen zunehmend mehr Eigenverantwortung.

Unter Produktlebenszyklus versteht man die Zeitspanne von der Einführung z. B. einer neuen PKW-Type bis zur Einstellung der Produktion und des Vertriebs der Neuwagen. Nähere Informationen dazu finden sich im BWL-Buch im Kapitel Marketing.

- **Dynamische Märkte:** Internationale Konkurrenz (z. B. durch die Ostöffnung), kürzere Produktlebenszyklen, mehr Nähe zum Kunden erfordern ein hohes Maß an Flexibilität. Schnelles Reagieren auf Veränderungen ist notwendig.

  Die Projektorganisation ist zeitlich begrenzt. In dieser Organisation arbeitet ein selbstverantwortliches Team an der Lösung der Aufgabe, das bedeutet, die Projektteammitglieder handeln. Sie können in einer sehr flachen Organisation sehr schnell auf Veränderungen reagieren, weil der Dienstweg bedeutend verkürzt ist.

- **Entwicklungen in der ökologischen Umwelt:** Ökologische Probleme, neue Gesetze und Regelungen erfordern neuartige komplexe Lösungen, die rasch umgesetzt werden können. Auch dafür eignet sich die Abwicklung in Projekten mit einem unabhängigen Expertenteam am besten.

2 Erfolg von Projekten

Alex meint ungeduldig: „Ihr redet so toll von Projektmanagement und vom Beruf des Projektmanagers/der Projektmanagerin. Für mich ist entscheidend, dass das Projekt erfolgreich ist." „Wann ist unser Projekt erfolgreich?", fragt Tina zurück. Sofort reden alle durcheinander: „Wenn wir unser Ziel erreichen!" „Wenn wir mit dem Geld auskommen und vielleicht noch etwas übrig bleibt." „Für mich ist wichtig, dass alle Spaß am Event haben." „Ich will aber auch Spaß bei der Arbeit haben. Es wäre doch schade, wenn wir dauernd streiten oder von rundherum Schwierigkeiten bekommen." „Stell dir vor, wir schaffen es zeitlich nicht, dann wäre der Erfolg ganz schön gefährdet." In dieser Art diskutieren sie noch eine Weile weiter.

Wann ist ein Projekt erfolgreich?

Ein Projekt ist dann **erfolgreich,** wenn zur geplanten Zeit, mit den veranschlagten Kosten unter Nutzung der vorhandenen Ressourcen die verlangte Leistung erbracht wird, d. h., das Projekt auftragsgemäß abgewickelt wird. Mit professionellem Projektmanagement ist der Erfolg eines Projektes vorprogrammiert.

Professionelles Projektmanagement bedeutet:

- Die Projektgrenzen und Ziele sind genau definiert.
- Es gibt genaue Projektpläne, die die zeitliche Komponente berücksichtigen, aber auch die Kosten und Ressourcen (siehe auch Kapitel 3, Lerneinheit 6 Ressourcen-, Kosten- und Finanzmittelplanung).
- Es gibt genaue Strukturen für die zu erreichenden Teilergebnisse und für die Tätigkeiten (siehe auch Kapitel 3, Lerneinheit 4 Leistungsplanung).
- Die Verantwortlichen für die einzelnen Arbeiten stehen fest.
- Die Beziehungen zu den sogenannten Projektumwelten, aber auch was vor und was nach dem Projekt geschah, werden ebenso berücksichtigt wie sachliche Einflüsse.
- Aufgrund dieser Pläne sind eine geordnete Projektabwicklung und das Projektcontrolling gewährleistet.
- Projektkultur (siehe auch Kapitel 3, Lerneinheit 8 Projektkultur), Projektorganisation, Kommunikationsregeln und Spielregeln lenken die Zusammenarbeit der Projektteammitglieder.

3 Projektmanagement und Qualitätsmanagement

Tina möchte das Projekt unbedingt erfolgreich abschließen. Es ist ihr nun klar, dass sie rechtzeitig fertig sein müssen, mit den geplanten Mitteln inklusive Geld auskommen und die vereinbarte Leistung erbringen sollen. Aber reicht das aus, damit die Qualität, die an der Schule so groß geschrieben wird, stimmt? Und dann ist oft die Rede von Prozessen – was ist das überhaupt und was hat das mit Projektmanagement und Projekten zu tun? Fragen über Fragen … aber da kann ihr die Projektbetreuerin weiterhelfen.

Hinweis: Organisationen sollten zufriedene oder sogar begeisterte Kunden haben, damit der Kunde zurückkommt und nicht das Produkt.

Qualität und Qualitätsmanagement ist für Projekte und Projektmanagement mehrfach von **Bedeutung:**

- Einerseits soll die **Qualität in Projekten gesichert** und
- für die gesamte **Organisation gemanagt** werden,
- andererseits wird ein Projekt **prozessorientiert** durchgeführt,
- außerdem ist Projektmanagement ein wichtiges **Werkzeug** im Rahmen des Qualitätsmanagements und
- es findet sich daher als **Vorgabe** in unterschiedlichsten Qualitätsnormen und Qualitätsmanagementsystemen wieder.

Was bedeutet Qualität?

Wann spricht man von Kunden?

Aber was bedeutet nun **Qualität** konkret? Qualität ist dann gegeben, wenn die Wünsche und Erwartungen des **Kunden** erfüllt werden. Kunde ist diejenige Person, Organisationseinheit (z. B. Abteilung) oder Organisation (z. B. Unternehmen), die den Bedarf äußert und das Ergebnis empfängt bzw. nutzt. Als Kunde sind somit nicht nur der Endnutzer/die Endnutzerin anzusehen, sondern jeder, der/jede, die im Projekt tätig wird **(interner Kunde).**

Ein Projekt hat dann hohe Qualität, wenn die Erwartungen und Wünsche des Projektauftraggebers/der Projektauftraggeberin erfüllt oder sogar übertroffen werden. Die Erwartungen der Kunden beziehen sich dabei nicht nur auf die gewünschten bzw. vereinbarten Leistungen oder Produkte im Rahmen des Projektes, die zu einem bestimmten **Zeitpunkt** festgestellt werden, es ist auch die Qualität während der gesamten Nutzungsdauer des Objektes von Interesse. Dabei sollte die **Leistungsfähigkeit** erhalten bleiben, d. h., das im Rahmen eines Projektes geschaffene Objekt sollte zuverlässig, verfügbar, instandhaltbar und sicher sein. Wird z. B. im Rahmen eines Projektes eine Software erstellt, so muss diese später auch gut gewartet und angepasst werden können.

Ebenso wichtig ist es, dass auch die Erwartungen aller anderen Personen, die in irgendeiner Form mit dem Projekt zu tun haben, also z. B. Projektteammitglieder, Mitarbeiter usw., erfüllt werden. Somit sollen am Ende eines Projektes alle zufrieden sein.

Das bedeutet also für Tina und ihre Kollegen/Kolleginnen, dass die Schüler/Schülerinnen nächstes Jahr gerne wieder zum Schulfest kommen, weil sie mit dem Event mehr als nur zufrieden – ja vielleicht sogar begeistert waren. Auch das Team ist begeistert und wäre bereit, wieder ein Projekt miteinander durchzuführen.

Was ist ein Prozess?

Ein Eckpfeiler des Qualitätsmanagements ist die **Prozessorientierung.** Unter **Prozess** versteht man einen Vorgang, für den Inputs (z.B. Materialien, Maschinen, Know-how), erforderlich sind, die dann durch werterhöhende Arbeit zu Outputs (Ergebnissen) umgewandelt werden. Selbstverständlich hat jeder Prozess einen Anfang und ein Ende und Messpunkte.

Ein Projekt weist eine prozessorientierte Arbeits- und Vorgangsweise auf:

- Anfang und Ende des Projektes sind genau definiert (siehe auch zeitliche Abgrenzung),
- der Ablauf (siehe Projektstrukturplan, Terminplan),
- die Inputs (siehe Ressourcenplan) und die Outputs (siehe Projektziele und Objektstrukturplan) sind festgelegt
- und es gibt klare Messpunkte (siehe Meilensteine, Controlling), bei deren Erreichung einerseits Abweichung festgestellt, aber auch gleichzeitig gelernt werden kann.

Nähere Informationen dazu finden Sie in der Lerneinheit 3, Projektmanagementprozess.

Tina und ihre Kollegen/Kolleginnen werden so wie in der nächsten Lerneinheit beschrieben den Arbeitsablauf genau planen und jeweils festlegen, was sie dafür benötigen (Input) und welches Ergebnis bei jedem Arbeitsschritt herauskommen soll (Output). Natürlich legen sie auch Anfang und Ende ihrer Tätigkeiten genau fest. Ebenso kümmern sie sich um Checkpunkte und legen Meetings fest, in denen Verbesserungsmaßnahmen besprochen und beschlossen werden. Somit gehen sie prozessorientiert vor.

Der Deming-Kreis wird nach W. E. Deming, einem amerikanischen Pionier und Vordenker des Qualitätsmanagements, benannt.

Die einfachste Form, qualitativ zu arbeiten, liegt dann vor, wenn der sogenannte Deming-Kreis oder **PDCA-Zyklus** im Rahmen des Projektmanagements befolgt wird. Die Darstellung des nicht enden wollenden Zyklusses **Plan-Do-Check-Act** zeigt folgende Grafik, aus der auch die Prozessorientierung und die Erfüllung der Kundenerwartungen ersichtlich ist:

Hinweis: Weitere Namen für den PDCA-Zyklus sind Deming-Kreis, Deming-Wheel oder Regelkreis.

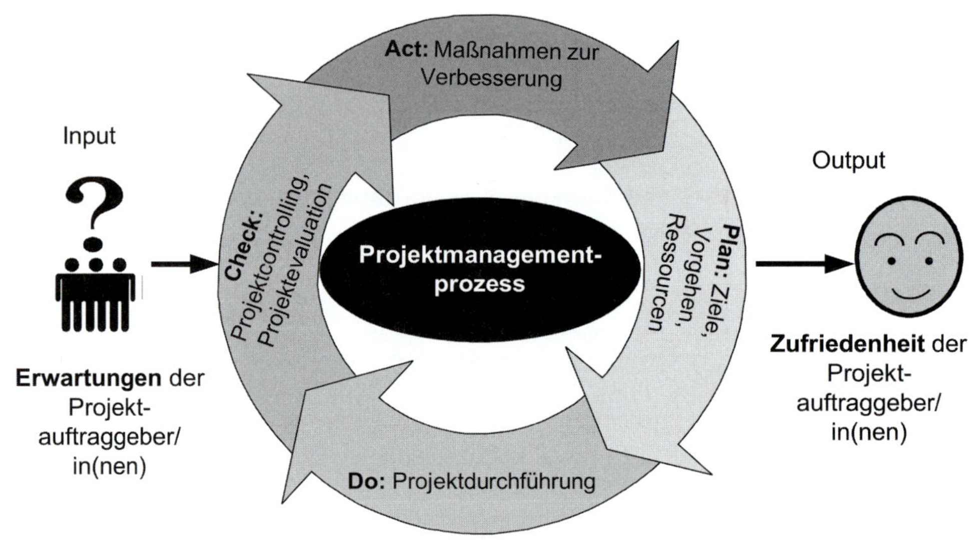

Abb. 1-4 PDCA-Zyklus Deming-Kreis und Prozessmanagement im Projektmanagement

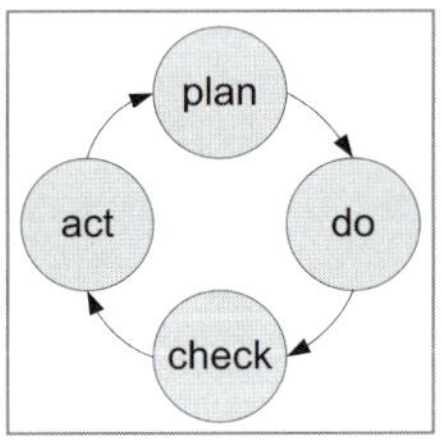

Im Rahmen des Projektmanagements werden

- die Ziele, das Vorgehen und die Ressourcen **geplant** (**Plan** – siehe auch Kapitel Projektstartprozess bzw. Projektplanung),
- dann wird entsprechend der Planung im Projekt gearbeitet, dh, das Projekt wird **durchgeführt** (**Do** – siehe auch Kapitel Projektdurchführung).
- Bei Erreichung eines Kontrollpunktes (Check) wird das Ergebnis gemessen und festgehalten – nähere Informationen dazu finden Sie in den Abschnitten Projektcontrolling (S. 112) und Projektevaluierung (S. 127). Dabei wird verglichen, ob das Geplante (Soll-Werte, Ziele) mit dem Tatsächlichen (Ist-Werte) übereinstimmt oder ob es Abweichungen gibt.
- Nun reicht es aber nicht, die Ergebnisse zu dokumentieren. Ziel ist, dass alle Beteiligten aus dem Projekt etwas lernen und ständig besser werden. Daher werden im Anschluss an die Messpunkte konkrete **Verbesserungsmaßnahmen** beschlossen und auch schriftlich mit Verantwortlichen und Terminen festgehalten (Act).

Der Deming-Kreis findet sich nicht nur im Projektmanagement wieder, er kann auch bei einzelnen Arbeitsschritten oder auch für die gesamte Organisation befolgt werden. Dies ist der Grund dafür, dass im Rahmen der Prozessorientierung auch das Planen, Durchführen, Messen und Verbessern vorgesehen ist. Das wird sofort klar werden, wenn Sie lernen, wie die Arbeitsprozesse abgewickelt werden und welche Instrumente dabei zum Einsatz kommen.

Selbstverständlich wollen Tina und ihre Kollegen/Kolleginnen immer besser werden: Sie sehen nun immer mehr, wie wichtig Projektmanagement ist – denn dies ist nun ein weiterer Grund, Projekte genauso wie vorgesehen zu bearbeiten. Sie nehmen sich vor, möglichst gut zu planen, sich an den Plan so gut wie möglich zu halten und die Ergebnisse sowie auch die Zwischenergebnisse zu messen und aufzuschreiben. Sie werden darauffolgend auch Meetings abhalten und wenn nötig Verbesserungsmaßnahmen beschließen und durchführen.

Die **Qualität in Projekten** kann durch Projektmanagement gesichert werden. Die folgende Grafik bietet einen Überblick über die **Qualitätssicherung,** die den gesamten Projektmanagement-Prozess umfasst und sowohl auf die Qualität des **Prozesses** als auch auf die Qualität der **Ergebnisse** abzielt:

Was beinhaltet die QS im Projekt?

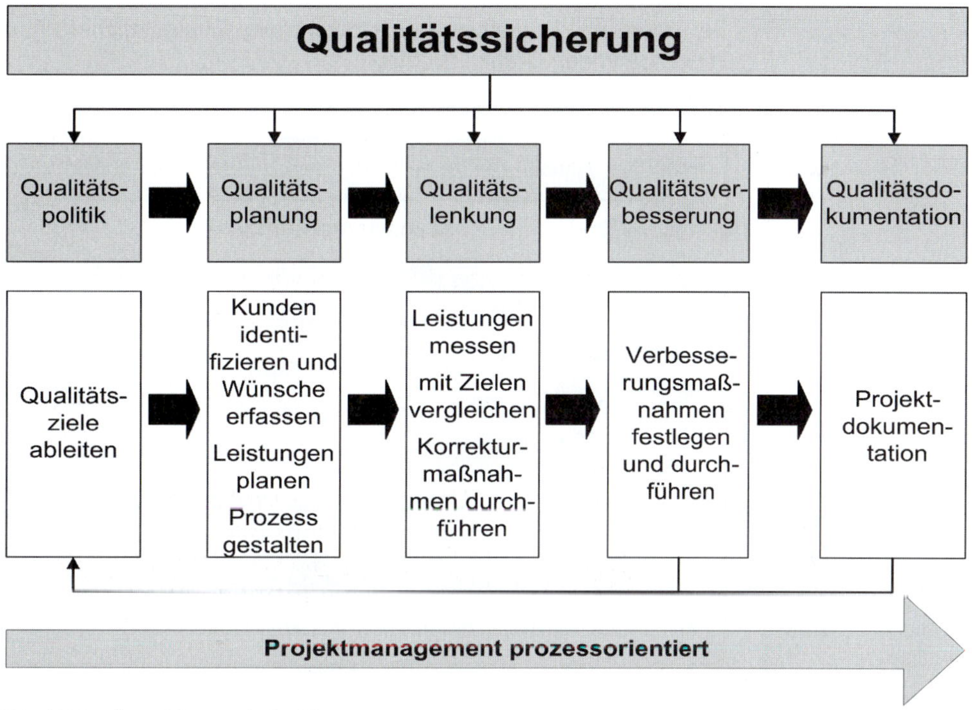

Abb. 1-5 Qualitätssicherung in Projekten

Projektmanagement umfasst in Zusammenhang mit Qualitätssicherung eine sehr komplexe Vorgangsweise: Jedes Unternehmen hat langfristige Ziele, die im Leitbild zu finden sind. Unternehmen, die ein Qualitätsmanagementsystem aufweisen, formulieren zusätzlich eine Qualitätspolitik. Das ist ebenfalls ein langfristiger Rahmen für Ziele, die in Zusammenhang mit Qualität stehen. Aus der langfristigen **Qualitätspolitik** werden sowohl für die gesamte Organisation, als auch für das Projekt Qualitätsziele abgeleitet. Diesen Zusammenhang zwischen Projekt und Strategie der gesamten Organisation zeigt die sachliche Kontextanalyse auf (siehe Kapitel 3, Lerneinheit 1 Projektabgrenzung und Projektkontextanalyse).

Die Qualitätssicherung erfolgt in der Phase Projektplanung vor allem in der Projektbeauftragung und Leistungsplanung.

Nun wird die **Qualität im Projekt konkret geplant,** in dem die Kunden identifiziert werden, konkrete Ziele und Nichtziele definiert werden. Allerdings ist es dafür auch erforderlich, die Anforderungen und Wünsche der Kunden zu erheben und zu berücksichtigen. Selbstverständlich muss auch festgelegt werden, welche Arbeitsschritte bis wann mit welchen Mitteln zu erledigen sind.

Die beste Planung nützt nichts, wenn nicht laufend überwacht wird. Daher befasst man sich im Rahmen der **Qualitätslenkung** damit, ob die Arbeitsschritte auch termingerecht mit dem gewünschten Ergebnis fertiggestellt wurden (siehe Kapitel Projektcontrolling, S. 112 ff.). Das laufende Controlling ist deswegen besonders wichtig, weil am Ende die Projektziele erfüllt sein sollen und während der Arbeit im Projekt die Abweichungen möglichst gering gehalten werden sollen. Sollte es Abweichungen geben, so werden entsprechende Korrekturmaßnahmen zur Fehlerbehebung eingeleitet. Selbstverständlich muss am Ende die Qualität des Projektes **geprüft** (kontrolliert) werden, um festzustellen, ob die vereinbarten Ziele erreicht wurden.

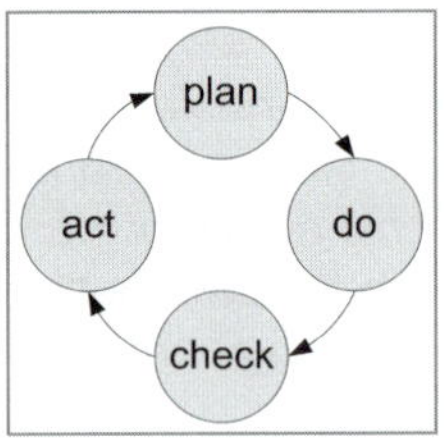

Wie bereits im PDCA-Zyklus aufgezeigt, ist es wichtig, **ständig besser zu werden.** Daher müssen entsprechende Strukturen (z. B. Meetings) geschaffen werden, damit das Projektteam und selbstverständlich auch die Organisation lernen kann.

Zu guter Letzt ist es wichtig, Aufzeichnungen zu führen. So kann man noch nach Jahren aus gemachten Erfahrungen lernen und auch die Projektergebnisse im Rahmen der Projektdokumentation Dritten zukommen lassen. Die **Qualitätsdokumentation** für ein Projekt sollte daher am Anfang samt Ablageorganisation genau festgelegt werden.

Was ist Qualitätsmanagement?

Im Vergleich zu Qualitätssicherung, die den Projektmanagementprozess betrifft, ist **Qualitätsmanagement** eine Aufgabe, die alle Führungsebenen und Prozesse in der gesamten Organisation umfasst.

Der Unterschied zwischen Qualitätskontrolle, Qualitätssicherung und Qualitätsmanagement ist in der folgenden Grafik ersichtlich:

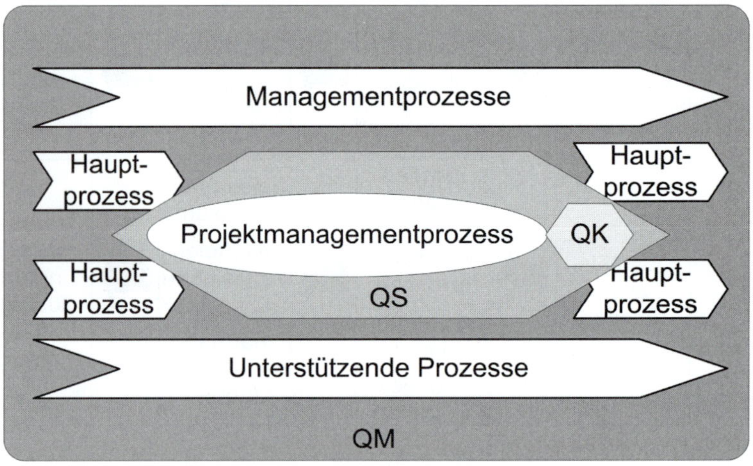

Abb. 1-6 Zusammenhang QK-QS-QM im Projektmanagement

Was ist der Unterschied zwischen QK, QS und QM?

Würde man im Rahmen eines Projektes nur **Qualitätskontrolle (QK)** betreiben, so würde nur am Ende des Projektes geprüft werden, ob die vereinbarten Ziele erreicht wurden.

Dabei kann es natürlich passieren, dass es hier sehr große Abweichungen gibt. Im Rahmen der **Qualitätssicherung (QS)** von Projekten wird wie bereits beschrieben nicht nur auf die Qualität des Ergebnisses (Qualitätskontrolle) am Ende geachtet, sie spielt bereits während des gesamten Projektmanagementprozesses eine wichtige Rolle. Damit soll sichergestellt sein, dass die Abweichungen vom Ziel minimal gehalten werden. **Qualitätsmanagement (QM)** ist noch umfassender, da hier nicht nur Qualitätssicherung und Qualitätskontrolle enthalten sind, hier werden alle Prozesse einer Organisation (Managementprozesse, Haupt- und Kernprozesse sowie unterstützende Prozesse) hinsichtlich Qualität aufeinander abgestimmt.

Für unser Projektteam bedeutet die Qualitätssicherung im Rahmen ihres Projektes, dass es sich einerseits genau mit dem beschäftigen wird, was seine Kunden (der Projektauftraggeber/die Projektauftraggeberin, die Schüler/Schülerinnen) beim Event erleben wollen, andererseits werden sie auch die Qualitätspolitik und das Leitbild ihrer Schule bei der Zielfestlegung berücksichtigen. Jetzt ist ihnen auch klar, dass sie für eine ausreichende Dokumentation und Ablage sorgen müssen. Nachdem sie ohnehin vorhatten, den Event mit den Projektmanagementtools nach allen Regeln der Kunst zu planen und ein laufendes Projektcontrolling samt Verbesserungsmaßnahmen durchzuführen, sind damit auch alle anderen Voraussetzungen für eine wirksame Qualitätssicherung gegeben.

Projektmanagement ist ein Instrumentarium?

Projektmanagement ist ein wichtiges **Instrumentarium** für Qualitätsmanager/-managerinnen. Es dient zur Bewältigung komplexer Aufgaben wie der Einführung eines Qualitätsmanagementsystems. Zusätzlich wird die Anwendung von Projektmanagement in Qualitätsmanagement-Normen gefordert.

Durch den Einsatz entsprechend geschulter Mitarbeiter/Mitarbeiterinnen und die Anwendung der Kenntnisse und Techniken können komplexe, risikoreiche, neuartige, strategisch bedeutsame und auf Ziele ausgerichtete Aufgaben, also Projekte, wie z. B. die Einführung eines Qualitätsmanagementsystems, die Entwicklung von neuen Produkten etc. erfolgreich abgewickelt werden. Daher findet sich Projektmanagement in vielen Qualitätsmanagementnormen (z. B. die international gültige, aber freiwillig anzuwendende, Norm ISO 9001) wieder und ist für Qualitätsmanager/-managerinnen ein wichtiges Instrumentarium. Viele große Unternehmen, aber auch manche Schulen, haben ein nach der ISO 9001 aufgebautes **Qualitätsmanagementsystem.** Sie haben damit ein zusammenhängendes System von Regeln nach dem internationalen Standard für ihre Organisation geschaffen, das hauptsächlich dazu dient, Kundenzufriedenheit zu erreichen. Die für die Einführung von solchen Qualitätsmanagementsystemen verantwortlichen Mitarbeiter/Mitarbeiterinnen nennt man **Qualitätsmanager/-managerinnen.** Damit diese überhaupt so ein komplexes System erfolgreich einführen können, wenden sie das Instrumentarium des Projektmanagements an.

Hinweis: Informationen über die ISO 9001 finden Sie im Internet unter www.iso.ch.

Hinweis: Das CMMI wurde als Nachfolger des CMM am Software Engineering Institute (SEI) der Carnegie-Mellon Universität in Pittsburg (USA) im Auftrag des amerikanischen Verteidigungsministeriums entwickelt.

Daher findet sich Projektmanagement **implizit** in Normvorgaben wie z. B. den Ausführungen zum Thema Entwicklung (von Produkten und Dienstleistungen) in der ISO 9001 (Internationale Norm: Anforderungen an Qualitätsmanagementsysteme) und **explizit** in branchenspezifischen Qualitätsnormen wie z. B. dem CMMI (Capability Maturity Modell Integrated) Reifegradmodell für die Softwareentwicklungsbranche wieder.

Üben

Anweisungen für die Projektpraxis

Setzen Sie Ihre Aufgabe aus der vorigen Lerneinheit fort:

1. Erklären Sie anhand des gefundenen Beispiels den Unterschied zwischen Qualität und Erfolg eines Projektes.
2. Wer sind die Kunden des betrachteten Projektes?
3. Beschreiben Sie den KVP für das gegenständliche Projekt.
4. Erklären Sie die Qualitätssicherung für das Projekt: Was wird im Rahmen der Qualitätspolitik, Qualitätsplanung, der Qualitätslenkung, der Qualitätsverbesserung, der Qualitätsdokumentation für das Projekt gemacht?
5. Beschreiben Sie den Unterschied zwischen Qualitätskontrolle und Qualitätssicherung für das betrachtete Projekt.

KVP = kontinuierlicher Verbesserungsprozess

Sichern

Bedeutung von PM in der Wirtschaft

Die Gründe für die wachsende Bedeutung von Projektmanagement für die Wirtschaft liegen in der wachsenden Komplexität, der technischen Entwicklung, dem Wertewandel, der Entwicklung der ökologischen Umwelt und den dynamischen Märkten.

erfolgreiche Projekte

Projekte sind dann erfolgreich, wenn zur geplanten Zeit, mit den veranschlagten Kosten, unter Nutzung der vorhandenen Ressourcen die verlangte Leistung erbracht wird.

Qualität

Ein Projekt weist dann hohe Qualität auf, wenn die Wünsche und Erwartungen des Projektauftraggebers/der Projektauftraggeberin sowie aller beteiligten Personen erfüllt werden.

Kunde Kunde ist die Person, Organisationseinheit oder Organisation, die das Projektergebnis empfängt bzw. nutzt.

Prozess Unter einem Prozess versteht man einen Vorgang, bei dem ein Input in einen Output umgewandelt wird. Durch den Prozess kommt es zu einer Wertsteigerung.

Deming-Kreis oder PDCA-Zyklus Zuerst wird ein Plan erstellt (PLAN), dieser wird dann durchgeführt (DO). Bei Erreichen eines Kontrollpunktes wird gemessen und das Ergebnis festgehalten (CHECK). Im Anschluss daran werden Verbesserungsmaßnahmen beschlossen und umgesetzt (ACT). Damit beginnt der Zyklus wieder von vorne.

Qualitätskontrolle Im Rahmen der Qualitätskontrolle wird am Ende des Projektes geprüft, ob die geplanten Ziele erreicht wurden.

Qualitätssicherung Qualitätssicherung umfasst den gesamten Projektmanagementprozess und zielt sowohl auf die Qualität des Prozesses als auch auf die Qualität der Ergebnisse ab.

Qualitätsmanagement Qualitätsmanagement umfasst alle Führungsebenen und Prozesse der Organisation. Hier werden alle Prozesse einer Organisation hinsichtlich Qualität aufeinander abgestimmt.

Wissen

SbX ID: 4413

SbX
Fragen 1–3, 6, 8 mit automatischer Aufgabenkontrolle ID: 4413

erledigt ☑
Frage 1 ☐
Frage 2 ☐
Frage 3 ☐
Frage 4 ☐
Frage 6 ☐
Frage 8 ☐

Kontrollfragen und -aufgaben

1. Aus welchen Gründen werden immer mehr Aufgaben in der Wirtschaft als Projekte abgewickelt?
2. Wann spricht man von einem erfolgreichen Projekt?
3. Wieso ist Qualität und Qualitätsmanagement für Projekte und Projektmanagement bedeutsam?
4. Erklären Sie den Unterschied zwischen Erfolg und Qualität eines Projektes.
5. Erklären Sie den Unterschied zwischen internen und externen Kunden anhand eines Beispiels.
6. Wie definiert man einen Prozess?
7. Erklären Sie den PDCA-Zyklus anhand eines konkreten Beispiels.
8. Welche Bereiche umfasst die Qualitätssicherung in Projekten?
9. Erklären Sie den Unterschied zwischen Qualitätskontrolle, Qualitätssicherung und Qualitätsmanagement anhand eines konkreten Beispiels.

Problemstellungen

1. Suchen Sie in den Online-Zeitungsarchiven nach aktuellen Beispielen, die die wachsende Komplexität, die dynamischen Märkte, Entwicklungen in der ökologischen Umwelt, technische Entwicklungen und den Wertewandel als Gründe für die Bedeutung des Projektmanagements in der Wirtschaft untermauern.
2. Nehmen Sie zu folgenden Aussagen hinsichtlich Richtigkeit Stellung:
   a. Ein Projekt ist dann erfolgreich, wenn die Kunden zufrieden sind.
   b. Qualität bedeutet, dass die vereinbarten Projektziele erreicht wurden.
   c. Durch die Anwendung des PDCA-Zyklusses wird sichergestellt, dass laufend Verbesserungsmaßnahmen identifiziert und umgesetzt werden.
   d. Im Rahmen der Qualitätssicherung wird darauf geachtet, dass am Ende des Projektes eine Qualitätskontrolle durchgeführt wird.
   e. Qualitätsmanagement betrifft nur die Führung einer Organisation.

SbX
Alle SbX-Inhalte zu dieser Lerneinheit finden Sie unter der ID: 4414.

Lerneinheit 3
Der Projektmanagementprozess

„Nun, wie gehen wir jetzt vor? Glaubt ihr, dass wir von unserer Direktorin einen offiziellen Auftrag bekommen, unseren Schul-Event durchzuführen? Das wäre doch toll! Alles wäre leichter durchzusetzen. Wir dürften vielleicht die PCs in den EDV-Räumen benutzen und …" „Ja, am besten wird es sein, wenn wir sie fragen und wenn wir dann ganz genaue Vorstellungen von unserem Projekt haben, wird sie uns sicher den offiziellen Projektauftrag erteilen." „Wenn wir den Auftrag haben, erledigen wir alles, was wir geplant haben und führen den Event durch." „Das wird sicher ein durchschlagender Erfolg!", freut sich Tina schon jetzt. „Aber dann müssen wir noch alles festhalten und abrechnen usw., denn wenn es wirklich so toll wird, wollen wir es ja nächstes Jahr wieder durchführen und dann wird alles wesentlich leichter, wenn alles gut dokumentiert ist", mahnt Lukas. „Da hast du Recht! So machen wir es."

Lernen

SbX ID: 4415

SbX
ID: 4415
Bildschirmpräsentation zu dieser Lerneinheit

Ablauf des Projektmanagementprozesses

Projektmanagement ist einer von mehreren Prozessen einer Organisation. Der Projektmanagementprozess startet mit dem Projektauftrag und endet mit der Projektabnahme. Die **Projektbeauftragung** findet damit vor dem eigentlichen Projektmanagementprozess statt – allerdings kann ohne Beauftragung auch das Projekt nicht gestartet werden. Der gesamte **Projektmanagementprozess** gliedert sich in einzelne Teilprozesse, nämlich:

- Projekt starten (planen)
- Projekt koordinieren
- Projekt controllen
- Projekt abschließen
- Projektmarketing betreiben

Es kann auch noch vorkommen, dass während der Durchführung des Projektes Ausnahmesituationen eintreten: Es kann wegen unvorhersehbarer Schwierigkeiten zu einer Krise im Projekt kommen, es kann aber auch sein, dass während der Durchführung besondere Zusatzchancen erkennbar werden. Solche Krisen oder Chancen müssen erkannt, erklärt und bearbeitet werden. In diesem Fall spricht man vom Teilprozess **Projektkrise** oder **-chance** managen. Was in den einzelnen Prozessen passiert, ist in der folgenden Grafik zu sehen bzw. im folgenden Text erläutert:

Aus welchen Teilprozessen besteht der PM-Prozess?

Projektmanagementprozess

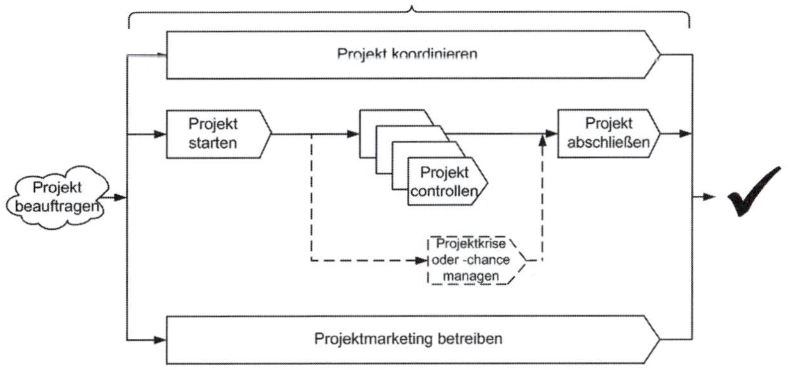

Abb. 1-7 Der Projektmanagementprozess

Projektbeauftragung

Im wichtigen vorgelagerten **Prozess der Beauftragung** finden folgende Tätigkeiten statt, bevor das Projekt offiziell gestartet werden kann (siehe auch Kapitel 2 Projektbeauftragung):

- Ideenentwicklung
- Durchführbarkeitsanalyse
- Projektwürdigkeitsanalyse

Tina hatte eine gute Idee, sie besprach mit ihren Freunden, ob man die Idee, einen Event zu organisieren, verwirklichen soll. Bei den ersten Überlegungen stellte die Gruppe fest, dass diese Aufgabe alle Merkmale eines Projektes trägt. Nun beschloss das Team, die Direktorin in der Schule zu fragen, ob es dieses Projekt in Angriff nehmen dürfte, es stellte also einen Projektantrag.

Frau Direktorin stimmte grundsätzlich zu. Einen schriftlichen Projektauftrag wollte sie erst erteilen, wenn es eine genaue Planung gäbe.

Projektstart

Nun beginnt das Team zu planen, denn es weiß, dass ein Projekt nur gelingen kann, wenn sich alle einig sind und wissen, was sie wollen. Folgende Inhalte will das Team im Teilprozess **Projektstart** planen bzw. durchführen (siehe auch Kapitel 3 Projektstartprozess bzw. Projektplanung):

- Startereignis und Endereignis des Projektes sowie dessen Start- und Endtermin
- die Ziele des Projektes
- die Zusammensetzung des Teams und die Ernennung eines Projektleiters/einer Projektleiterin
- das Umfeld des Projektes in sachlicher, zeitlicher und sozialer Hinsicht
- Leistungsplanung (Objektstrukturplan, Projektstrukturplan, Arbeitspakete)
- Terminplanung und Planung der Verantwortlichkeiten (Meilensteinplan, Balkenplan oder Netzplan, Funktionendiagramm)
- Kosten- und Ressourcenplanung
- Planung der Kommunikationsstruktur
- Entwicklung der Projektkultur
- Risikoanalyse und Maßnahmen zur Vermeidung von Projektrisiken
- Organisationsplanung
- erstes Projektmarketing
- Dokumentation der Planung

Damit haben Sie das Know-how aus der Vorprojektphase transferiert, Ziele vereinbart, Projektpläne gemacht, die Projektorganisation aufgestellt, das Team gebildet, Maßnahmen zur Risikovermeidung und Krisenvermeidung geplant, ein gemeinsames „Big Picture" geschaffen, ein erstes Projektmarketing durchgeführt und alles im Projekthandbuch dokumentiert.

Nun macht sich das Team an die Arbeit. An einem Wochenende, das sie im Wochenendhaus von Lukas' Eltern verbringen dürfen und an dem sie von seiner Mutter verwöhnt werden, können sie sich ungestört auf die Planung des Projektes konzentrieren. Nach diesem Wochenende werden sie in der Lage sein, ihrer Direktorin eine genaue Projektplanung vorzulegen. Wenn sie mit dieser Planung einverstanden ist, wird sie den Projektauftrag sicher unterschreiben und dann kann's losgehen.

Projektdurchführung

Im **Rahmen der Projektdurchführung** werden alle Aufgaben zielorientiert erledigt, um zu dem gewünschten Ergebnis zu kommen (siehe auch Kapitel 4 Projektdurchführung):

- laufende Arbeiten durchführen und koordinieren (laufende Qualitätssicherung der Ergebnisse der einzelnen Arbeitspakete, laufende Kommunikation, laufende Gestaltung der Beziehung zu den Umwelten, Disposition von Projektressourcen)
- laufendes Projektmarketing
- wiederkehrendes Controlling
- gegebenenfalls Krisen oder Chancen managen

Es ist so weit! Der Auftrag ist unterschrieben. Nun beginnt das Team zu arbeiten. Da in der Planung auch eine genaue Arbeitszuteilung (Funktionendiagramm) enthalten ist, wissen alle, was sie zu tun haben. Zu den vereinbarten Controllingsitzungen werden sie zusammenkommen und den Projektfortschritt feststellen. Sie werden kontrollieren, ob alle Pläne wirklich zielführend sind und ob alles in die richtige Richtung läuft. Wenn nicht, müssten Steuerungsmaßnahmen durchgeführt werden. Natürlich macht das Team jetzt schon permanent Marketing für das Projekt. Schließlich sollen ja viele am Event teilnehmen und alle informiert werden.

Projektabschluss

Alle Arbeitspakete sind nun abgearbeitet – damit können folgende Arbeiten im **Projektabschlussprozess** anfallen:

- Ergebnispräsentation
- Projektabnahme
- Projektevaluierung und -reflexion
- Erfahrungssicherung und Know-how-Transfer in die Stammorganisation (Nachdem das Projekt abgeschlossen wurde, soll das Wissen in die permanente Organisation, aus der die Projektteammitglieder stammen, übernommen werden und damit auch erhalten bleiben – die Organisation soll daraus lernen!)
- Vereinbarungen für die Nachprojektphase
- Erstellung von Projektabschlussberichten
- Fertigstellung der Dokumentation
- abschließendes Projektmarketing
- Auflösung der Projektorganisation

Es hat funktioniert! Das Team kann sich freuen. Viele Besucher waren gekommen und alle hatten Spaß. Die Rückmeldungen waren äußerst positiv. Nur das Team selbst weiß, dass man manches noch besser hätte machen können. Es beschließt daher, sich noch einmal in Lukas' Wochenendhaus zu treffen, alles zu besprechen und schriftlich festzuhalten, was zu verbessern wäre. Beim nächsten Mal wird es dann noch besser laufen. Außerdem wollen Sie noch eine Fotoausstellung über den Event machen. Es muss vereinbart werden, wer diese Aufgabe übernimmt. Die Abrechnung ist noch durchzuführen und schließlich muss die Projektorganisation aufgelöst werden, was den Teammitgliedern jetzt sehr schwer fällt, denn schließlich hatten sie fast für ein Jahr eine gemeinsame Aufgabe. Aber … alles hat ein Ende.

Üben

Anweisungen für die Projektpraxis

Setzen Sie die Arbeit an den Projektunterlagen der vorigen Beispiele fort und beschreiben Sie, in welchen Teilprozessen das Projekt abgewickelt wird.

Sichern

Teilprozesse des PM-Prozesses

Projektstart, Projektdurchführung (Koordination inklusive Marketing, Controlling, Diskontinuitäten managen), Projektabschluss

Tätigkeiten im Prozess „Projektbeauftragung"

Ideenentwicklung, Durchführbarkeitsanalyse, Projektwürdigkeitsanalyse, erstes Projektmarketing

Im Rahmen des Projektstarts zu planende Inhalte

Startereignis mit Starttermin, Endereignis mit Endtermin, Ziele und Nichtziele, Zusammensetzung des Teams und Ernennung des Projektleiters/der Projektleiterin (Projektorganigramm), sachliches, zeitliches und soziales Umfeld, Leistungen, Termine, Kosten, Ressourcen, Kommunikationsstruktur, Projektkultur, Riskmanagement, Organisation und Dokumentation

Aufgaben im Teilprozess „Durchführung"

Arbeiten koordinieren und erledigen, Marketing und Controlling betreiben, eventuell Diskontinuitäten (Zusatzchancen oder Krisen im Projekt) managen.

Arbeiten im Rahmen des Projektabschlusses

Ergebnispräsentation, Projektabnahme, Projektevaluation, Projektreflexion, Erfahrungssicherung und Know-how-Transfer, Erledigungen der Nachprojektphase vereinbaren, Projektabschlussbericht erstellen, Projektdokumentation verfassen, abschließendes Projektmarketing betreiben, Projektorganisation auflösen

Wissen

SbX ID: 4416

SbX
Frage 1 und 3 mit automatischer Aufgabenkontrolle
ID: 4416

erledigt ☑
Frage 1 ☐
Frage 3 ☐

Kontrollfragen

1. In welche Teilprozesse gliedert sich der Projektmanagementprozess?
2. Erklären Sie den Unterschied zwischen Projekt und Prozess.
3. Geben Sie an, welche Tätigkeiten im jeweiligen Teilprozess zu erledigen sind:

Beauftragung	
Start (Planung)	
Durchführung	
Abschluss	

SbX
Alle SbX-Inhalte zu dieser Lerneinheit finden Sie unter der ID: 4417.

Lerneinheit 4
Rollen im Projekt

„Jetzt müssen wir uns ausmachen, wer welche Position in unserem Projektteam wahrnimmt. Tina, der Schul-Event war deine Idee. Ich würde vorschlagen, dass du unsere Projektleiterin bist. Ich wäre gerne ein ganz normales Mitglied in eurem Team", äußert sich Karin. „Und unsere Frau Direktor soll die Auftraggeberin sein. Dann wird unser Projekt sicher viel bedeutender eingeschätzt." Stefan, Alex und Lukas verpflichten sich ebenfalls, fleißig im Team mitzuarbeiten.

Lernen

SbX ID: 4418

Rollenbeschreibungen und Rollen im Projekt

Was versteht man unter einer Rolle?

Rollen im Projekt sind definiert durch die Erwartungen, die man an die Rolleninhaber hat.

SbX
ID: 4418 Bildschirmpräsentation zu dieser Lerneinheit

In Projekten ist es notwendig, folgende Rollen zu besetzen, damit alle Erwartungen, die man an Personen im Projekt hat, erfüllt werden können (siehe auch Kapitel soziale Projektabgrenzung S. 53 f.):

Welche Rollen gibt es in einem Projekt?

Rolle im Projekt	Erwartungen an die Rolle
Projektauftraggeber (PAG)	erteilt den Projektauftrag
Projektmanager (PM) bzw. Projektleiter (PL)	leitet und koordiniert das Projekt, ist der Ansprechpartner für den Projektauftraggeber
Projektteammitglied (PTM)	erfüllt die vereinbarten Arbeitspakete PL und PTM tragen gemeinsam die Gesamtverantwortung fur das Gelingen des Projektes
Projektmitarbeiter (PMA)	arbeitet nur zur Erledigung einer ihm zugeteilten Aufgabe am Projekt mit, trägt nur für die eigene Teilleistung Verantwortung
Projektcoach (PC)	moderiert die PM-Prozesse und unterstützt das Team

Neben den oben genannten Individualrollen kann es auch noch Gruppenrollen geben, z. B.:

- Projektauftraggebergremium
- Projektkernteam
- Projektsubteam

Hier werden die Rollen nicht von Einzelpersonen, sondern von einer Gruppe von Personen wahrgenommen.

Die Rollenverteilung wird im sogenannten Projektorganigramm dargestellt.

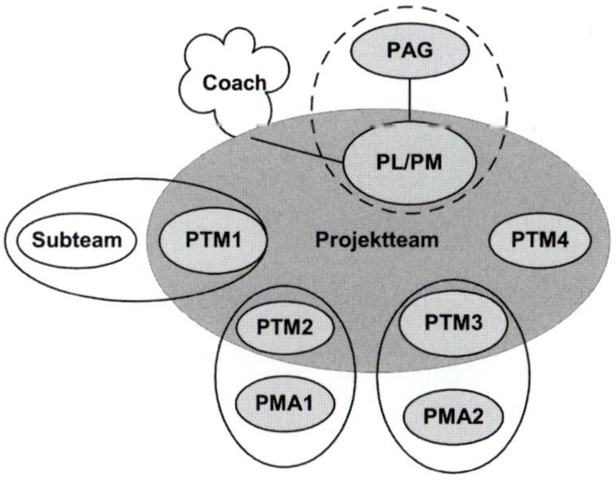

Abb. 1-8 Rollen im Projekt

Hinweis: Projektteams werden in Ellipsen dargestellt (nicht hierarchisch), um die besondere Form der Zusammenarbeit hervorzuheben.

Tina ist nun als Projektleiterin die Ansprechperson für die Projektauftraggeberin, die Direktorin. Diese wird sich immer dann an Tina wenden, wenn es etwas zu besprechen oder klären gibt, oder wenn sie einfach wissen möchte, wie es um das Projekt steht. Tina führt als Projektleiterin auch ihr Team. Sie koordiniert dessen Aufgaben. Dabei kommen ihr die Projektmanagementkenntnisse sowie ihre Teamfähigkeit und ihre Fähigkeit, ein Team zu leiten, sehr zugute. Sie kann auch Konflikte lösen. Das hat sie bereits mehrmals unter Beweis gestellt. Gemeinsam mit ihren Projektteammitgliedern trägt sie die Verantwortung für das Gelingen des Projektes. Alle nehmen sich daher vor, die noch zu vereinbarenden Arbeitspakete nach bestem Wissen und Gewissen zu erledigen. Das Team freut sich, dass die Professorin des Ausbildungsschwerpunktes als Coach bereitsteht. Mit ihr haben sie eine Expertin, die viel Erfahrung mit Projekten und Marketing hat, als Unterstützung gewonnen.

Eine genaue Übersicht über die Rollen im Projekt (Rollenbeschreibungen) mit deren Aufgaben, Zielen, Stellung in der Organisation, Weisungsbefugnis, Kenntnissen und Fähigkeiten findet sich auf den folgenden Seiten:

Teilprozess Projektstart

Rollenbeschreibungen					
	Projektauftraggeber (PAG)	**Projektmanager bzw. -leiter (PM bzw. PL)**	**Projektteammitglied (PTM)**	**Projektmitarbeiter (PMA)**	**Projektcoach (PC)**
Ziele	projektbezogene Wahrnehmung der Unternehmensinteressen, Beauftragung u. Unterstützung des Teams, Führung des PM	Entscheidungsträger, Sicherung und Realisierung der Projektziele, Steuerung und Führung des Projektteams, Vertretung nach außen	Wahrnehmung von Projektinteressen, Beitrag zur Realisierung durch Erfüllung der Arbeitspakete, Mitarbeit bei der Erfüllung von Projektmanagementaufgaben	qualitative und quantitative Erfüllung der Arbeitspakete	Unterstützung und Beratung des PM bei Planung, Überwachung, Steuerung des Projektes, Sicherung der Transparenz
organisatorische Stellung	Teil der Projektorganisation Berichtempfänger von PM	berichtet PAG, Mitglied des Projektteams, führt PTM und PMA	berichtet PM, Teil der Projektorganisation, eventuell Berichtempfänger von PMA bzw. Subteam	von PM oder PTM eingesetzt und berichtet diesem	meist externer Berater
Aufgaben im Teilprozess Projektstart	Auswahl von PM und PTM, genaue Zielvereinbarung mit Team, Sicherung und Bereitstellung der Ressourcen, Beitrag zum Marketing	Gestaltung des Projektstartprozesses, Vereinbarung der Ziele, Erstellung aller Pläne, Festlegung der Organisation, Schaffung einer Projektkultur, Erstellung der Projektdokumentation	Mitarbeit am Projektstartworkshop, Zielvereinbarungen mit PM, Mitarbeit beim Know-how-Transfer aus Vorprojektphase, Mitarbeit bei der Erstellung aller relevanten Pläne, der Organisation, der Kultur, der Dokumentation und des ersten Projektmarketings	Zielvereinbarung mit PM oder evtl. PTM	Unterstützung und Beratung des PM

		Projektauftraggeber (PAG)	Projektmanager bzw. -leiter (PM bzw. PL)	Projektteammitglied (PTM)	Projektmitarbeiter (PMA)	Projektcoach (PC)
Teilprozess Projektkoordination	Aufgaben im Teilprozess Projektkoordination	Marketing, Kommunikation mit Umwelten, Durchführung von Auftraggeberteamsitzungen	Abnahme von Arbeitspaketen, Einberufung und Teilnahme an Teamsitzungen, Kommunikation mit Umwelten, laufendes Marketing	Mitarbeit bei Controlling und Abnahme von Arbeitspaketen, Mitarbeit in allen Belangen, die den Projekterfolg sichern, in Absprache mit PM	Koordination der Abwicklung der Arbeitspakete mit PM oder PTM	Unterstützung des PM
Teilprozess Controlling	Aufgaben im Teilprozess Controlling	strategisches Controlling und Treffen strategischer Entscheidungen, Sicherung und Bereitstellung der Ressourcen, Marketing	Gestaltung des Controllingprozesses, Feststellung des Status, Steuerungsmaßnahmen, Veranlassung der Erstellung von Fortschrittsberichten, Marketing	Mitarbeit im Controllingprozess durch Bereitstellung aller notwendigen Informationen und Berichte und durch die aktive Teilnahme an den Controllingsitzungen und deren Dokumentation	eventuell Teilnahme an Sitzungen, Bericht über Arbeitsfortschritt des speziellen Arbeitspaketes	Unterstützung und Beratung des PM
Teilprozess Krisen- oder Chancen-Management	Aufgaben im Teilprozess Krisen- oder Chancen-Management	Definition der Diskontinuität, strategische Entscheidungen, Mitarbeit bei Bewältigung und Erfolgskontrolle, Beendigung der Diskontinuität	Mitteilung an PAG, Gestaltung des Prozesses zur Bewältigung der Diskontinuität, Durchführung der Bewältigungsmaßnahmen	Mitarbeit an der Bewältigung der Diskontinuität mit laufender Abstimmung mit PM	eventuell punktuelle Mitarbeit bei der Bewältigung der Diskontinuität	Unterstützung und Beratung des PM
Teilprozess Projekabschluss	Aufgaben im Teilprozess Projektabschluss	Leistungsbeurteilung, Feedback, formale Projektabnahme, Sicherung der Abschlussarbeiten und des Transfers in die Stammorganisation	Gestaltung des Abschlussprozesses Planung der Nachprojektphase Verantwortung für Know-how-Transfer in Stammorganisation, Auflösung der Projektorganisation	Mitarbeit am Projektabschlussworkshop, am Know-how-Transfer in die Nachprojektphase und am Projektabschlussbericht	wechselseitiges Feedback, Know-how-Transfer in Stammorganisation	Unterstützung und Beratung des PM
	Umweltbeziehung	Projektteam, Umwelten, eventuell Projektportfoliogroup	PAG, PTM, PMA, Umwelten	PAG, PM, PTM, PMA, Umwelten	PAG, PM, PTM, PMA, evtl. Umwelten	Unterstützung und Beratung des PM

	Projektauftraggeber (PAG)	Projektmanager bzw. -leiter (PM bzw. PL)	Projektteammitglied (PTM)	Projektmitarbeiter (PMA)	Projektcoach (PC)
formale Weisungsbefugnis	Auswahl PM, Beauftragung, Abnahme, evtl. Abbruch, Definition einer Diskontinuität, Veränderung der Projektziele	Einberufung von Sitzungen, Koordination der PTMs und PMAs, Auswahl des Teams gemeinsam mit PAG	Entscheidung der Art und Weise der Vorgangsweise bei der Erfüllung der Arbeitspakete und deren Qualitätssicherung, Koordination und eventuell Beauftragung von PMAs oder Subteams	Entscheidung der Art und Weise des Vorgehens bei der Erfüllung der Arbeitspakete und deren Qualitätssicherung	keine

Üben

Anweisungen für die Projektpraxis

Sie werden in Kürze ein eigenes Projekt bzw. die Beteiligung an einer Übungsfirmenmesse als Projekt planen und durchführen. Lesen Sie daher nochmals gut die Beschreibung der Aufgaben, Kenntnisse und Fähigkeiten der einzelnen Rollen im Projekt durch.

a) Bilden Sie Gruppen in der Größe von 3 bis 5 Personen.
b) Überlegen Sie, welche der Rollen im Projekt Sie am meisten anspricht.
c) Legen Sie die Rollen im Projektteam fest.
d) Beschreiben Sie, welche Kenntnisse und Fähigkeiten Sie bereits besitzen und welche Sie noch erwerben wollen. Studieren Sie dazu die Aufgaben in den einzelnen Projektphasen.

Sichern

Rolle

Die Rollen im Projekt sind durch die Erwartungen an die Rolleninhaber/Rolleninhaberinnen festgelegt.

Rollen im Projekt

Im Rahmen eines Projektes müssen Projektauftraggeber/-auftraggeberin (PAG), Projektmanager/-managerin (PM) oder auch Projektleiter/-leiterin (PL) genannt, Projektteammitglieder (PTM) und Projektmitarbeiter/-mitarbeiterinnen (PMA) bestimmt werden. Ein Projektcoach unterstützt das Team.

PAG

Der Projektauftraggeber erteilt den Projektauftrag.

PM/ PL

Projektmanager bzw. Prozessleiter leitet und koordiniert das Projekt, ist der Ansprechpartner für den Projektauftraggeber.

PTM

Das Projektteammitglied erfüllt die vereinbarten Arbeitspakete und trägt gemeinsam mit dem gesamten Projektteam die Gesamtverantwortung für das Gelingen des Projektes.

PMA Der Projektmitarbeiter arbeitet nur zur Erledigung einer oder mehrerer ihm zugeteilten Aufgabe(n) am Projekt mit. Er trägt nur für die eigene Teilleistung Verantwortung.

Projektcoach (PC) Der Projektcoach moderiert die PM-Prozesse und unterstützt das Team.

Wissen

SbX ID: 4480

SbX
Fragen 1–3 mit automatischer Aufgabenkontrolle
ID: 4480

erledigt ☑
Frage 1 ☐
Frage 2 ☐
Frage 3 ☐

Kontrollfragen und -aufgaben

1. Wodurch unterscheidet sich ein Projektleiter von einem Projektmanager?
2. Wodurch unterscheidet sich ein Projektmitarbeiter von einem Projektteammitglied?
3. Welche Aufgabe hat der Projektauftraggeber?
4. Beschreiben Sie die Rolle eines Projektcoaches.

Problemstellungen

1. Bitte zeichnen Sie folgende Matrix auf ein großes Plakat und schreiben Sie auf Kärtchen Ihre Erwartungen an die einzelnen Rolleninhaber. Diskutieren Sie im Anschluss die Ergebnisse.

Erwartungen an ⇨ Erwartungen von ⇩	Projektauftraggeber (PAG)	Projektleiter (PL)	Projektteammitglied (PTM)
Projektauftraggeber (PAG)			
Projektleiter (PL)			
Projektteammitglied (PTM)			

2. Erstellen Sie Stellenbeschreibungen für den Projektleiter/die Projektleiterin und die Projektteammitglieder.
3. Analysieren Sie den untenstehenden Auszug aus der Stellenbeschreibung eines Projektmanagers und halten Sie für sich fest, welche Anforderungen Sie schon erfüllen.

fachliche Kompetenzen	Der/die Projektmanager/in verfügt über eine mindestens dreijährige Berufserfahrung in der Branche. Er (sie) weist fachliche Kompetenz im Projektmanagement, Zeitmanagement, Kreativitätstechniken, Moderationstechniken, Kommunikations- und Präsentationstechniken, Konfliktmanagement, MS Visio und MS Project sowie in Managementtechniken nach.
persönliche Kompetenzen	Offenheit, Kommunikationsfähigkeit und schriftliche Ausdrucksfähigkeit, analytische Fähigkeiten, Organisationstalent
soziale Kompetenzen	die Fähigkeit zur Teamarbeit, Konfliktlösungskompetenz, die Fähigkeit, zu motivieren

Erstellen Sie nun ein persönliches Profil mit Foto, Stärken, besonderen Fähigkeiten, privaten Interessenschwerpunkten und persönlichen Wichtigkeiten und präsentieren Sie sich kurz. **Hinweis:** Gehen Sie dabei unbedingt auf die obige Stellenbeschreibung ein.

Kapitelrückblick

Sie haben nun wichtige theoretische Grundlagen kennengelernt. Sie können

- **die Begriffe Projekt, Projektmanagement und Projektarbeit erklären,**
- **Arten von Projekten aufzählen,**
- **wissen, was ein Projektmanager/eine Projektmanagerin macht,**
- **können die Bedeutung des Projektmanagements in der Wirtschaft erklären und**
- **wissen, wann Projekte erfolgreich sind und**
- **wann sie Qualität aufweisen.**
- **Sie wissen, in welchen Phasen ein Projekt abläuft und was in diesen Teilprozessen zu tun ist,**
- **außerdem kennen Sie die unterschiedlichen Rollen in einem Projekt und können deren Aufgabenbereiche beschreiben.**

SbX
ID: 4432
In SbX finden Sie diese Aufgaben zur Lernkontrolle mit automatischer Aufgabenkontrolle sowie einen Kompetenz-Check zu diesem Kapitel.

erledigt ☑
Aufgaben zur Lernkontrolle ☐

Aufgaben zur Lernkontrolle – bitte kreuzen Sie die richtige Lösung an. (Mehrfachlösungen sind möglich.)

SbX ID: 4432

1. Ein Projekt …
   - ☐ a. ist eine konkrete, neue, risikoreiche, wichtige und zielorientierte Aufgabe.
   - ☐ b. ist eine komplexe, neuartige, riskante, strategisch bedeutsame, zieldeterminierte Aufgabe.
   - ☐ c. wird in einer zeitlich begrenzten Organisation abgewickelt.
   - ☐ d. wird zeitlich unbegrenzt abgewickelt.
   - ☐ e. ist ein soziales System.
   - ☐ f. ist eine soziale Organisation.

2. Projektmanagement …
   - ☐ a. ist ein wichtiges Tool für Qualitätsmanager/-managerinnen.
   - ☐ b. ist eine Technik, um Mitarbeiter in einem Projekt zu kontrollieren.
   - ☐ c. beinhaltet ein Instrumentarium, das es erleichtert, ein Projekt strukturiert abzuwickeln.
   - ☐ d. besteht aus den Teilprozessen Projektstart, Projektkoordination, Projektcontrolling und Projektabschluss.
   - ☐ e. besteht aus den Phasen Beginn, Management, Controlling und Ende.

3. Ein Projekt …
   - ☐ a. läuft über lange Zeit, das Ende ist nicht festgelegt.
   - ☐ b. hat einen klar definierten Anfang und ein klar definiertes Ende.
   - ☐ c. ist zeitlich begrenzt.
   - ☐ d. hat einen klar definierten Anfang, das Ende ist offen.

4. Die Projektarbeit …
   - ☐ a. ist die Dokumentation eines beliebigen Projektes.
   - ☐ b. resultiert aus einem selbständig zu planenden und durchzuführenden Projekt.
   - ☐ c. ist das Ergebnis einer einfachen betriebswirtschaftlichen Aufgabenstellung.

5. Projekte werden …
   - ☐ a. nach dem Inhalt, der Konkretisierung, dem Wiederholungsgrad, nach dem Auftraggeber und nach der Komplexität unterschieden.
   - ☐ b. nach den Intentionen, der Komplexität, der Wiederholbarkeit, dem Projektteam und der Einfachheit unterschieden.
   - ☐ c. nach den Items, der Konkretisierung, dem Wiederbeschaffungswert, dem Auftraggeber und der Konkretisierung unterschieden.

6. Die Projektorganisation …
   - ☐ a. ist eine laufende Organisation.
   - ☐ b. ist eine zeitlich begrenzte Organisation.
   - ☐ c. wird nach Abschluss des Projektes aufgelöst.
   - ☐ d. steht Folgeprojekten zur Verfügung.

7. Die Gründe für die wachsende Bedeutung von Projektmanagement für die Wirtschaft liegen in …
   - ☐ a. der wachsenden Komplexität.
   - ☐ b. dem politischen Umfeld.
   - ☐ c. der technischen Entwicklung.
   - ☐ d. der Globalisierung.
   - ☐ e. dem Wertewandel.
   - ☐ f. der Radikalisierung.
   - ☐ g. der zunehmenden Bedeutung des Sharholder Values.
   - ☐ h. dem Treibhauseffekt.
   - ☐ i. der Entwicklung der ökologischen Umwelt.
   - ☐ j. der zunehmenden Bedeutung des EURO.
   - ☐ k. den dynamischen Märkten.
   - ☐ l. der Marktwirtschaft.

8. Bei dem Beruf Projektmanager/-managerin handelt es sich …
   - ☐ a. um eine Führungsaufgabe.
   - ☐ b. um einen neuen Beruf, für den auch Personalzertifizierungen erworben werden können.
   - ☐ c. um die Aufgabe eines Spitzenmanagers.
   - ☐ d. um einen Traditionsberuf.

9. Projekte sind dann erfolgreich, wenn
- ☐ a. zur geplanten Zeit,
- ☐ b. mit Zeitunterschreitungen,
- ☐ c. mit den veranschlagten Kosten,
- ☐ d. mit einer möglichst hohen Gewinnspanne,
- ☐ e. unter Nutzung der vorhandenen Ressourcen,
- ☐ f. mit Ressourcenminimierung,
- ☐ g. die vereinbarte Leistung erbracht wird,
- ☐ h. mehr als die vertragliche Leistung erbracht wird.

10. Ein Projekt weist dann hohe Qualität auf,
- ☐ a. wenn die Wünsche und Erwartungen,
- ☐ b. vereinbarten Anforderungen,
- ☐ c. des Projektauftraggebers,
- ☐ d. aller Beteiligten,
- ☐ e. übertroffen werden,
- ☐ f. erfüllt werden.

11. Der Kunde ist …
- ☐ a. der Empfänger der Leistung oder des Produktes.
- ☐ b. der Nutznießer der Leistung oder des Produktes.
- ☐ c. ein Interessenpartner.
- ☐ d. der Auftraggeber, der außerhalb der Organisation sitzt.
- ☐ e. der Auftraggeber, der sich auch innerhalb der Organisation befinden kann.

12. Unter einem Prozess versteht man …
- ☐ a. einen Vorgang, bei dem ein Input in einen Output umgewandelt wird.
- ☐ b. einen Vorgang, der zu einer Wertsteigerung führt.
- ☐ c. einen Ablauf.
- ☐ d. einen Vorgang, bei dem Eingaben in Ergebnisse umgewandelt werden.

13. Der PDCA-Zyklus …
- ☐ a. entspricht dem Deming-Kreis.
- ☐ b. bedeutet Produzieren, Diversifizieren, Controlling, Ausscheiden.
- ☐ c. bedeutet Plan, Do, Check, Act.
- ☐ d. bedeutet Planen, Durchführen, Messen, Verbessern.
- ☐ e. ist ein einmaliger Zyklus.
- ☐ f. beginnt immer wieder von vorne.

14. Im Rahmen der Qualitätskontrolle …
- ☐ a. wird am Ende des Projektes geprüft, ob die geplanten Ziele erreicht wurden.
- ☐ b. wird laufend geprüft, ob die Meilensteine erreicht werden.
- ☐ c. wird die Qualität des Projektberichtes beurteilt.

15. Qualitätssicherung umfasst …
- ☐ a. den gesamten Projektmanagementprozess.
- ☐ b. zielt auf die Qualität des Prozesses ab.
- ☐ c. umfasst die Projektkoordination.
- ☐ d. zielt auf die Qualität der Ergebnisse ab.
- ☐ e. Projektstart und Projektende.

16. Qualitätsmanagement umfasst …
- ☐ a. alle Führungsebenen.
- ☐ b. die oberste Führungsebene.
- ☐ c. alle Prozesse der Organisation.
- ☐ d. den Projektmanagementprozess.
- ☐ e. alle Qualitätskontrollen.

17. Im Rahmen der Projektbeauftragung sind folgende Tätigkeiten durchzuführen:
- ☐ a. Ideenentwicklung
- ☐ b. Verbesserungsvorschlag
- ☐ c. Durchführbarkeitsanalyse
- ☐ d. Nutzenwertanalyse
- ☐ e. Projektwürdigkeitsanalyse
- ☐ f. Risikomanagement
- ☐ g. erstes Projektmarketing
- ☐ h. erste Werbekampagne

18. Im Rahmen des Projektstarts sind folgende Inhalte zu planen:
- ☐ a. Anfang und Ende
- ☐ b. Startereignis mit Starttermin
- ☐ c. Endereignis mit Endtermin
- ☐ d. Ergebnisse
- ☐ e. Ziele und Nichtziele
- ☐ f. Zusammensetzung des Teams
- ☐ g. Ernennung des Projektleiters/der Projektleiterin
- ☐ h. sachliches, zeitliches und soziales Umfeld
- ☐ i. Interessenpartner
- ☐ j. Leistungen
- ☐ k. Dauer
- ☐ l. Termine
- ☐ m. Kosten
- ☐ n. Gewinn
- ☐ o. Ressourcen
- ☐ p. Arbeitsumgebung und Infrastruktur
- ☐ q. notwendige Fortbildung
- ☐ r. Kommunikationsstruktur
- ☐ s. Meetingtermine
- ☐ t. Projektkultur
- ☐ u. Dos und Don'ts
- ☐ v. Riskmanagement
- ☐ w. Organisation der Dokumentation

19. Folgende Aufgaben sind im Rahmes des Teilprozesses „Durchführen" zu übernehmen:
- ☐ a. Arbeiten koordinieren
- ☐ b. Arbeiten kontrollieren
- ☐ c. Arbeiten erledigen
- ☐ d. Werbung betreiben
- ☐ e. Marketing betreiben
- ☐ f. Controlling durchführen
- ☐ g. Krisen bewältigen
- ☐ h. eventuell Diskontinuitäten managen

20. Zu den Arbeiten im Rahmen des Projektabschlusses gehören folgende:
- ☐ a. Ergebnispräsentation
- ☐ b. Produkt übergeben
- ☐ c. Projektabnahme
- ☐ d. Zielerreichung kontrollieren
- ☐ e. Projektevaluation
- ☐ f. Projektreflexion
- ☐ g. Verbesserungsmaßnahmen festhalten

- ☐ h. Erfahrungssicherung
- ☐ i. Fortbildung veranstalten
- ☐ j. Know-how-Transfer
- ☐ k. alles ablegen
- ☐ l. Erledigungen der Nachprojektphase vereinbaren
- ☐ m. Projektabschlussbericht erstellen
- ☐ n. Projektdokumentation verfassen
- ☐ o. Projektabschlussfeier gestalten
- ☐ p. abschließendes Projektmarketing betreiben
- ☐ q. Projektorganisation auflösen
- ☐ r. Projektteam entlassen

21. Die Rollen im Projekt …
- ☐ a. sind durch die Erwartungen, die man an die Rolleninhaber hat, festgelegt.
- ☐ b. sind durch eine internationale Norm festgelegt.
- ☐ c. sind gesetzlich festgelegt.
- ☐ d. stehen in der Stellenbeschreibung der Organisation.

22. Welche Antworten sind hinsichtlich Rollen im Projekt richtig?
- ☐ a. Im Rahmen eines Projektes muss ein Projektauftraggeber/eine Projektauftraggeberin genannt werden.
- ☐ b. Ein Projektauftraggeber erteilt den Projektauftrag.
- ☐ c. Ein Projektauftraggeber unterschreibt das Projekt.
- ☐ d. Im Rahmen eines Projekts muss ein Projektmanager/eine Projektmanagerin (PM) oder auch Projektleiter/Projektleiterin gefunden werden.
- ☐ e. Ein Projektmanager leitet das Projekt.
- ☐ f. Der Projektmanager ist für den Erfolg des Projektes allein verantwortlich.
- ☐ g. Ein Projektmanager ist der Ansprechpartner für den Projektauftraggeber.
- ☐ h. Ein Projektmanager lobt das Projektteam.
- ☐ i. Ein Projektmanager übernimmt alle Aufgaben, die die Projektteammitglieder nicht erledigen.
- ☐ j. Im Rahmen eines Projektes müssen Projektteammitglieder (PTM) und Projektmitarbeiter/-mitarbeiterinnen bestimmt werden.
- ☐ k. Die Projektteammitglieder erfüllen die vereinbarten Arbeitspakete.
- ☐ l. Die Projektteammitglieder tragen gemeinsam mit dem Projektleiter die Verantwortung für das Gelingen des Projekts.
- ☐ m. Ein Projektcoach unterstützt das Team.
- ☐ n. Projektmitarbeiter erledigen nur die ihnen zugeteilten Aufgaben.
- ☐ o. Projektmitarbeiter sind ständige Mitglieder des Projektteams.
- ☐ p. Ein Projektcoach moderiert die Prozesse.
- ☐ q. Ein Projektcontroller unterstützt den Projektmanager.
- ☐ r. Ein Projektcontroller kontrolliert die Ergebnisse des Projektes.

Wie geht's weiter?

Da Sie nun wesentliche theoretische Grundlagen beherrschen, lernen Sie im folgenden Kapitel den Teilprozess „Beauftragung" kennen. Sie wissen dann, was alles zu tun ist, bevor das eigentliche Projekt starten kann.

2 Projektbeauftragung

Nun wird es für unser Projektteam ernst: Aus der bloßen Idee soll ein konkreter Projektauftrag werden.

Die folgende Grafik verdeutlicht, welche Arbeitsschritte bis zur Fertigstellung des Projektantrages und den dann folgenden offiziellen Projektstart zu erledigen sind.

SbX

Die SbX-Inhalte zu diesem Kapitel/dieser Lerneinheit finden Sie unter der ID: [illegible]

Projektbeauftragung

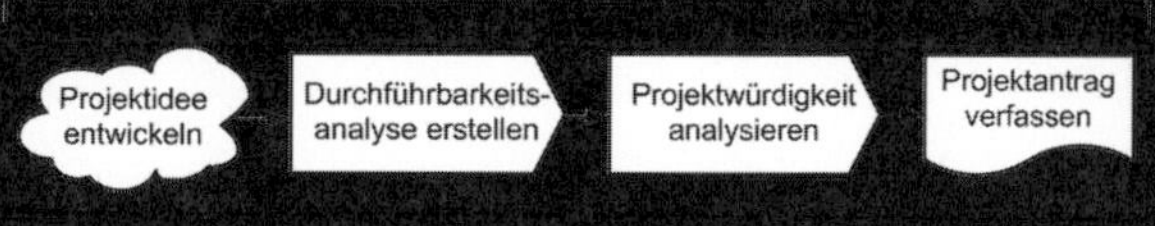

Abb. 2.1 Projektbeauftragung

In dieser ersten Phase sollte auch bereits das aktive Projektmarketing einsetzen.

Unser Projektteam hat zwar schon eine Projektidee, nun soll diese aber konkretisiert werden. Ist das Bild des Projektes etwas genauer geworden, wird analysiert, ob das Projekt überhaupt durchgeführt werden kann. Es muss z. B. nicht unbedingt sein, dass die erforderlichen Mittel (sprich vor allem Geld) zur Verfügung stehen. Des Weiteren wird die Idee noch der Projektwürdigkeitsanalyse unterzogen. Je nach Ergebnis wird am Projekt mit unterschiedlichen Werkzeugen gearbeitet. Wenn nun die Grundsatzentscheidung gefallen ist, kann mit dem Projektmarketing begonnen werden – denn tue Gutes und rede darüber!

In diesem Kapitel lernen Sie,

- **wie man Ideen entwickelt,**
- **über die Durchführbarkeitsanalyse,**
- **über die Projektwürdigkeitsanalyse,**
- **über den Projektantrag.**

Lernen 30
1 Ideenentwicklung 30
2 Durchführbarkeitsanalyse 31
3 Projektwürdigkeitsanalyse 32
4 Der Projektantrag 33
5 Erstes Projektmarketing 35
Üben 36
Sichern 36
Wissen 37
Kapitelrückblick 39

Lernen

SbX ID: 4474

1 Ideenentwicklung

Die Erstidee dürfte allen gefallen. Stefan hat sich bereiterklärt, mit seinen Kollegen/Kolleginnen darüber nachzudenken, wie so ein Fest aussehen könnte. Findet der Event in der Schule oder außerhalb statt? Wer würde kommen, wen sollten sie einladen? Welche Musikrichtung bevorzugen sie? Wie organisieren sie das Buffet? Wie könnte eine Finanzierung aussehen? Gibt es ein Motto? Soll es ein Rahmenprogramm geben? Wie sollten sie vorgehen?

SbX
ID: 4474
Bildschirmpräsentation zu diesem Kapitel
Zusätzlich finden Sie in SbX eine Kurzanleitung für den Mindmanager.

Die Idee zu einem Projekt ist vorhanden, aber noch sehr unklar. Die ursprüngliche **Idee** kann von einem Projektteammitglied oder von anderen Personen innerhalb (z. B. Klassenvorstand) und **außerhalb** der Organisation – in unserem Fall die Schule (z. B. Eltern, Freunde) stammen. Nun werden mittels **kreativer Arbeitsmethoden** (siehe auch Kapitel 7, Lerneinheit 1 Kreativitätstechniken) unterschiedliche Lösungsmöglichkeiten dieser Problemstellung erarbeitet.

Das Team hat sich entschlossen, die unterschiedlichen Möglichkeiten, einen Abschlussevent durchzuführen, mittels Mindmap zu finden. In einem zweiten Arbeitsschritt wird es sich dann für eine konkrete Durchführungsvariante entscheiden (siehe auch Kapitel 3, Lerneinheit 4 Leistungsplanung im Projekt). Mit einer Mindmap gelingt es leicht, die Komplexität eines auf den ersten Blick einfach scheinenden Themas zu ergründen, ein umfangreiches Thema kann man übersichtlich gestalten. Das Projektteam macht sich gleich daran, mithilfe einer Mindmap (siehe auch Lerneinheit Kreativitätstechniken) einen Überblick über das Thema zu bekommen:

Hinweis:
Das Programm Mindman, mit dem diese Grafik gestaltet wurde, kann als Testversion unter www.mindjet.com heruntergeladen werden.

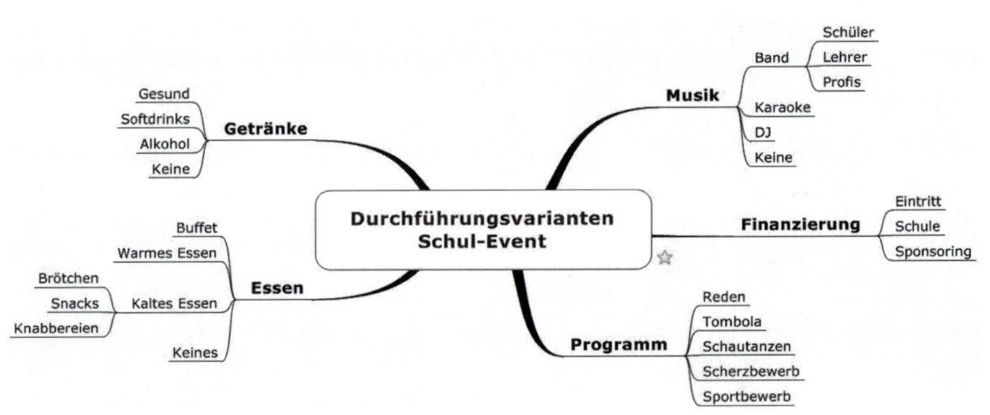

Abb. 2-2 Mindmap Durchführungsvarianten Schul-Event

2 Durchführbarkeitsanalyse

„So, jetzt haben wir einmal einen groben Überblick über unsere Ideen. Wenn ich mir das ansehe, erschlägt es mich direkt. Können wir das alleine schaffen? Wer kann uns unterstützen? Wann müssten wir anfangen? Wer hat bereits einen Event organisiert? Rechtfertigt der Aufwand den Nutzen? Wie kommen wir zu einer ersten Abschätzung des Vorhabens?" All diese Fragen beschäftigen das Projektteam.

Was ist eine Durchführbarkeitsanalyse?

Der erste Schritt ist die **Durchführbarkeitsanalyse.** Sie dient dazu festzustellen, ob genügend Ressourcen (Personal, finanzielle Mittel, Zeit, Know-how) vorhanden sind, um das Projekt durchzuführen. Sind zu wenig eigene Ressourcen vorhanden, ist außerdem zu überlegen, ob diese von außen beschafft werden können und ob dies aus Kosten-Nutzen-Überlegungen sinnvoll ist. Gibt es z. B. Mangel an Personal, so könnte Leihpersonal ein möglicher Ausweg sein. Gibt es finanzielle Probleme, kann ein Kredit helfen.

In unserem konkreten Fall könnte die Durchführbarkeitsanalyse folgendermaßen aussehen, wobei sich das Team die unten abgebildeten Fragen stellt und dann bewertet, ob das Projekt aus seiner Sicht machbar ist:

SbX
ID: 4474
Download: PHB-Vorlage

Legende:
5 Punkte = sehr gut
1 Punkt = sehr schlecht

Bereich	Frage	Ergebnis	Bewertung
Personalressourcen	Gibt es genügend Personen in und außerhalb der Schule, die an dem Projekt mitarbeiten können?	Es gibt das Projektteam, genügend Projektmitarbeiter und einen Projektcoach.	Ja 5 Punkte
Finanzielle Ressourcen	Können die erforderlichen Geldmittel aufgebracht werden?	Der Elternverein könnte einen Zuschuss gewähren. Das Schulbudget kann damit nicht belastet werden. Es müssen Sponsoren aus der Wirtschaft gesucht oder Eintritt eingehoben werden.	Angespannt 2 Punkte
Zeitliche Ressourcen	Ist das geplante Projektende zeitlich realistisch erreichbar?	Es besteht zwar wegen der Matura Zeitdruck, das Projekt ist aber in der vorhergesehenen Zeit machbar.	Gut 4 Punkte
Materielle Ressourcen	Sind die Kapazitäten vorhanden? Gibt es genügend Maschinen, PCs, Räume etc.?	Alle erforderlichen materiellen Ressourcen sind verfügbar.	Vorhanden 4
Know-how	Gibt es in der Schule das notwendige Know-how, um das Projekt umzusetzen?	Ja, es können Vorerfahrungen einbezogen werden, ein Projektcoach unterstützt beim Projektmanagement.	Vorhanden 4
Wirtschaftlichkeit	Rechtfertigt der Nutzen den zeitmäßigen und kostenmäßigen Aufwand?	Großer Nutzen: • Schulklima • Selbständigkeit • Teamgeist • PR	Sehr gut 5

Hinweis:
Die Bewertung hängt von der subjektiven Einschätzung der Bewerter ab und kann daher auch unterschiedlich ausfallen.

Das Team kommt zu dem Ergebnis, dass der Schul-Event durchführbar ist.

Tipp:

Wenn man die Bereiche gewichtet, Gutpunkte vergibt, die jeweilige Gewichtung mit den Punkten multipliziert und die Summe der Produkte bildet, ergibt die Summe der Produkte einen Vergleichswert. Je höher dieser Vergleichswert ist, desto eher sollte/könnte das Projekt durchgeführt werden. Dieses Beurteilungsverfahren nennt man **Punktwert- oder Scoringmethode.**

Punktwert- oder Scoringmethode

Bereich	Frage	Ergebnis	Bewertung	Gewicht	Summe
Personalressourcen	Gibt es genügend Personen in und außerhalb der Schule, die an dem Projekt mitarbeiten können?	Es gibt das Projektteam, genügend Projektmitarbeiter und einen Projektcoach.	10	15	150
Finanzielle Ressourcen	Können die erforderlichen Geldmittel aufgebracht werden?	Der Elternverein könnte einen Zuschuss gewähren. Das Schulbudget kann damit nicht belastet werden. Es müssen Sponsoren aus der Wirtschaft gesucht werden oder Eintritt eingehoben werden.	3	40	120
Zeitliche Ressourcen	Ist das geplante Projektende zeitlich realistisch erreichbar?	Es besteht zwar wegen der Matura Zeitdruck, das Projekt ist aber in der vorhergesehenen Zeit machbar.	8	15	120
Know-how	Gibt es in der Schule das notwendige Know-how, um das Projekt umzusetzen?	Ja, es können Vorerfahrungen einbezogen werden, ein Projektcoach unterstützt beim Projektmanagement.	7	15	105
Wirtschaftlichkeit	Rechtfertigt der Nutzen den zeitmäßigen und kostenmäßigen Aufwand?	Großer Nutzen: ● Schulklima ● Selbstständigkeit ● Teamgeist ● PR	10	15	150

Hinweis: Die Wirtschaftlichkeit ist der Entscheidungsfaktor in der Praxis.

Der maximale Wert wäre hier 1000 Punkte. Das Projekt wird hier mit 545 Punkten bewertet. Dies ist vor allem auf den schlechten Wert bei der Finanzierung zurückzuführen.

3 Projektwürdigkeitsanalyse

„Nun prüfen wir einmal, ob unser Projekt tatsächlich eine Aufgabe ist, die die Merkmale eines Projektes aufweist!", sagt Tina zu Stefan. „Wir wissen zwar jetzt, dass wir das Projekt prinzipiell durchführen können – aber ist es auch eines? Und ist damit die aufwendige Projektplanung gerechtfertigt?"

Was ist eine Projektwürdigkeitsanalyse?

Um diese Frage fundiert beantworten zu können, ist eine **Projektwürdigkeitsanalyse** durchzuführen. Sie ist eine Entscheidungshilfe, um festzustellen, ob die Aufgabe als Projekt durchgeführt werden soll, und ermöglicht es, die einzelnen Arten von Projekten voneinander zu unterscheiden.

Eine **einfache Projektwürdigkeitsanalyse** umfasst üblicherweise

- 5 **Kriterien:** komplex, neuartig, riskant, strategisch bedeutsam und zieldeterminiert (Erklärung siehe S. 33). Darüber hinaus kann ein Unternehmen zusätzliche Kriterien in die Bewertung einfließen lassen, wenn sie für dieses einen hohen Stellenwert haben, z. B. die gebundenen Personalressourcen.
- 3 **Einstufungen:** hoch, mittel und niedrig
- 1 **Begründung** für **jede** Einstufung

Erläuterung der Kriterien:

Kriterium (Merkmal)	Erklärung
• komplex	Eine Aufgabenstellung ist komplex, wenn die folgenden Punkte überwiegend vorliegen: • Die Aufgabenstellung ist vielschichtig. • Um zu einer guten Lösung zu kommen, muss im Team gearbeitet werden, weil z. B. Fachleute aus verschiedenen Bereichen erforderlich sind. • Es gibt verschiedene Lösungswege und -methoden. • Es gibt mehrere „richtige" Lösungen. • Das Projekt hat einen größeren Umfang, höheren Ressourcenbedarf und dauert 6 Monate oder länger.
• neuartig	Diese Aufgabe oder wesentliche Teile davon wurden noch nicht (in dieser Organisation bzw. von diesen Personen) durchgeführt.
• riskant	Das Projekt kann scheitern, das Scheitern des Projektes hat negative Folgen.
• strategisch bedeutsam	Die Durchführung des Projektes ist für das Unternehmen längerfristig wichtig.
• zieldeterminiert	Leistung, Zeit- und Mitteleinsatz werden bereits bei der Planung des Projektes festgelegt und die Einhaltung der festgelegten Ziele wird laufend überwacht.

Unser Team führt nun eine einfache Projektwürdigkeitsanalyse durch:

SbX
ID: 4474
Download: PHB-Vorlage

Merkmal	*hoch*	*mittel*	*niedrig*	*Begründung*
• komplex	x			• Es betrifft die ganze Schule, ist vielschichtig; Buffet, Musik, Teacher of the Year etc. • Es gibt verschiedene Lösungswege, -methoden und Lösungen, die im Team erarbeitet werden. • Das Projekt verschlingt umfangreiche Ressourcen.
• neuartig		x		• Schulfest hat schon zweimal stattgefunden, aber das Team bringt neue Ideen ein.
• zieldeterminiert	x			• Kosten, Leistung, Termine stehen fest.
• strategisch bedeutsam		x		• Das Schulfest ist ein wesentlicher Beitrag zum Schulklima, zur Identifikation der Schüler/Schülerinnen mit der Schule.
• riskant		x		• Die Schule kann weiterhin bestehen, aber es entsteht für sie ein großer Imageverlust.

Aufgrund der durchgeführten Projektwürdigkeitsanalyse kommt das Projektteam zum Schluss, dass es sich bei dem Schul-Event sehr wohl um ein Projekt handelt.

Die zutreffende Ausprägung wird angekreuzt. Eine Begründung ist unbedingt anzuführen, weil damit die Nachvollziehbarkeit der Einstufung ermöglicht wird. Bei der Einstufung „mittel" ist zu begründen, weshalb die Bewertung nicht „hoch" und weshalb sie nicht „niedrig" lautet.

Eine Projektwürdigkeitsanalyse sollte immer im Team gemacht werden.

Hat man mithilfe der Projektwürdigkeitsanalyse festgestellt, dass es sich bei der Aufgabe um ein Projekt handelt, beginnt man damit, alle Planungen so weit vorzunehmen, dass das Formular Projektauftrag ausgefüllt werden kann.

4 Der Projektantrag

Das Team kommt aufgrund der bisherigen Analysen zu dem Ergebnis, dass der Schul-Event grundsätzlich durchführbar ist (vgl. Durchführbarkeitsanalyse) und als Projekt geplant und durchgeführt werden soll (vgl. Projektwürdigkeitsanalyse). Nun wird es Zeit, die formale Genehmigung einzuholen!

Projektantrag oder Projektauftrag?

Bevor man mit den umfangreichen Planungen beginnt, erkundet man, sofern dies möglich ist, ob sich für dieses Projekt jemand findet, der es in Auftrag gibt. Man stellt an den möglichen Projektauftraggeber einen **Projektantrag,** der das in Aussicht genommene Projekt – häufig nur in groben Zügen – umreißt. Im Unterschied dazu ist der **Projektauftrag** ein formales Instrument zum Start eines Projektes und beinhaltet eine Kurzbeschreibung des Projektes.

Projektantrag = Angebot

Ein erster Projektantrag wird oft formlos und mündlich gestellt. Da der Projektauftraggeber für die erforderlichen Mittel zur Realisierung des Projekts sorgen muss, will er meist, dass die wichtigsten Punkte des geplanten Projekts auch schriftlich festgehalten werden. Bei professionellem Projektmanagement wird dieses Formular meist auch verwendet, um einen Projektantrag zu stellen. Projektauftrag und Projektantrag sehen dann formal zwar gleich aus, unterscheiden sich aber sowohl in der Genauigkeit als auch in der Verbindlichkeit voneinander.

Projektauftrag = Vertrag

Wenn ein Projektantrag gestellt wird, hat man zwar auch schon Vorstellungen vom Projekt, den Zielen, die durch das Projekt verfolgt werden, und den Kosten, die anfallen werden. Allerdings handelt es sich hierbei meist lediglich um eine grobe Einschätzung. Man will ja nicht zu viel Zeit investieren, wenn man nicht einmal weiß, ob das Projekt erwünscht ist. Andererseits muss man eine gewisse Vorleistung erbringen, damit man das Projekt so beschreiben kann, dass der potenzielle Auftraggeber am Projekt interessiert ist und das Verhältnis zwischen Kosten und Nutzen einschätzen kann.

Die Gespräche mit allen Beteiligten und Interessierten verlaufen positiv und man beschließt, die Direktorin als Projektauftraggeberin zu gewinnen. Rasch sind die Eckpunkte zusammengeschrieben und ein Termin mit der Direktorin vereinbart. Bei diesem Termin soll der Projektantrag gestellt werden. Das Gespräch verläuft positiv, die Direktorin macht das Team auf bestehende schulrechtliche Vorschriften aufmerksam und möchte, dass das Ergebnis ausführlich dokumentiert wird. Das Team sagt zu, die genauere Planung rasch vorzunehmen und für den nächsten Termin in zwei Wochen den unterschriftsreifen Projektauftrag vorzubereiten. Das Ergebnis dieses Gesprächs wird in einem Protokoll festgehalten.

Womit ist der Projektauftrag vergleichbar?

Der Projektantrag ist mit einem Angebot vergleichbar, während der Projektauftrag einem Vertrag (Bestellung oder Auftragsbestätigung laut Angebot) entspricht. Im Projektauftrag wird die übereinstimmende Willenserklärung über die im Projektauftrag genannten Inhalte bekundet. Nach geleisteter Unterschrift sind Abweichungen nur mit Zustimmung der Vertragspartner zulässig.

Der Projektauftrag dient

- der (formalen) Beauftragung des Projektteams durch den Projektauftraggeber,
- der Zielvereinbarung,
- der Identifikation von Projektauftraggeber und Projektleiter,
- der Nachvollziehbarkeit.

Am besten erfolgt die Erstellung des Projektauftrages im Team mithilfe eines standardisierten Formulars. Je nach Projektart wird das Formular ein wenig anders aussehen. So sind z. B. bei einem Projekt mit externem Auftraggeber die genaue Angabe der Kundendaten und der Preis sehr wichtig, während bei einem Projekt mit internem Auftraggeber die Bezeichnung des Auftraggebers und die Kostenplanung meist genügen. Hier finden Sie einen einfachen Projektauftrag. Die Erklärung der einzelnen Bestandteile finden Sie in der Lerneinheit Projektabgrenzung und Projektkontextanalyse ab S. 43.

SbX
ID: 4474
Download: PHB-Vorlage

Projektname: **Projektauftrag** Projektnummer:	Projektlogo
Projektstartereignis:	Projektstarttermin:
Projektendereignis:	Projektendtermin:
Hauptziele	Nicht-Ziele
Zusatzziele	
Hauptaufgaben:	
Projektkosten: davon ausgabewirksam: nicht ausgabewirksam:	
Projektteammitglieder:	Projektmitarbeiter: Projektcoach:
Datum: Unterschrift: Projektleiter/in	Projektauftraggeber/in

Version:	Datum:	Ersteller:	Seite 1 von 1

Hinweis:
Das Projektteam und der PAG verpflichten sich, mit der Unterschrift den Auftrag so wie beschrieben zu erfüllen!

Den ausgefüllten Projektauftrag zum Projekt „Schul-Event“ finden Sie auf Seite 62.

5 Erstes Projektmarketing

„So, jetzt steht das Projekt“, sagt Stefan „aber wer weiß davon?“ „Du hast vollkommen Recht, außerdem müssen wir dafür sorgen, dass möglichst alle aus unserer Schule das Gefühl haben, sie brauchen diesen Event unbedingt“, ergänzt Tina.

„Was können wir tun, damit alle möglichst früh informiert sind?“

Bereits in dieser Phase muss das Projektmarketing einsetzen. Das heißt, dass möglichst viele vom Projekt erfahren und für die Idee begeistert werden sollen. Ein gut überlegter, motivierender erster Projektname und ein passendes Logo unterstützen diese erste Marketingaktion.

Projektmarketing darf aber nicht nur zu Beginn des Projektes erfolgen, sondern muss während der gesamten Arbeit am Projekt permanent betrieben werden. Das gesamte Projektteam, nicht nur der Projektleiter sind dafür zuständig und verantwortlich. (siehe auch Projektmarketing ab S. 117).

Daneben ist zu beachten, dass Marketing auch innerhalb des Projektteams betrieben werden muss, um die Motivation der Projektteammitglieder hoch zu halten. Marketing muss sowohl nach außen als auch nach innen erfolgen.

Das Projektteam trifft sich zu einem Workshop, um ein gemeinsames Logo sowie einen attraktiven Projektnamen zu finden. Für die passende Projektbezeichnung wird zuerst frei assoziiert, wobei Stefan alle Vorschläge aufschreibt. Danach werden die Vorschläge bewertet und weiterentwickelt. „‚Event oder Fest‘ allein ist als Projektname fad“, meint Tina. „Schulfest“, wirft Alex ein. „Wie gefällt dir ‚Schul-Event‘?“, ergänzt Stefan. „Der Schul-Event“, stimmt Tina zu. „Das ist ein guter Slogan für unser Projekt. Ich bin dafür, dass wir unser Projekt ‚Der Schul-Event 2…‘ nennen“, bekräftigt Alex und erntet damit allgemeine Zustimmung.

Dann beschäftigen sie sich mit dem Logo und wenden damit eine Methode zur Entwicklung einer eigenen Projektkultur an (siehe auch S. 94).

Das Ergebnis kann sich sehen lassen: ein Bild von einer Gruppe tanzender Personen und der Projektname „Der Schul-Event". Damit sind alle zufrieden.

Sie beschließen auch, dass sie über das Projekt erst dann alle Betroffenen informieren wollen, wenn der Projektauftrag unterschrieben vorliegt.

Üben

Anweisungen für die Projektpraxis

a) Haben Sie schon eine Projektidee bzw. wissen Sie schon, an welcher Übungsfirmenmesse und vor allem wo Sie sich beteiligen werden? Egal, ob ja oder nein – verwenden Sie eine Kreativitätstechnik aus dem Anhang, um eine Projektidee zu finden oder zu konkretisieren. Beschreiben Sie Ihre Projektidee im Anschluss an die Bewertungsphase und legen Sie auch ein Logo fest.

b) Gehen Sie von Ihrem Musterprojekt (siehe vorige Aufgabe) aus und machen Sie für Ihr Projekt eine Durchführbarkeitsanalyse.

c) Gehen Sie von Ihrem Musterprojekt (siehe Aufgabe a) auf dieser Seite) aus und erstellen Sie dafür eine Projektwürdigkeitsanalyse.

d) Gehen Sie von Ihrem Musterprojekt (siehe Aufgabe a) auf dieser Seite) aus und diskutieren Sie dafür das Thema Projektantrag. Wie würden Sie in diesem Fall einen Projektantrag einbringen?

e) Machen Sie sich ein Konzept für ein erstes Projektmarketing.

Sichern

Die Projektbeauftragung umfasst folgende Schritte:

Idee	Eine Idee entsteht aufgrund eines Problems, Assoziation, „Gedankenblitzes".
Ideenentwicklung, Kreativitätstechniken	Die Idee wird weiterentwickelt.
Durchführbarkeitsanalyse	Es wird überprüft, ob die Idee überhaupt durchführbar ist.
Projektwürdigkeitsanalyse	Wird die Aufgabe als Projekt oder in der Stammorganisation durchgeführt?
Projektantrag	Dürfen wir das Projekt machen?
Projektauftrag	Das wird vereinbart!
Projektmarketing	• während des ganzen Projektes • nach innen und außen Wir tun Gutes und reden darüber.

Wissen

SbX ID: 4476

SbX
Fragen 1-5 mit automatischer Aufgabenkontrolle ID: 4476

erledigt ☑
Frage 1 ☐
Frage 2 ☐
Frage 3 ☐
Frage 4 ☐
Frage 5 ☐

Kontrollfragen und -aufgaben

1. Welche Kriterien müssen überlegt werden, um zu sehen, ob ein Projekt machbar ist oder nicht?
2. Warum muss noch eine Projektwürdigkeitsanalyse durchgeführt werden, wenn schon feststeht, dass die Aufgabe durchgeführt werden kann?
3. Was versteht man unter einem Projektantrag und wozu dient er?
4. Was beinhaltet der Projektauftrag und wozu dient er?
5. Ist es sinnvoll, von Anfang an Projektmarketing zu betreiben? Begründen Sie Ihre Aussage.

Problemstellungen

1. Finden Sie Kriterien, die für eine Firma so wichtig sein könnten, dass sie in die Projektwürdigkeitsanalyse zusätzlich aufgenommen werden.
2. Erklären Sie den Unterschied zwischen Projektantrag und Projektauftrag anhand eines Beispiels.
3. Prüfen Sie, ob folgende Aufgaben projektwürdig sind, und begründen Sie Ihre Aussagen.
   a) Alljährlich findet zu Schulbeginn ein Elternabend statt. Es gibt eine genaue Anweisung, wie der Elternabend ablaufen soll, ein Muster für eine Einladung an die Eltern und ein Vorschlagsblatt für Programmpunkte.
   b) In diesem Schuljahr soll zum ersten Mal ein Abschlussfest durchgeführt werden. Eine Erhebung der Programmpunkte, die die Schüler bevorzugen, soll durchgeführt werden. Nach Auswertung der Ergebnisse ist ein Konzept für die Durchführung des Abschlussfestes zu erstellen.
4. Ein Schulprojekt soll durchgeführt werden. Die Durchführbarkeitsanalyse hat ergeben, dass € 2.000,– fehlen. Der Klassenvorstand will daher keine Einwilligung zur Durchführung des Projektes geben. Die Schüler wollen es unbedingt durchführen. Was könnte die Lösung sein? Machen Sie mindestens drei Vorschläge.
5. **Das Projekt Hausbau – oder wie man's nicht macht**[1]: Lesen Sie sich bitte den folgenden Text durch und beantworten Sie die im Anschluss gestellten Fragen:

   Familie Meier möchte ein unterkellertes Einfamilienhaus mit zwei Stockwerken mit einer Grundfläche von 100 m^2 bauen. Als Baumaterial werden Ziegelsteine verwendet.

   Der Architekt kalkuliert wie folgt: Das letzte Bauvorhaben (eine Doppelgarage) hatte eine Grundfläche von 25 m^2. Verbraucht wurden 1000 Ziegel. Die Baukosten betrugen 5.000,– EUR, was einen Preis von 5,– EUR je Ziegel bedeutet. Das neue Haus hat die vierfache Grundfläche und die doppelte Höhe – dies bedeutet 8000 Ziegel oder 40.000,– EUR Baukosten. Die Kosten sind für die Familie Meier leistbar, der Architekt erhält den Zuschlag und damit beginnt der Bau.

   Da die Maurerkolonne ausgelastet sein will, wird beschlossen, immer nur ein Zimmer zu konstruieren und daran gleich das nächste anzuschließen. Das hat den Vorteil, dass sowohl die Planungs- als auch die Ausführungsgruppe immer ausgelastet sind. Weiters wird beschlossen, mit den einfachsten Sachen anzufangen, um möglichst schnell in die Bauphase einsteigen zu können. Das Schlafzimmer scheint dafür am geeignetsten zu sein.

   Das Schlafzimmer wird zu schnell fertig, und die Planung für die Küche muss unterbrochen werden. Da im Zusammenhang mit der Küche bereits am Esszimmer geplant wurde (Durchreiche zur Küche), wird dieses, um die Bauarbeiten fortführen zu können, als Nächstes in Angriff genommen. Schritt drei dieser Fertigstellung ist das Wohnzimmer. Als auch dieses fertig ist, stellt sich heraus, dass die Planungen für Küche und Bäder doch mehr Zeit in Anspruch nehmen als geschätzt.

[1] Quelle: Dieser Text kursiert seit längerem in verschiedenen Versionen im Internet, wobei der genaue Ursprung und Autor unbekannt sind.

Da der Bauherr auch „endlich mal was Konkretes sehen" will, wird eine Seite der Fassade komplett hochgezogen, um den Eindruck des fertigen Hauses zu vermitteln. Um das Dach montieren zu können, wird die andere Seite der Fassade ebenfalls hochgemauert. Da hier noch keine Planung vorliegt, können weder Fenster noch Türöffnungen berücksichtigt werden. Man ist aber davon überzeugt, diese ohne größere Probleme später herausbrechen zu können.

Leider ist damit auch die Grundfläche des Hauses festgelegt. Damit ergibt sich der Zwang, die Küche in den ersten Stock verlegen zu müssen. Statt der geplanten Durchreiche wird nun ein Speiseaufzug eingebaut, was das Projekt erheblich verteuert.

Trotz des beständigen Arbeitens unter Hochdruck haben sich die Bauarbeiten verzögert, sodass der Hausherr (der seine alte Wohnung gekündigt hatte) gezwungen ist, in das erst halbfertige Haus einzuziehen. Als besonders nachteilig erweist sich das Fehlen von Elektro- und Sanitäranschlüssen. Letzteres Problem wird durch Anmieten eines Toilettenwagens (Kosten: 100,– EUR pro Tag) „vorläufig endgültig" überbrückt. Alle anderen Arbeiten werden gestoppt, um vorrangig die Elektroinstallationen vorzunehmen, schon alleine wegen der fehlenden Fenster. Mithilfe externer Kräfte (Gesamtkosten: 1.000,– EUR pro Tag) wird die Elektrik in kürzester Zeit verlegt, allerdings auf Putz (was leider nicht sehr hübsch anzusehen ist), um „saubere Schnittstellen" für die noch nicht geplanten Hausteile zu schaffen.

Im Alltagsbetrieb stellt sich als nachteilig heraus, dass das Wohnzimmer als zuerst gebauter Hausteil als einziges Zimmer zur Straße hin liegt. Damals war dies die einfachste Lösung (kürzester Transportweg der Ziegelsteine), andererseits ist man so gezwungen, die Haustür hierhin zu legen, sodass das Haus vom Wohnzimmer aus betreten werden muss. Dies scheint dem Hausherrn ganz und gar unerträglich; als Lösung wird ein Teilabriss erwogen. Dagegen spricht, dass bereits 150.000,– EUR verbaut sind und der Bauherr samt Familie übergangsweise in ein Hotel ziehen müsste. Die Tür nach hinten zu versetzen, erforderte, ein Loch in die Fassade zu brechen. Im Hinblick auf die unsichere Statik wird davon Abstand genommen.

So wird das Haus bis zum ersten Stock von außen mit Erde aufgeschüttet. Das ursprünglich geplante Badezimmer wird zum Flur umfunktioniert – die Toilettenwagenlösung hat sich inzwischen etabliert. Weitere Vorteile: Auf den Fensterdurchbruch im ehemaligen Erdgeschoss kann verzichtet werden. Das Erdgeschoss wird zum Keller, der Dachgarten als Wohnzimmer umgebaut und aus Kostengründen (und um eine endgültige Lösung nicht von vornherein zu verbauen) mit Planen provisorisch abgedeckt. Kostengründe sind es auch, die das Projekt an dieser Stelle beenden. Alles Weitere wird auf eine spätere Realisierungsphase verschoben.

Fazit: Der Bauherr hat zwar etwas ganz anderes bekommen, als er eigentlich wollte. Aber immerhin hat er überhaupt etwas bekommen, auch wenn er statt der geplanten 40.000,– EUR nun immerhin ganze 240.000,– EUR hingelegt hat. Der Architekt hat seine Truppe ständig ausgelastet und mit Hochdruck und Überstunden gearbeitet. Wie vorgesehen, wurden 8000 Ziegelsteine verbraucht, was beweist, dass seine Schätzung im Prinzip richtig war. Seine aktualisierte „Cost-Data-Base" weist nun einen Preis von 30,– EUR pro Ziegel aus, was bei der nächsten Garage einen Angebotspreis von 30.000,– EUR ergibt.

Fragen:

a) Welche Fehler hat der Architekt bei diesem Projekt gemacht?

b) Was hätte Familie Meier als Projektauftraggeber unternehmen können?

c) Machen Sie einen Verbesserungsvorschlag für die Planung und Durchführung des nächsten Projektes „Einfamilienhaus".

Kapitelrückblick

Sie haben nun die ersten praktischen Arbeiten im Rahmen der Projektbeauftragung für Ihr Projekt erledigt und können daher

- **Projektideen entwickeln,**
- **eine Durchführbarkeitsanalyse erstellen,**
- **eine Projektwürdigkeitsanalyse machen,**
- **einen Projektantrag stellen und**
- **ein erstes Projektmarketing betreiben.**

SbX

In SbX finden Sie diese Aufgaben zur Lernkontrolle mit automatischer Aufgabenkontrolle sowie einen Kompetenz-Check zu diesem Kapitel.

ID: 4487

erledigt ☑
Aufgaben zur Lernkontrolle ☐

Aufgaben zur Lernkontrolle – bitte kreuzen Sie die richtige Lösung an. (Mehrfachlösungen sind möglich.)

SbX ID: 4487

1. Die Projektbeauftragung umfasst folgende Schritte:
   - ☐ a. Ideenfindung
   - ☐ b. Ideenbewertung
   - ☐ c. Durchführbarkeitsanalyse
   - ☐ d. Gewinnabschätzung
   - ☐ e. Projektwürdigkeitsanalyse
   - ☐ f. Risikomanagement
   - ☐ g. Projektantrag
   - ☐ h. Vertrag
   - ☐ i. Projektauftrag
   - ☐ j. erstes Projektmarketing
   - ☐ k. Werbekonzept

2. Im Rahmen der Ideenentwicklung …
   - ☐ a. ist die Idee zu einem Projekt vorhanden, aber noch sehr unklar.
   - ☐ b. werden Ideen bewertet.
   - ☐ c. kann die ursprüngliche Idee vom Projektteam oder einer anderen Person innerhalb der Organisation kommen.
   - ☐ d. kann die ursprüngliche Idee vom Projektteam oder einer anderen Person außerhalb der Organisation kommen.
   - ☐ e. kommt die ursprüngliche Idee immer vom Projektauftraggeber.
   - ☐ f. können mit kreativen Arbeitsmethoden unterschiedliche Lösungsmöglichkeiten gesucht werden.
   - ☐ g. können Kreativitätstechniken eingesetzt werden.

3. Die Durchführbarkeitsanalyse dient dazu …
   - ☐ a. festzustellen, ob genügend Ressourcen vorhanden sind, um das Projekt durchzuführen.
   - ☐ b. festzustellen, ob genügend Mittel vorhanden sind, um das Projekt durchzuführen.
   - ☐ c. festzustellen, ob genügend Personal, finanzielle Ressourcen, zeitliche Ressourcen, Know-how vorhanden sind, damit das Projekt durchgeführt werden kann.
   - ☐ d. festzustellen, ob genügend Mitarbeiter, Kapital, Zeit und Wissen vorhanden sind, damit das Projekt durchgeführt werden kann.
   - ☐ e. festzustellen, ob das Projekt wirtschaftlich ist.
   - ☐ f. festzustellen, ob das Projekt einen Gewinn bringt.

4. Die Projektwürdigkeitsanalyse …
   - ☐ a. ist durchzuführen, um eine Entscheidungshilfe zu haben, ob die Aufgabe als Projekt durchgeführt werden soll.
   - ☐ b. kann durchgeführt werden, damit bewiesen wird, dass es sich bei der Aufgabe um ein Projekt handelt.
   - ☐ c. ermöglicht es, die einzelnen Arten der Projekte voneinander zu unterscheiden.
   - ☐ d. beinhaltet die Kriterien komplex, neuartig, riskant, strategisch bedeutsam und zieldeterminiert.
   - ☐ e. beinhaltet die Kriterien konkret, neu, gewinnträchtig, wichtig und zieldeterminiert.

5. Der Projektantrag …
   - ☐ a. wird an den Projektauftraggeber gestellt.
   - ☐ b. wird vom Projektcoach genehmigt.
   - ☐ c. umreißt das mögliche Projekt in groben Zügen.
   - ☐ d. beinhaltet alle wesentlichen Projektdaten.
   - ☐ e. ist ein formales Instrument zum Start eines Projektes.
   - ☐ f. kann auch formlos gestellt werden.
   - ☐ g. muss schriftlich ausgearbeitet werden.
   - ☐ h. entspricht einem Angebot.
   - ☐ i. entspricht einem Auftrag.
   - ☐ j. beinhaltet die übereinstimmende Willenserklärung bezüglich des Projektes.
   - ☐ k. kann mit dem gleichen Formular wie der Projektauftrag gestellt werden.

6. Der Projektauftrag …
   - ☐ a. dient der formlosen Beauftragung des Projektteams durch den Projektauftraggeber.
   - ☐ b. dient der formalen Beauftragung des Projektteams durch den Projektauftraggeber.
   - ☐ c. dient der Beweisführung in einem Gerichtsverfahren.
   - ☐ d. dient der Zielvereinbarung.
   - ☐ e. dient der Identifikation von Projektteam und Projektleiter.
   - ☐ f. dient der Identifikation von Projektauftraggeber und Projektleiter.
   - ☐ g. dient der Nachvollziehbarkeit.
   - ☐ h. kann mit dem gleichen Formular wie der Projektauftrag gestellt werden.

7. Das erste Projektmarketing …
   - ☐ a. kann bereits in der Phase der Projektbeauftragung einsetzen.
   - ☐ b. soll erst in der Projektstartphase beginnen.
   - ☐ c. soll möglichst viele Personen über das Projekt informieren und für die Idee begeistern.
   - ☐ d. bezieht sich nur auf das Projektteam.
   - ☐ e. bezieht sich auch auf das Projektteam.
   - ☐ f. soll sowohl nach innen als auch nach außen in einer Organisation erfolgen.
   - ☐ g. beinhaltet eine erste Werbekampagne.
   - ☐ h. beinhaltet die Wahl eines Projektnamens.
   - ☐ i. beinhaltet die Wahl eines Projektlogos.
   - ☐ j. wird in den weiteren Phasen des Projektes fortgesetzt.

Fassen Sie Ihr Wissen über dieses Kapitel in der untenstehenden Grafik zusammen.
Tipp: Verwenden Sie dazu auch Farben und Grafiken.

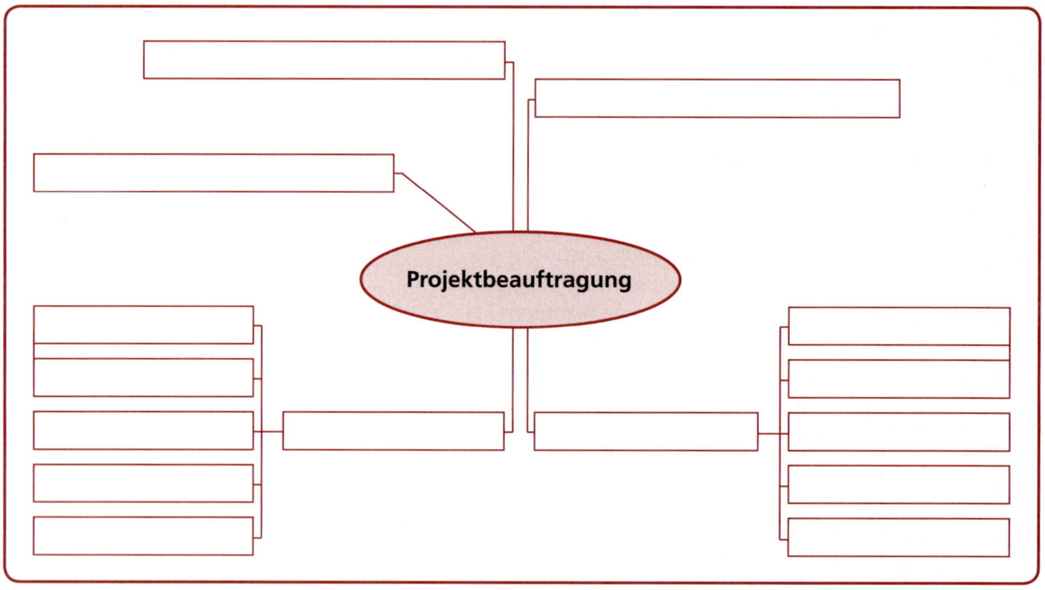

Wie geht's weiter?

Gratulation – die Beauftragungsphase ist abgeschlossen. Damit kann das Projekt gestartet werden. Was genau zu tun ist, erfahren Sie im nächsten Kapitel.

3 Projektstartprozess bzw. Projektplanung

Unser Team will erreichen, dass sein Projekt ganz besonders erfolgreich wird. Es sollen möglichst viele Schüler/Schülerinnen an dem Schul-Event teilnehmen und sich auch später noch gerne daran erinnern. Nichts soll dem Zufall überlassen werden, es sollen möglichst keine Pannen passieren. Nun ist es Zeit für die genaue Projektplanung [illegible] to save time!

Da es sich um ein Projekt und keine Routineaufgabe handelt, kann diesen Wünschen kaum zur Gänze entsprochen werden. Allerdings lassen sich durch genaue Planung viele Schwierigkeiten vermeiden. Die Planung ermöglicht auch, dass die Projektteammitglieder ein gemeinsames Bild vom Projekt entwickeln. Dies erspart viel Ärger, der aufgrund unterschiedlicher Auffassungen der Projektteammitglieder oder auch der Auftraggeberin unvermeidlich wäre. So könnten z. B. einige Projektteammitglieder vor allem eine Disco bevorzugen, während die Projektauftraggeberin in erster Linie einen Schul-Event zur Verbesserung des Schulklimas und nicht nur eine Tanzveranstaltung wünscht.

Im Planungsprozess wird eine gemeinsame Sichtweise vom Projekt entwickelt, die gewünschte Projektkultur, die geplanten Ergebnisse und Termine, die erforderlichen Tätigkeiten, Ressourcen und Kosten festgelegt und die Arbeit auf die einzelnen Projektteammitglieder verteilt. Das gesamte Projekt wird gedanklich vorweggenommen. Das Ergebnis dieses Prozesses wird im Projekthandbuch-Teil „Prozessdokumentation" festgehalten.

Die folgende Übersicht stellt den Planungsprozess kurz dar, alle weiteren Erklärungen folgen in den nächsten Lerneinheiten.

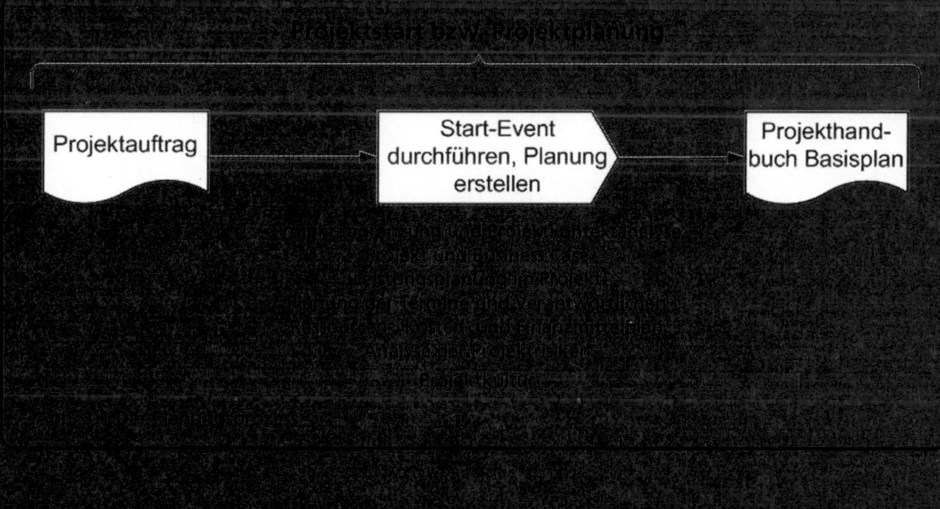

[illegible]

- [illegible]
- [illegible]
- [illegible]
- [illegible]
- Planung von Terminen und Verantwortlichkeit
- Ressourcen-, Kosten- und Finanzmittelplanung
- [illegible]
- Projektkultur

[illegible]

Lernen

[illegible]

Üben
Sichern
Wissen

[illegible]

Lernen

[illegible]

Üben
Sichern
Wissen

[illegible]

Lernen

[illegible]

Üben
Sichern
Wissen

[illegible]

Lernen

[illegible]

Üben
Sichern
Wissen

[illegible]

Lernen

[illegible]

Üben
Sichern
Wissen

[illegible]

Lernen

[illegible]

Üben
Sichern
Wissen

[illegible]

Lernen

[illegible]

Üben
Sichern
Wissen

[illegible]

Lernen

[illegible]

Üben
Sichern
Wissen

[illegible]

Lerneinheit 1

Projektabgrenzung und Projektkontextanalyse

SbX
Alle SbX-Inhalte zu dieser Lerneinheit finden Sie unter der ID: 4488.

Nachdem eine Fülle von Vorschlägen, was man mit dem Schul-Event erreichen will und was man alles machen könnte, niedergeprasselt ist, mahnt Tina: „Alles wird nicht möglich sein. Schreiben wir doch auf, was wir mit unserem Schul-Event erreichen wollen. Wir können uns bestimmt auf die wichtigsten Punkte einigen." „Tina hat Recht", pflichtet Karin bei, „wenn wir uns nicht einig sind, wird das Projekt misslingen und wir schaffen es nicht, den Schul-Event zu veranstalten." „Ich fürchte, wir müssen auch berücksichtigen, was die Lehrer/Lehrerinnen und die Frau Direktorin wollen. Bestimmt gibt es Vorschriften, die uns einschränken, wenn wir den Schul-Event während des Unterrichts planen und durchführen wollen", vermutet Lukas. „Hat das Projekt eigentlich schon begonnen oder nicht?", fragt Alex. „Mit wem außer uns Fünf werden wir es noch zu tun haben?", ergänzt Stefan.

Lernen

SbX ID: 4510

SbX
ID: 4510
Bildschirmpräsentation zu dieser Lerneinheit

1 Einführung

1.1 Projektabgrenzung

Was gehört in das Projekt und was nicht, was passiert im Projekt?
Welche Ziele hat das Projekt?
Wann beginnt es?
Welche Personen arbeiten und entscheiden im Projekt?

Das sind wichtige Leitfragen, die nun zu klären sind.

Das Team empfindet richtig: Es ist sehr wichtig, dass das Projektteam und die Projektauftraggeberin ein gemeinsames Bild vom Projekt haben. Es muss allen klar werden, was **im Projekt** gemacht wird und was nicht.

Was versteht man unter Projektabgrenzung?

Die **Projektabgrenzung** definiert, was **im** Projekt ist, und markiert die **Grenzen** des Projektes. Sie wird für die drei Dimensionen **sachlich, zeitlich** und **sozial** durchgeführt.

Mithilfe der Projektabgrenzung werden folgende Punkte geklärt:

1. Was sind die **Ziele** des Projektes bzw. was sind „Nicht-Ziele" des Projektes? = **sachliche Projektabgrenzung**
2. **Wann** und mit welchem **Ereignis** startet bzw. endet das Projekt? = **zeitliche Projektabgrenzung**
3. Wer sind die **Personen,** die im Projekt eine Rolle spielen? = **soziale Projektabgrenzung**

Das Setzen dieser Grenzen ermöglicht es, genau zu erkennen, was sich innerhalb des Projektes befindet.

Abb. 3-2 Projektabgrenzung

1.2 Projektkontextanalyse

Projekte stehen aber nicht im „luftleeren Raum". Sie werden in einem bestimmten Umfeld abgewickelt. Dieses Umfeld nennt man auch Projektkontext. Beim Bearbeiten eines Projektes muss immer auch dieses Umfeld, der Zusammenhang, berücksichtigt werden.

Für welche 3 Dimensionen wird die Projektkontextanalyse durchgeführt?

Wie die Projektabgrenzung wird auch die Projektkontextanalyse für die drei Dimensionen sachlich, zeitlich und sozial durchgeführt.

- In **sachlicher** Hinsicht werden die Zusammenhänge des Projektes zum Unternehmensleitbild und den Unternehmensstrategien einerseits, zu anderen parallellaufenden Projekten und Maßnahmen andererseits dargestellt.
- Die **zeitliche** Dimension beschreibt die Vorprojektphase und die Nachprojektphase.
- Die **soziale** Dimension spiegelt die Beziehungen der Personen, die für das Projekt wichtig sind, zu diesem.

Neben dem Projekt selbst muss auch das Umfeld, also der Projektkontext betrachtet werden, weil es notwendig ist, zu prüfen, wer oder was das Projekt fördert bzw. wer oder was die Abwicklung des Projektes behindern könnte.

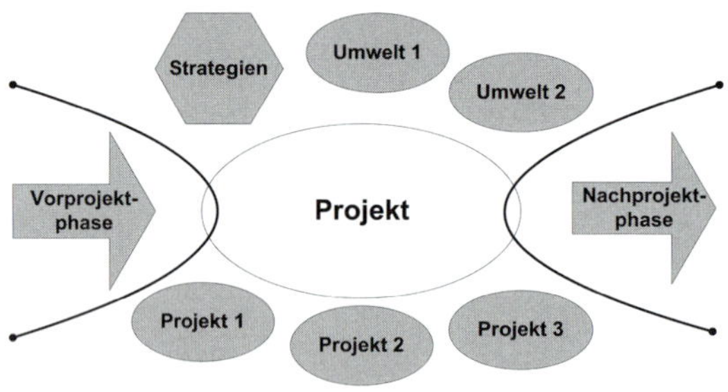

Abb. 3-3 Projektkontextanalyse

2 Zusammenhang von Projektabgrenzung und Projektkontextanalyse

Wie unterscheiden sich Projektabgrenzung und Projektkontextanalyse voneinander?

Die **Projektabgrenzung** definiert, was **im** Projekt ist, und markiert die **Grenzen** des Projektes. Die **Projektkontextanalyse** zeigt, in welchem **Zusammenhang** (= Kontext), in welchem Umfeld das Projekt steht und welche äußeren Einflüsse auf das Projekt wirken.

Projektabgrenzung und Projektkontextanalyse werden für drei Dimensionen durchgeführt:

Dimension	Projektabgrenzung	Projektkontextanalyse
sachlich	Welche Ziele werden verfolgt? Was sind Thema und Inhalt des Projektes?	Welche Inhalte außerhalb des Projektes und welche anderen Projekte bzw. Maßnahmen, die gleichzeitig durchgeführt werden, beeinflussen mein Projekt? Passt das Projekt zum Leitbild und den Strategien der Organisation (Unternehmen, Schule …)?
zeitlich	Zwischen welchen Zeitpunkten und Ereignissen wird das Projekt durchgeführt?	Was hat zu dem Projekt geführt? Welche Entscheidungen wurden bereits getroffen? Welche Dokumente gibt es bereits? Was wird nach Durchführung des Projektes anders sein als vorher? Welche Folgekosten und -nutzen ergeben sich?

Dimension	Projektabgrenzung	Projektkontextanalyse
sozial	Wer hat im Projekt welche Rollen inne, wer ist Projektleiter/-leiterin, Projektteammitglied, Projektmitarbeiter/-mitarbeiterin, Projektcoach …?	Welche Umwelten (z. B. Kunden, Behörden, Lieferanten, Medien ...) stehen in Beziehung zum Projekt?

3 Sachliche Projektabgrenzung

„Was wollen wir eigentlich mit der Veranstaltung erreichen?" „Ein tolles Fest, viele Teilnehmer/Teilnehmerinnen, alle sollen sich wohlfühlen, keinen Verlust, schönes Wetter, viel Umsatz, viele neue Leute kennenlernen …" „Wo soll es sein?" „Wir müssen uns einigen!"

Das Team nimmt sich vor, dass alle Schüler/Schülerinnen Spaß am Schul-Event haben und sich besser kennenlernen sollen. Dies formulieren Sie folgendermaßen: Ziel ist ein Schul-Event mit Kennenlernspielen, Karaoke, Tanz und Gruppendarbietungen. Der Erfolg dieser Ziele soll durch eine Befragung der Besucher/Besucherinnen des Schul-Events gemessen werden. Außerdem soll die Finanzierung gesichert sein, d. h., alle Ausgaben müssen gedeckt sein. Auf keinen Fall soll der Schul-Event zu einer reinen Disco im Schulgebäude werden. Auch ein Sportfest möchte das Team nicht veranstalten.

Wozu dient die sachliche Abgrenzung?

Ziel der **sachlichen Abgrenzung** eines Projektes ist es, zu bestimmen, was alles im Projekt „drinnen" **(Ziele)** und was „draußen" **(Nicht-Ziele)** ist. Wesentlich ist eine klare Definition der Ziele und der Nicht-Ziele.

Die Ziele des Projektes werden genau definiert, die angestrebten Ergebnisse möglichst genau angegeben. Ziele sollen nach Möglichkeit so formuliert werden, dass eindeutig überprüft werden kann, wie weit das jeweilige Ziel hinsichtlich Quantität und Qualität erreicht worden ist.

Was heißt SMART?

Die Ziele müssen

- S **spezifisch** sein, d. h., sie müssen konkret formuliert sein,
- M **messbar** sein, d. h., es muss erkennbar sein, ob bzw. wie weit die Ziele erreicht wurden,
- A **attraktiv** sein, d. h., es muss sich lohnen, sich für die Ziele zu engagieren,
- R **realistisch** sein, d. h., es muss im Bereich des Möglichen sein, die Ziele zu erreichen,
- T **terminisiert** sein, d. h., es muss klar sein, bis wann die Ziele erreicht werden müssen. (Anmerkung: Dieser Teil der Zielformulierung betrifft die zeitliche Dimension.)

Durch die Bestimmung von „Nicht-Zielen" werden die Projektgrenzen sichtbarer. Bei Bedarf können „Nicht-Ziele" zu einem späteren Zeitpunkt als Projektziele definiert werden.

Beispiel:

Projekt 1: Ziel: Planung des Schul-Events
Nicht-Ziel: tatsächliche Durchführung des Schul-Events

Projekt 2: Ziel: tatsächliche Durchführung des Schul-Events, Umsetzung der Planung

Tipps:

- **Ziele** sind immer erwartete Ergebnisse der Arbeit. Formulieren Sie diese daher mit **Hauptwörtern,** z. B.: Ziel ist der Schul-Event, die Teilnahme von mindestens 200 Schülern etc.
- Formulieren Sie Ziele immer **positiv!** Zum Beispiel: Ziel ist ein Gewinn von … Falsch wäre: kein Verlust.
- Die Festlegung von Nicht-Zielen ist wichtig, um exakt festzulegen, welche Ziele durch **dieses** Projekt **nicht** angestrebt werden.

Hinweis:
Nicht-Ziele erfüllen eine Schutzfunktion für das Projektteam.

- **Nicht-Ziele** sind **mögliche** Ziele eines **anderen** Projektes, die aber in diesem konkreten Projekt nicht verwirklicht werden sollen (z. B. eine Evaluation der Projektdurchführung, das Vermarkten des Projektergebnisses, das Schreiben eines Endberichtes für verschiedene Zielgruppen, Stellen von Fotos auf die Homepage etc.). Es kommt häufig vor, dass Nicht-Ziele durch Folgearbeiten in der Nachprojektphase erreicht oder in Folgeprojekten zu Zielen werden.
- **Unerwünschte negative Effekte,** z. B. Misserfolg, Streit …, sind als Nicht-Ziele **nicht geeignet.** Sie werden ja in **keinem** Projekt angestrebt.
- Oft ergibt sich erst durch Formulierung von Nicht-Zielen ein **genaues Bild** von den Zielen.
- Je detaillierter und genauer Sie Ihre Ziele definieren, desto leichter ist nachher die Leistungsplanung. Aber auch hier gilt der Grundsatz: **so genau wie nötig, so großzügig wie möglich!**
- Je **messbar**er Sie Ihre Ziele definieren, desto weniger müssen Sie Ergebnisse nach „vagen" Zielbeschreibungen interpretieren und damit laufend „nacharbeiten". Ein Ziel muss daher immer den messbaren Inhalt, das Ausmaß, den Zeitbezug sowie den Ort beinhalten. Ziele sind auch immer in die Zukunft gerichtet. Ein Beispiel für ein messbares Ziel wäre z. B. dass laut Befragung mindestens 90 % aller Schüler/Schülerinnen am Schul-Event laut Befragung Spaß haben. Ob dieses Ziel erreicht wurde, müsste allerdings durch eine Befragung erhoben werden.
- Bei der Zieldefinition sollte beachtet werden, dass nicht von vornherein Wege und Methoden zur Zielerreichung beschrieben werden. Ziele müssen lösungsneutral formuliert werden.
- Die Projektziele müssen nicht nur innerhalb des Projektteams (Projektleiter/-leiterin und Projektteammitglieder), sondern auch mit dem Projektauftraggeber/der Projektauftraggeberin vereinbart werden.

Das folgende Formular ist ein einfaches Hilfsmittel, um die Projektziele und die damit verbundenen Hauptaufgaben übersichtlich darzustellen.

Zieleplan – sachliche Projektabgrenzung			
Zielart	**Projektziele bzw. Nicht-Ziele**	**Adaptierte Projektziele per …**	
Hauptziele			
Zusatzziele ● Inhaltliche Ziele ● Prozessziele			
Nicht-Ziele			
Hauptaufgaben			
Version:	Datum:	Ersteller/in:	Seite 1 von 1

Hauptziele (**Ergebnis**ziele) sind jene Ziele, deretwegen das Projekt durchgeführt wird, z. B. der Schul-Event.

Hinweis:
Bitte keine Selbstverständlichkeiten anführen.

Zusatzziele (**Inhaltliche** Ziele und **Prozess**ziele) sind Ziele, die erwünscht sind, aber auch durch andere Maßnahmen und Projekte erreicht werden können, z. B. Verbesserung der Klassengemeinschaft.

Die Spalte **Adaptierte Projektziele per …** wird noch nicht bei der Projektplanung, sondern erst **im Verlauf des Projektes** (z. B. bei Controllingsitzungen) benötigt, falls **Änderungen** (= Adaptierungen) erforderlich werden. An diesem Beispiel ist klar zu sehen, dass sowohl die Planung eines Projektes als auch der Controllingprozess arbeitssparend mit denselben Formularen durchgeführt werden können.

Es werden auch die zum Erreichen der Ziele durchzuführenden **Hauptaufgaben** – nach Möglichkeit in logischer Reihenfolge – angegeben.

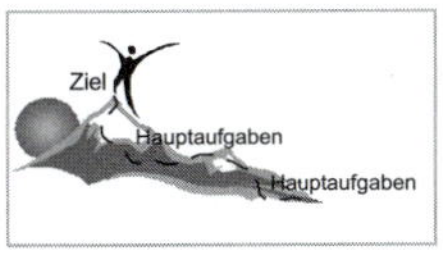

Tipp:

- Bei den **Zielen** handelt es sich um **Ergebnisse,** verwenden Sie für die Formulierung daher **Hauptwörter.**
- Ziele lassen den Weg (die erforderlichen Maßnahmen bzw. Tätigkeiten) offen.
- Bei den **Hauptaufgaben** handelt es sich um **Tätigkeiten,** verwenden Sie daher **Zeitwörter!**

Vielleicht fällt Ihnen für den Erstansatz die folgende Darstellung der sachlichen Projektabgrenzung leichter:

Hinweis:
Unter Ziel können Sie sich einen Berggipfel vorstellen, den Sie mit dem Projekt erreichen wollen. Im Rahmen der Hauptaufgaben beschreiben Sie die Schritte (Tätigkeiten), um dorthin zu gelangen.

Zieleplan – sachliche Projektabgrenzung	
Ziele:	Nicht-Ziele:
Hauptaufgaben:	

Warum sind Ziele für die Arbeit in Projekten so wichtig?

- Ziele informieren und motivieren.
- Ziele machen das Projektende und das Projektendergebnis immer wieder zum Thema.
- Ziele sind die Grundlage für ein zügiges und kreatives Arbeiten.
- Die Mitwirkung bei der Planung und Umsetzung der Ziele erhöht die Identifikation mit dem Projekt wesentlich.
- Bei der Zieldefinition kommt es sinnvollerweise zum Setzen von Prioritäten.
- Die Zieldefinition beeinflusst die benötigten Mittel (= Ressourcen).
- Eine genaue Zieldefinition schafft Einigkeit über das „Wohin" im Projekt und lässt alle Teammitglieder „am selben Strang" ziehen (Identifikationsfunktion).
- Eine genaue Definition der Ziele und Nicht-Ziele vermindert den Interpretationsspielraum. Sie schafft klare Verhältnisse für den Projektauftraggeber und das Projektteam und verringert somit die Gefahr von teuren Rechtsstreitigkeiten über den Umfang der zu erbringenden Leistung.
- Je umfassender Sie Ihre Nicht-Ziele erfassen, desto leichter ist es, Missverständnisse zwischen Auftraggeber und Projektteam über den Umfang der zu erbringenden Leistung zu vermeiden.

Leider geht es nicht ganz so schnell, bis sich das Team über die Ziele im Klaren und einig ist sowie diese SMART formuliert hat. Auch Nicht-Ziele zu formulieren, benötigt eine gewisse Zeit. Der logische Ablauf der Hauptaufgaben ist relativ rasch gefunden – fertig ist die sachliche Projektabgrenzung.

SbX
ID: 4510
Download: PHB-Vorlage

Projektzieleplan – sachliche Projektabgrenzung

„Schul-Event 20..“

Zielart	Projektziele bzw. Nicht-Ziele	Adaptierte Projektziele per …
Hauptziele	• Gelungener Schul-Event mit $\geq$ 80 % der Schüler/innen • Programm für $\geq$ 1,5 Stunden • Musik/Band • Karaoke-Show mit $\geq$ 10 Teilnehmer/innen • $\geq$ 3 Sport-/Scherzbewerbe • Tombola mit $\geq$ 150 Preisen • Gutes Buffet • Gesicherte Finanzierung • Sauberkeit nach der Veranstaltung • Abrechnung, Bericht	
Zusatzziele	• Schüler/innen sollen Spaß haben • Schüler/innen sollen sich (besser) kennenlernen	
Nicht-Ziele	• Reine Tanzveranstaltung • Reines Sportfest • Fotogalerie für Homepage	

Hauptaufgaben
- Motto festlegen
- Programm festlegen (Versteigerung, Tanzeinlage, Sketches, Modeschau, Musik, Ehrungen, Wettbewerbe ...?)
- Programmpunkte planen
- Essen und Trinken planen (evtl. inkl. Infrastruktur)
- Finanzierung sicherstellen
- Einladen, ankündigen
- Programmpunkte ausarbeiten (Preise + Lose, Band … organisieren)
- Schul-Event vorbereiten
- Schul-Event durchführen
- Aufräumen
- Abrechnung durchführen
- Bericht vervollständigen
- Bericht übergeben

Version: 1	Datum: 31. 1. 2…	Erstellerin: Tina	Seite 1 von 1

Damit ist das Projekt sachlich abgegrenzt.

4 Sachliche Projektkontextanalyse

„Gibt es zurzeit vielleicht noch andere Projekte, die für unser Projekt Konkurrenz bedeuten oder Unterstützung bieten können?“ „Was läuft parallel zu unserer Arbeit?“ „Welche Bedeutung hat das Schulleitbild für unser Projekt?“ Auf diese und ähnliche Fragen wird das Team nun versuchen, eine Antwort zu finden.

Was ist bei der sachlichen Kontextanalyse zu beachten?

Im Rahmen der **sachlichen Kontextanalyse** ist zu beachten, dass das Projekt nicht im Widerspruch zur Gesamtstrategie des Unternehmens stehen darf. Es soll mithelfen, die Unternehmensziele zu erreichen. Es gibt vielleicht noch **andere Projekte oder Vorhaben,** die Ihr Projekt beeinflussen oder betreffen. Diese sollten für das gesamte Projektteam sichtbar sein, um sie in die Überlegungen einbeziehen zu können.

Die Beziehungen zu Unternehmensleitbild und Unternehmensstrategien, aber auch zu anderen Projekten und Maßnahmen können in einer Abbildung grafisch dargestellt werden. Oft werden diese Beziehungen aber auch verbalisiert und in einer übersichtlichen Tabelle zusammengefasst.

SbX
ID: 4510
Download: PHB-Vorlage

Verbale Beschreibung der sachlichen Projektkontextanalyse				
Zusammenhang zu den Unternehmenszielen und -strategien				
Unternehmensziele	Beschreibung des Zusammenhangs			
Beziehungen zu anderen Projekten				
Projekt	Beziehung	Maßnahmen		PSP-Code
Version:	Datum:	Ersteller/in:	Seite 1 von 1	

SbX
ID: 4510
Kurzanleitung für MS Visio

Das Team stellt einen Zusammenhang zu den Projekten Schulball und Schülercoaching dar. Der Schulball findet im Februar statt. Aus diesem Event kann das Team lernen, gleichzeitig soll der Schul-Event aber keine Konkurrenzveranstaltung werden. Auch mit dem Projektteam, das das Schülercoaching von neu eingetretenen Schülern/Schülerinnen durchführt, nehmen sie Kontakt auf. Vielleicht ergeben sich Maßnahmen, die helfen, die Ziele beider Projekte besser zu erreichen. Auf keinen Fall darf das Team darauf vergessen, zu überprüfen, ob der Schul-Event mit dem Schulleitbild konform geht und die für das laufende Schuljahr festgelegten Maßnahmen zur Erreichung der Ziele der Schule unterstützt.

Die vom Team erarbeitete sachliche Projektkontextanalyse sieht folgendermaßen aus:

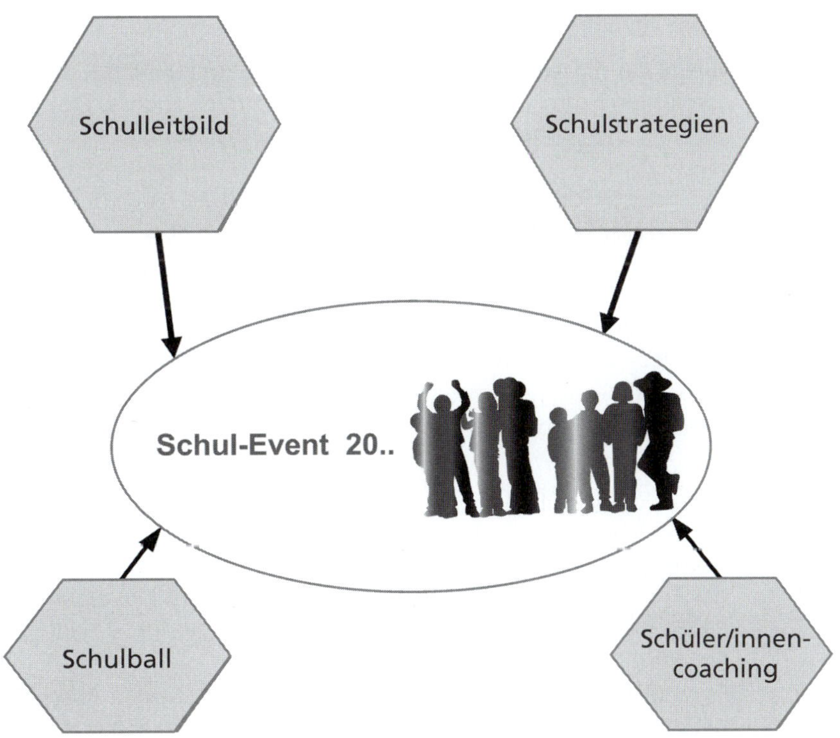

Abb. 3-4 Sachliche Projektkontextanalyse

3 Projektstartprozess/Projektplanung

5 Zeitliche Projektabgrenzung

„Nachdem wir geklärt haben, dass wir mehr als nur Ideen brauchen, haben wir für heute einen Termin vereinbart, bei dem wir die Projektplanung besprechen. Wir sollten uns jetzt einmal einigen, wann wir die Veranstaltung durchführen wollen", sagt Tina. „Können wir das so einfach festlegen? Mai wäre ein guter Monat", meint Karin. Lukas sagt, dass das Projekt für ihn nach der Veranstaltung zu Ende sei. Alex interessiert sich sehr für eine Mitarbeit, weiß aber eigentlich nichts über die Geschichte des Projekts.

Was geschieht bei der zeitlichen Projektabrenzung?

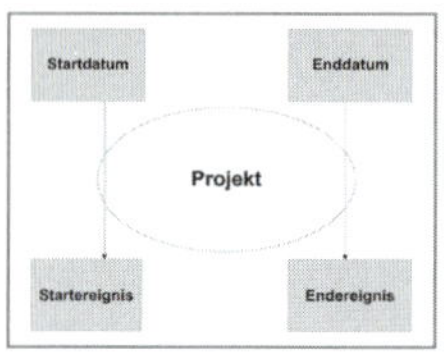

Bei der **zeitlichen Abgrenzung** werden der **Projektstarttermin** mit dem dazugehörigen **Startereignis** und der **Projektendtermin** mit dem **Endereignis** festgesetzt bzw. geplant.

Das Startereignis ist das Ereignis, bei dem sich das Projektteam trifft, um ein gemeinsames Bild vom Projekt zu bekommen und die Planung des Projektes durchzuführen. Je nach Komplexität des Projektes wird dies eine relativ kurze Startsitzung oder ein ausführlicher Startworkshop oder eine an Intensität und Dauer dazwischenliegende Zusammenkunft sein.

Das Endereignis wird das wesentliche Ereignis im gesamten Projekt sein, z. B. die Präsentation des Ergebnisses, der tolle Schluss-Event, die Übergabe des Ergebnisses an den Auftraggeber etc.

Mögliche Vorgangsweise

1. Bestimmen Sie den geplanten Endzeitpunkt des Projekts. Dieser kann vom Projektteam selbständig, nach voraussehbarem Leistungsumfang, festgelegt werden oder vom Projektauftraggeber vorgegeben sein.
2. Koppeln Sie diesen Endtermin mit einem Ereignis (Übergabe des Abschlussberichts an den Projektauftraggeber, Abschlussfeier, Versand der Endabrechnung etc.)
3. Definieren Sie den Projektstarttermin (Wann findet das Kick-off-Meeting bzw. der Start-Workshop statt? Wann wurde beschlossen, das Projekt durchzuführen, und diese Absicht erstmals veröffentlicht? Wann wurde der Projektantrag vom Auftraggeber angenommen?)
4. Bestimmen Sie auch hier das dazugehörige Ereignis (= Startereignis).

Tipp:

Finden Sie für jeden der beiden Termine ein konkretes Datum. Wochen- und Monatsangaben „verführen" zum „Verschleppen" des Endtermins und das Projekt läuft entweder unbeobachtet aus oder „versandet" ohne befriedigende Endleistung.

6 Zeitliche Projektkontextanalyse

Was ist bei der zeitlichen Kontextanalyse zu beachten?

Bei der **zeitlichen Kontextanalyse** betrachtet man, was sich vor Beginn der Arbeit am Projekt ereignet hat, diese Ereignisse ordnet man der **Vorprojektphase** zu.

Weiters überlegt man sich, was alles möglich, bzw. was noch zu erledigen sein wird, wenn das Projekt schon abgeschlossen sein wird. Man macht sich Gedanken zur **Nachprojektphase.**

Der Sinn dieser Überlegungen liegt darin, aufzuzeigen, warum dieses Projekt durchgeführt wird, welche Überlegungen bereits stattgefunden haben, welche Entscheidungen bereits getroffen wurden, ob Voruntersuchungen oder Dokumente vorliegen, ob es Missstände gibt, die durch das Projekt behoben werden können, oder ob es interessante Ideen gibt, die dazu geführt haben, das Projekt anzuregen. Diese Überlegungen gehören in die **Vorprojektphase,** sie bringen Vorinformationen in das Projekt.

Es ist wichtig, schon bei der Planung festzulegen, was im Anschluss an das Projekt noch passieren soll, welche Möglichkeiten und Folgenutzen sich nach erfolgreichem Abschluss des Projektes ergeben, welche Folgekosten entstehen werden und welche Folgearbeiten durchzuführen sein werden etc. Diese Überlegungen werden in der **Nachprojektphase** festgehalten. Wird zum Beispiel als Projekt eine Website erstellt und veröffentlicht, so ist für die Nachprojektphase vorzusehen, dass sie laufend aktualisiert wird.

Unterstützende Fragen zur Vorprojektphase:

1. Wie kam es zu dieser Projektidee?
2. Welches Problem soll mit dem Projekt gelöst werden?
3. Was ist in der Projektantragsphase passiert?
4. Wer und was hat die Vorprojektphase gesteuert?
5. Wer hat in der Vorprojektphase die Idee gefördert und wer hat diese Idee gehemmt?
6. Welche Entscheidungen wurden bereits in der Vorprojektphase getroffen?
7. Welche Unterlagen/Dokumente gibt es aus der Vorprojektphase?
8. Welche Versuche gab es bereits, um das Problem zu lösen?

Unterstützende Fragen zur Nachprojektphase:

1. Was wird nach dem Projekt sein?
2. Welche Tätigkeiten müssen schon jetzt mitbedacht werden, die nach dem Projekt zu erledigen sind?
3. Welche Folgekosten fallen nach Projektabschluss noch an?
4. Welchen Folgenutzen stiftet das Projekt?

Grafisch lässt sich die zeitliche Projektkontextanalyse so darstellen:

Hinweis: Was in der Vorprojektphase bereits entschieden wurde, kann im Projekt nicht mehr gestaltet werden und hat somit unmittelbare Auswirkung auf die Leistungsplanung im Projekt.

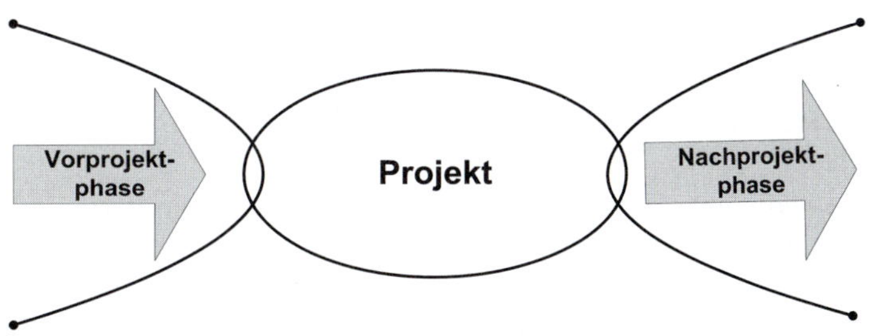

Abb. 3-5 Zeitliche Projektkontextanalyse

Zur besseren Klarstellung könnte man die Vor- und Nachprojektphase auch noch mithilfe der folgenden Tabelle verbal beschreiben:

Verbale Beschreibung der Vorprojekt- und Nachprojektphase Projektname
Beschreibung von Ergebnissen der Vorprojektphase (Wie ist es zu dem Projekt gekommen? Welche Entscheidungen wurden getroffen?) Das Projekt betreffende Ereignisse ● ● Das Projekt betreffende Entscheidungen ● ● Für das Projekt relevante Dokumente (nur Dokumente, nicht deren Inhalt) ● ● Erfahrungen aus ähnlichen Projekten ● ●

Beschreibung von erwarteten Ergebnissen der Nachprojektphase
(Was wird nach dem Projekt passieren?)

Welche Folgeaktivitäten, -projekte wird es geben?
-
-

Welche Folgenutzen wird es geben?
-
-

Welche Folgekosten wird es geben?
-
-

Version: 1	Datum:	Ersteller/in:	Seite 1 von 1

Projektabgrenzung und Projektkontextanalyse für jede Dimension gemeinsam bzw. knapp hintereinander zu betrachten, verbessert den Überblick und beschleunigt den Planungsprozess.

Das Team arbeitet auf Flipcharts, so können sich alle Projektteammitglieder auch tatsächlich am Planungsprozess beteiligen, weil alle gut sehen können, was geschrieben wird. Später können die Plakate immer wieder verwendet werden, wenn es um eine gemeinsame Sicht vom Projekt geht. Die fertigen Plakate werden dann arbeitsteilig in das Projekthandbuch übertragen. Tina, die Projektleiterin, achtet darauf, dass auch tatsächlich ein gemeinsames Projekthandbuch entsteht. Um ein Durcheinander und gegenseitiges Überspeichern zu vermeiden, ist sie die Einzige, die im Projekthandbuch Änderungen vornehmen darf. Sie koordiniert die Eintragungen in das Projekthandbuch.

Alex, Karin, Tina, Stefan und Lukas legen als Projektendtermin den 30. Juni 2... fest. Dies ist die absolute Deadline, bis zu der der Abschlussbericht und die Abrechnung an die Projektauftraggeberin überreicht werden müssen. Der Schul-Event findet zwar schon im Mai statt, aber damit hört die Arbeit der Projektgruppe ja nicht auf, denn die an die Projektauftraggeberin zu übergebenden Schriftstücke erfordern noch einiges an zeitlichen Ressourcen. Mit der Projektplanung hat das Team am 31. Jänner 2... begonnen. An diesem Tag wurden im Rahmen eines Start-Workshops alle erforderlichen Planungsunterlagen erstellt. Damit ist das Projekt zeitlich abgegrenzt. Nun definieren sie noch die Vorgeschichte des Projektes und die Nachprojektphase, damit alle ein gemeinsames großes Bild und damit ein einheitliches Wissen vom Projekt haben. Das Team hält als Vorprojektphase das Schulfest vor zwei Jahren als abschreckendes Misserfolgsbeispiel und den von Tina besuchten Event als Ansporn und Auslöser fest. Nach dem offiziellen Ende des Projektes sollen noch die Fotos von allen Besuchern/Besucherinnen eingesammelt und veröffentlicht, ein Bericht für die Schulhomepage verfasst und die Grundlagen für die Wiederholung des Schul-Events im nächsten Schuljahr festgelegt werden.

Nach einigen Stunden Arbeit blickt das Team stolz auf das unten abgebildete Ergebnis seiner zeitlichen Abgrenzung und Kontextanalyse sowie der sachlichen Kontextanalyse.

Das Team hält die zeitliche Abgrenzung und Kontextanalyse in der folgenden Grafik fest:

SbX
ID: 4510
Download: PHB-Vorlage

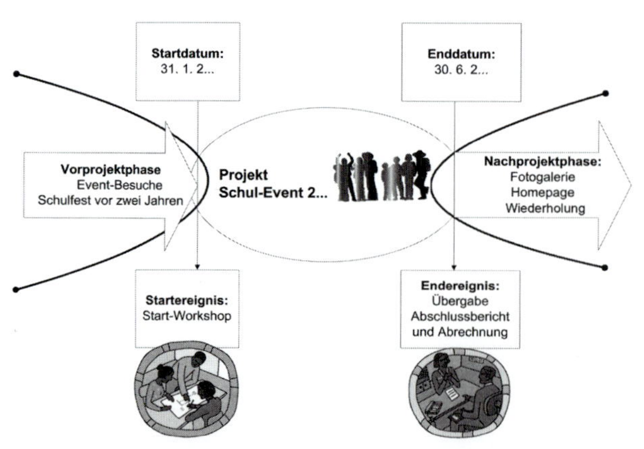

Abb. 3-6 Zeitliche Projektabgrenzung und -kontextanalyse Schul-Event

7 Soziale Projektabgrenzung

Alex, Karin, Tina, Lukas und Stefan arbeiten am Projekt mit. „Ich freue mich riesig darauf, mit euch an einer wirklich tollen Sache im Team zu arbeiten", sagt Stefan. Es ist so, dass er gerne alles gemeinsam machen will. Lukas hat weniger Zeit, er spielt in einer Band und hat auch angeboten, entweder selbst aufzutreten oder sich zumindest um die Musik zu kümmern. Wie schaut es nun mit der Verpflegung aus? – Karins beste Freundin Diana besucht eine Tourismusschule, sie würde das Essen organisieren. Willi, ein Freund von Stefan ist ein EDV-Profi und hat für einige Veranstaltungen bereits die Einladungen gestaltet. Gibt's sonst noch jemanden, der helfen kann? Martin wird Alex, Ulrike wird Karin und Bernd wird Lukas unterstützen.

Wie schaut nun unser Projektteam aus?

Was versteht man unter sozialer Projektabgrenzung?

Die **soziale Abgrenzung** ist Teil der Projektorganisation und legt die Rollen im Projekt fest. Es werden die handelnden Personen im Projekt bestimmt. Die individuellen Rollen (Projektauftraggeber, Projektleiter, Projektteammitglied, Projektmitarbeiter, Projektcoach u. a.) und auch die Gruppenrollen (Projektkernteam, Projektsubteam, Projektauftraggeber-Projektleiterbeziehung) werden festgelegt. Dabei sind die Erwartungen an die Rolle (unabhängig von der Person), die Beziehungen der Rollen und die Interaktionen der Rollenträger zu berücksichtigen.

Die Rollenbildung erfolgt im Start-Workshop. Es muss Einigkeit über die Rollenverteilung herrschen (vgl. Lerneinheit Rollen im Projekt ab S. 21).

Tipps:

- Suchen Sie sich Ihre Projektteammitglieder vorwiegend nach deren projektspezifischen Fähigkeiten, die diese in das Projekt einbringen können, aus. Überdenken Sie erst dann die soziale Komponente (Rollenkonflikte, persönliche Vorerlebnisse etc.), um Ihre endgültige Entscheidung zu treffen.
- Sichern Sie in Ihrem Projekt Vielfalt (Teammitglieder unterschiedlicher Ausbildung, Herkunft, Erfahrung etc.) und Redundanz (Teammitglieder mit gemeinsamer Geschichte, Erfahrung, ähnlichen Qualifikationen, Kontakten etc.).

- Wenn Sie Stellvertreter planen, legen Sie auch diese Rollen in Ihren Verantwortungen und Rechten fest, sonst kommt es zu „Rollenhüllen", die keiner ausfüllt. Dies ist auch eine Kostenfrage.
- Wählen Sie grundsätzlich nie mehr als maximal sieben Kernteampersonen aus, da dies sonst nachteilige Auswirkungen auf die Kommunikations- und Arbeitsstruktur hat. Die optimale Gruppengröße liegt zwischen 3 und 5 Kernteammitgliedern.

Das Team fasst die soziale Projektabgrenzung in einer Tabelle zusammen und visualisiert sie zusätzlich mithilfe eines Organigramms.

Das Festhalten von Telefonnummern und E-Mail-Adressen erleichtert die Kommunikation und erhöht die Transparenz im Projekt.

SbX
ID: 4510
Download: PHB-Vorlage

Projektorganisation
(Projektrollen und Rollenträger – soziale Projektabgrenzung)

„Schul-Event 20..“

Projektrolle	Aufgabenbereiche Skills		Name	Telefon	E-Mail
Projektauftrag-geberin			Dir. Mag. Dr. Susanne Leiter	1234567	sleiter@schule.at
Projektleiterin	Kontakt mit PAG Projektkoordination Entscheidung Marketing		Tina Kuhl	2345678	tkul@schule.at
Projektcoach	Beratung Moderation		Prof. Mag. Linda Helfer	3456789	lhelfer@schule.at
Projektkern-teammit-glieder	Planung Entscheidung Durchfüh-rung Marketing	Musik	Lukas Band	4567891	lband@schule.at
			Alex Mega	5678912	amega@schule.at
			Stefan Super	6789123	ssuper@schule.at
			Karin Ur	7891234	kur@schule.at
Projektsub-teammit-glieder	Unterstützung der Projektkernteam-mitglieder		Martin Mit	8912345	mmit@schule.at
			Bernd Sänger	9123456	bsaenger@schule.at
			Ulrike Turner	9876543	uturner@schule.at
Projektmitar-beiter/innen	Buffet		Diana Esser	8765432	desser@schule.at
	Einladungen, EDV		Willi Zeichner	7654321	wzeichner@schule.at
	Infrastruktur		Franz Schulwart	6543219	fschulwart@schule.at
Version: 1	Datum: 31. 1. 2…		Erstellerin: Tina		Seite 1 von 1

Hinweis:
Alle Namen, Telefonnummern und E-Mail-Adressen wurden frei erfunden!

Die Beziehungen der Rollen untereinander und die Rollenträger können auch in einem **Projektorganigramm** dargestellt werden:

SbX
ID: 4510
Download: PHB-Vorlage

Legende:
PAG = Projektauftraggeberin
PL = Projektleiter
PKTM = Projektkernteammitglied
PSTM = Projektsubteammitglied
PMA = Projektmitarbeiter/in
PC = Projektcoach

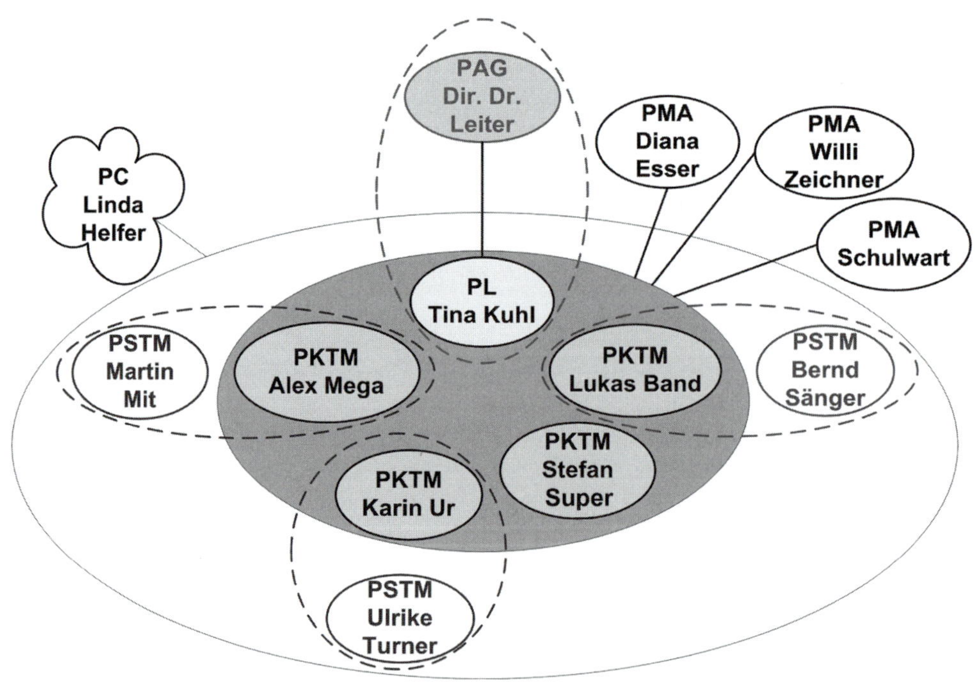

Abb. 3-7 Projektorganigramm Schul-Event

8 Soziale Projektkontextanalyse

Beim letzten Fest, das die Schule organisiert hat, hat es Schwierigkeiten mit den Anrainern gegeben. Zweimal war die Polizei wegen des Lärms in der Schule da, und auch der Schulwart hat sich über den „Dreck" furchtbar aufgeregt. „Das soll uns nicht noch einmal passieren. Was können wir bereits heute überlegen, damit wir optimale Verhältnisse haben?", fragt Tina. „Aber es gab auch positive Stimmen, unsere Direktorin hat sich über das Fest sehr gefreut und auch der Elternverein ist allen Aktivitäten der Schule gegenüber positiv eingestellt", entgegnet Alex.

Gibt es eine Möglichkeit, einen Überblick über die vom Projekt Betroffenen zu bekommen?

Die **soziale Projektkontextanalyse** dient dazu, festzuhalten, mit welchen Personen außerhalb des Projekts das Projektteam Kontakt aufnehmen muss, um Informationen zu bekommen, um das Projekt zu vermarkten, um Hilfestellung zu bekommen usw. Es gilt also zu überlegen, wer mit dem Projekt in irgendeiner Form in Berührung kommt.

Was ist eine Umweltanalyse?

In der anschließenden **Umweltanalyse** ist zu untersuchen, welche dieser Personen oder Personengruppen unserem Projekt positiv, negativ oder neutral gegenüberstehen.

Ist dies geklärt, so ist zu überlegen, mit welchen **Maßnahmen** die Personen, die unser Projekt noch ablehnen, umgestimmt werden können und die Förderer positiv gestimmt bleiben.

Mögliche Vorgangsweise:

1. Ordnen Sie in einer Grafik alle Personen an, die in Beziehung zu Ihrem Projekt stehen.
2. Versuchen Sie, für die Personen bzw. Gruppen übergeordnete Cluster zu finden (z. B. Kunden, Lieferanten, interne Abteilungen, Lehrer, Schüler, Verwaltung) und stellen Sie diese in einer Grafik dar. Unterscheiden Sie zumindest zwischen projektinternen und -externen Umwelten.
3. Nun bewerten Sie diese Personen bzw. Personengruppen in ihrer positiven, neutralen oder negativen Einstellung zum Projekt.

Mögliche Fragen zur Bewertung der Umwelten:

Hinweis: Rund 80 % aller Projekte scheitern aufgrund von Problemen im Zusammenhang mit sozialen Umwelten.

- Wer wird dieses Projekt fördern, wer wird dieses Projekt hemmen?
- Was sind die wechselseitigen Erwartungen dieser Personen?
- Welche Potenziale, welche Macht haben diese?
- Wo sieht das Projektteam Verbündete, wo Widersacher?
- Welche Konflikte sind bereits bekannt oder latent vorhanden?
- Wer hat bereits Schritte zum Fördern bzw. Unterstützen des Projektes gesetzt?
  1. Eine Möglichkeit der gut sichtbaren Kennzeichnung ist es, „Förderer" grün und die „Hemmer" rot einzukreisen. Bei ganz kritischen Umwelten empfiehlt es sich auch, mit deutlichen Symbolen (z. B. Blitzen, Fragezeichen, Smilies etc.) zu arbeiten. Neutrale Umwelten bleiben weiß stehen.
  2. Nun sollten Sie aus der Darstellung erkennen, bei welchen Personen bzw. Personengruppen Handlungsbedarf besteht. Hierbei kommen nicht nur kritische, sondern auch positiv gestimmte Umwelten in Betracht, da diese ja weiterhin informiert oder eingeladen oder in irgendeine Aktivität einbezogen werden wollen.
  3. Erstellen Sie nun einen Maßnahmenplan für jene Umwelten, bei denen Sie Handlungsbedarf erkennen. Hierbei kommen nicht nur kritische, sondern auch positiv gestimmte Umwelten in Betracht, da diese ja weiterhin informiert oder eingeladen oder in irgendeine Aktivität einbezogen werden wollen. Verwenden Sie dazu ein Formular. Entwickeln Sie eine konkrete To-do-Liste mit Verantwortlichen und Terminen.
  4. Dokumentieren Sie die Projektumweltanalyse im Projekthandbuch.
  5. Beachten Sie jedoch: Oft ist eine Projektumweltanalyse nur für den projektinternen Gebrauch geeignet, um Unstimmigkeiten zu vermeiden.

Tipps:

- Wenn man die Symbole für die Umwelten nach ihrer Bedeutung unterschiedlich groß wählt, sieht man sofort, wie wichtig die jeweilige Umwelt für das Projekt ist.

- Um zu erkennen, in welcher Distanz eine Umwelt zum Projekt steht, stellt man die entsprechenden Umwelten näher am Projekt oder weiter weg davon dar.
- Durch die entsprechende Stärke der Verbindungslinien kann man auch die Häufigkeit (Intensität) der Kontakte sichtbar machen. Je intensiver der Kontakt ist, desto breiter ist die Verbindungslinie.

Als Projektkernteammitglieder (PKTM) stehen nun Karin, Stefan, Lukas und Alex fest. Die Projektsubteammitglieder (PSTM) Martin, Ulrike und Bernd unterstützen Alex, Karin und Lukas. Tina übernimmt die Rolle der Projektleiterin (PL), da sie bereits einige Partys erfolgreich organisiert hat. Willi und Diana arbeiten in Teilbereichen des Projektes mit (Diana organisiert das Essen und Willi erstellt die Einladungen). Sie sind daher Projektmitarbeiter/-mitarbeiterinnen (PMA). Als Projektauftraggeberin (PAG) fungiert die Direktorin der Schule. Die Obfrau des Elternvereins übernimmt zwar die Haftung, aber nur für den finanziellen Bereich. Das Team wird durch einen Projektcoach (PC), eine Lehrerin, die Projektmanagement unterrichtet, mit Know-how unterstützt. Damit hat sich ein kompaktes und arbeitsfähiges Projektteam gebildet, das der Projektauftraggeberin gegenüber für die Einhaltung der Ziele verantwortlich ist.

Als wichtige „nicht handelnde", aber betroffene Personen bzw. Personengruppen werden Administration, Lehrer/Lehrerinnen, Sekretariat, Schulwart/Schulwartin, Anrainer/Anrainerinnen, Sponsor/Sponsorin, Schüler/Schülerinnen samt Freunden, Eltern, Obleuten des Elternvereins und die Mitglieder des Schulgemeinschaftsausschusses identifiziert. Zusätzlich erstellt das Team einen Maßnahmenplan für die kritischen Umwelten (Schulwart/Schulwartin und Anrainer/Anrainerinnen wurden in der Grafik deshalb mit einer Wolke gekennzeichnet.) und wichtige positiv gestimmte Umwelten (Sponsor/Sponsorin, die Obfrau des Elternvereins, Schüler/Schülerinnen samt deren Eltern – sie sind in der Grafik durch die Sonne gekennzeichnet).

Legende:
PAG = Projektauftraggeberin
PL = Projektleiter
PKTM = Projektkernteammitglied
PSTM = Projektsubteammitglied
PMA = Projektmitarbeiter/in
PC = Projektcoach

SbX
ID: 4510
Download: PHB-Vorlage

Hinweise:
Ordnen Sie Umwelten nach projektintern und -extern. Die Größe der Ellipse hängt von der Bedeutung der Umwelt ab.

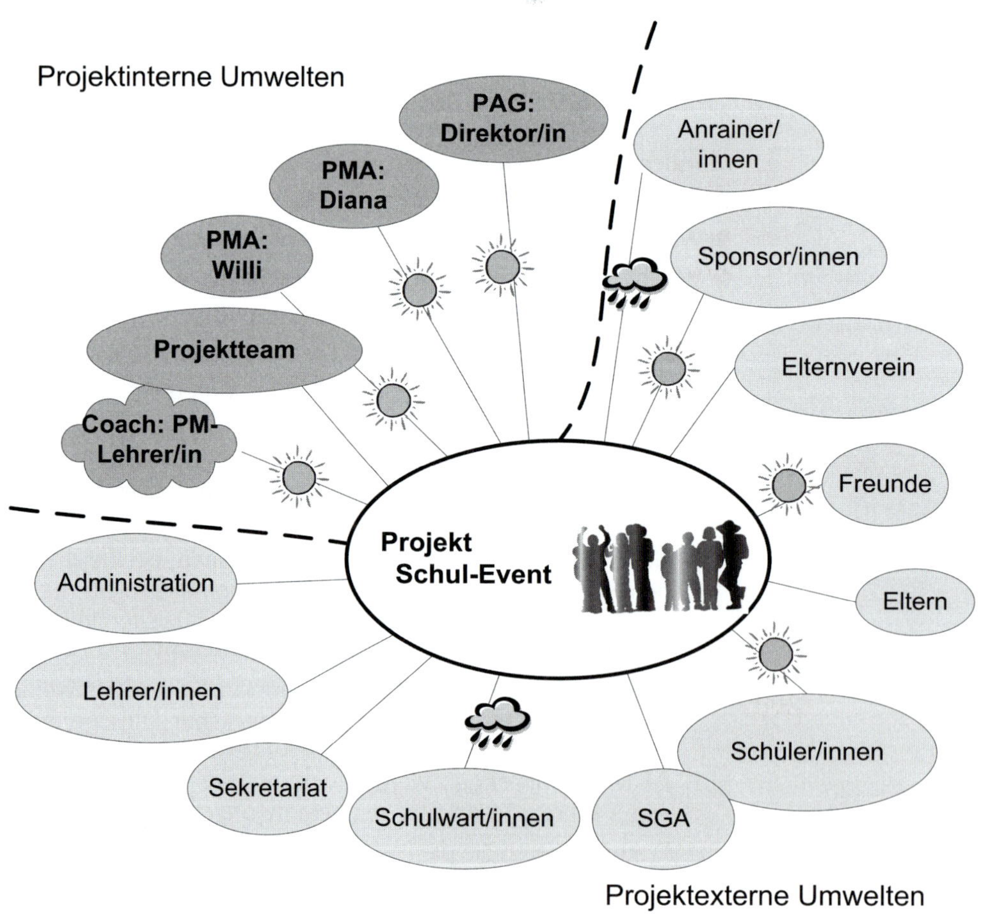

Abb. 3-8 Soziale Abgrenzung und Umweltanalyse Schul-Event

SbX
ID: 4510
Download: PHB-Vorlage

Maßnahmenplan Projekt „Schul-Event 20…"

Umwelt	Probleme/ Potenziale	Folge	Maßnahme	Wer	Bis wann
Schulwart/ innen	Arbeitsaufwand Abfallbeseitigung ☹	Beschwerden, schlechte Kooperation, Vermeidungshaltung des Schulwartes	Information „Aufräumkommando" aufstellen Vorsorge Abfallbeseitigung	Tina	14. 2. … 30. 5. … 14. 2. …
Sponsor/ innen	Zu wenige ☹	Finanzierung nicht gesichert	Gezielte Suche nach neuen Sponsor/innen Schüler/innen spenden (Essen …)	Alex Karin	14. 2. … 30. 5. …
Schüler/ innen	Kritische Kunden Schlechte Erfahrungen ☹	Zu wenig Besucher/innen	Gezieltes Projektmarketing Attraktive Einladungen	Stefan	laufend 14. 2. …
Anrainer/ innen	Lärmbelästigung ☹	Polizeieinsatz, Abbruch des Events	Information Bitte um Verständnis Lärmschutzmaßnahmen	Stefan	15. 6. …
Elternverein	Übernahme der finanziellen Haftung ☺	Finanzierung gesichert	Präsentation der Planung Laufende Berichterstattung	Tina (PL)	14. 2. … laufend
Eltern	Begrüßen Schulaktivitäten ☺	Positive PR für Schule	Laufende Information (Erstinformation)	Stefan	laufend (14. 2. …)
Version: 1	Datum: 31. 1. 2…		Ersteller/in: Tina	Seite 1 von 1	

Hinweis: Vergessen Sie nicht auf Maßnahmen für positiv gestimmte Personengruppen, um die Effekte noch zu erhöhen und um die positive Stimmung zu erhalten!

Üben

Anweisungen für die Projektpraxis

Gehen Sie von Ihrem Musterprojekt aus und erstellen Sie dafür folgende Unterlagen bzw. Grafiken:

a) Zeitliche Projektabgrenzung
b) Zeitliche Projektkontextanalyse
c) Sachliche Projektabgrenzung
d) Sachliche Projektkontextanalyse
e) Soziale Projektabgrenzung
f) Soziale Projektkontextanalyse (Umweltanalyse)
g) Maßnahmenplan zur Beeinflussung von Projektgegnern und Projektförderern

Sichern

Im Projektstartprozess wird ein gemeinsames Bild vom Projekt erarbeitet.

Projektstartprozess oder Projektplanung

Im Rahmen eines Start-Events werden die Projektabgrenzung und -kontextanalyse, Objektstrukturplan, Projektstrukturplan, Arbeitspaketbeschreibung, Meilensteine, Meilensteinplan, Balkenplan, Funktionendiagramm, Kostenplan, Spielregeln und Kommunikationsstruktur erstellt. Die Dokumente werden als fertige Projektplanung im Projekthandbuch zusammengefasst.

Projekt-Start-Event

Der Projekt-Start-Event dient der Erstellung der Projektplanung und kann als Workshop, Sitzung oder Kick-off-Meeting abgehalten werden.

Projektabgrenzung

Die Projektabgrenzung definiert, was im Projekt ist, und markiert die Grenzen des Projektes.

Projektkontext
In der Projektkontextanalyse werden das Umfeld und der Zusammenhang, in dem Projekte stehen, geklärt.

Projektziele
Projektziele müssen SMART sein (spezifisch, messbar, attraktiv, realistisch, terminisiert). Sie sind Ergebnisse, die durch das Projekt erreicht werden sollen.

Projektorganigramm
Im Projektorganigramm werden die Beziehungen der Rollen (PAG, PL, PTM, PMA, Coach) in einem Projekt dargestellt.

Ansprechpartner/innen
Die Liste der Ansprechpartner/innen in einem Projekt dokumentiert deren Rolle, Name, Telefon, E-Mail und eventuell weitere Kontaktdaten.

Maßnahmenplan Umweltanalyse
Im Maßnahmenplan Umweltanalyse werden für die Umwelten in einem Projekt Probleme bzw. Positiva, daraus resultierende Folgen, daraufhin getroffene Maßnahmen und deren Verantwortliche/r festgelegt (soziale Projektkontextanalyse).

	Projektabgrenzung	Projektkontextanalyse

In zeitlicher Hinsicht

Projektabgrenzung:

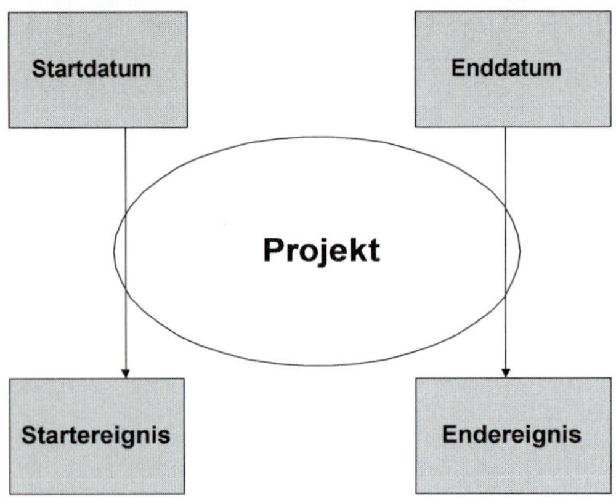

Zeitlichen Rahmen festlegen und mit Ereignissen verbinden

Projektkontextanalyse:

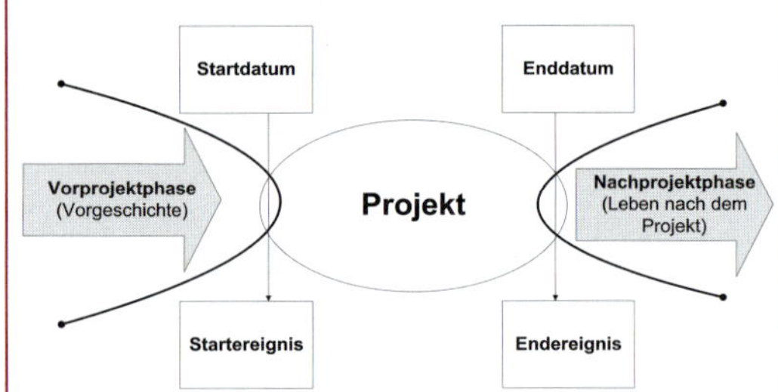

Zeitliches Gesamtbild festlegen

In sachlicher Hinsicht

Projektabgrenzung:

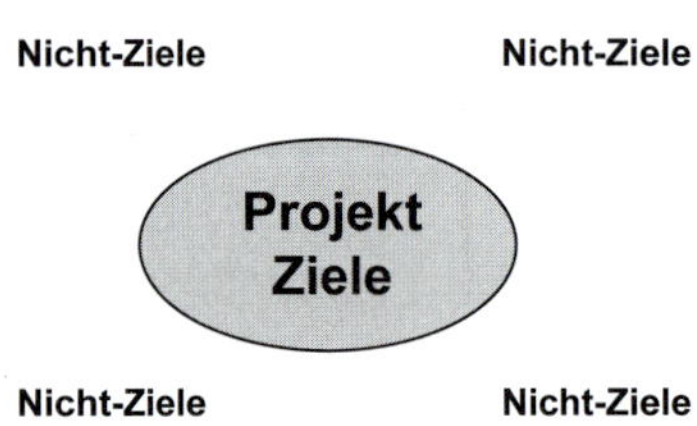

Ziele „SMART" festlegen, Nicht-Ziele bestimmen

Projektkontextanalyse:

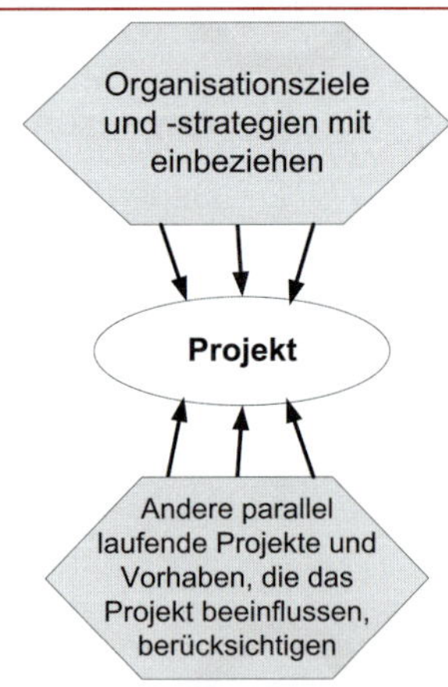

In sozialer Hinsicht

Projektabgrenzung:

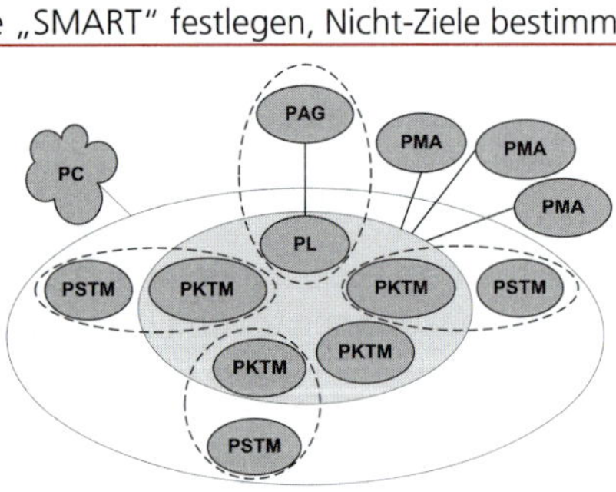

Legende:
PAG = Projektauftraggeberin
PL = Projektleiter
PKTM = Projektkernteammitglied
PSTM = Projektsubteammitglied
PMA = Projektmitarbeiter/in
PC = Projektcoach

Projektkontextanalyse:

Fördernde und hemmende Umwelten definieren, Maßnahmen festlegen

Wissen

SbX ID: 4511

SbX
Fragen 1–5, 7 mit automatischer Aufgabenkontrolle
ID: 4511

erledigt ☑
Frage 1 ☐
Frage 2 ☐
Frage 3 ☐
Frage 4 ☐
Frage 5 ☐
Frage 7 ☐

Kontrollfragen und -aufgaben

1. Was zeigt die Projektabgrenzung und was die Projektkontextanalyse?
2. Für welche drei Dimensionen werden Projektabgrenzung und Projektkontextanalyse durchgeführt?
3. Mit welchem Instrument werden Informationen zur Vor- und Nachprojektphase dargestellt?
4. Mit welchem Instrument werden Ziele, Nicht-Ziele und Hauptaufgaben dargestellt?
5. Was beinhaltet die sachliche Projektkontextanalyse?
6. Nennen Sie drei Rollen im Projekt, erklären Sie deren Aufgaben.
7. Was wird in der sozialen Projektkontextanalyse dargestellt?

Problemstellungen

1. Fall A: Sie sind Projektleiter/-leiterin und erarbeiten gemeinsam mit Ihrem Projektteam die Projektabgrenzung und -kontextanalyse. Ihr Projektauftrag besteht darin, eine **Datenbank zur Verwaltung der Daten der Absolventen/Absolventinnen Ihrer Schule** zu erstellen. Sie fixieren daraufhin folgende Punkte:
   - Projektstart: 28. 2. 2...
   - Projektende: 31. 5. 2...
   - Nachprojektphase: jährliche Aktualisierung der Datenbank
   - Projektziel: Fertigstellung der Datenbank und Eingabe der vorhandenen Daten bis 31. 5. 2...
   - Zusammenhang mit anderen Projekten: Projekt „Gründung eines Absolventenvereins, Projekt „Erhebung der Zufriedenheit der Schüler/Schülerinnen der Schule“
   - Projektleiter/-leiterin: Sie
   - Projektteammitglieder: 3 benannte Schulkollegen/-kolleginnen
   - Projektgegner/-gegnerinnen: keine

   Aufgabe: Überprüfen Sie, ob die Projektabgrenzung richtig und vollständig gemacht wurde, und begründen Sie Ihre Antwort. Stellen Sie die gegebenenfalls verbesserte Lösung auch grafisch dar.
2. Fall B: Sie sind Projektleiter/-leiterin und erarbeiten gemeinsam mit Ihrem Projektteam die Projektabgrenzung und Projektkontextanalyse. Ihr Projektauftrag besteht darin, **Spenden zur Unterstützung eines Waisenhauses in Rumänien zu sammeln und auch die Übergabe an den Heimleiter/die Heimleiterin** zu organisieren. Sie fixieren daraufhin folgende Punkte:
   - Projektende: 31. 5. 2..., Endereignis: Übergabe der Spenden an den Heimleiter/die Heimleiterin
   - Vorprojektphase: Fernsehbericht
   - Nachprojektphase: das Waisenhaus verfügt kurzfristig über mehr Mittel, es ist keine Nachbetreuung vorgesehen
   - Projektziel: Übergabe eines möglichst hohen Spendenbetrages an den Heimleiter/die Heimleiterin.
   - Zusammenhang mit anderen Projekten: keine
   - Projektleiter/-leiterin: Sie
   - Projektteammitglieder: 5 benannte Schulkollegen/-kolleginnen
   - Projektgegner/-gegnerinnen: keine
   - Projektförderer/-förderinnen: sozial engagierte Lehrer/Lehrerinnen und Eltern

   Aufgabe: Überprüfen Sie, ob die Projektabgrenzung richtig und vollständig gemacht wurde, und begründen Sie Ihre Antwort. Stellen Sie die gegebenenfalls verbesserte Lösung auch grafisch dar.

Lerneinheit 2

Projekt und Business Case

SbX
Alle SbX-Inhalte zu dieser Lerneinheit finden Sie unter der ID: 4512.

„Der Schul-Event wird nicht nur für uns, sondern für alle Schüler/Schülerinnen ein großer Erfolg werden", jubiliert Alex. „Auch die Lehrer/Lehrerinnen werden großen Spaß haben und stolz auf uns sein", ergänzt Lukas. „Wahrscheinlich werden uns unsere Freunde und Bekannten aus anderen Schulen beneiden", träumt Tina. „Alle werden in unsere Schule gehen wollen und die Neuanmeldungen werden ins Unermessliche steigen", fantasiert Stefan mit einem Augenzwinkern. „Alle werden die Schule nur noch verlassen, wenn sie diese erfolgreich abgeschlossen haben. Es wird keine Schulabbrecher/Schulabbrecherinnen mehr geben", assistiert Karin.

Lernen

SbX ID: 4513

Business Case Summary

SbX
ID: 4513
Bildschirmpräsentation zur Lerneinheit

„Unser Projekt wird die Schule verändern", stellt Stefan begeistert fest. Auch wenn Stefan bewusst übertreibt, hat er nicht Unrecht. Dieses Projekt wird den Erfolg der Schule insgesamt beeinflussen. Sei es durch veränderte Motivation der Schüler/Schülerinnen, durch Imagegewinn oder -verlust, Neuanmeldungen etc.

Projekte werden durchgeführt, um den Geschäftserfolg eines Unternehmens, einer Organisation, zu verbessern. Neben den unmittelbaren Projektkosten und -nutzen werden auch die daraus abzuleitenden Folgekosten und -nutzen erfasst und bewertet. Zur Bewertung einer Investition werden dabei verschiedene Verfahren der Investitionenrechnung angewendet.

Was ist ein Business Case?

Die wirtschaftlichen Konsequenzen einer durch ein Projekt initiierten Investition oder Veränderung können als **„Business Case"** dargestellt werden. Das Ergebnis dieser Bewertung kann im „Business Case Summary Formular" dargestellt werden.

SbX
ID: 4513
Download: PHB-Vorlage

Business Case Summary			
Problemstellung			
Ziele der Investition			
Investitionsbeschreibung			
Prozess-Eigentümer			
Business-Case-Ersteller			
Kosten/Nutzendarstellung			
Investitionsrechnungen			
Simulationsrechnungen			
Version:	Datum:	Ersteller/in:	Seite … von …

Hinweis: Die Verfahren der investitionsrechnung haben Sie im III. Jahrgang in BWL kennengelernt.

Üben

Anweisungen für die Projektpraxis

Gehen Sie von Ihrem Musterprojekt aus und erstellen Sie für dieses eine Business Case Summary.

Sichern

Business Case
stellt die wirtschaftlichen Konsequenzen einer durch ein Projekt initiierten Investition oder Veränderung dar

Business Case Summary
Dieses Formular enthält die Problemstellung, Ziele der Investition, die Investitionsbeschreibung, den Prozesseigentümer, den Business-Case-Ersteller, die Kosten-Nutzen-Darstellung, Investitionsrechnungen und Simulationsrechnungen.

Wissen

SbX ID: 4530

SbX
Fragen 1–3 mit automatischer Aufgabenkontrolle
ID: 4530

erledigt ☑
Frage 1 ☐
Frage 2 ☐
Frage 3 ☐

Kontrollfragen

1. Was versteht man unter einem Business Case?
2. Welche Bestandteile enthält eine Business Case Summary?
3. Wieso ist eine Business Case Summary wichtig?

Problemstellungen

1. Gehen Sie vom Fall A der Problemstellungen zur ersten Lerneinheit dieses Kapitels aus (siehe Seite 59) und erstellen Sie eine Business Case Summary.
2. Gehen Sie vom Fall B der Problemstellungen zur ersten Lerneinheit dieses Kapitels aus (siehe Seite 59) und erstellen Sie eine Business Case Summary.
3. Welche Schwierigkeiten könnten bei der Business Case Summary für Non-Profit-Organisationen auftreten?

Lerneinheit 3

Projektauftrag

SbX
Alle SbX-Inhalte zu dieser Lerneinheit finden Sie unter der ID: 4531.

„Wir waren schon ganz schön tüchtig", lobt Tina. „Ich denke, wir sollten nun einmal versuchen, den Projektauftrag auszufüllen und sehen, was uns noch fehlt." „Gute Idee", pflichtet Stefan bei. „Logo und Projektnamen haben wir ja auch schon." „Gut, lasst uns mal sehen, was wir schon ausfüllen können", meint auch Alex.

Lernen

SbX ID: 4532

Inhalt des Projektauftrags

Nun hat das Team bereits wichtige Eckpunkte des Projekts geplant und kann versuchen, den Projektauftrag auszufüllen. Bis auf die geplanten Kosten, die für Projektauftraggeberin und Projektteam eine wichtige Größe sind, stehen die geplanten Daten nun zur Verfügung.

SbX
ID: 4532
Download: PHB-Vorlage

SbX
ID: 4532
Bildschirmpräsentation zu dieser Lerneinheit

Projektname: Schul-Event

Projektauftrag

Projektstartereignis:	Start-Workshop	Projektstarttermin:	31. 1. 2…
Projektendereignis:	Übergabe Abschlussbericht u. Abrechnung	Projektendtermin:	30. 6. 2…

Hauptziele
- Gelungenes Schul-Event
- Programm
- Musik/Band
- Karaoke-Show
- Sport-/Scherzbewerbe
- Tombola
- Gutes Buffet
- Gesicherte Finanzierung
- Sauberkeit n.d. Veranstaltung
- Abrechnung, Bericht

Zusatzziele
- Schülerinnen sollen Spaß haben
- Schülerinnen sollen sich (besser) kennenlernen

Nicht-Ziele
- Reine Tanzveranstaltung
- Reines Sportfest
- Fotogalerie für Homepage

Hauptaufgaben:
- Motto festlegen
- Programm festlegen (Versteigerung, Tanzeinlage, Sketche, Modeschau, Musik, Ehrungen, Wettbewerbe …?)
- Programmpunkte planen
- Essen und Trinken planen (evtl. inkl. Infrastruktur)
- Finanzierung sicherstellen
- Einladen, ankündigen
- Programmpunkte ausarbeiten (Preise und Lose, Band … organisieren), Schul-Event vorbereiten
- Schul-Event durchführen
- Aufräumen
- Abrechnung durchführen
- Bericht vervollständigen
- Bericht übergeben

Projektkosten[1]:	3.533,00	
davon insgesamt ausgabewirksam:	848,00	Buffet, Musikanlage, Materialkosten
für die Schule ausgabewirksam:	**38,00**	Papierkosten
nicht ausgabewirksam:	2.695,00	Fiktive Personalkosten

Projektkernteammitglieder:
Lukas Band
Alex Mega
Stefan Super
Karin Ur

Projektcoach: Prof. Mag. Linda Helfer

Datum:	31. 1. 2…	
Unterschrift:	*Tina Kuhl* Tina Kuhl, Projektleiterin	*Dir. Mag. Dr. Susanne Leiter* Dir. Mag. Dr. Susanne Leiter, Projektauftraggeberin

Version: 1	Datum: 31. 1.	Erstellerin: Tina	Seite 1 von 1

[1] Die Projektkosten werden wie folgt grob geschätzt: 200,00 EUR für das Buffet, 500,00 EUR für die Musikanlage und ca. 100,00 EUR für diverse Materialkosten, wobei die Schule zusätzlich die Papierkosten von ca. 50,00 EUR tragen würde, fiktive Personalkosten mit 7,00 EUR für ca. 385 Arbeitsstunden. Die detaillierte Kostenberechnung finden Sie in Lerneinheit 6, Ressourcen-/Kostenplan.

Ohne eine einigermaßen zuverlässige Kostenplanung sollte man den Projektauftrag allerdings nicht unterschreiben. Schätzt das Projektteam die Kosten zu hoch ein, wird der Projektauftraggeber das Projekt möglicherweise nicht beauftragen. Werden die Kosten zu niedrig geschätzt, erzielt das Projektteam aus dem Projekt nicht das gewünschte finanzielle Ergebnis.

Dennoch wird an dieser Stelle der ausgefüllte Projektauftrag abgebildet, weil das Projektteam ja möglichst rasch wissen möchte, ob der Auftrag auch tatsächlich zustande kommt.

Üben

Hinweis: Bei Projekten zu Lernzwecken ist die Unterschrift aller Beteiligten hilfreich.

Anweisungen für die Projektpraxis

Gehen Sie von Ihrem Musterprojekt aus und erstellen Sie dafür einen Projektauftrag. Dieses wichtige Dokument muss von Projektleiter und Projektauftraggeber unterschrieben werden!

Sichern

Projektauftrag

Im Projektauftrag werden Startereignis, Starttermin, Endereignis, Endtermin, Hauptziele, Zusatzziele, Nicht-Ziele, Hauptaufgaben, Projektkosten, PTM, PMA, PL, Coach und PAG festgehalten. Der Projektauftrag wird vom Projektleiter/von der Projektleiterin und dem Projektauftraggeber/der Projektauftraggeberin unterschrieben.

Wissen

SbX ID: 4533

SbX
Fragen 1–3 mit automatischer Aufgabenkontrolle ID: 4533

erledigt ☑

Frage 1 ☐
Frage 2 ☐
Frage 3 ☐

Kontrollfragen

1. Was versteht man unter einem Projektauftrag?
2. Wer unterzeichnet den Projektauftrag?
3. Welche Bestandteile enthält der Projektauftrag?

Problemstellungen

1. Gehen Sie vom Fall A der Problemstellungen zur ersten Lerneinheit dieses Kapitels aus (siehe Seite 59) und erstellen Sie einen Projektauftrag.
2. Gehen Sie vom Fall B der Problemstellungen zur ersten Lerneinheit dieses Kapitels aus (siehe Seite 59) und erstellen Sie einen Projektauftrag.
3. Vervollständigen Sie den auf Seite 64 abgebildeten Projektauftrag für das verbesserte Beispiel **Hausbau** auf Seite 37 f. Berücksichtigen Sie dazu bitte noch folgende Informationen:
   - Start: heute
   - Vorprojektphase: Das Baugrundstück wurde bereits aufgeschlossen, der Bauplan samt Genehmigung liegt vor, der Baustromanschluss wurde gemacht.
   - Nachprojektphase: Kollaudierung (Benützungsbewilligung – siehe auch www.help.gv.at), Raumgestaltung und Einrichtung, Gartengestaltung
   - Hauptaufgaben: Keller errichten, Dachgleiche erreichen, Rohbau fertigstellen, Installationsarbeiten durchführen, Bau fertigstellen

- Nicht-Ziele: Überschreitung der maximalen Wohnnutzfläche zur Gewährung einer Wohnbauförderung
- Projektcoach: Ihre Eltern (sie haben selbst ein Haus gebaut)
- Projektdauer: ca. 8 Monate
- Projektkosten: werden mit rund 250.000,00 EUR geschätzt
- Projektleiter/in: Sie selbst

<table>
<tr><td colspan="4">Projektname:

Projektauftrag

Projektnummer:</td><td colspan="2">Projektlogo</td></tr>
<tr><td colspan="3">Projektstartereignis:</td><td colspan="3">Projektstarttermin:</td></tr>
<tr><td colspan="3">Projektendereignis:</td><td colspan="3">Projektendtermin:</td></tr>
<tr><td colspan="4">Hauptziele</td><td colspan="2" rowspan="2">Nicht-Ziele</td></tr>
<tr><td colspan="4">Zusatzziele</td></tr>
<tr><td colspan="6">Hauptaufgaben:</td></tr>
<tr><td colspan="6">Projektkosten:
davon ausgabewirksam:
nicht ausgabewirksam:</td></tr>
<tr><td colspan="3">Projektteammitglieder:</td><td colspan="3">Projektmitarbeiter:

Projektcoach:</td></tr>
<tr><td colspan="6">Datum:

Unterschrift:

Projektleiter/in   Projektauftraggeber/in</td></tr>
<tr><td>Version:</td><td>Datum:</td><td colspan="2">Ersteller:</td><td colspan="2">Seite 1 von 1</td></tr>
</table>

SbX
Alle SbX-Inhalte zu dieser Lerneinheit finden Sie unter der ID: 4550.

Lerneinheit 4
Leistungsplanung im Projekt

„Nun wissen wir zwar, dass wir den Schul-Event 20.. organisieren und durchführen wollen, mir wäre aber bedeutend wohler, wenn wir genau wüssten, was wir benötigen, damit der Schul-Event auch gut gelingt", sagt Karin. „Wir wissen auch, was wir nicht wollen. Für mich ist schon ziemlich klar, wie wir unseren Schul-Event gestalten werden. Aber vielleicht hast du Recht und wir sollten uns noch genauer ansehen, was bei unserer Arbeit an diesem Projekt im Einzelnen herauskommen soll", meint Tina.

Das, was sich Karin wünscht, wird im Objektstrukturplan abgebildet. Neben Teil- bzw. Zwischenergebnissen werden auch noch Objekte betrachtet, die zur Erzielung dieser Ergebnisse wichtig sind. Man spricht in diesem Zusammenhang vom Betrachtungsobjekteplan.

Lernen

SbX ID: 4551

1 Betrachtungsobjekteplan bzw. Objektstrukturplan

Was versteht man unter Betrachtungsobjekten?

Betrachtungsobjekte sind einerseits **Zwischen- bzw. Teilergebnisse** eines Projektes und andererseits Objekte, die zur Erzielung dieser Ergebnisse betrachtet werden müssen. Der Objektstrukturplan (OSP) gliedert das Projekt in seine Zwischen- bzw. Teilergebnisse (= Teilobjekte). Ziel ist die Schaffung einer gemeinsamen Sichtweise des Projektes bei den Projektteammitgliedern und bei Vertretern wichtiger Projektumwelten (z. B. Kunden, Lieferanten, Partner). Der Betrachtungsobjekteplan (BOP) ist eine Gliederung der in einem Projekt zu betrachtenden Betrachtungsgegenstände (Betrachtungsobjekte), er ist **objektorientiert** und **ergebnisorientiert.**

SbX
ID: 4551 Bildschirmpräsentation zu dieser Lerneinheit

Er gibt Antwort auf die Frage „Aus welchen Teilleistungen (Teilergebnissen) besteht das Projekt?" bzw. „Welche Teilergebnisse will der Auftraggeber vom Projektteam bekommen?" „Was ist nötig, um diese Teilergebnisse zu erzielen?" und dient als Grundlage für die Planung der Aktivitäten, die Projektstrukturplanung.

Tipp:

Für den Betrachtungsobjekteplan, der Objekte darstellt, verwendet man Hauptwörter, für den Projektstrukturplan, der Tätigkeiten abbildet, Zeitwörter.

Der Betrachtungsobjekteplan ist in seiner einfachsten Form eine einfache, eventuell gegliederte Auflistung aller Betrachtungsobjekte, z. B.:

Hinweis: Die Betrachtungsobjekte werden unter einer Betrachtungsobjekteart zusammengefasst.

1 Betrachtungsobjekteart 1
2 Betrachtungsobjekteart 2
2.1 Betrachtungsobjekt 1 zu Betrachtungsobjekteart 2
2.2 Betrachtungsobjekt 2 zu Betrachtungsobjekteart 2
3 Betrachtungsobjekteart 3
4 Betrachtungsobjekteart 4
4.1 Betrachtungsobjekt 1 zu Betrachtungsobjekteart 4
4.2 Betrachtungsobjekt 2 zu Betrachtungsobjekteart 4
4.3 Betrachtungsobjekt 3 zu Betrachtungsobjekteart 4

Hinweis:
Statt Betrachtungsobjekteart 1 etc. wird die konkrete Bezeichnung der jeweiligen Betrachtungsobjekteart eingesetzt.

Tipp:

Stellen Sie sich den Betrachtungsobjekteplan wie einen Bauplan für ein Haus vor. In welche Ergebnisse lässt sich nun Ihr Projekt gliedern?

Der Betrachtungsobjekteplan kann auch als Baumstruktur dargestellt werden, z. B.:

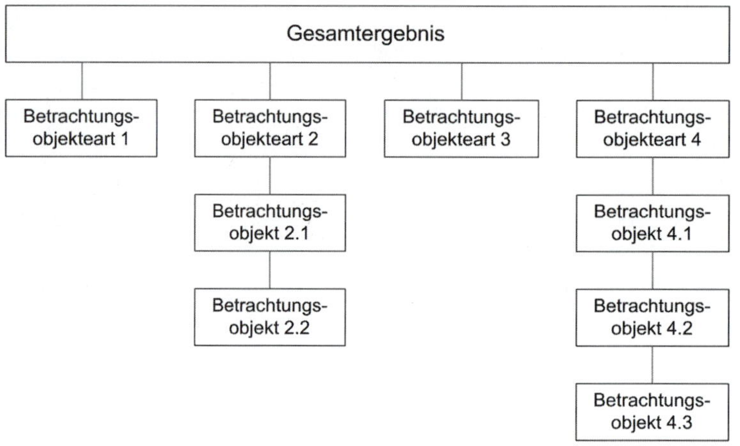

Abb. 3-9 Betrachtungsobjekteplan als Baumstruktur

Bewährt hat sich folgende tabellarische Darstellung:

Betrachtungsobjekteplan	
Betrachtungsobjekteart	**Betrachtungsobjekt**
Betrachtungsobjekteart 1	Betrachtungsobjekt 1
Betrachtungsobjekteart 2	Betrachtungsobjekt 2.1
	Betrachtungsobjekt 2.2
Betrachtungsobjekteart 3	Betrachtungsobjekt 3
Betrachtungsobjekteart 4	Betrachtungsobjekt 4.1
	Betrachtungsobjekt 4.2

Tipps:

- Solange Sie die Projektmanagementinstrumente noch erlernen, ist es für Sie leichter, den Betrachtungsobjekteplan als Auflistung aller Teilobjekte wie auf Seite 67 als Formular darzustellen. Auf diese Weise fällt es Ihnen leichter, den ergebnisorientierten Betrachtungsobjekteplan vom prozessorientierten (tätigkeitsbezogenen) Projektstrukturplan zu unterscheiden.
- Empfehlenswert sind auch andere Darstellungsformen, wie z. B. eine Mindmap.

„Auf jeden Fall benötigen wir einen geeigneten Ort und ein tolles Programm", meint Stefan. „Ohne Getränke und Kleinigkeiten zum Essen wird es auch nicht gehen", wirft Lukas ein. „Ich will unbedingt tolle Musik", gibt Alex ihre Wünsche bekannt.

Nach kurzer Diskussion einigt sich das Projektteam auf folgenden Betrachtungsobjekteplan:

SbX
ID: 4551
Download: PHB-Vorlage

Betrachtungsobjekteplan

Betrachtungsobjekteart	Betrachtungsobjekt
1 Organisationsmittel	1.1 Einkaufslisten 1.2 Sponsorenliste 1.3 Organisationsplan, Personaleinsatzplan 1.4 Infrastrukturplan 1.5 Finanzierungsplan 1.6 Müllmanagement
2 Marketingmaßnahmen	2.1 Einladungen 2.1 Plakate, Durchsagen, Ankündigung in der Schülerzeitung
3 Infrastruktur	3.1 Ausstattung (Möbel, Licht, Tontechnik) 3.2 Dekoration 3.3 Garderobe 3.4 Aufgeräumte Lokalität
4 Programmpunkte	4.1 Eröffnungsrede/-ereignis 4.2 Programm 4.3 Buffet 4.4 Musik 4.5 div. Aktivitäten (⩾ 5, z. B. Sportbewerbe, Karaoke-Show,Tombola) 4.6 Preise (für Tombola und Wettbewerbe) 4.7 Schlusspunkt/Verabschiedung
5 Durchgeführter Schul-Event	
6 Abrechnung	
7 Abschlussbericht	
8 Fotos (⩾ 100 Fotos)	

2 Projektstrukturplan

„Nun wäre es nicht schlecht zu wissen, was wir tun müssen, um die gewünschten Ergebnisse zu erzielen", meint Alex. Stefan ergänzt: „Am besten wäre es, wir wüssten auch gleich die richtige Reihenfolge der Arbeiten, die uns bevorstehen."

Der aufgabenbezogene Projektstrukturplan – am besten phasenorientiert, in logisch-zeitlicher Reihenfolge – ist das Projektmanagementinstrument, das es ermöglicht, diese Wünsche zu erfüllen.

Was versteht man unter Projektstrukturplan?

Der **Projektstrukturplan (PSP)** ist die Gliederung des Projektes in plan- und kontrollierbare Teilaufgaben, sogenannte Arbeitspakete. Die Gliederung im Projektstrukturplan erfolgt in logischer Reihenfolge, prozessorientiert in Phasen. Aus dem Projektstrukturplan muss erkennbar sein, durch welche Aktivitäten die Teilergebnisse des Betrachtungsobjekteplanes erreicht werden.

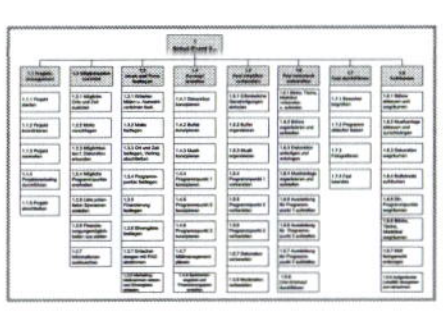

Der Projektstrukturplan stellt das **Herzstück** der Projektplanung und damit des gesamten Projektmanagements dar. Er bildet die Grundlage für die Ablauf-, Termin-, Kosten- und Ressourcenplanung und ist ein zentrales Kommunikationsinstrument im Projekt. Er ist die Darstellung der zu erfüllenden Projektleistungen in zeitlich aufeinanderfolgenden oder auch zeitlich parallelen Phasen und gibt Antwort auf die Frage: „Was muss getan werden, um die (Teil-)Ergebnisse zu erzielen?"

Ziele des Projektstrukturplans sind:

- die systematische Erfassung aller Projektaufgaben
- die Untergliederung des Projekts in plan- und kontrollierbare Arbeitspakete
- die übersichtliche Darstellung des Projektinhalts
- Festlegung einer Struktur, die für das gesamte Projekt gilt und Basis ist für Terminplanung,

3 Projektstartprozess/Projektplanung

Aufgabenverteilung, Ressourcen- und Kostenplanung, Koordination, Controlling, Tagesordnungen von Sitzungen, Ablageordnungen usw.

Grundsätzlich kann der PSP grafisch und in Listenform mit oder ohne Einrückungen dargestellt werden. Am besten bewährt sich die grafische Darstellung nach folgendem Schema:

In welche Ebenen wird ein PSP gegliedert?

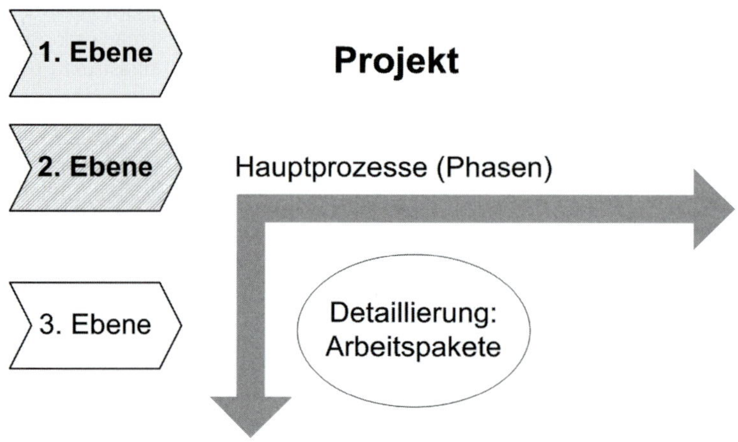

Abb. 3-10 Grundstruktur des Projektstrukturplans

Die erste Ebene bildet immer das Projekt, die zweite Ebene die wichtigsten Prozesse. Für die dritte Ebene ist es günstig, die Gliederung nach den Betrachtungsobjekten vorzunehmen. Das Gliederungskriterium in der 3. Ebene ist nicht so streng, es kann in dieser Ebene auch nach mehreren Gliederungsaspekten strukturiert werden. Außerdem ist es möglich, die dritte Ebene weiter zu untergliedern und Einrückungen vorzunehmen. Allerdings leidet dadurch die Übersichtlichkeit des PSP.

Tipp:

Wenn Sie die Hauptaufgaben gut überlegt haben, ist es für Sie leicht, die Hauptprozesse (Phasen) zu finden.

Ein Projektstrukturplan, der nach diesen Regeln aufgebaut und dargestellt wird, sieht so aus:

Hinweis:
Nach Möglichkeit sollten es mehr als zwei Arbeitspakete pro Phase sein.

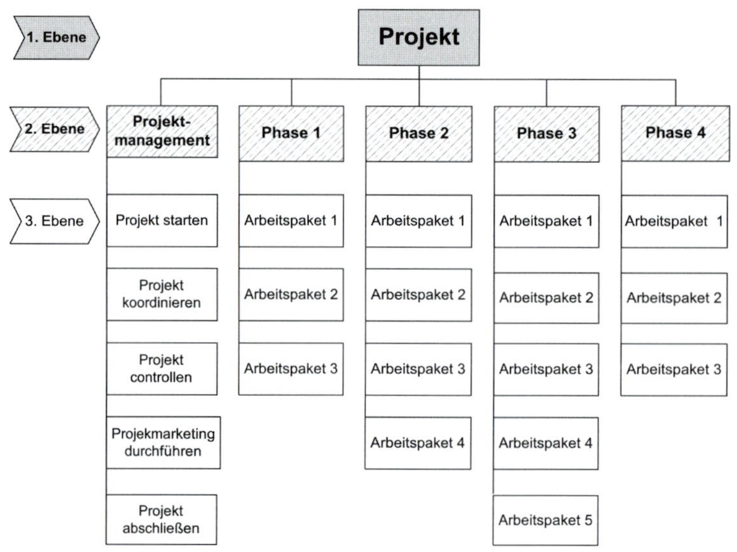

Abb. 3-11 Struktur des Projektstrukturplans

Tipps:

- Bei der Gliederung denkt man in erster Linie an Aufgaben. Die Beschreibung der Aufgaben gelingt am besten, wenn **Zeitwörter** verwendet werden.
- Die Strukturierung sollte **prozessorientiert** erfolgen (nicht nach Unternehmensbereichen oder Abteilungen, sondern nach zu durchlaufenden Phasen).
- Es sollten einschließlich Projektmanagement nicht mehr als **höchstens 8 Phasen** vorgesehen werden.
- Eine Phase sollte in **mindestens zwei besser drei, höchstens acht Arbeitspakete** gegliedert werden.
- Der Projektstrukturplan sollte im **Team** erstellt werden.
- Es gibt zwar projekttypische Standardgliederungen, trotzdem gibt es meist **mehrere mögliche** Gliederungen für ein Projekt.
- Die Entstehung eines jeden Teilergebnisses muss im PSP erkennbar sein, d. h., die **erforderlichen Tätigkeiten** müssen im PSP abgebildet werden.
- Es ist günstig, den PSP auf einer **Flipchart mithilfe von Post-its** (12,7 cm × 7,6 cm) zu entwerfen. Die Post-its können leicht ausgetauscht werden, das Flipchart-Format ermöglicht die aktive Beteiligung des gesamten Teams.

Tina und ihr Team listen nun alle Tätigkeiten auf, die sie durchführen müssen, um alle Teilergebnisse aus dem BOP zu erhalten. Da alle schon Erfahrungen mit privaten Geburtstagspartys, Hochzeits- und Jubiläumsfeiern und ähnlichen Schulveranstaltungen, wie Schulfest, Schulball etc. haben, fallen ihnen viele Tätigkeiten ein. Nun ist es nicht mehr allzu schwierig, die Tätigkeiten im PSP prozessorientiert, in logischer Reihenfolge sinnvoll anzuordnen. Zum Schluss wird noch einmal überprüft, ob alle gewünschten Teilergebnisse und Ergebnisse aufgrund des PSP auch entstehen können. So ist das Team sicher, dass das Herzstück des Projektmanagements auch gut gelungen ist.

Nach intensiver Arbeit und eingehender Beratung entsteht für den Schul-Event 20.. folgender Projektstrukturplan:

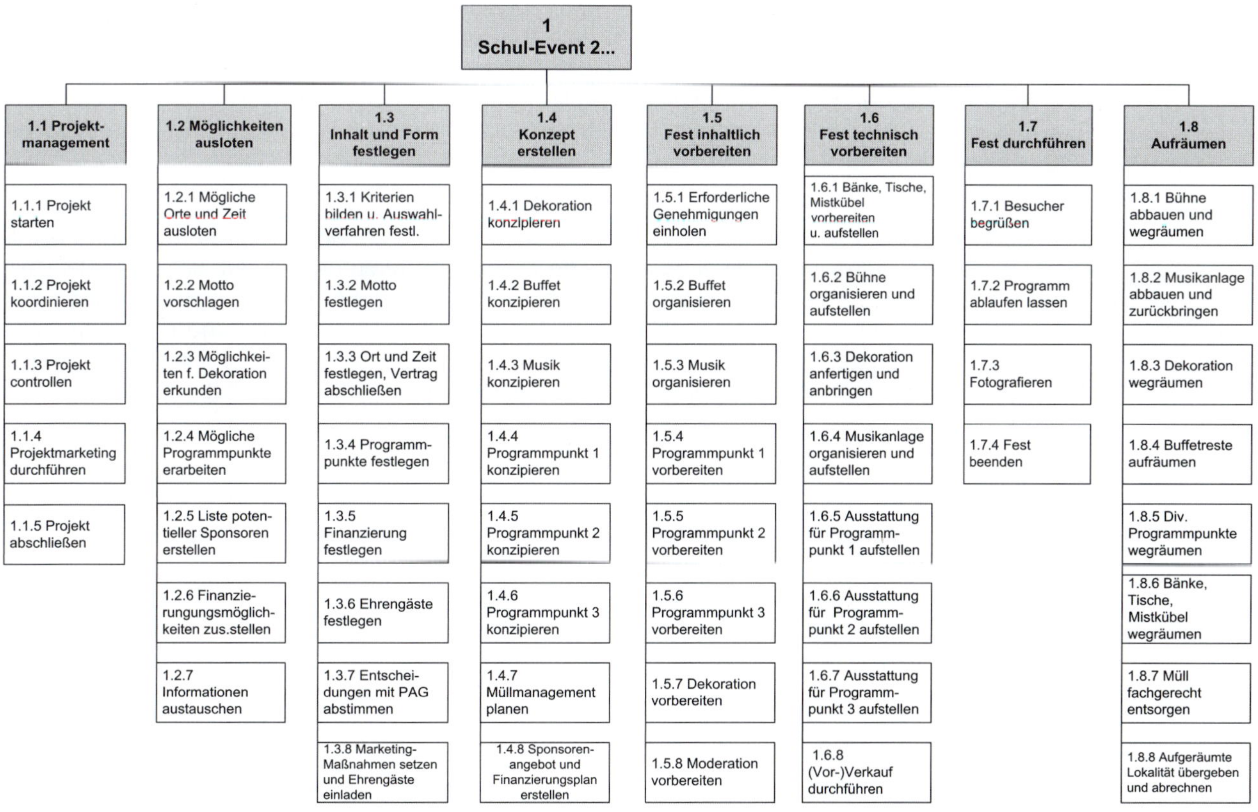

Abb. 3-12 Codierter Projektstrukturplan Schul-Event 20..

Die Phasen und Arbeitspakete werden erst nummeriert, wenn das Team mit dem PSP zufrieden ist. Die erste Ebene bezeichnet die Nummer des Projektes, die zweite die Phase und die dritte die einzelnen Arbeitspakete. Diese Codierung ist sehr praktisch, man kann sich so sehr rasch und einfach im Projekt orientieren. Der besseren Übersichtlichkeit wegen werden Projekte, Phasen und Arbeitspakete immer mit dem Code und der verbalen Bezeichnung beschriftet.

Man könnte den Projektstrukturplan noch genauer gliedern. So könnte man z. B. das Arbeitspaket 1.4.7 Müllmanagement planen unterteilen in:

1.4.7.1 Plan zeichnen

1.4.7.2 Art und Menge des erwarteten Mülls schätzen und fachgerechte Entsorgung planen

1.4.7.3 Möglichkeiten der Müllvermeidung erheben und festlegen

1.4.7.4 Anzahl und Art der Müllbehälter festlegen

1.4.7.5 Informationszettel für Mitarbeiter entwerfen

1.4.7.6 Informationszettel für Gäste entwerfen

Auf die gleiche Weise könnte man mit anderen Arbeitspaketen vorgehen. Eine Detaillierung des Projektstrukturplans auf Arbeitspaketebene, also insgesamt 3 Ebenen ist jedoch sinnvoll, da der PSP sonst an Übersichtlichkeit verliert. Größere Genauigkeit kann in den Arbeitspaketbeschreibungen (vgl. S. 71 f.) erzielt werden.

3 Meilensteine

„Ich bin froh, dass der PSP nun fertig ist", strahlt Karin. Stolz, aber etwas traurig meint Alex: „Es ist nicht nur mühsam, ihn zu erstellen, es erfordert auch einige Konzentration, ihn zu lesen, vor allem, wenn man ihn nicht selbst entwickelt hat. Mein Bruder war nicht bereit, unser Prachtstück genauer anzusehen, obwohl ihn unser Projekt sehr interessiert. Er wollte nicht so viel Zeit investieren. Es wäre gut, eine Art Kurzfassung des PSP mit den wesentlichen Eckpunkten zu haben, damit die Grobstruktur unseres Projektes leicht erkannt werden kann!" „Ich würde bei einigen Arbeitspaketen eine größere Genauigkeit bevorzugen als sie der PSP ermöglicht. Beim PSP waren wir ja auf das Maximalformat 8 Phasen und 8 Arbeitspakete pro Phase beschränkt", wendet Lukas ein. „Wenn es unbedingt notwendig gewesen wäre, hätten wir ja noch eine Phase bilden können, aber das hätte den PSP weniger übersichtlich gemacht. Es ist ziemlich schwierig, das richtige Maß an Genauigkeit bzw. Großzügigkeit zu finden, aber ich glaube, wir haben das bisher ganz gut gemacht. Vielleicht ist es ja möglich, sowohl dem Wunsch von Alex nach besserer Übersichtlichkeit und den von Lukas nach größerer Genauigkeit zu entsprechen", bemerkt Stefan.

Was sind Meilensteine?

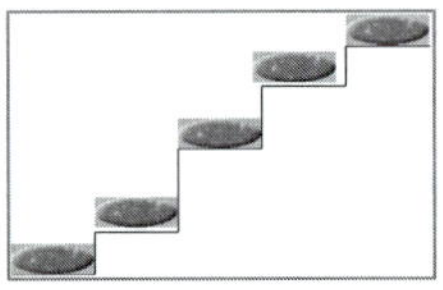

Um die Grobstruktur eines Projektes besser erkennen zu können, ist es günstig, auf Basis des Projektstrukturplanes **5 bis 8 wesentliche Meilensteine** zu bestimmen. Solche Meilensteine liegen am Ende wichtiger Arbeitspakete oder Phasen, bei Entscheidungen oder Vertragsterminen. Es können dies z. B. sein: Abgabe eines Kostenvoranschlages an den Auftraggeber, Abstimmung des Konzeptes mit dem Auftraggeber etc. Diese Meilensteine werden im Projektstrukturplan festgehalten. Der letzte Meilenstein ist immer der Projektabschluss.

Tipp:

Man überlegt sich die Meilensteine vorerst noch, ohne an Termine zu denken.

Für den vorliegenden Projektstrukturplan des Schul-Events 20.. könnten folgende Meilensteine gesetzt werden:

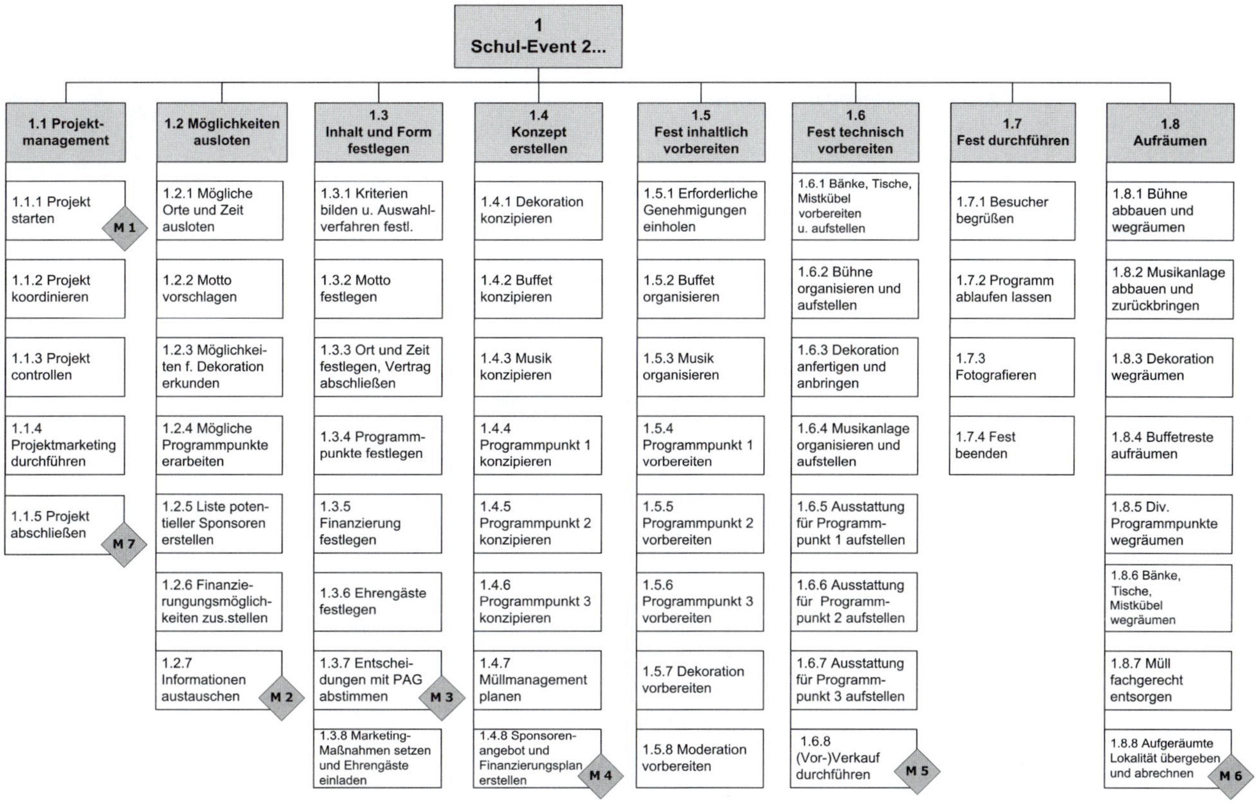

Abb. 3-13 Codierter Projektstrukturplan Schul-Event 20.. mit Meilensteinen

SbX
ID: 4551
Download: PHB-Vorlage

Tipp:

Für die phasenweise Planung ist es günstig, wenn die Meilensteine am Ende einer Phase liegen.

4 Arbeitspaketspezifikationen

Lukas' Wunsch nach größerer Genauigkeit wird in den Arbeitspaketbeschreibungen (= Arbeitspaketspezifikationen) entsprochen.

Was versteht man unter Arbeitspaketspezifikation?

In **Arbeitspaketbeschreibungen (bzw. Arbeitspaketspezifikationen)** werden Arbeitspaketinhalte, Nicht-Inhalte, -Ergebnisse und Kriterien für die Messung des Leistungsfortschrittes festgelegt. Dadurch wird erreicht, dass die Inhalte und Ergebnisse auch von umfangreichen Arbeitspaketen einheitlich interpretiert werden und es zu keinen Überschneidungen oder Lücken kommt.

Es werden nur Arbeitspakete spezifiziert, die sehr wichtig oder im Projektstrukturplan zu unklar definiert sind. Aus Gründen der Rationalisierung und Übersichtlichkeit werden für die Arbeitspaketspezifikationen Formulare verwendet.

Lukas möchte vor allem das Arbeitspaket 1.8.6 Bänke, Tische, Mistkübel wegräumen genauer beschrieben haben und verwendet dazu das folgende einfache Formular:

SbX
ID: 4551
Download: PHB-Vorlage

Arbeitspaketspezifikationen	**Schul-Event 20...** 
1.8.5 Bänke, Tische, Mistkübel wegräumen	**AP-Inhalt (Was soll getan werden?)** • Tische und Bänke abräumen und abwischen • Tische, Bänke zurückstellen • weggeräumte Bühne, Musikanlage, Dekoration, Buffet, div. Programmpunkte abnehmen • Boden kehren • Mistkübel entleeren • Mistkübel zurückstellen
	AP-Nicht-Inhalt (Was soll nicht getan werden?) • Bänke, Tische, Mistkübel aufstellen • Bühne, Musikanlage, Dekoration, Buffet, div. Programmpunkte wegräumen • Müll fachgerecht entsorgen • aufgeräumte Lokalität übergeben und abrechnen
	AP-Ergebnisse (Was liegt nach Beendigung des Arbeitspaketes vor?) • aufgeräumte Lokalität • geleerte Mistkübel • zurückgestellte Tische, Bänke, Mistkübel
	AP-Leistungsfortschrittsmessung (Wie wird der Fortschritt gemessen?) • Tische und Bänke abgeräumt und abgewischt 10 % • Tische, Bänke zurückgestellt 50 % • weggeräumte Bühne, Musikanlage, Dekoration, Buffet, div. Programmpunkte abgenommen 80 % • Mistkübel zurückgestellt 100 %

Der **Projektstrukturplan und die ergänzenden Arbeitspaketspezifikationen** ermöglichen:

- Klärung der Ziele und Inhalte je Arbeitspaket
- klare Aufteilung der Aufgaben
- Erkennen von Schnittstellen und somit Vermeiden von Doppelgleisigkeiten
- Kontrolle, wann und wie gut die Arbeitspakete erfüllt wurden
- Herstellung von Verbindlichkeiten
- Orientierung für die Bewertung der Leistung der Teammitglieder

5 Zusammenhang: Meilensteine – Projektstrukturplan – Arbeitspaketspezifikationen

Sie haben sicherlich bemerkt, dass es bei Projektstrukturplan, Meilensteinen und Arbeitspaketspezifikationen darum geht, das Projekt zu ordnen und zu strukturieren. Der Unterschied liegt in der Planungstiefe. Ausgangspunkt ist der Projektstrukturplan, will man einen größeren Überblick („Vogelschauperspektive") betrachtet man die Meilensteine. Will man mehr Genauigkeit, benötigt man Arbeitspaketspezifikationen („Lupenperspektive").

Meilensteine – Vogelperspektive

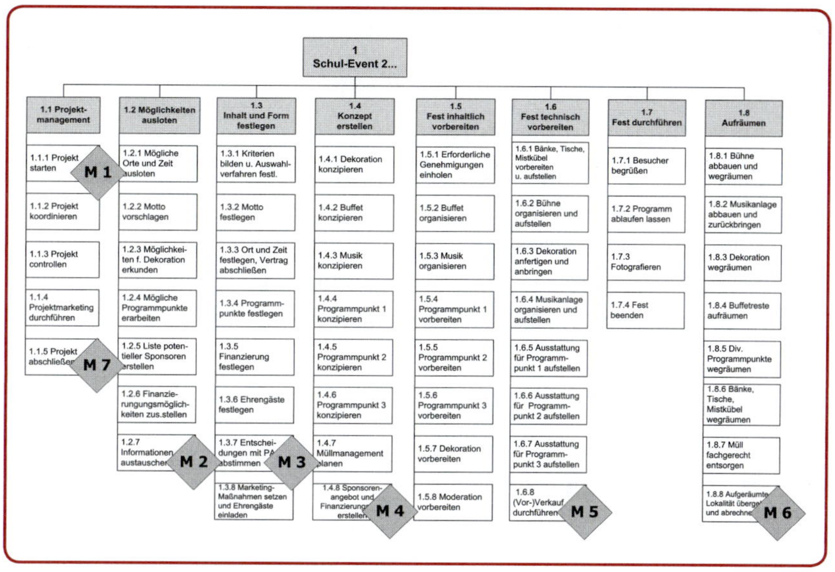

Projektstrukturplan – Normalansicht

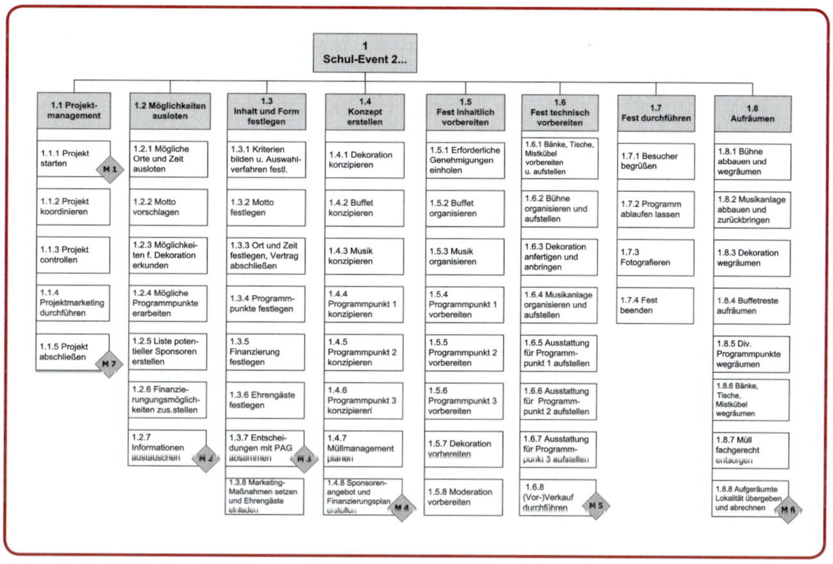

Arbeitspaketspezifikation – Lupenperspektive

Arbeitspaketspezifikationen	**Schul-Event 20...**
1.8.6 Bänke, Tische, Mistkübel wegräumen	**AP-Inhalt (Was soll getan werden?)** ● Tische und Bänke abräumen und abwischen ● Tische, Bänke zurückstellen ● weggeräumte Bühne, Musikanlage, Dekoration, Buffet, div. Programmpunkte abnehmen ● Boden kehren ● Mistkübel entleeren ● Mistkübel zurückstellen
	AP-Nicht-Inhalt (Was soll nicht getan werden?) ● Bänke, Tische, Mistkübel aufstellen ● Bühne, Musikanlage, Dekoration, Buffet, div. Programmpunkte wegräumen ● Müll fachgerecht entsorgen ● aufgeräumte Lokalität übergeben und abrechnen
	AP-Ergebnisse (Was liegt nach Beendigung des Arbeitspaketes vor?) ● aufgeräumte Lokalität ● geleerte Mistkübel ● zurückgestellte Tische, Bänke, Mistkübel
	AP-Leistungsfortschrittsmessung (Wie wird der Fortschritt gemessen?) ● Tische und Bänke abgeräumt und abgewischt 10 % ● Tische, Bänke zurückgestellt 50 % ● weggeräumte Bühne, Musikanlage, Dekoration, Buffet, div. Programmpunkte abgenommen 80 % ● Mistkübel zurückgestellt 100 %

Abb. 3-14 bis 3-16 Zusammenhang: Meilensteine, Projektstrukturplan und Arbeitspaketspezifikation

Üben

Anweisungen für die Projektpraxis

Gehen Sie von Ihrem Musterprojekt aus und erstellen Sie dafür folgende Unterlagen bzw. Grafiken:

a) Betrachtungsobjekteplan (Objektstrukturplan)

b) Projektstrukturplan mit Codierung und Meilensteinen

c) ausgewählte Arbeitspaketspezifikationen

Sichern

Leistungsplanung

Die Leistungsplanung besteht aus dem Objektstrukturplan, dem Projektstrukturplan, den Meilensteinen und den Arbeitspaketbeschreibungen (Arbeitspaketspezifikationen).

Objektstrukturplan (OSP) Betrachtungsobjekteplan (BOP)

Im Objektstrukturplan ist ersichtlich, welche Ergebnisse bzw. Teilergebnisse vorhanden sein sollen. Er ist daher objekt- und ergebnisorientiert. Der Objektstrukturplan kann durch weitere Betrachtungsobjekte, die für das Projekt wichtig sind, zum Betrachtungsobjekteplan ergänzt werden, auch wenn diese keine Teil- oder Zwischenergebnisse darstellen. Die Darstellung kann u. a. in Form eines Baumdiagrammes, einer Gliederung oder in einem Formular erfolgen.

Projektstrukturplan (PSP)

Der Projektstrukturplan gliedert ein Projekt in Teilaufgaben, auch Arbeitspakete genannt. Die Gliederung erfolgt prozessorientiert in Phasen. Der Projektstrukturplan ist der Ausgangspunkt für alle weiteren Planungen. Die Darstellung kann in Form einer Liste, einer Matrix oder eines Baumdiagramms (üblichste Form) erfolgen. Die erste Gliederungsebene bildet das Projekt, die zweite die Hauptprozesse, die dritte gliedert die Hauptprozesse in die einzelnen Arbeitspakete (zwei bis acht, bei der Formulierung Verben verwenden).

Codierter PSP

Der codierte Projektstrukturplan weist für jede Phase und jedes Arbeitspaket eine Nummerierung auf, die der jeweiligen Gliederungsebene entspricht.

Meilensteine

Meilensteine kennzeichnen wichtige Ereignisse im Projekt und liegen oft am Ende von Phasen.

Arbeitspakete

Arbeitspakete sind zu planende Teilaufgaben (in der EDV oft Vorgänge genannt) in einem Projekt.

Arbeitspaketbeschreibungen (Arbeitspaketspezifikationen)

In den Arbeitspaketbeschreibungen werden die Inhalte von wichtigen Arbeitspaketen (AP) durch die Formulierung von geplanten Ergebnissen und notwendigen Schritten (Arbeitspaketinhalt) festgelegt.

Planungstiefe in einem Projekt

Ausgangspunkt der Projektplanung ist der Projektstrukturplan. Betrachtet man die Meilensteine, erhält man einen groben Überblick (Vogelschauperspektive). Sieht man sich die Arbeitspakete an, erhält man einen detaillierten Einblick (Lupenperspektive).

Wissen

SbX ID: 4552

SbX
Fragen 2–4 mit automatischer Aufgabenkontrolle ID: 4552

erledigt ☑
Frage 2 ☐
Frage 3 ☐
Frage 4 ☐

Kontrollfragen und -aufgaben

1. Bitte ordnen Sie die folgenden Begriffe den Instrumenten Objektstrukturplan und Projektstrukturplan richtig zu:
   a) Teilergebnisse
   b) Phasen
   c) plan- und kontrollierbare Teilaufgaben
   d) ergebnisorientiert
   e) prozessorientiert
   f) Tätigkeiten
2. Wodurch ist die Grobstruktur eines Projektes besser zu erkennen als mit dem Projektstrukturplan?
3. Was ist Inhalt einer Arbeitspaketspezifikation und warum bzw. unter welchen Umständen wird sie gemacht?
4. Wie hängen Meilensteine, Projektstrukturplan und Arbeitspaketspezifikation zusammen?

Problemstellungen

1. Gehen Sie vom Fall A der Problemstellungen zur ersten Lerneinheit dieses Kapitels aus (siehe Seite 59) und erstellen Sie folgende Unterlagen:
   a) Betrachtungsobjekteplan (Objektstrukturplan)
   b) Projektstrukturplan mit Codierung und Meilensteinen
   c) ausgewählte Arbeitspaketspezifikationen
2. Gehen Sie vom Fall B der Problemstellungen zur ersten Lerneinheit dieses Kapitels aus (siehe Seite 59) und erstellen Sie folgende Unterlagen:
   a) Betrachtungsobjekteplan (Objektstrukturplan)
   b) Projektstrukturplan mit Codierung und Meilensteinen
   c) ausgewählte Arbeitspaketspezifikationen
3. Ergänzen Sie den unten abgebildeten PSP für das Projekt **„Hausbau"**. Zeichnen Sie auch Meilensteine ein und beschreiben Sie ein ausgewähltes Arbeitspaket.

Weitere Informationen über das Projekt finden Sie in der Problemstellung auf Seite 84.

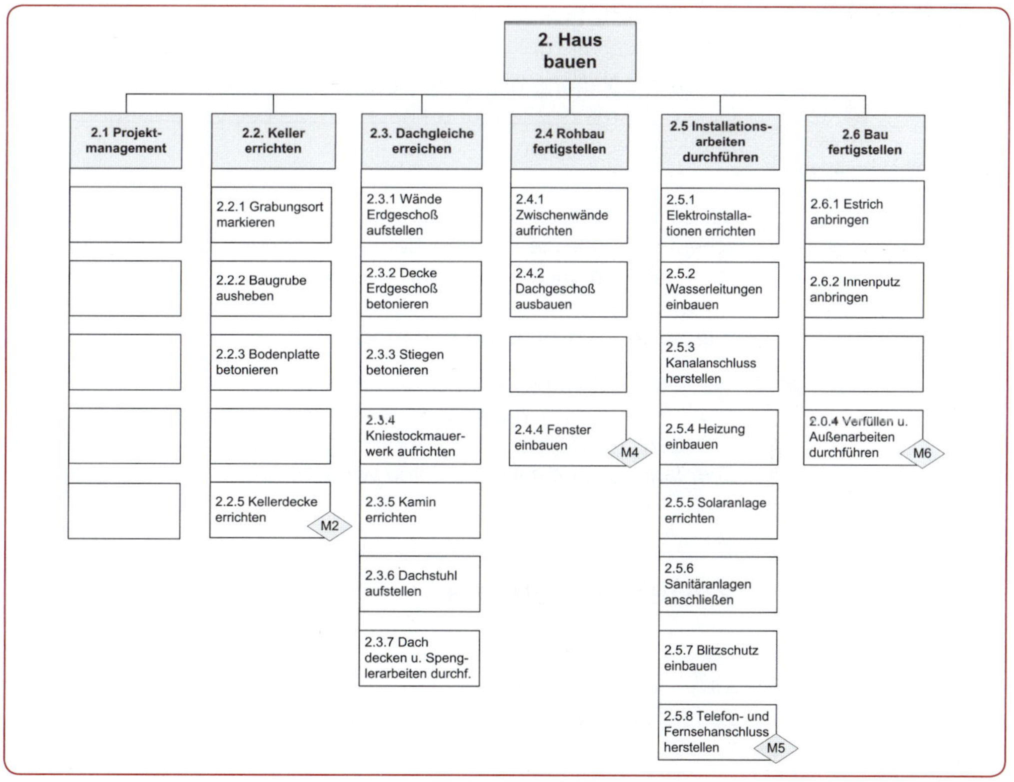

Lerneinheit 5
Planung von Terminen und Verantwortlichen

SbX
Alle SbX-Inhalte zu dieser Lerneinheit finden Sie unter der ID: 4553.

„Der Schul-Event soll im November stattfinden. Mir wäre es sehr angenehm, wenn wir auch festlegen würden, bis wann welche Arbeiten spätestens fertig sein müssen. Viele von uns neigen ja dazu, Arbeiten zu verschieben und erst im letzten Moment zu erledigen. Ich wiederum habe es gerne, wenn ich ausreichend Spielraum habe“, sagt Tina. „Oh je, jetzt willst du bis ins kleinste Detail festlegen, wann was zu tun ist. Mir wird schon ganz schlecht, wenn ich daran denke. Es wird ja wohl jede und jeder wissen, wann sie bzw. er mit der Arbeit fertig sein muss“, meint Lukas. „Vielleicht reicht es, wenn wir nur für die wichtigsten Arbeiten oder Ereignisse einen genauen Zeitplan erstellen“, versucht Stefan einen Vorschlag zur Güte. „Ich finde deinen Vorschlag gut, denn ganz ohne Terminplanung geht es jedenfalls nicht, aber zu viel Zeit möchte ich in die Terminplanung auch nicht stecken“, meint Alex.

Das Team hat völlig Recht. Um den Endtermin des Projekts nicht zu gefährden, ist zumindest eine minimale Terminplanung erforderlich. Beachten Sie dabei die Regeln des Zeitmanagements (siehe auch Kapitel 7, Lerneinheit Zeitmanagement).

Lernen

SbX ID: 4554

1 Terminplanung

SbX
ID: 4554
Bildschirmpräsentation zu dieser Lerneinheit

Die **Terminplanung** im Projekt ist die Festlegung der Zeitdauer für die logisch aufeinander abgestimmten Arbeitspakete bzw. die Bestimmung der Zeitpunkte, zu welchen die Projekt(teil)leistungen fertig oder die Meilensteine erreicht sein sollen. Das einfachste Terminplanungsinstrument ist der Kalender. Sie können auch andere Terminplanungsinstrumente wie Terminliste, Balkenplan oder Netzplan verwenden.

Die Terminplanung dient der Vereinbarung von Terminzielen, der Bestimmung der zeitlichen Lage der Arbeitspakete und Phasen sowie der Visualisierung (visualisieren = sichtbar machen) und Kommunikation.

Bei der Planung der Termine muss man sich entscheiden, wie genau man vorgehen will (= Entscheidung über die Planungstiefe). Oft genügt eine Grobterminplanung in Form eines Meilensteinplanes, manchmal müssen aber auch einzelne Arbeitspakete zeitlich durchgeplant werden. Da auch die Terminplanung mit möglichst wenig Aufwand erfolgen soll, gilt auch hier: **so genau wie nötig, so großzügig wie möglich.**

Das Team entschließt sich für die zeitliche Fixierung der Meilensteine, außerdem wird festgelegt, dass diejenigen, die einmal einen Termin versäumen, nachträglich für alle noch ausstehenden Arbeiten, für die sie verantwortlich sind, die Termine genau planen müssen. Vorerst wird die Zeitplanung für die Meilensteine vorgenommen.

2 Meilensteinplan

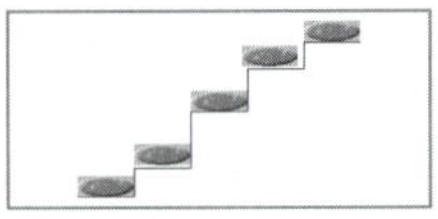

Einen Terminplan für die Meilensteine nennt man **Meilensteinplan.** Er fixiert, bis zu welchem Zeitpunkt die einzelnen (Teil-)Leistungen, die die Meilensteine ausdrücken, erbracht sein müssen.

Hinweis:
Der Meilensteinplan ist der Terminplan für die Meilensteine.

Vorgangsweise:

1. Das Team plant die Termine mithilfe des Projektstrukturplanes und trägt diese in die Spalte „Basisplan" ein. Beachten Sie dabei die Tipps für die Terminplanung (siehe auch Kapitel 7, Lerneinheit Zeitmanagement).
2. Weichen im Verlauf der Projektdurchführung die tatsächlichen Fertigstellungstermine („Isttermine") so stark ab, dass dies Auswirkungen auf weitere Termine hat, werden die neuen Plantermine in die Spalte „Adaptierter Plan" eingetragen.
3. Der Basisplan bleibt unverändert als „Ziel" erhalten. Er ist das Steuerungsinstrument beim Projektcontrolling.

SbX
ID: 4554
Download: PHB-Vorlage

In der folgenden Abbildung sehen Sie einen Meilensteinplan für den Schul-Event 2...:

Meilensteinplan Schul-Event 20..				
AP-Nr.	Meilenstein-Nr. und Bezeichnung	Basisplan	Adaptierter Plan[1]	Isttermine
1.1.1	M1 Projekt gestartet	31. 01. 2....		
1.2.7	M2 Informationen ausgetauscht	14. 02. 2...		
1.3.7	M3 Entscheidungen mit PAG abgestimmt	14. 03. 2...		
1.4.8	M4 Finanzierungsplan erstellt	05. 04. 2...		
1.6.8	M5 (Vor-)Verkauf durchgeführt	20. 06. 2...		
1.8.8	M6 Bericht geschrieben und übergeben	30. 06. 2...		
1.1.5	M7 Projekt abgeschlossen	04. 07. 2....		
Version: 1	Datum: 31. 1. 2...	Erstellerin: Tina	Seite 1 von 1	

Hinweis:
Überprüfen Sie, ob die Meilensteine so gewählt sind, dass der Fortschritt gut erkennbar ist.

Wahrscheinlich sind für Sie die Spalten „Basisplan" und „Adaptierter Plan" ungewohnt. Der Grund, weshalb man die Ihnen sicherlich bekannte Spalte „Solltermine" in zwei Spalten aufteilt, liegt darin, dass dadurch alle Abweichungen vom ursprünglichen Plan sofort erkannt werden können. So ist es leichter möglich, die Ursachen für die Terminverzögerung zu analysieren und in zukünftigen Projekten zu vermeiden.

3 Balkenplan

Was ist aus einem Balkenplan ersichtlich?

Dem **Meilensteinplan** kann man entnehmen, bis zu welchem Zeitpunkt die Leistung, die einen Meilenstein bildet, fertig sein muss. Der **Balkenplan** stellt auch die Tätigkeiten dar. Man kann auf ihm die Zeit ersehen, die für die Dauer der Tätigkeit benötigt wird.

Vorgangsweise:

1. Ausgangsbasis ist der Projektstrukturplan.
2. Nun entscheidet man sich über die Planungstiefe – ganz genau oder grob (jeder Arbeitsschritt oder z. B. wie hier in unserem Beispiel nach den Meilensteinen).
3. Arbeitspakete (Codierung und Bezeichnung) und Meilensteine werden in den Balkenplan eingetragen.
4. Dann werden die Dauer der Vorgänge geschätzt und die Termine für die Meilensteine ermittelt. Vorgegebene Termine werden eingetragen und die Dauer entsprechend angepasst. Beachten Sie auch dabei die Tipps für das Zeitmanagement (siehe auch Kapitel 7, Lerneinheit Zeitmanagement).

[1] In der Baseline vom Jänner 2005 finden Sie die Bezeichnung „Aktueller Plan". Da in anderen Plänen (z. B. Zieleplan) für Aktualisierungen die Bezeichnung „Adaptierte (Ziele)" verwendet wird, wird hier auch die Bezeichnung „Adaptierter Plan" verwendet.
Sie können die Spalte „Adaptierter Plan" vorläufig auch freilassen und nur im Bedarfsfall die Änderungen eintragen. In diesem Fall würden in der Spalte „Adaptierter Plan" nur die im Laufe der Projektdurchführung erforderlich werdenden Änderungen stehen.

5. Nun wird bei den Arbeitspaketen die Dauer im Zeitplan mit einem Balken markiert (deswegen auch der Name Balkenplan). Wird der Balkenplan auf der Tiefe der Meilensteine durchgeführt, rechnet man die entsprechend dazugehörigen Arbeitspakete zeitmäßig zusammen.
6. Die Meilensteine werden mit einem Rhombus und dem entsprechenden Datum in der Zeitschiene markiert.
7. Nun kann man erkennen, wie viel Zeit für das Projekt benötigt wird und ob man den Endtermin einhalten kann.

Tipp:

Es ist günstig, wenn sich die Meilensteine am Ende einer Phase befinden.

SbX
ID: 4554
Download: PHB-Vorlage

Der Balkenplan für den Schul-Event in der Planungstiefe der Meilensteine könnte so aussehen:

Balkenplan

Schul-Event 20...

		31.1.	14.2.	28.2.	14.3.	28.3.	11.4.	25.4.	9.5.	23.5.	6.6.	20.6.	30.6.
1	Projekt												
1.1	Projektmanagement												
1.1.1	M1: Projekt gestartet	31.1.											
1.1.5	M7: Projekt abgeschlossen												4.7.
1.2	Möglichkeiten ausloten												
1.2.7	M2: Informationen ausgetauscht		4.2.										
1.3.1 bis 1.3.7	Inhalt und Form festlegen bis Entscheidungen mit PAG abstimmen												
1.3.7	M3: Entscheidungen mit PAG abgestimmt				14.3.								
1.3.8	Marketing-Maßn. setzen Ehrengäste einladen												
1.4	Konzept erstellen												
1.4.8	M4: Finanzierungsplan erstellt							15.4.					
1.5	Fest inhaltlich vorbereiten												
1.6	Fest technisch vorbereiten												
1.6.8	M5: (Vor-)Verkauf durchgeführt											20.6.	
1.7	Fest durchführen												
1.8	Aufräumen												
1.8.8	M6: Bericht geschrieben und übergeben												30.6.
1.1.5	Projektabschluss												
1.1.5	M7: Projekt abgeschlossen												4.7.

Version:	Datum:	Ersteller/in:	Seite 1 von 1

Hinweis:
In der Grafik können Sie auch gut ablesen, welche Tätigkeiten parallel durchgeführt werden können.

Der Balkenplan für den Schul-Event in der Planungstiefe jedes einzelnen Arbeitspaketes könnte so aussehen:

SbX
ID: 4554
Kurzanleitungen für MS-Visio-Balkenplan und MS Project

Hinweis:
Diese Grafik wurde mit MS-Visio erstellt.

Zeile	Aufgabenname	Anfang	Ende	Dauer
1	1.1.1 Projekt starten	31.01.20..	31.01.20..	1t
2	1.1.1 M1: Projekt gestartet	31.01.20..	31.01.20..	0w
3	1.1.2 Projekt koordinieren	31.01.20..	30.06.20..	21w 4t
4	1.1.3 Projekt controllen	31.01.20..	30.06.20..	21w 4t
5	1.1.4 Projektmarketing durchführen	31.01.20..	30.06.20..	21w 4t
6	1.2.1 Mögliche Orte und Zeit ausloten	01.02.20..	09.02.20..	1w 2t
7	1.2.2 Motto vorschlagen	01.02.20..	09.02.20..	1w 2t
8	1.2.3 Möglichkeiten für Dekoration erkunden	01.02.20..	09.02.20..	1w 2t
9	1.2.4 Mögliche Programmpunkte abarbeiten	01.02.20..	09.02.20..	1w 2t
10	1.2.5 Liste potentieller Sponsoren erstellen	01.02.20..	09.02.20..	1w 2t
11	1.2.6 Finanzierungsmöglichkeiten zusammenstellen	01.02.20..	09.02.20..	1w 2t
12	1.2.7 Informationen austauschen	13.02.20..	13.02.20..	1t
13	1.2.7 M2: Informationen ausgetauscht	14.02.20..	14.02.20..	0w
14	1.3.1 Kriterien bilden und Auswahlverfahren festlegen	15.02.20..	07.03.20..	3w
15	1.3.2 Motto festlegen	15.02.20..	07.03.20..	3w
16	1.3.3 Ort und Zeit festlegen, Vertrag abschließen	15.02.20..	07.03.20..	3w
17	1.3.4 Programmpunkte festlegen	15.02.20..	07.03.20..	3w
18	1.3.5 Finanzierung festlegen	15.02.20..	07.03.20..	3w
19	1.3.6 Ehrengäste festlegen	15.02.20..	07.03.20..	3w
20	1.3.7 Entscheidungen mit PAG abstimmen	13.03.20..	13.03.20..	1t
21	1.4.5 M3: Entscheidungen mit PAG abgestimmt	14.03.20..	14.03.20..	0w
22	1.3.8 Marketingmaßnahmen setzen und Ehrengäste einladen	15.03.20..	20.03.20..	5t
23	1.4.1 Dekoration konzipieren	22.03.20..	27.03.20..	5t
24	1.4.2 Buffet konzipieren	22.03.20..	27.03.20..	5t
25	1.4.3 Musik konzipieren	22.03.20..	27.03.20..	5t
26	1.4.4 Programmpunkt 1 konzipieren	22.03.20..	27.03.20..	5t
27	1.4.5 Programmpunkt 2 konzipieren	22.03.20..	27.03.20..	5t
28	1.4.6 Programmpunkt 3 konzipieren	22.03.20..	27.03.20..	5t
29	1.4.7 Müllmanagement planen	22.03.20..	27.03.20..	5t
30	1.4.8 Sponsorenangebot und Finanzierungsplan erstellen	29.03.20..	04.04.20..	1w
31	1.4.8 M4: Finanzierungsplan erstellt	05.04.20..	05.04.20..	0w
32	1.5.1 Erforderliche Genehmigungen einholen	06.04.20..	28.04.20..	3w 2t
33	1.5.2 Buffet organisieren	06.04.20..	28.04.20..	3w 2t
34	1.5.3 Musik organisieren	06.04.20..	28.04.20..	3w 2t
35	1.5.4 Programmpunkt 1 vorbereiten	06.04.20..	28.04.20..	3w 2t
36	1.5.5 Programmpunkt 2 vorbereiten	06.04.20..	28.04.20..	3w 2t
37	1.5.6 Programmpunkt 3 vorbereiten	06.04.20..	28.04.20..	3w 2t
38	1.5.7 Dekoration vorbereiten	06.04.20..	28.04.20..	3w 2t
39	1.5.8 Moderation vorbereiten	06.04.20..	28.04.20..	3w 2t
40	1.6.1 Bänke, Tische, Mistkübel, Aschenb. vorber. und aufstellen	04.05.20..	12.06.20..	5w 4t
41	1.6.2 Bühne organisieren und aufstellen	04.05.20..	12.06.20..	5w 4t
42	1.6.3 Dekoration anfertigen und anbringen	04.05.20..	12.06.20..	5w 4t
43	1.6.4 Musikanlage organisieren und aufstellen	04.05.20..	12.06.20..	5w 4t
44	1.6.5 Ausstattung für Programmpunkt 1 aufstellen	04.05.20..	12.06.20..	5w 4t
45	1.6.6 Ausstattung für Programmpunkt 2 aufstellen	04.05.20..	12.06.20..	5w 4t
46	1.6.7 Ausstattung für Programmpunkt 3 aufstellen	04.05.20..	12.06.20..	5w 4t
47	1.6.8 (Vor)verkauf durchführen	04.05.20..	12.06.20..	5w 4t
48	1.6.8 M5: (Vor)verkauf durchgeführt	20.06.20..	20.06.20..	0w
49	1.7.1 Besucher begrüßen	30.06.20..	30.06.20..	1t
50	1.7.2 Programm ablaufen lassen	30.06.20..	30.06.20..	1t
51	1.7.3 Fotografieren	30.06.20..	30.06.20..	1t
52	1.7.4 Fest beenden	30.06.20..	30.06.20..	1t
53	1.8.1 Bühne abbauen und wegräumen	30.06.20..	30.06.20..	1t
54	1.8.2 Schlussabrechnung durchführen	30.06.20..	30.06.20..	1t
55	1.8.3 Dokumentation fertigstellen	30.06.20..	30.06.20..	1t
56	1.8.4 Buffetreste aufräumen	30.06.20..	30.06.20..	1t
57	1.8.5 Div. Programmpuntke wegräumen	30.06.20..	30.06.20..	1t
58	1.8.6 Bänke, Tische, Mistkübel, Aschenb. wegräumen	30.06.20..	30.06.20..	1t
59	1.8.7 Müll fachgerecht entsorgen	30.06.20..	30.06.20..	1t
60	1.8.8 Aufgeräumte Lokalität übergeben und abrechnen	30.06.20..	30.06.20..	1t
61	1.8.8 M6: Aufgeräumte Lokalität übergeben	30.06.20..	30.06.20..	0w
62	1.1.5 Projekt abschließen	02.07.20..	04.07.20..	3t
63	1.1.5 M7: Projekt abgeschlossen	04.07.20..	04.07.20..	0w

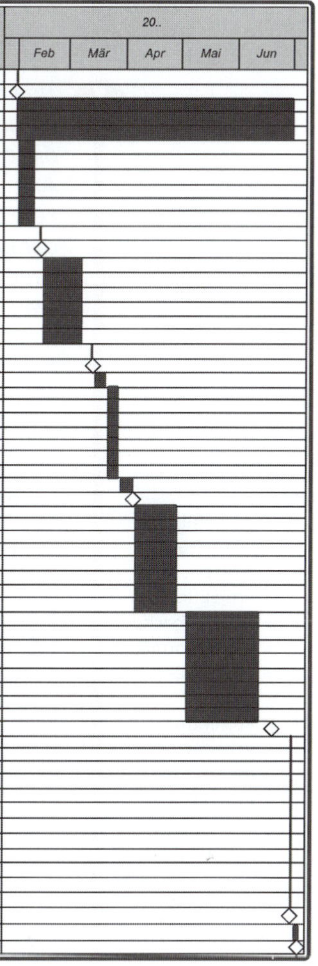

Abb. 3-18 Balkenplan Schul-Event 2…

4 Funktionendiagramm

„Fein, wenn wir jetzt noch wissen, wer was macht und wer wofür verantwortlich ist, dann können wir mit der inhaltlichen Arbeit am Projekt beginnen", freut sich Karin. „Was heißt, wer was macht? Ich denke, wir sind ein Team und arbeiten auch im Team", wendet Lukas ein. „Teamarbeit bedeutet ja nicht, dass wir alle alles gemeinsam machen, sondern vielmehr, dass wir gemeinsam kreative Lösungen suchen, Entscheidungen treffen, Abstimmungen vornehmen. Die meisten Arbeiten können von einzelnen Teammitgliedern oder in kleinen Gruppen durchgeführt werden und diese Einteilung sollten wir nun vornehmen", schlägt Tina vor. Diesem Vorschlag stimmen alle zu.

Die vom Team gewünschte Aufteilung der Aufgaben und Verantwortlichkeiten wird am besten im Funktionendiagramm vorgenommen.

Was ist ein Funktionendiagramm?

Das **Funktionendiagramm** ist ein Instrument zur Planung und Dokumentation der Aufgaben und Verantwortlichkeiten. Es wird als Tabelle dargestellt, in der die Zeilen die Arbeitspakete und die Spalten die Rollen und Umwelten abbilden. In den Kreuzungsfeldern der Matrix werden die wahrzunehmenden Funktionen dargestellt.

3 Projektstartprozess/Projektplanung

Das Funktionendiagramm bildet die Form der Zusammenarbeit der Mitglieder der Projektorganisation ab. Es dient dem Konfliktmanagement, erleichtert Zielvereinbarungen (vgl. Management by Objectives) und verbindet den Projektstrukturplan mit den Rollendefinitionen.

Aus dem Funktionendiagramm ist klar ersichtlich, wer wofür zuständig ist. Außerdem sollen auch die Namen der Rollenträger/-trägerinnen angegeben werden.

Tina erstellt eine Matrix mit Zeilen für alle Arbeitspakete des Projektstrukturplans und Spalten für alle Teammitglieder, die Projektauftraggeberin, den Projektcoach und wichtige Umwelten. In diese Liste kann jedes Teammitglied eintragen, welche Aufgaben es übernehmen möchte. Die Arbeiten der projektexternen Spezialisten und Helfer sind ohnehin klar. Da manche Arbeitspakete begehrter sind als andere, einigen sie sich im Team auf die endgültige Einteilung. Sie achten darauf, dass eindeutig hervorgeht, wer für das Arbeitspaket verantwortlich ist, das heißt pro Arbeitspaket darf nur ein „D" für Durchführung und Verantwortung stehen. Alle Abkürzungen werden in einer Legende festgehalten. Da es dem Team leichter fällt, die Arbeitspakete mindestens zu zweit zu bearbeiten, einigt man sich darauf, ein Zweier-Team für mindestens zwei Arbeitspakete einzuteilen und die Funktionen „D" und „M" zu tauschen. Man ist sicher, dass durch diese gegenseitigen Abhängigkeiten alle sehr engagiert arbeiten werden.

Das vom Projektteam erarbeitete ***Funktionendiagramm*** *sieht so aus:*

Legende:
D = durchführen und verantworten
PL = Projektleiterin
PC = Projektcoach
I = wird informiert
PTM = Projektteammitglied
PMA = Projektmitarbeiter
M = mitarbeiten
PSTM = Projektsubteammitglied

SbX
ID: 4554
Download: PHB-Vorlage

Funktionendiagramm

Schul-Event 20...

Rollen/Umwelten / Arbeitspakete		Dir. Direx PAG	Tina PL	Karin PTM	Lukas PTM	Alex PTM	Stefan PTM	Prof. Helfer PC	Martin PSTM	Bernd PSTM	Ulrike PSTM	Diana PMA	Willi PMA	Schulwart PMA
APNr.	AP-Bezeichnung													
1.1.1	Projekt starten		D	M	M	M	M	M						
1.1.2	Projekt koordinieren		D	M	M	M	M	M						
1.1.3	Projekt controllen		D	M	M	M	M	M						
1.1.4	Projektmarketing durchführen		D	M	M	M	M	M						
1.1.5	Projekt abschließen		D	M	M	M	M	M						
1.2.1	Mögliche Orte u. Zeit ausloten			D	M	M					M			
1.2.2	Motto vorschlagen					M	D							
1.2.3	Möglichkeiten für Dekoration erkunden			M	D		M			M				
1.2.4	Mögliche Programmpunkte erarbeiten			M	M	D			M					
1.2.5	Liste potenzieller Sponsoren erstellen				D	M				M				
1.2.6	Finanzierungsmöglichkeiten zusammenstellen				M	D			M					
1.2.7	Infos austauschen		D	M	M	M	M	M						
1.3.1	Kriterien bilden, Auswahlverfahren festlegen			M	D	M		M		M				
1.3.2	Motto festlegen			D	M	M					M			
1.3.3	Ort u. Zeit festlegen, Vertrag abschließen					M	D	M						

Funktionendiagramm

Schul-Event 20...

Arbeitspakete	Rollen/Umwelten	Dir. Direx PAG	Tina PL	Karin PTM	Lukas PTM	Alex PTM	Ste-fan PTM	Prof. Helfer PC	Mar-tin PSTM	Bernd PSTM	Ulrike PSTM	Diana PMA	Willi PMA	Schul-wart PMA
APNr.	AP-Bezeichnung													
1.3.4	Programmpunkte festlegen			D	M	M					M			
1.3.5	Finanzierung festlegen				M	D			M					
1.3.6	Ehrengäste festlegen				D	M				M				
1.3.7	Entscheidungen mit PAG abstimmen	M	D	M										
1.3.8	Marketing-Maßnahmen setzen und Ehrengäste einladen				D	M	M			M			M	
1.4.1	Dekoration konzipieren			D	M						M			
1.4.2	Buffet konzipieren			M			D							
1.4.3	Musik konzipieren				D	M				M				
1.4.4	Programmpunkt 1 konzipieren					M	D							
1.4.5	Programmpunkt 2 konzipieren		M	D							M			
1.4.6	Programmpunkt 3 konzipieren				M	D			M					
1.4.7	Müllmanagement planen		D		M									
1.4.8	Sponsorenangebot u. Finanzierungsplan erstellen				D	M				M				
1.5.1	Erforderliche Genehmigungen einholen			M		D			M					
1.5.2	Buffet organisieren					M	M						D	
1.5.3	Musik organisieren				D	M				M				
1.5.4	Programmpunkt 1 vorbereiten				D		M			M				
1.5.5	Programmpunkt 2 vorbereiten			D		M								
1.5.6	Programmpunkt 3 vorbereiten			M		D			M					
1.5.7	Dekoration vorbereiten				D	M								
1.5.8	Moderation vorbereiten				M	D			M					

3 Projektstartprozess/Projektplanung

Funktionendiagramm Schul-Event 20...														
Rollen/Umwelten Arbeitspakete		Dir. Direx PAG	Tina PL	Karin PTM	Lukas PTM	Alex PTM	Ste-fan PTM	Prof. Helfer PC	Mar-tin PSTM	Bernd PSTM	Ulrike PSTM	Diana PMA	Willi PMA	Schul-wart PMA
APNr.	AP-Bezeichnung													
1.6.1	Bänke, Tische, Mistkübel vorbereiten u. aufstellen	I	D	M	M	M	M							M
1.6.2	Bühne organisie-ren und aufstellen			D		M								M
1.6.3	Dekoration anfertigen u. anbringen			D	M									M
1.6.4	Musikanlage organisieren und aufstellen				M	M	D							M
1.6.5	Programmpunkt 1 organisieren und vorbereiten				D		M							
1.6.6	Programmpunkt 2 organisieren und vorbereiten			D		M								
1.6.7	Programmpunkt 3 organisieren und vorbereiten			M		D			M					
1.6.8	(Vor-)Verkauf durchführen		M	M	D	M	M							
1.7.1	Besucher begrüßen		D	M										
1.7.2	Programm ablaufen lassen					M	D							
1.7.3	Fotografieren					M	D							
1.7.4	Fest beenden		D	M										
1.8.1	Bühne abbauen und wegräumen		M	D	M	M	M							
1.8.2	Musikanlage abbauen und zurückbringen			M		D			M					
1.8.3	Dekoration wegräumen				M	M	D							
1.8.4	Buffetreste aufräumen			D	M									
1.8.5	Div. Programm-punke weg-räumen			D		M	M							
1.8.6	Bänke, Tische, Mistkübel wegräumen			M	D	M								
1.8.7	Müll fachgerecht entsorgen		M		D									

Funktionendiagramm

Schul-Event 20...

Arbeitspakete	Rollen/Umwelten	Dir. Direx PAG	Tina PL	Karin PTM	Lukas PTM	Alex PTM	Stefan PTM	Prof. Helfer PC	Martin PSTM	Bernd PSTM	Ulrike PSTM	Diana PMA	Willi PMA	Schulwart PMA
APNr.	AP-Bezeichnung													
1.8.8	Aufgeräumte Lokalität übergeben und abrechnen		D				M							

Version: 1	Datum: 31. 01. 2...	Erstellerin: Tina	Seite 1 von 1

Üben

Anweisungen für die Projektpraxis

Gehen Sie von Ihrem Musterprojekt aus und erstellen Sie dafür folgende Unterlagen:

a) Meilensteinplan

b) Balkenplan

c) Funktionendiagramm

Sichern

Terminplanung

Die Terminplanung legt fest, wann die gewünschten Leistungen erbracht sein müssen und wie viel Zeit sie in Anspruch nehmen dürfen. Je nach der gewünschten Genauigkeit wird die Terminplanung für Meilensteine und Phasen oder für Arbeitspakete vorgenommen.

Terminplanungsinstrumente

Als Terminplanungsinstrumente können Terminliste, Balkenplan, Kalender und Meilensteinplan verwendet werden.

Meilensteinplan

Der Meilensteinplan legt fest, bis zu welchem Zeitpunkt einzelne Teilleistungen (Meilensteine) erbracht sein müssen. Er enthält Arbeitspaketnummer, Meilensteinnummer und Bezeichnung des Meilensteins, Basisplan, den adaptierten Plan und Isttermine.

Balkenplan

Im Balkenplan sind nicht nur die Meilensteine samt zugehörigen Terminen ersichtlich, er enthält auch die Teilleistungen (Arbeitspakete laut PSP samt Codierung) mit der entsprechenden Vorgangsdauer. Der Balkenplan kann in unterschiedlichen Planungstiefen erstellt werden.

Wissen

SbX ID: 4559

SbX

Fragen 1–3 mit automatischer Aufgabenkontrolle ID: 4559

erledigt ☑
Frage 1 ☐
Frage 2 ☐
Frage 3 ☐

Kontrollfragen und -aufgaben

1. Nennen Sie 4 Terminplanungsinstrumente.
2. Erklären Sie den Meilensteinplan.
3. Aus welchem Projektmanagement-Instrument sind die Zuständigkeiten für die einzelnen Arbeitspakete klar ersichtlich?

Problemstellungen

1. Gehen Sie vom Fall A der Problemstellungen zur ersten Lerneinheit dieses Kapitels aus (siehe Seite 59) und erstellen Sie folgende Unterlagen:
   a) Meilensteinplan
   b) Balkenplan
   c) Funktionendiagramm
2. Gehen Sie vom Fall B der Problemstellungen zur ersten Lerneinheit dieses Kapitels aus (siehe Seite 59) und erstellen Sie folgende Unterlagen:
   a) Meilensteinplan
   b) Balkenplan
   c) Funktionendiagramm
3. Gehen Sie vom Projekt **Hausbau** auf Seite 37 aus und erstellen Sie unter Berücksichtigung der folgenden Informationen einen Meilensteinplan sowie einen Balkenplan auf der Ebene der Arbeitspakete, wobei das Projekt mit dem im Projektauftrag auf Seite 64 festgelegten Datum startet. Hinweis: Die Arbeitspakete werden entsprechend der Nummerierung nacheinander durchgeführt, Arbeitspakete, die früher begonnen werden können, sind der Bemerkungsspalte zu entnehmen.

AP-Nr.	AP Bezeichnung	Dauer	Bemerkung
2.1.1	Projekt starten	1 w	
2.1.5	Projekt abschließen	1 d	
2.2.1	Grabungsort markieren	1 d	
2.2.2	Baugrube ausheben	2 d	
2.2.3	Bodenplatte betonieren	1 w	
2.2.4	Kellerwände aufstellen	2 w	
2.2.5	Kellerdecke errichten	1 w	
2.3.1	Wände Erdgeschoß aufstellen	2 w	
2.3.2	Decke Erdegeschoß betonieren	1 w	
2.3.3	Stiegen betonieren	je 1 w	Stiege in das EG kann nach der Kellerdecke, die in das Dachgeschoß nach der EG-Decke betoniert werden.
2.3.4	Kniestockmauerwerk aufrichten	1 w	
2.3.5	Kamin errichten	1 w	
2.3.6	Dachstuhl aufstellen und Spenglerarbeiten durchführen	2 w	
2.3.7	Dach decken und Spenglerarbeiten durchführen	2 w	
2.4.1	Zwischenwände aufrichten	3 w	
2.4.2	Dachgeschoß ausbauen	4 w	
2.4.3	Türen einbauen	2 d	
2.4.4	Fenster einbauen	2 d	
2.5.1	Elektroinstallationen errichten	4 w	Kann nach der Fertigstellung des Dachstuhls begonnen werden
2.5.2	Wasserleitungen einbauen	1 w	Kann nach der Fertigstellung des Dachstuhl begonnen werden
2.5.3	Kanalanschluss herstellen	1 w	
2.5.4	Heizung einbauen	1 w	
2.5.5	Solaranlage errichten	1 w	
2.5.6	Sanitäranlage anschließen	1 w	
2.5.7	Blitzschutz einbauen	2 d	
2.5.8	Telefon- und Fernsehanschluss herstellen	Je 1 d	
2.6.1	Estrich anbringen	1 w	Kann nach Einbau der Heizung begonnen werden
2.6.2	Innenputz anbringen	2 w	
2.6.3	Außenputz anbringen	4 w	
2.6.4	Verfüllen und Außenarbeiten durchführen	1 w	

Lerneinheit 6

Ressourcen-, Kosten- und Finanzmittelplanung

SbX
Alle SbX-Inhalte zu dieser Lerneinheit finden Sie unter der ID: 4570.

„Es ist sicherlich wichtig, dass der Eintritt zum Schul-Event nicht zu viel kostet, damit möglichst viele Gäste kommen. Von den Besuchern können wir höchstens einen kleinen Kostenbeitrag erwarten, Sponsoren werden sich auch nicht gerade aufdrängen. Der Elternverein hat zwar zugesagt, die Ausfallshaftung zu übernehmen, aber es wäre schon gut, wenn wir kostendeckend aussteigen könnten. Andererseits wollen wir ein tolles Programm und eine außergewöhnliche Atmosphäre bieten, was sicherlich nicht gerade billig werden wird", bemerkt Karin. „Wenn unsere tollen Vorstellungen den Schul-Event so kostspielig machen, dass der Eintritt für unsere Mitschüler/Mitschülerinnen zu teuer werden müsste, wäre es schade, wenn wir so viel Zeit und Kraft in die Planung und Vorbereitung des Schul-Events investieren", pflichtet Stefan bei. „Vielleicht wäre es gut, wenn wir mal überlegten, wie viel Zeit und Kosten für die Planung und Durchführung dieser Veranstaltung aufgewendet werden müssen", schlägt Alex vor.

Den vom Team gewünschten Überblick über aufzuwendende Zeit und Mittel erhält man durch den Ressourcenplan, den Überblick über die Kosten im Kostenplan.

Lernen

SbX ID: 4571

SbX
ID: 4571
Bildschirmpräsentation zu dieser Lerneinheit

1 Ressourcenplanung

Typische **Projektressourcen** sind z. B. Personal unterschiedlicher Qualifikation, Räumlichkeiten, Geräte, Finanzmittel, Materialien und Lagerflächen.

Ziel der Planung des Ressourcenbedarfs ist die Feststellung von projektbezogener Über- bzw. Unterdeckung von Projektressourcen.

Der **Projektressourcenplan** kann in tabellarischer und/oder grafischer Form dargestellt werden. Projektressourcenhistogramme zeigen den Ressourcenbedarf je Periode, Ressourcensummenkurven zeigen den kumulierten Ressourcenbedarf.

Die Ressourcenplanung wird nur für jene Ressourcen vorgenommen, die einen Engpass darstellen.

Wozu wird ein Ressourcenplan erstellt?

Die Ressourcenplanung erfolgt zumindest für die einzelnen Phasen des PSP.

In der folgenden Abbildung finden Sie als Beispiel für die Planung der Personalressourcen einen Personaleinsatzplan.

Legende:
PH = Personenstunden

SbX
ID: 4571
Download: Excel
PHB-Vorlage

Personaleinsatzplan

Schul-Event 20...

PSP-Code	Phase/ Arbeitspaket	Ressourcenart	Planmenge in PH		Adaptierte Planmenge in PH	Istmenge in PH	Abweichung in PH
1.1	Projektmanagement	Coach PL PTM	10 18 52	 80			
1.2	Möglichkeiten ausloten	Coach PL PTM	1 9 25	 35			
1.3	Inhalt und Form festlegen	Coach PL PTM	2 8 20	 30			
1.4	Konzept erstellen	Coach PL PTM PSTM	2 8 30 5	 45			
1.5	Fest inhaltlich vorbereiten	Coach PL PTM PSTM PMA	2 8 20 10 5	 45			
1.6	Fest technisch vorbreiten	Coach PL PTM PSTM PMA	2 10 68 10 10	 100			
1.7	Fest durchführen	Coach PL PTM PMA	5 5 20 5	 35			
1.8	Aufräumen	PTM	15	15			
	Gesamt	Coach PL PTM PSTM PMA	24 66 250 25 20	 385			
Version: 1		Datum: 31. 01. 2...		Erstellerin: Tina		Seite 2 von 2	

Anmerkung:

In diesem Projekt ist es sinnvoll, in Personenstunden zu planen, meist wird aber mit Personentagen gearbeitet. Die Stunden des Personaleinsatzplanes müssen mit den Ist-Stunden der Tätigkeitsberichte übereinstimmen.

2 Kostenplanung

Wofür werden Projektkostenpläne benötigt?

Projektkostenpläne dienen der Erfassung und Dokumentation der im Projekt eingesetzten Mittel und der Projektkosten. Sie liefern Entscheidungsgrundlagen darüber, ob ein Projekt durchgeführt werden soll oder nicht usw.

Ausgangspunkt sind die Phasen bzw. Arbeitspakete des Projektstrukturplanes. Die Gliederung der Projektkostenplanung muss der Gliederung des Projektstrukturplanes entsprechen, um eine integrierte Projektplanung und ein integriertes Projektcontrolling zu ermöglichen.

Das Team überlegt für jede Phase, welche Mittel benötigt und wie viel diese kosten werden. Ebenso versuchen die Teammitglieder, die Arbeitszeit einzuschätzen. Als Stundensatz für ihre Arbeit wählen sie das Entgelt, das sie für 1 Stunde Babysitten bekommen würden, obwohl sie wissen, dass sie für ihre Arbeit an diesem Projekt nicht bezahlt werden. Schließlich werden die Arbeitsstunden bei Projekten in der Wirtschaft ja auch angesetzt. „Die Frau Direktorin trifft der Schlag, wenn sie die hohen Kosten sieht und wird den Schul-Event nicht genehmigen", bemerkt Stefan. „Wir hoffen ja, dass die tatsächlichen Ausgaben ohnehin durch die Beiträge der Gäste und durch Sponsoren gedeckt werden und die Schule nichts dafür bezahlen muss", wendet Alex ein. „Und für unsere Arbeitsstunden bekommen wir leider auch kein Geld", ergänzt Karin. „Wir müssen das auf dem Kostenplan entsprechend anmerken", schlägt Tina vor.

Der Kosten- und Ressourcenplan für das Projekt „Schul-Event 20.. könnte so aussehen:

SbX
ID: 4571
Download: Excel
PHB-Vorlage
Kurzanleitung
MS Projekt

Ressourcen-/Kostenplan

Schul-Event 20...

Phasen/Arbeitspaket		Ressourcenbedarf			Kosten in €	
AP-Nr.	Bezeichnung	Benötigte Ressourcen	Einheit	Menge	Preis je Einheit	Gesamtkosten
1.1	Projektmanagement	Personal	Personenstunden	80	7,–	560,– [1]
		Papier	Pakete	2	4,–	8,– [2]
		Flipchartpapier	Rollen	1	20,–	20,– [2]
		Büro- u. Schreibmaterial				10,– [1]
1.2	Möglichkeiten ausloten	Personal	Personenstunden	35	7,–	245,– [1]
1.3	Inhalt und Form festlegen	Personal	Personenstunden	30	7,–	210,– [1]
1.4	Konzept erstellen	Personal	Personenstunden	45	7,–	315,– [1]
1.5	Fest inhaltlich vorbereiten	Personal	Personenstunden	45	7,–	315,– [1]
		Buffet				200,– [2]
1.6	Fest technisch vorbereiten	Personal	Personenstunden	100	7,–	700,– [1]
		Dekorationsmaterial				50,– [2]
		Div. Programmpunkte				50,– [2]
1.7	Fest durchführen	Personal	Personenstunden	35	7,–	245,– [1]
		Musik und -anlage				500,– [2]
1.8	Aufräumen	Personal	Personenstunden	15	7,–	105,– [1]
	Gesamt	Personal		385	7,–	2.695,– [1]
		Papier		2	4,–	8,– [2]
		Flipchartpapier		1	20,–	20,– [2]
		Büro- u. Schreibmaterial				10,– [2]
		Buffet				200,– [2]
		Dekorationsmaterial				50,– [2]
		Div. Programmpunkte				50,– [2]
		Musik u. -anlage				500,– [2]
Summe						**3.533,–**
Summe ausgabewirksam						**838,–**
Summe für die Schule ausgabewirksam						**38,–**
Summe nicht ausgabewirksam						**2.695,–**
Version: 1		Datum: 31. 1. 2...	Erstellerin: Tina		Seite 1 von 1	

[1] nicht ausgabewirksam
[2] für die Schule ausgabewirksam

Um für ein Projekt die Kosten, die der Projektauftraggeber tragen muss, und die Gesamtkosten des Projekts richtig einschätzen zu können, werden alle Kosten kalkuliert. Kosten des Projekts, die nicht unmittelbar zu Ausgaben führen, werden als nicht ausgabewirksam angemerkt. Zur Kalkulation der Personalkosten nimmt man gewöhnlich einen Durchschnittskostensatz. Auch im Projektauftrag werden die ausgabewirksamen und nicht ausgabewirksamen Kosten getrennt ausgewiesen.

3 Finanzmittelplanung

„Ich denke schon, dass wir das Projekt zumindest kostendeckend abwickeln werden können", ist Karin hoffnungsvoll. „Es gibt aber bestimmt ein Problem damit, dass wir die Einzahlungen aus den Eintrittsgeldern erst bei der Durchführung des Projekts oder kurz davor erzielen werden, die Auszahlungen bereits bei der Vorbereitung der Veranstaltung fällig werden", mahnt Stefan. Aus dem Team sieht sich niemand in der Lage, die Beträge für die Auszahlungen vorzustrecken. „Wir könnten ja den Elternverein oder die Frau Direktorin bitten, uns einen bestimmten Betrag auszulegen", schlägt Alex vor. „Der Elternverein hat ja ohnehin die Ausfallhaftung übernommen. Vielleicht können wir auf Lieferschein kaufen", hofft Tina.

Das Team ist sich einer wichtigen Problematik bewusst geworden. Nicht selten stellen Finanzmittel eine Engpassressource eines Projektes dar. Der Finanzmittelbedarf ist eventuell projektbezogen zu finanzieren. In einem solchen Fall ist es wichtig, die projektbezogenen Finanzmittel zu planen. Durch den Finanzmittelbedarf verursachte Kosten für Zinsen sollten als kalkulatorische Kosten des Projekts berücksichtigt werden.

Wieso ist die Finanzmittelplanung wichtig?

Ziel der Planung von Projektfinanzmittel ist die projektbezogene Liquiditätsplanung. Durch die Berechnung von Zahlungsüberschüssen bzw. Unterdeckung je Periode kann der Bedarf bzw. die Verfügbarkeit von Finanzmitteln geplant werden.

Projektfinanzpläne sind tabellarische und/oder grafische Darstellungen des zeitlichen Anfalls der projektbezogenen Auszahlungen und Einzahlungen.

Hinweis:
Hier wird die Liquidität geplant.

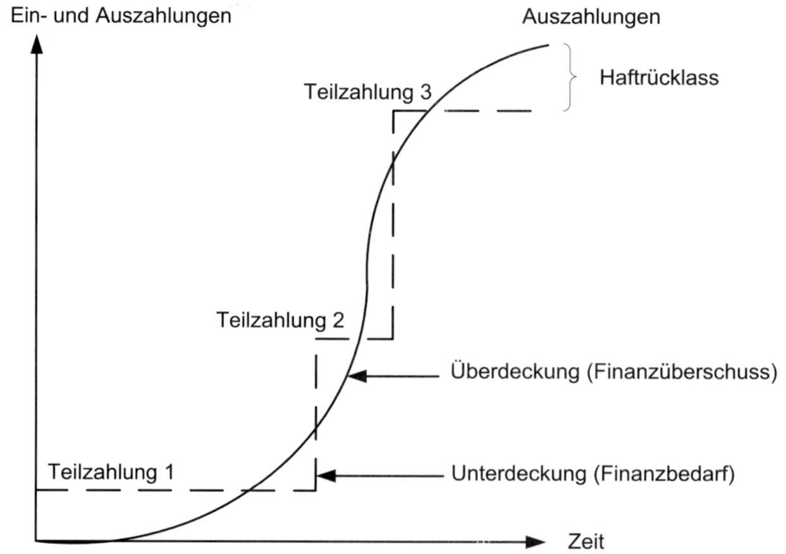

Abb. 3-19 Finanzplan (Zahlungsflussplan)

Als Formular ist der Finanzmittelplan etwas einfacher darstellbar, es ist aber etwas schwieriger, die Über- und Unterdeckungen auf einen Blick zu erkennen.

SbX
ID: 4571
Download: PHB-Vorlage

Projektfinanzmittelplan

Schul-Event 20...

PSP-Code	Phase/ Arbeitspaket	Termin			Zahlungsstrom		
		Basisplan	Adapt. Plan per …	Ist-Plan	Basisplan	Adapt. Plan per …	Ist-Plan
1.1	Projekt-management	20. 01. ..			–38,– (wird von Schule bezahlt)		
1.4.8	Sponsorenan-gebot und Fi-nanzierungs-plan erstellen	10. 06.			500,– („Kredit" von Elternverein)		
1.5.2	Buffet organisieren	15. 06.			–250,–		
1.5.4 1.5.5 1.5.6	Div. Pro-grammpunkte vorbereiten	15. 06.			–50,–		
1.5.7	Dekoration vorbereiten	15. 06.			–50,–		
1.6.8	(Vor-)Verkauf durchführen (Teil 1)	20. 06.			500,–		
1.6.4	Musikanlage organisieren und aufstellen	29. 06.			–500,–		
1.6.8	(Vor-)Verkauf durchführen (Teil 2)	30. 06.			500,–		

Version: 1	Datum: 31. 1. 2...	Erstellerin: Tina	Seite 1 von 1

Üben

Anweisungen für die Projektpraxis

Gehen Sie von Ihrem Musterprojekt aus und erstellen Sie dafür folgende Unterlagen:

a) Personaleinsatzplan
b) Ressourcen-/Kostenplan
c) Finanzmittelplan

Sichern

Ressourcen- und Kostenplanung

Die Ressourcen- und Kostenplanung wird aufgrund des Projektstrukturplanes gemacht und legt für jedes Arbeitspaket bzw. für jede Phase die benötigten Ressourcen (Personal, Material etc.) sowie die entstehenden Kosten fest.

Finanzmittel-planung

Die Finanzmittelplanung ist eine projektbezogene Liquiditätsplanung, sie stellt projektbezogene Einzahlungen und Auszahlungen gegenüber und ermittelt Über- und Unterdeckungen.

Personaleinsatzplan

Der Personaleinsatzplan dient der Planung der Personalressourcen und enthält den PSP-Code, die Arbeitspaketbezeichnung, die Ressourcenart, die Ressourcenmenge, die Planmenge, die adaptierte Planmenge, die Istmenge und die Abweichung in Personenstunden.

Wissen

SbX ID: 4572

SbX
Fragen 1–3 mit automatischer Aufgabenkontrolle
ID: 4572

erledigt ☑
Frage 1 ☐
Frage 2 ☐
Frage 3 ☐

Kontrollfragen

1. Was ist Inhalt der Ressourcenplanung und wodurch unterscheidet sie sich von der Kostenplanung?
2. Wozu dient der Personaleinsatzplan?
3. Wie werden die Zahlungsströme dargestellt und weshalb ist deren Darstellung wichtig?

Problemstellungen

1. Gehen Sie vom Fall A der Problemstellungen zur ersten Lerneinheit dieses Kapitels aus (siehe Seite 59) und erstellen Sie folgende Unterlagen:
   a) Personaleinsatzplan
   b) Ressourcen-/Kostenplan
   c) Finanzmittelplan
2. Gehen Sie vom Fall B der Problemstellungen zur ersten Lerneinheit dieses Kapitels aus (siehe Seite 59) und erstellen Sie folgende Unterlagen:
   a) Personaleinsatzplan
   b) Ressourcen-/Kostenplan
   c) Finanzmittelplan
3. Setzen Sie die Problemstellung 3 auf Seite 84 fort und erstellen Sie für den **Hausbau** einen Kostenplan. Berücksichtigen Sie dazu die folgenden Informationen, wobei nur tatsächlich vom Bauherrn zu zahlende Beträge zu berücksichtigen sind. Besorgen Sie sich selbst Informationen über die Herstellung eines Telefonanschlusses (Festnetz, die Grundverkabelung wurde im Zuge der Elektroinstallation durchgeführt) inklusive drei Sprecheinheiten sowie die Errichtung einer digitalen Satellitenanlage mit ORF-Empfangsmöglichkeit (es sollen drei Räume mit Fernsehern ausgestattet werden, die Anlage wird selbst montiert, die Grundverkabelung wurde im Zuge der Elektroinstallation vorgenommen):

AP-Nr.	AP Bezeichnung	Kosten inkl. USt
2.2.2	Baugrube ausheben	3.000,00
2.2.3	Bodenplatte betonieren	9.800,00
2.2.4	Kellerwände aufstellen	19.600,00
2.2.5	Kellerdecke errichten	9.800,00
2.3.1	Wände Erdgeschoß aufstellen	13.700,00
2.3.2	Decke Erdegeschoß betonieren	9.800,00
2.3.3	Stiegen betonieren	6.900,00
2.3.4	Kniestockmauerwerk aufrichten	9.800,00
2.3.5	Kamin errichten	6.900,00
2.3.6	Dachstuhl aufstellen und Spenglerarbeiten durchführen	12.800,00
2.3.7	Dach decken und Spenglerarbeiten durchführen	8.800,00
2.4.1	Zwischenwände aufrichten	7.900,00
2.4.2	Dachgeschoß ausbauen	9.800,00
2.4.3	Türen einbauen	5.300,00
2.4.4	Fenster einbauen	13.200,00
2.5.1	Elektroinstallationen errichten	8.700,00
2.5.2	Wasserleitungen einbauen	4.300,00
2.5.3	Kanalanschluss herstellen	4.900,00
2.5.4	Heizung einbauen	23.100,00
2.5.5	Solaranlage errichten	10.100,00
2.5.6	Sanitäranlage anschließen	8.300,00
2.5.7	Blitzschutz einbauen	1.500,00
2.6.1	Estrich anbringen	
2.6.2	Innenputz anbringen	7.900,00
2.6.3	Außenputz anbringen	7.900,00
2.6.4	Verfüllen und Außenarbeiten durchführen	3.700,00

Lerneinheit 7

Projektrisiken

„Hoffentlich werden wir das alles schaffen. Es wäre peinlich und womöglich auch noch teuer für uns, wenn der Schul-Event ein Misserfolg wäre", stöhnt Karin. „Am besten wir untersuchen einmal, wo mögliche Gefahren für das Projekt lauern", schlägt Tina vor. Dieses Aufspüren potenzieller Gefahren für den Projekterfolg erfolgt in der Analyse der Projektrisiken.

SbX
Alle SbX-Inhalte zu dieser Lerneinheit finden Sie unter der ID: 4573.

Lernen

SbX ID: 4574

Analyse der Projektrisiken

Wie können Projektrisiken minimiert werden?

Ein Merkmal, das bei den meisten Projekten zutrifft, ist, dass sie riskant sind. Projektrisiken sind potenzielle Bedrohungen für den Projekterfolg. Durch sorgfältige Projektrisikoanalyse und gekonntes Risikomanagement gelingt es, dieses Risiko so gering wie möglich zu halten.

SbX
ID: 4574
Bildschirmpräsentation zu dieser Lerneinheit

Aufgaben des Projektrisikomanagements sind

- die Identifizierung, Bewertung und Priorisierung des Risikos,
- die Planung und Durchführung von Präventivmaßnahmen (zur Vermeidung, Verminderung, Überwälzung),
- die Planung und Durchführung von Korrektivmaßnahmen,
- Risikocontrolling,
- Risikodokumentation.

Bei Projektrisiken kann man mehrere Risikoarten unterscheiden. Das Risikomanagement in Projekten ist eine Projektmanagementfunktion. Der Einsatz von Projektmanagementmethoden, soll dazu beitragen, Projektrisiken zu erkennen.

Das folgende Formular hilft, Projektrisiken und Maßnahmen zu deren Vermeidung übersichtlich darzustellen.

PROJEKTRISIKOANALYSE

PSP-Code	Arbeitspaketbezeichnung	Risikobeschreibung, Ursache	Priorität	Risikokosten	Eintrittswahrscheinlichkeit	Risikobudget	Verzögerung	Präventive und korrektive Maßnahmen	Risikominimierungskosten
Code	Text	Text	Auswahl	€	Prozent	€	Wochen	Text	€

3 Projektstartprozess/Projektplanung

SbX
ID: 4574
Download: PHB-Vorlage

Legende:
1 = niedrig,
2 = mittel,
3 = hoch

Das Team erarbeitet für den Schul-Event 2… folgende Risikoanalyse:

Projektrisikoanalyse

Schul-Event 20...

PSP-Code	Arbeitspaket/ Phase	Risikobeschreibung, Ursache	Bedeutung	Eintrittswahrscheinlichkeit	Präventive und korrektive Maßnahmen
Code	Text	Text	1, 2, 3	1, 2, 3	Text
1.1	Projektmanagement	• Mangelhafte Projektorganisation • Unklare Projektrollen • Kein gemeinsames Verständnis von der Form der Kooperation	3	3	• Schulung Projektmanagement • Diskussion der Rollenbeschreibungen, der Kooperation
1.2	Möglichkeiten ausloten	• Es werden wesentliche Möglichkeiten nicht erkannt.	2	1	• Kreativitätstechniken einsetzen • Teamarbeit
1.3	Inhalt und Form festlegen	• Uneinigkeit • Ausgewählter Inhalt und/oder Form passen nicht zum Zielpublikum	3 3	1 2	• Diskussion im Team • Wünsche des Zielpublikums erheben
1.4	Konzept erstellen	• Wesentliche Punkte werden übersehen.	3	2	• Checklisten erstellen
1.5	Fest inhaltlich vorbereiten	• Genehmigungen werden nicht erteilt.	3	2	• Checklisten erstellen
1.6	Fest technisch vorbereiten	• Bühne und/oder Musikanlage steht nicht zur Verfügung	3 3	2 2	• Verbindliche Zusagen erwirken • Notplan erstellen
1.7	Fest durchführen	• Technik klappt nicht • Programmpunkte können nicht durchgeführt werden • Buffet mangelhaft • Schlechter Moderator	3 2 2 2	2 1 1 1	• Ersatz vorsorgen • Programmpunkte gut planen/weglassen • Buffet genau organisieren • Richtige Auswahl, schulen, 2. Moderator bestimmen
1.8	Aufräumen	• Es wird nicht ordentlich weggeräumt. • Es werden Schäden reklamiert. • Probleme bei der Abrechnung	2 2 2	3 3 1	• Genauen Abräumplan erstellen • Versicherungsmöglichkeiten prüfen, Ordnungsdienst einteilen • Abrechnungsverantwortlichen definieren

Version: 1	Datum: 31. 1. 2...	Erstellerin: Tina	Seite 1 von 1

Üben

Anweisungen für die Projektpraxis

Gehen Sie von Ihrem Musterprojekt aus und erstellen Sie dafür eine Projektrisikoanalyse.

Sichern

Planung der Projektrisiken

Projektrisikoanalyse besteht in der Identifizierung und Bewertung des Risikos, der Planung und Durchführung von Präventiv- und Korrekturmaßnahmen.

Projekt-Risikoanalyse

Dieses Formular sollte den PSP-Code, die Arbeitspaketbezeichnung, die Risikobeschreibung, die Risikoursache, die Priorität, Risikokosten, Eintrittswahrscheinlichkeit, Risikobudget, Verzögerung, präventive und korrektive Maßnahmen und die Risikominimierungskosten enthalten.

Wissen

SbX ID: 4576

SbX
Frage 1 und 2 mit automatischer Aufgabenkontrolle
ID: 4576

erledigt ☑
Frage 1 ☐
Frage 2 ☐

Kontrollfragen

1. Welche Aufgaben erfüllt das Risikomanagement?
2. Wovon hängt das Risiko in einem Projekt ab?

Problemstellungen

1. Gehen Sie vom Fall A der Problemstellungen zur ersten Lerneinheit dieses Kapitels aus (siehe Seite 59) und erstellen Sie eine Projektrisikoanalyse.
2. Gehen Sie vom Fall B der Problemstellungen zur ersten Lerneinheit dieses Kapitels aus (siehe Seite 59) und erstellen Sie eine Projektrisikoanalyse.

Alle SbX-Inhalte zu dieser Lerneinheit finden Sie unter der ID: 4583.

Lerneinheit 8

Projektkultur

„So, jetzt waren wir tüchtig und ich bin sicher, dass das Projekt so klappen wird", stellt Karin zufrieden fest. „Beim letzten Projekt, bei dem ich mitgemacht habe, schien auch alles gut zu gehen, aber bei der Durchführung haben wir entsetzlich gestritten. Der eine war zu schlampig, der andere zu genau, manche haben Termine nicht eingehalten, andere Unterlagen nicht gebracht. Vereinbarungen, die wir zwischendurch getroffen hatten, wurden teilweise vergessen, teilweise unterschiedlich interpretiert. Kurzum, es entstand ein Chaos, wir haben das Projekt abgebrochen und uns so zerstritten, dass wir uns noch immer nicht versöhnt haben. Man kann sagen, an diesem Projekt sind Freundschaften zerbrochen. So etwas möchte ich nie wieder haben. Wir müssen unbedingt entsprechende Vorsorge treffen", stört Lukas das Wohlbehagen, das die anderen Teammitglieder erfasst hat. „Ich möchte auf jeden Fall, dass wir Freunde bleiben", sagt Stefan. „Und den Schul-Event 20.. wollen wir doch auch erfolgreich abwickeln", erinnert Alex. „Wir werden vereinbaren, welche Regeln wir einhalten werden. Wir unterschreiben alle so eine Art Ehrenkodex", schlägt Tina vor.

Was Lukas hier anspricht, ist ein wesentlicher Faktor für den Erfolg eines Projekts. Die Vorschläge von Tina sind ein wichtiger Bestandteil der Projektplanung, es handelt sich um die Projektkultur.

Lernen

SbX ID: 4584

1 Einführung

Was versteht man unter Projektkultur?

SbX ID: 4584 Bildschirmpräsentation zu dieser Lerneinheit

Da ein Projekt ein eigenständiges soziales System ist, hat es eine, für dieses Projekt spezifische Kultur. Die **Projektkultur** kann als die Gesamtheit der Werte, Normen und Regeln eines Projektes definiert werden. Sie umfasst die im Projekt tolerierten bzw. gewünschten Verhaltensweisen, Kommunikationsformen, Arbeitsweisen, Planungs- und Controllingmethoden etc.

Um in einem Projekt einheitliche Vorstellungen über die Projektkultur zu entwickeln, empfiehlt es sich, im Projektstartprozess festzulegen, welche Werte und Regeln in diesem Projekt gelten sollen.

Die Projektkultur gehört neben der Projektorganisation und den Beziehungen zu den sogenannten Soft Facts eines Projekts und trägt entscheidend zum Projekterfolg bei. Viele Projekte scheitern nicht an den sogenannten Hard Facts (Kosten, Termine, Leistung), sondern an der mangelhaften Projektkultur.

Eine eigenständige Projektkultur ist speziell durch folgende Elemente gekennzeichnet:

- eigener Projektraum
- eigene Sprache
- organisatorische Spielregeln
- Episoden und Anekdoten

Verstärkt werden diese Kulturelemente durch eigenständige Organisationsmittel wie Projekthandbuch, projektspezifische Regeln, eigenes Projektabrechnungssystem oder eigenes EDV-System.

Die wichtigsten **Methoden zur Entwicklung einer Projektkultur** sind

- Entwicklung eines Projektnamens,
- Entwicklung eines Projektlogos,
- Schaffung eines Projektleitbildes,
- projektspezifische „soziale" Veranstaltungen wie z. B. ein „Projektheuriger" etc.

Projektleitbild, Logos, ein geeigneter Projekttitel und projektspezifische Veranstaltungen fördern die Identifikation des Projektteams mit dem Projekt. Projektname und -logo müssen auf jedem Schriftstück aufscheinen.

Die eigenständige Kultur des Projekts kann jedoch auch zu massiven Problemen mit den übrigen Mitgliedern der Stammorganisation führen.

Der Projektmanager kann die Entwicklung einer günstigen Projektkultur insbesondere durch folgende Maßnahmen beeinflussen:

- Richtige Wahl der Teammitglieder
- Konsequentes Vorleben der angestrebten Werte von Anfang an, Vermittlung eigener Werte
- Abgrenzung zu Kulturen der Umwelt in den Teamsitzungen ansprechen
- „Teamgeschichte: Personen und Ereignisse" von Beginn an als Anhang im Projekthandbuch anlegen und mitführen

Tipp:

Legen Sie den Projektnamen und das Projektlogo so früh wie möglich fest, also sobald sich Ihr Team über die Ziele des Projekts im Klaren ist. Das stärkt die Identifikation mit dem Projekt und den Zusammenhalt im Projektteam.

Das Projektteam hat bereits am Anfang ein gemeinsames Logo und einen Projekttitel gefunden. Die Vorgangsweise kann in der Einheit erstes Projektmarketing auf S. 35 f. nachgelesen werden.

Zur Schaffung und Pflege einer förderlichen Projektkultur erarbeitet das Team noch **Spielregeln** und **Formatierungsrichtlinien** und legt die **Kommunikationsstruktur** fest. Zur Sicherstellung einer gelungenen Kommunikation sollen verschiedene Formulare **(= Organisationsmittel der Kommunikation)** eingesetzt werden. Außerdem werden laufend Fotos gemacht und „Hoppalas" sowie lustige Erlebnisse festgehalten.

2 Spielregeln

„Jeder von uns schreibt auf, welche Regeln ihm wichtig sind und wir einigen uns auf die wichtigsten", schlägt Alex vor. „Na, das kann ja lustig werden! Wer bestimmt, welche von den vielen Regeln wichtig sind?", ist Lukas skeptisch. „Das wird wohl nicht so schwierig sein, viele Regeln werden sich ja wiederholen", hofft Stefan. „Auf jeden Fall sollten wir die Formatierung festlegen, damit sparen wir uns viel Ärger mit nachträglichen Umformatierungen", ergänzt Karin.

Das Team beschließt, zur Entwicklung der Regeln die sogenannte „Metaplantechnik" anzuwenden. Die Regeln werden auf kleine Zettel geschrieben und dann auf einem Flipchart systematisiert und bewertet. Es wird darauf geachtet, dass die Regeln positiv formuliert werden, z. B. „Wir wollen alle Termine pünktlich einhalten" und nicht „Wir wollen nicht unpünktlich sein". Bei manchen Regeln kann es ziemlich schwierig sein, positive Formulierungen zu finden, trotzdem lohnt sich die Anstrengung. Besonders wirksam ist es, wenn für jede Spielregel ein Symbol gefunden wird.

Spielregeln sollen im Team möglichst konsensual erarbeitet werden und sind für das gesamte Projektteam verbindlich.

SbX
ID: 4584
Download: PHB-Vorlage

Hinweis:
Spielregeln gemeinsam erarbeiten und positiv formulieren.

Spielregeln

Schul-Event 20...

Symbol	Spielregel	Beschreibung
	Jede/Jeder ist für übernommene Arbeitspakete voll verantwortlich.	● Wir entsenden keine Stellvertreter/Stellvertreterinnen in unsere Sitzungen. ● Sollte ein Mitglied an einer Sitzung nicht teilnehmen, ist das Sitzungsteam auch ohne den Abwesenden/die Anwesende beschlussfähig (Anwesende sind entscheidungsfähig). ● Sollte mehr als die Hälfte der Teilnehmer/Teilnehmerinnen fehlen, wird die Sitzung abgesagt.
	Alle Termine werden von allen genau eingehalten.	● Sitzungstermine legen wir rechtzeitig fest und halten sie pünktlich ein (auch die vereinbarten Pausen). ● Alle Arbeitspakete sind termingerecht zu erledigen.
	Mobiltelefone schalten wir aus.	● In den Sitzungen schalten wir die Mobiltelefone ab. ● Sollte es unbedingt notwendig sein, dass ein Teilnehmer/eine Teilnehmerin erreichbar ist, wird dies vor der Sitzung vereinbart und das Mobiltelefon lautlos geschaltet (das Gespräch muss außerhalb des Sitzungsraumes geführt werden).
	Wir verfassen Tätigkeitsberichte und Protokolle.	● Jedes Projektteammitglied führt über die eigenen Tätigkeiten einen Tätigkeitsbericht. ● Bei jeder Sitzung muss ein Protokoll angefertigt und im Projektordner abgelegt werden.
	Wir legen Wert auf gute Kommunikation	● Wir setzen primär E-Mail als Kommunikationsform ein. ● Soweit möglich, werden Ergebnisse via E-Mail verteilt, der Verteiler für bestimmte Dokumente sowie das Projekthandbuch sollen möglichst früh definiert und im Dokument selbst oder in entsprechenden Protokollen festgehalten werden. ● Informationen werden verlässlich weitergegeben.
	Alle einzelnen Teammitglieder stehen hinter dem Projekt.	● Wir versuchen, die gemeinsam definierten Ziele als Projektteam zu erreichen. ● Alle fühlen sich für die Ergebnisse des gesamten Projekts verantwortlich (auch wenn die Projektleiterin der Projektauftraggeberin gegenüber letztverantwortlich ist). ● Eventuell auftretende Konflikte bearbeiten wir unverzüglich im Team, gegebenenfalls mithilfe des Projektcoachs. ● Im Team wird offen kommuniziert, „sensible" Informationen müssen als solche definiert werden, diese werden nicht nach außen getragen.

Version: 1	Datum: 31. 1. 2...	Erstellerin: Tina	Seite 1 von 1

3 Formatierungsrichtlinien

Rechtzeitig festgelegte Formatierungsrichtlinien ersparen viel Zeit und Ärger beim Zusammenführen der einzelnen Dokumente und stellen die formale Einheitlichkeit des Projekthandbuches sicher (siehe auch Lerneinheit Wissenschaftliches Arbeiten).

Tipp:

Achten Sie darauf, dass trotz des Wunsches nach kreativer Gestaltung der Schriftstücke die Bestimmungen der ÖNORM 1080 eingehalten werden.

SbX
ID: 4584
Download: PHB-Vorlage

Formatierungsrichtlinien Schul-Event 20...	
Absatzformatierung:	Standard
Aufzählung:	Standard, einheitlich für die ganze Arbeit
Fußnoten:	Standardformatierungen nicht verändern
Fußzeile:	Beginn: waagrechte Linie Tahoma 10 pt, evtl. kursiv, Inhalt: links: Klasse: Namen der Projektteammitglieder alphabetisch rechts: Seite lfd./Seiten solange das Projekthandbuch in Arbeit ist, steht in jeder Fußzeile: Version: Datum:.. Ersteller/innen .... Seite # von ##
Gliederung:	Dezimalgliederung 1 1.1 1.1.1 usw.
Kopfzeile:	Tahoma 10 pt, evtl. kursiv Inhalt: links Projektname, rechts Logo Abschluss: waagrechte Linie
Nummerierung:	1.2.3 usw. – hängenden Einzug aktivieren!
Seitenlayout:	Standard, Bundsteg 1 cm
Tabellen:	Außen- und Innenrahmung: ¾ pt, keine Schattierung
Zeichenformat:	Tahoma 11 Überschrift 1: Tahoma 14 pt, fett Überschrift 2: Tahoma 12 pt, fett Überschrift 3: Tahoma 11 pt, fett Hervorhebungen im Text: fett und/oder kursiv, Kapitälchen, keine Blockschrift, nicht unterstreichen, nicht sperren, nicht zentrieren!

Version: 1	Datum: 31. 1. 2...	Erstellerin: Tina	Seite 1 von 1

4 Kommunikationsstruktur

Warum ist die Planung der Kommunikationsstruktur bereits beim Projektstart wichtig?

Die Kommunikation im Projekt soll bereits zu Beginn des Projektes in groben Zügen geplant werden. Wenn man weiß, welche Sitzungen unbedingt nötig sind, fällt es leichter, gemeinsame Termine zu finden und diese später auch einzuhalten.

Das Team legt die Kommunikationsstruktur mithilfe der folgenden Tabelle fest:

SbX
ID: 4584
Download: PHB-Vorlage

Kommunikationsstruktur
Schul-Event 20...

Bezeichnung der Sitzung	Was?	Wer?	Wie oft?
Start-Meeting	Planung des Projektes mithilfe der PM-Instrumente	Projektauftraggeberin (wenn möglich), Projektleiterin, Projektteammitglieder	einmal
Koordinationssitzungen	Koordination der Arbeiten	Projektleiterin, Projektteammitglieder	einmal pro Woche
Controllingsitzungen	Überprüfung aller Betrachtungsobjekte entsprechend der Planung	Projektleiterin, Projektteammitglieder	einmal pro Monat
Abschluss-Meeting	Darstellung der Projektergebnisse, Beurteilung der Realisierung der Projektziele, Reflexion der Projekterfahrung, Fertigstellen des Projektabschlussberichtes (zielgruppenspezifisch)	Projektauftraggeberin (wenn möglich), Projektleiterin, Projektteammitglieder	einmal

Version: 1	Datum: 31. 1. 2...	Erstellerin: Tina	Seite 1 von 1

5 Organisationsmittel der Kommunikation

Viele Projekte scheitern in Folge mangelhafter Kommunikation. Die folgenden Formulare erleichtern in rationeller Form die Kommunikation im Projekt, machen Prozesse transparent und Entscheidungen nachvollziehbar.

Erstellen Sie eine Liste der Ansprechpartner!

Liste der Ansprechpartner

Um die Kommunikation während des Projekts zu erleichtern, wird eine Liste mit Rollen, Namen, Telefonnummern und E-Mail-Adressen aller Ansprechpartner angefertigt.

Es wird dazu das von unserer Projektgruppe erarbeitete Formular „Projektorganisation" aus Lerneinheit 1 dieses Kapitels verwendet. Die Gruppe hat das Formular gleich bei der Festlegung der Rollen im Projekt ausgefüllt (siehe auch S. 54).

Das Erstellen von Protokollen haben Sie bereits im IOM-Unterricht gelernt. Erinnern Sie sich?

Besprechungsprotokoll

Um sicherzustellen, dass es bei Sitzungen auch zu Ergebnissen kommt, diese von allen richtig verstanden werden und nichts vergessen wird, verwendet man einheitliche Formulare, sogenannte Besprechungs- oder Sitzungsprotokolle. Das Formular für ein solches Besprechungsprotokoll enthält alle wesentlichen Inhaltspunkte, die bei der Sitzung nur noch entsprechend konkretisiert werden müssen.

Beachten Sie bitte auch die Ausführungen aus dem Kapitel 7, Lerneinheit 4.

Das Besprechungsprotokoll-Formular unseres Projektteams sieht so aus:

SbX
ID: 4584
Download: PHB-Vorlage

Besprechungsprotokoll

Schul-Event 20...

Besprechungsort: Besprechungsdatum: Protokollführer/in: Datum des Protokolls:	Verteiler:

Anwesend Name:	Zeitweise anwesend Name	von bis	Unterschrift

Lfd. Nr.	Arbeitspaket AP-Kurzbezeichnung Nr.	Ergebnisse	Erledigt Code	durch bis

Code: A = Auftrag, B = Beschluss, E = Empfehlung, F = Feststellung, T = Termin

Version:	Datum:	Ersteller/in:	Seite

Beugen Sie Streitigkeiten vor und erstellen Sie einen Tätigkeitsbericht!

Tätigkeitsbericht

Um sicherzustellen, dass es zu keinen Streitigkeiten kommt, weil unterschiedlich viel gearbeitet wird und dies nicht nachvollziehbar ist, einigt sich das Projektteam darauf, dass alle Projektteammitglieder ihre Tätigkeiten schriftlich festzuhalten.

Tipp:

Führen Sie Ihren Tätigkeitsbericht sorgfältig – er ist eine wesentliche Grundlage für die Beurteilung Ihrer Leistungen im Projekt.

Das Projektteam verwendet dazu das folgende Formular:

SbX
ID: 4584
Download: Excel
PHB-Vorlage
Kurzanleitung Moodle

Legende:
U = im Unterricht
AU = außerhalb des Unterrichts

Hinweis:
Die Summe der Stunden aller Tätigkeitsberichte muss mit den Ist-Werten im Ressourcenplan übereinstimmen.

Tätigkeitsbericht

Schul-Event 20...

Name:

Datum	Tätigkeit lt. PSP		Dauer (h)			
			Teamarbeit		Einzelarbeit	
	Code	Bezeichnung	U	AU	U	AU
	Dauer: Summe					
	Arbeitsstunden gesamt					

Version: 1	Datum: 31. 1. 2...	Erstellerin: Tina	Seite 1 von 1

Feedback darf nie verletzend sein!

Feedback

Eine gute Möglichkeit, über unterschiedliche Aspekte im Projekt zu kommunizieren, ist es, von allen Beteiligten Feedback einzuholen. Feedback ermöglicht es, aufkeimende Konflikte rechtzeitig zu erkennen und entsprechende Maßnahmen zur Bereinigung der Unstimmigkeiten ergreifen zu können.

Feedback ist grundsätzlich an keine Form gebunden, jedoch beschleunigen Formulare den Prozess erheblich.

SbX
ID: 4584
Download: PHB-Vorlage

Unser Projektteam, das Streitigkeiten auf jeden Fall vermeiden will, beschließt, folgenden Feedback-Bogen zu verwenden:

Feedback

Schul-Event 20...

Wie steht es um unser Projekt?	stimmt	stimmt teilweise	stimmt nicht
1. Die IST-Situation wird genügend analysiert.			
2. Die Ziele sind klar definiert bzw. gut messbar.			
3. Es wird von vornherein keine einzelne Lösung favorisiert, sondern immer nach Alternativen gesucht.			
4. Die Verantwortlichkeiten/Zuständigkeiten im Projekt sind vollständig geklärt und abgestimmt.			
5. Qualifiziertes Personal für die Mitarbeit im Projekt reicht aus.			
6. Die Motivation, in Projekten mitzuarbeiten, ist hoch.			
7. Auftauchende Probleme im Projekt werden angesprochen und gelöst.			
8. Risiken im Projekt werden richtig eingeschätzt.			
9. Es wird systematisch organisiert und nicht laufend improvisiert.			
10. Fehler früherer Projekte werden nicht wiederholt.			
Version: 1	Datum: 31. 1. 2...	Erstellerin: Tina	Seite 1 von 1

Üben

Anweisungen für die Projektpraxis

Gehen Sie von Ihrem Musterprojekt aus und erstellen Sie folgende Unterlagen:

a) Spielregeln
b) Formatierungsrichtlinien
c) Kommunikationsstruktur
d) Vorlage Besprechungsprotokoll
e) Vorlage Tätigkeitsbericht
f) Vorlage Feedbackformular

Sichern

Projektkultur

Unter Projektkultur versteht man die Gesamtheit aller Werte, Normen und Regeln eines Projektes. Die wichtigsten Methoden zur Entwicklung einer Projektkultur sind die Entwicklung eines Projektnamens, eines Projektlogos, das Schaffen eines gemeinsamen Leitbildes sowie soziale Veranstaltungen.

Spielregeln

In den Spielregeln werden die Verhaltensweisen für die Arbeit im Projekt festgelegt.

Formatierungsrichtlinien

Formatierungsrichtlinien beinhalten Regeln, wie Dokumente im Rahmen des Projektes zu erstellen sind.

Kommunikationsstruktur

Die Kommunikationsstruktur legt fest, welche Sitzungen mit welchem Inhalt, mit welchen Mitgliedern wann und wie oft stattfinden sollen.

Organisationsmittel der Kommunikation

Unter Organisationsmittel der Kommunikation versteht man Hilfsmittel, die diese erleichtern. Darunter fallen die Liste der Ansprechpartner/-partnerinnen, Besprechungsprotokolle, Tätigkeitsberichte und Feedbackbögen.

Liste der Ansprechpartner

In der Liste der Ansprechpartner/-partnerinnen sind die Rollen, Namen, Telefonnummern und E-Mail-Adressen enthalten. Sie werden oft bereits bei der sozialen Projektabgrenzung erstellt und in diese integriert.

Besprechungsprotokolle

Besprechungsprotokolle halten den Inhalt von Sitzungen fest. Sie weisen den Besprechungsort, das Besprechungsdatum, Protokollführer/Protokollführerin, Datum des Protokolls, Namen der anwesenden Personen (evtl. mit teilweiser Abwesenheitszeit) und Unterschrift, besprochene Arbeitspakete mit Bezeichnung und Nummer sowie Ergebnisse bzw. Termine und Verantwortliche.

Tätigkeitsberichte

Tätigkeitsberichte dokumentieren die Arbeit jedes einzelnen Projektmitgliedes. Sie beinhalten daher Datum, Arbeitspaketname und -nummer, einen Hinweis, ob Einzel- oder Teamarbeit geleistet wurde, Summe der Arbeitsstunden und Unterschrift des Projektmitgliedes.

Feedback

Feedback ermöglicht es, laufend Informationen über positive und negative Aspekte im Projekt einzuholen. Dadurch können Konflikte frühzeitig erkannt und gelöst werden. Feedback darf nie verletzend sein.

Wissen

SbX ID: 4585

SbX

Fragen 1, 3–6 mit automatischer Aufgabenkontrolle ID: 4585

erledigt ☑
Frage 1 ☐
Frage 3 ☐
Frage 4 ☐
Frage 5 ☐
Frage 6 ☐

Kontrollfragen und -aufgaben

1. Was versteht man unter Projektkultur?
2. Nennen Sie die wichtigsten Methoden zur Entwicklung einer Projektkultur.
3. Was sind die Ziele der Projektkommunikation?
4. Was versteht man unter Festlegung der Kommunikationsstruktur?
5. Was muss in einem Besprechungsprotokoll festgehalten werden?
6. Wozu dient Feedback während des Projektes?

Problemstellungen

1. Gehen Sie vom Fall A der Problemstellungen zur ersten Lerneinheit dieses Kapitels aus (siehe Seite 59) und halten Sie besonders beachtenswerte Punkte hinsichtlich Projektkultur fest.
2. Gehen Sie vom Fall B der Problemstellungen zur ersten Lerneinheit dieses Kapitels aus (siehe Seite 59) und halten Sie besonders beachtenswerte Punkte hinsichtlich Projektkultur fest.

Kapitelrückblick

Sie haben nun Ihr erstes Projekt geplant und können daher folgende Projektmanagementinstrumente anwenden:

- sachliche, zeitliche und soziale Abgrenzung sowie Kontextanalyse
- Business-Case-Analyse
- Projektauftrag
- Betrachtungsobjekteplan
- Projektstrukturplan
- Meilensteine
- Arbeitspaketespezifikationen
- Balkenplan
- Funktionendiagramm
- Ressourcen- und Kostenplanung
- Finanzmittelplanung
- Projektrisikoanalyse
- Spielregeln
- Kommunikationsstruktur
- Organisationsmittel der Kommunikation

SbX
In SbX finden Sie diese Aufgaben zur Lernkontrolle mit automatischer Aufgabenkontrolle sowie einen Kompetenz-Check zu diesem Kapitel.
ID: 4587
erledigt ☑ Aufgaben zur Lernkontrolle ☐

Aufgaben zur Lernkontrolle – bitte kreuzen Sie die richtige Lösung an. (Mehrfachlösungen sind möglich.)

SbX ID: 4587

1. Projektziele müssen …
☐ a. SMART sein (sinnvoll, messbar, angemessen, realitätsnah, transparent).
☐ b. SMART sein (spezifisch, messbar, attraktiv, realistisch, terminisiert).
☐ c. SMART sein (spezifisch, messbar, angemessen, realitätsnah, transparent).

2. Im Projektorganigramm …
☐ a. ist die Ablauforganisation des Projektes ersichtlich.
☐ b. werden die Beziehungen der Rollen (PAG, PL, PTM, PMA, Coach) in einem Projekt dargestellt.
☐ c. wird die Weisungsbefugnis im Projekt dargestellt.

3. Die Liste der Ansprechpartner/Ansprechpartnerinnen in einem Projekt …
☐ a. enthält Name, Adresse und Geburtsdatum der Projektteammitglieder.
☐ b. dokumentiert deren Rolle, Name, Telefon, E-Mail und eventuell weitere Kontaktdaten.
☐ c. dokumentiert deren Name, Telefon und E-Mail.

4. Im Maßnahmenplan Umweltanalyse wird Folgendes für die Umwelten in einem Projekt festgelegt:
☐ a. Positiva bzw. Probleme
☐ b. Problemstellungen
☐ c. daraus resultierende Kosten
☐ d. daraus resultierende Folgen
☐ e. daraufhin getroffene Maßnahmen
☐ f. daraufhin getroffene Maßnahmen und deren Verantwortlicher

5. Der Business Case …
☐ a. stellt die wirtschaftlichen Konsequenzen einer durch ein Projekt initiierten Investition oder Veränderung dar.
☐ b. stellt die Konsequenzen auf den Erfolg eines Unternehmens einer durch ein Projekt initiierten Investition oder Veränderung dar.
☐ c. stelllt die wirtschaftlichen Konsequenzen einer durch ein Projekt initiierten Maßnahme dar.

6. Das „Business Case Summary Formular" enthält …
☐ a. die Problemstellung
☐ b. die Aufgabe
☐ c. Zweck der Investition
☐ d. Ziele der Investition
☐ e. die Investitionsbeschreibung
☐ f. den Verantwortlichen
☐ g. den Vorgesetzten
☐ h. den Prozesseigentümer
☐ i. den Business-Case-Ersteller
☐ j. die Aufwands-Ertragsdarstellung
☐ k. die Kosten-Leistungsdarstellung
☐ l. die Kosten-Nutzen-Darstellung
☐ m. den Finanzplan
☐ n. Investitionsrechnungen
☐ o. Szenarien
☐ p. Simulationsrechnungen

7. Im Projektauftrag finden sich …
☐ a. Startereignis
☐ b. Startevent
☐ c. Starttermin
☐ d. Endereignis
☐ e. Übergabetermin

- ☐ f. Endtermin
- ☐ g. Hauptziele
- ☐ h. Zweck
- ☐ i. Zusatzziele
- ☐ j. Nicht-Ziele
- ☐ k. Hauptaufgaben
- ☐ l. Maßnahmen
- ☐ m. Projektkosten
- ☐ n. voraussichtlicher Gewinn
- ☐ o. PTM
- ☐ p. PMA
- ☐ q. PL
- ☐ r. Coach
- ☐ s. PAG
- ☐ t. Unterschrift Projektleiter/Projektleiterin
- ☐ u. Unterschriften Projektteammitglieder
- ☐ v. Unterschrift Projektcoach
- ☐ w. Unterschrift Projektauftraggeber

8. Die Leistungsplanung besteht aus …
- ☐ a. dem Objektstrukturplan
- ☐ b. dem Betrachungsobjekteplan
- ☐ c. der Aufgabenübersicht
- ☐ d. dem Personaleinsatzplan
- ☐ e. dem Projektstrukturplan
- ☐ f. den Kontrollschritten
- ☐ g. den Meilensteinen
- ☐ h. den Arbeitspaketbeschreibungen
- ☐ i. den Arbeitspaketspezifikationen
- ☐ j. der To-do-Liste

9. Der Objektstrukturplan …
- ☐ a. zeigt, welche Ergebnisse vorhanden sein sollen.
- ☐ b. zeigt, welche Teilergebnisse vorhanden sein sollen.
- ☐ c. zeigt die wichtigsten Aufgaben im Projekt.
- ☐ d. skizziert das Projektergebnis.
- ☐ e. ist ergebnisorientiert.
- ☐ f. ist objektorientiert.
- ☐ g. richtet sich nach den Hauptaufgaben.
- ☐ h. kann durch weitere Betrachtungsobjekte, die für das Projekt wichtig sind, zum Betrachtungsobjekteplan ergänzt werden.
- ☐ i. soll in Form eines Baumdiagrammes dargestellt werden.
- ☐ j. kann in Form einer Gliederung dargestellt werden.
- ☐ k. kann in einem Formular dargestellt werden.
- ☐ l. kann als Mindmap dargestellt werden.

10. Der Projektstrukturplan …
- ☐ a. gliedert ein Projekt in Teilaufgaben.
- ☐ b. gliedert ein Projekt in Arbeitspakete.
- ☐ c. gliedert ein Projekt in Teilergebnisse.
- ☐ d. ist nach den Betrachtungsobjekten gegliedert.
- ☐ e. ist prozessorientiert in Phasen gegliedert.
- ☐ f. ist der Ausgangspunkt für alle weiteren Planungen.
- ☐ g. kann in Form einer Liste dargestellt werden.
- ☐ h. kann in Form einer Matrix dargestellt werden.
- ☐ i. kann in Form eines Baumdiagramms dargestellt werden.
- ☐ j. weist als erste Gliederungsebene das Projekt auf.
- ☐ k. weist als erste Gliederungsebene die Projektergebnisse auf.
- ☐ l. weist als zweite Gliederungsebene die Hauptprozesse auf.
- ☐ m. weist als zweite Gliederungsebene die Teilergebnisse auf.
- ☐ n. weist als dritte Gliederungsebene die Hauptprozesse auf.
- ☐ o. weist als dritte Gliederungsebene die einzelnen Arbeitspakete auf.
- ☐ p. sollte Verben bei der Formulierung aufweisen.
- ☐ q. kann beliebig formuliert werden.

11. Der codierte Projektstrukturplan …
- ☐ a. weist für jede Phase und jedes Arbeitspaket eine Nummerierung auf.
- ☐ b. weist für jedes Teilergebnis eine Nummerierung auf.
- ☐ c. weist für jedes Arbeitspaket eine Codierung auf.
- ☐ d. weist eine Nummerierung auf, die der jeweiligen Gliederungsebene entspricht.
- ☐ e. weist eine beliebig vornehmbare Codierung auf.

12. Meilensteine …
- ☐ a. kennzeichnen die Grobstruktur eines Projektes.
- ☐ b. kennzeichnen wichtige Entscheidungen im Projekt.
- ☐ c. liegen am Ende wichtiger Arbeitspakete oder Phasen.
- ☐ d. liegen am Ende wichtiger Endergebnisse.

13. Arbeitspakete …
- ☐ a. sind zu planende Teilaufgaben in einem Projekt.
- ☐ b. werden in der EDV oft Vorgänge genannt.
- ☐ c. sind zu planende Teilergebnisse in einem Projekt.

14. In den Arbeitspaketbeschreibungen werden …
- ☐ a. die Inhalte von wichtigen Arbeitspaketen festgelegt.
- ☐ b. geplante Ergebnisse festgelegt.
- ☐ c. notwendige Schritte festgelegt.
- ☐ d. Arbeitspaketinhalte festgelegt.
- ☐ e. To-do-Listen verfasst.
- ☐ f. Detailterminlisten erstellt.

15. Im Rahmen der Terminplanung …
- ☐ a. werden für jedes Projekt die Termine für die Erreichung der Meilensteine festgelegt.
- ☐ b. werden für jedes Projekt die Termine für die Endergebnisse geplant.
- ☐ c. wird für jedes Projekt die Dauer der Tätigkeiten pro Person festgelegt.
- ☐ d. wird für jedes Projekt die Dauer der Arbeitspakete festgelegt.

16. Als Terminplanungsinstrumente kann …
- ☐ a. eine Terminliste verwendet werden.
- ☐ b. eine To-do-Liste verwendet werden.

- ☐ c. eine Liste verwendet werden.
- ☐ d. ein Balkenplan verwendet werden.
- ☐ e. ein Kalender verwendet werden.
- ☐ f. eine Grafik verwendet werden.
- ☐ g. ein Meilensteinplan verwendet werden.

17. Der Meilensteinplan …
- ☐ a. legt fest, bis zu welchem Zeitpunkt einzelne Teilleistungen (Meilensteine) erbracht sein müssen.
- ☐ b. legt fest, bis zu welchem Tag die Ergebnisse fertiggestellt werden müssen.
- ☐ c. enthält Arbeitspaketnummer, Meilensteinnummer und Bezeichnung des Meilensteins, Basisplan, den adaptierten Plan und Isttermine.
- ☐ d. enthält Vorgangsnummer, Meilenstein, Plan- und Isttermin.

18. Im Balkenplan …
- ☐ a. sind die Meilensteine samt zugehörigen Terminen ersichtlich.
- ☐ b. sind die Meilensteine und die Teilleistungen ersichtlich.
- ☐ c. sind die Teilleistungen ersichtlich.
- ☐ d. sind die Arbeitspakete laut PSP samt Codierung mit der entsprechenden Vorgangsdauer sowie die Meilensteine ersichtlich.

19. Das Funktionendiagramm …
- ☐ a. wird aufgrund des Projektstrukturplanes erstellt.
- ☐ b. wird aufgrund des Objektstrukturplanes erstellt.
- ☐ c. enthält für jedes Arbeitspaket die dafür verantwortlichen Personen mit der Bezeichnung ihrer Rolle.
- ☐ d. enthält für jede Tätigkeit die dafür verantwortliche Person mit ihrer Stellenbezeichnung.

20. Die Ressourcen- und Kostenplanung …
- ☐ a. wird aufgrund des Projektstrukturplanes gemacht.
- ☐ b. wird aufgrund des Objektstrukurplanes gemacht.
- ☐ c. legt für jedes Arbeitspaket die benötigten Ressourcen sowie die entstehenden Kosten fest.
- ☐ d. legt für jedes Arbeitspaket die benötigten Ressourcen fest.
- ☐ e. legt für jedes Arbeitspaket die benötigten Kosten fest.

21. Die Finanzmittelplanung …
- ☐ a. ist eine projektbezogene Liquiditätsplanung.
- ☐ b. ist eine projektbezogene Gegenüberstellung von Aufwand und Erträgen.
- ☐ c. stellt projektbezogene Einzahlungen und Auszahlungen gegenüber.
- ☐ d. stellt projektbezogene Leistungen und Kosten gegenüber.
- ☐ e. ermittelt Über- und Unterdeckungen.
- ☐ f. ermittelt den Gewinn.
- ☐ g. ermittelt den Deckungsbeitrag.

22. Projektrisikoanalyse …
- ☐ a. besteht in der Identifizierung und Bewertung des Risikos, der Planung und Durchführung von Präventiv- und Korrekturmaßnahmen für das Projekt.
- ☐ b. besteht in der Bewertung der Eintrittswahrscheinlichkeit und Entdeckungswahrscheinlichkeit sowie der Auswirkungen des Risikos.
- ☐ c. besteht in der Identifizierung und Bewertung des Risikos für das Projekt.
- ☐ d. besteht in der Durchführung von Präventiv- und Korrekturmaßnahmen für das Projekt.

23. Unter Projektkultur …
- ☐ a. versteht man die Gesamtheit aller Werte, Normen und Regeln eines Projektes.
- ☐ b. versteht man soziale Regeln für die Projektteammitglieder.
- ☐ c. werden wichtige Methoden wie die Entwicklung eines Projektnamens, eines Projektlogos, das Schaffen eines gemeinsamen Leitbildes sowie soziale Veranstaltungen zusammengefasst.
- ☐ d. versteht man kulturelle Veranstaltungen im Rahmen eines Projektes.
- ☐ e. versteht man die Gesamtheit aller Verhaltensregeln für das gesamte Projektumfeld.

24. In den Spielregeln eines Projektes …
- ☐ a. werden die Vorschriften für das Verhalten der Teammitglieder festgelegt.
- ☐ b. werden die Verhaltensweisen für die Arbeit im Projekt festgelegt.
- ☐ c. werden die gewünschten Verhaltensweisen gegenüber dem Projektumfeld festgelegt.

25. Formatierungsrichtlinien …
- ☐ a. sind praktische Hilfen wie man mit MS-Word im Rahmen eines Projektes arbeitet.
- ☐ b. beinhalten Vorschläge, wie die Dokumente im Rahmen des Projektes zu formatieren sind.
- ☐ c. beinhalten Regeln, wie Dokumente im Rahmen des Projektes zu erstellen sind.

26. Die Liste „Kommunikationsstruktur" …
- ☐ a. legt fest, wer mit wem wann zu kommunizieren hat.
- ☐ b. legt fest, welche Sitzungen mit welchem Inhalt, mit welchen Mitgliedern, wann und wie oft stattfinden sollen.
- ☐ c. legt fest, welche Sitzungen mit welchen Mitgliedern monatlich stattfinden werden.

27. Unter Organisationsmittel der Kommunikation …
- ☐ a. versteht man Hilfsmittel, die die Kommunikation erleichtern.
- ☐ b. versteht man Meetingunterlagen.
- ☐ c. versteht man die Liste der Ansprechpartner/Ansprechpartnerinnen, Besprechungsprotokolle, Tätigkeitsberichte und Feedbackbögen.
- ☐ d. versteht man die Meetingprotokolle, Terminlisten und Fragebögen.

28. In der Liste der Ansprechpartner/Ansprechpartnerinnen …
    - ☐ a. sind die Stellenbezeichnungen, Namen und Adressen enthalten.
    - ☐ b. sind die Rollen, Namen, Telefonnummern und E-Mail-Adressen enthalten.
    - ☐ c. Diese Liste wird oft bereits bei der sozialen Projektabgrenzung erstellt.
    - ☐ d. Diese Liste wird bereits beim Projektantrag erstellt.

29. Besprechungsprotokolle …
    - ☐ a. halten den Inhalt von Sitzungen fest.
    - ☐ b. halten die Vereinbarungen von Projektaufträgen fest.
    - ☐ c. weisen alle wichtigen Daten auf.
    - ☐ d. weisen Ort, Datum, Schriftführer/Schriftführerin, Name der abwesenden Personen, besprochene Themen und Vereinbarungen über noch auszuführende Tätigkeiten auf.
    - ☐ e. weisen den Besprechungsort, das Besprechungsdatum, Protokollführer/Protokollführerin, Datum des Protokolls, Namen der anwesenden Personen und Unterschrift, besprochene Arbeitspakete mit Bezeichnung und Nummer sowie Ergebnisse bzw. Termine und Verantwortliche auf.

30. Tätigkeitsberichte …
    - ☐ a. dokumentieren die Arbeit jedes einzelnen Projektmitgliedes.
    - ☐ b. dokumentieren den Zeitaufwand der Projektteammitglieder.
    - ☐ c. beinhalten Stunde, Arbeitspaketname, Summe der Stunden und Unterschrift des Projektleiters.
    - ☐ d. beinhalten daher Datum, Arbeitspaketname und -nummer, einen Hinweis, ob Einzel- oder Teamarbeit geleistet wurde, Summe der Arbeitsstunden und Unterschrift des Projektmitgliedes.

31. Feedback …
    - ☐ a. ermöglicht es, laufend Informationen über positive und negative Aspekte im Projekt einzuholen.
    - ☐ b. ermöglicht es, laufend den Projektteammitgliedern Rückmeldung über die geleistete Arbeit zu geben.
    - ☐ c. dadurch können Probleme frühzeitig erkannt und gelöst werden.
    - ☐ d. dadurch können Konflikte gemanagt werden.
    - ☐ e. dadurch können Konflikte frühzeitig erkannt und gelöst werden.

Fassen Sie Ihr Wissen über dieses Kapitel in der untenstehenden Grafik zusammen.
Tipp: Verwenden Sie dazu auch Farben und Grafiken.

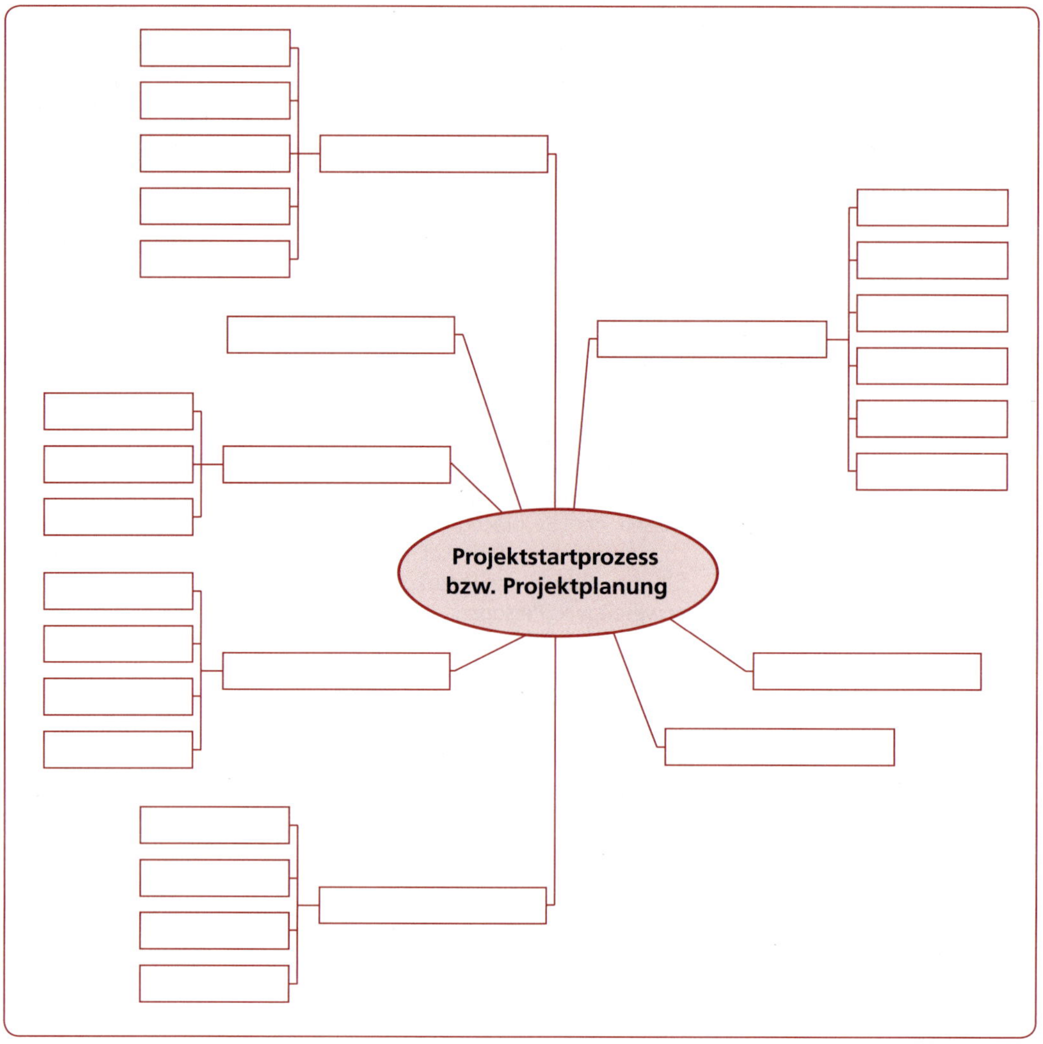

Wie geht's weiter?

Im nächsten Kapitel lernen Sie, was alles bei der Durchführung des Projektes zu tun und zu beachten ist.

4 Projektdurchführung

„Uff, die Planung ordentlich zu machen, hat ganz schön viel Zeit gekostet", meint Tina zu Stefan. „Aber jetzt wissen wir genau, wer was bis wann zu tun hat, und können nun schnell und ordentlich arbeiten." „Aber die Planung alleine reicht nicht", erwidert Stefan, „wir müssen uns auch darum kümmern, dass alle alles nach Plan machen." „Ja genau – dann gehen wir es jetzt an!"

Jede Planung ist der Versuch, etwas, das erst in der Zukunft geschieht, vorherzusagen. Dies gilt natürlich auch für die Projektplanung. Die Realität spielt sich in der Phase „Projektdurchführung" ab – denn hier wird am Projekt gearbeitet. Hier stellt sich nun heraus, ob das Projektziel bzw. die Ziele so wie geplant erreicht werden können oder ob kleinere Korrekturen oder größere Eingriffe notwendig sind.

SbX
Alle SbX-Inhalte zu diesem Kapitel/ diesem Lernmodul finden Sie unter der ID: [illegible]

Im Rahmen der Projektdurchführung (siehe auch untenstehende Grafik) werden daher

- **die laufenden Arbeiten durchgeführt und koordiniert,**
- **laufendes Controlling betrieben,**
- **permanentes Marketing durchgeführt und**
- **falls erforderlich auch Diskontinuitäten (große positive oder negative Abweichungen) gemanagt.**

[illegible] Projektdurchführung

In diesem Kapitel lernen Sie

- **über Projektdurchführung und -koordination,**
- **über Projektcontrolling,**
- **über das Management von Diskontinuitäten und**
- **das Projektmarketing.**

Lernen 108
1 Projektdurchführung und -koordination 108
2 Projektcontrolling 11[illegible]
3 Management von Projektkrisen und -chancen 116
4 Projektmarketing 117
Üben 120
Sichern 120
Wissen 121
Kapitelrückblick 122

Lernen

SbX ID: 4591

SbX
ID: 4591
Bildschirmpräsentation zu dieser Lerneinheit

1 Projektdurchführung und -koordination

Nachdem das Projekt fertig geplant wurde, arbeitet jedes Teammitglied an den übernommenen Aufgaben, d. h., alle erledigen die laut Funktionendiagramm vorgesehenen Arbeitspakete (siehe auch S. 80 ff.).

Trotzdem sind auch in dieser Phase laufend Projektmanagementaufgaben wahrzunehmen.

Der Projektleiter übernimmt dabei die wichtige Aufgabe, die Teammitglieder laufend zu koordinieren. Dazu muss er im Auge behalten, ob

- alle noch das gemeinsame Ziel im Auge behalten,
- die Schnittstellen sauber definiert sind und die Übergaben funktionieren,
- die Kommunikation im Team und nach außen funktioniert,
- Termine und Kosten eingehalten werden.

Dazu werden Informationen benötigt:

- Wie geht es den Teammitgliedern mit ihren Arbeitspaketen? Wie viel haben Sie bereits erledigt?
- Konnten die Termine bis jetzt eingehalten werden?
- Reichte der geplante Zeitaufwand aus?
- Sind die Kosten realistisch geschätzt worden?

Dabei müssen

- Antworten auf Fragen gefunden,
- Protokolle geschrieben,
- Handbücher aktualisiert und
- Probleme erkannt werden.

Hinweise: Im III. Jahrgang haben Sie wichtige Motivationstheorien wie jene von Maslow und Herzberg kennengelernt.

Tipps:

- In dieser Phase ist die Anwesenheit des Projektleiters besonders wichtig. Sollte er oder sie verhindert sein, muss ein Stellvertreter bestimmt werden.
- Je besser die Planung war, desto leichter ist nun die Koordination.
- Versuchen Sie nach der Planung vorzugehen. Ständige Änderungen sind nicht zielführend und müssen gut überlegt werden.
- Eine wichtige Aufgabe des Projektleiters ist die Motivation der Mitarbeiter/Mitarbeiterinnen. Zu diesem Themenbereich gibt es Management-Literatur wie Sand am Meer und unterschiedlichste Meinungen. Folgende Maßnahmen haben sich aber bewährt: Geben Sie Feedback nach den dementsprechenden Regeln. Lob, Vertrauen, Anerkennung und Wertschätzung sowie soziale Kontakte sind wichtig und müssen gepflegt bzw. ausgesprochen werden. Versuchen Sie Faktoren, die Ihr Team unzufrieden macht, zu beseitigen (z. B. EDV-Probleme) und Faktoren, die ihr Team zufrieden macht, zu verstärken (z. B. für Erfolge loben).
- Denken Sie auch daran, dass ihre Teammitglieder unterschiedliche Persönlichkeiten aufweisen. Manche benötigen genaue Vorgaben und müssen zur Arbeit angehalten werden, andere wiederum arbeiten vollkommen selbständig.

Was sind To-do-Listen?

Ein wichtiges Hilfsmittel zur Projektkoordination sind **To-do-Listen.** Darunter versteht man eine Liste, die die im Rahmen eines Arbeitspaketes zu erledigenden Maßnahmen mit Terminen und Verantwortlichkeiten enthält. Die To-do-Liste dient den einzelnen Projektteammitgliedern zur täglichen Planung sowie zum Treffen von Vereinbarungen.

SbX
ID: 4591
Download: PHB-Vorlage

Sie könnte folgendermaßen aussehen:

TO-DO-Liste per .... Projektname: Projektnummer:				
PSP-Code von zugehörigem AP	Vorgang	Zuständigkeit	Fertigstellungs-termin	Status
Version:	Datum:	Ersteller:	Seite 1 von 1	

Selbstverständlich können die einzelnen Tätigkeiten auch von den Arbeitspaketspezifikationen oder direkt aus dem Projektstrukturplan in einen elektronischen Terminkalender, der von der Gruppe gemeinsam benützt wird, eingetragen werden. Programme wie z. B. Outlook oder Lotus Notes eignen sich sehr gut dazu.

Protokollieren Sie Ihre Besprechungen!

Es ist empfehlenswert, über jede Sitzung des Projektteams bzw. generell über jede Sitzung ein Besprechungsprotokoll anzufertigen (Muster siehe Seite 98). Dadurch wird die Nachvollziehbarkeit der Besprechung gewährleistet, indem Ergebnisse gesichert und Vereinbarungen dokumentiert werden.

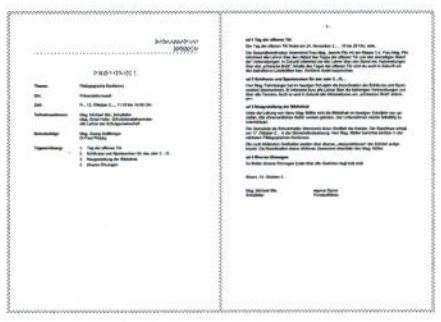

Ein Protokoll ist eine notwendige Zusammenfassung von Gesprächen und Ereignissen.

Ein Besprechungsprotokoll sollte

- den Namen der Teilnehmer an der Besprechung,
- wesentliche Aussagen,
- getroffene Entscheidungen und
- Vereinbarungen bezüglich der weiteren Vorgangsweise enthalten.

Besprechungsprotokolle enthalten im Anhang üblicherweise auch To-do-Listen und Abnahmeprotokolle über den Abschluss von Arbeitspaketen.

Tina sieht nun wieder einmal, wie anspruchsvoll die Rolle der Projektleiterin ist. Sie muss eine Menge an Informationen sammeln, verarbeiten und dementsprechend reagieren. Bei der Informationsbeschaffung helfen ihr die monatlichen Controllingsitzungen (siehe auch S. 112 ff. und S. 97). Um die Arbeit gut absprechen und abstimmen zu können, haben sie wöchentliche Koordinationssitzungen vereinbart (siehe auch S. 97). In den im Anschluss daran angefertigten Besprechungsprotokollen (siehe auch S. 98) werden nicht nur die Inhalte der Besprechung mit den zugehörigen Arbeitspaketen festgehalten, es finden sich auch Beschlüsse über konkrete Maßnahmen mit Terminen und Verantwortlichen. Die Aufgaben übertragen die Teammitglieder in das gemeinsame Terminplanungsinstrument MS-Outlook. Dies ist ein wichtiger Beitrag zur Qualitätssicherung des Projektes und dient auch dem Lernen der Teammitglieder.

Projekte sind dynamisch, sie verlaufen nicht geradlinig. Aufgabe des **Change Management** ist es, die Dynamik in Projekten und in Projektumweltbeziehungen zu managen. Change Management bedeutet damit Planung und Realisierung von zum Teil tief greifenden Veränderungen, die z. B. durch die Änderung von Projektzielen begründet sind.

Veranderungsprozesse verlaufen intervallartig, da sie die menschliche Akzeptanz und Einsicht benötigen. Damit nun die Organisation bzw. das Projektteam schnell auf die neuen Herausforderungen reagieren kann, sind bewusste, von der Organisation geplante und initiierte Lern- und Veränderungsprozesse notwendig. Damit diese Prozesse erfolgreich ablaufen können, sollten die betroffenen Menschen ihr eigenes Verhalten reflektieren können.

Der Veränderungsprozess läuft in sieben typischen Phasen ab:

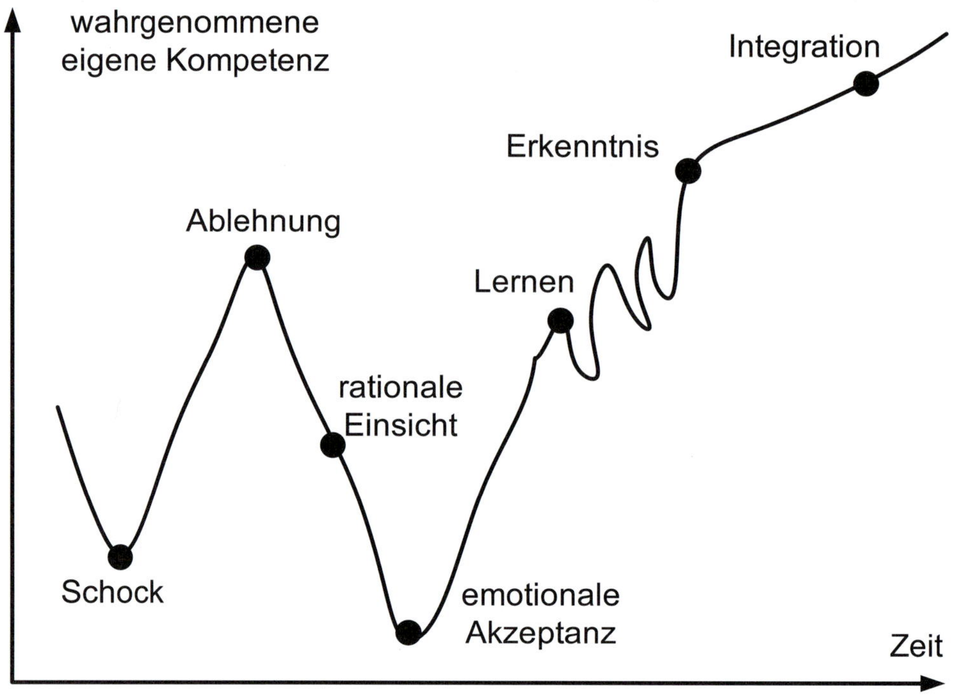

Abb. 4-2 Phasen von Veränderungsprozessen

1. Die Änderung ruft einen Schock hervor und führt zur
2. Ablehnung: Die Ursachen liegen hier oft in der Furcht vor Folgen.
3. Wird die Änderung entsprechend begründet (hier hilft gute Kommunikation und faire Personalplanung), erfolgt die rationale Einsicht und dann
4. die emotionale Akzeptanz.
5. Erst dann können die Denk- und Verhaltensweisen der Menschen integriert werden und zu Lernen und
6. Erkenntnis führen. Die sachliche Umsetzung wird zuerst eher unbewusst, dann
7. angelernt vollzogen und führt somit zur Integration.

Da es sich beim Change Management um wesentliche Änderungen handelt, müssen diese dokumentiert und mit den Betroffenen vereinbart werden.

Projekte werden wegen der Dynamik des Umfeldes so gut wie nie ohne Modifikationen abgewickelt. Das Problem besteht allerdings darin, das Projekt so abzuwickeln, dass es

- entsprechend den geänderten Anforderungen inhaltlich richtig abgewickelt wird,
- vom Kunden akzeptiert wird und
- die Kostenwirksamkeit der Änderungen erfasst und diese in Rechnung gestellt werden und somit wirtschaftlich optimal abgewickelt werden.

Was sind Claims?

Die Grundlage für die Erkennung von Forderungen aus Änderungen **(Claims)** ist die geeignete Verfolgung der fachlich-inhaltlichen Änderungen während des Projektablaufes. **Änderungen** sind Modifikationen, die im Vergleich zum Definierten (siehe Kapitel Projektplanung) stehen. Die Anstöße zu Änderungen können vom Kunden, vom internen Projektauftraggeber, aber auch vom restlichen Projektumfeld (z. B. von Behörden, vom Gesetzgeber, aus anderen Bereichen der eigenen Organisation ...) kommen.

Beim **Management dieser Änderungen** sind die fachlich-inhaltliche Ebene, die soziale Ebene sowie die rechtlich-finanzielle Ebene zu unterscheiden. Abhängig von der entsprechenden Betrachtungsebene haben sich in den letzten Jahren folgende Managementbegriffe eingebürgert, bei denen es aber immer darum geht, die Änderungen sinnvoll zu steuern:

- Konfigurationsmanagement (fachlich-inhaltlich)
- Projektcontrolling einschließlich Qualitätssicherung (fachlich-inhaltlich)
- Umfeldmanagement (sozial)
- Vertragsmanagement (rechtlich-finanziell)
- Claim-Management (rechtlich-inhaltlich-finanziell)

Folgende **Aufgaben** sind bei der Verfolgung der fachlich-inhaltlichen Änderungen vorzunehmen:

- Erfassung der Änderungsanträge
- Prüfung des Vertrages
- Analyse der Bewertung der Auswirkungen der Änderungen
- Management der Schnittstellen
- Entscheidungsaufbereitung und Genehmigung der Änderung
- Änderungsmitteilung
- Information aller Betroffenen
- Steuerung der Umsetzung der Änderung
- Lenkung der Dokumentation (z. B. Anpassung von Versionsnummer, Kennzeichnung des Änderungsstandes, ungültige Dokumente aus dem Verkehr ziehen …)

Folgendes Formular kann für das Änderungsmanagement hilfreich sein:

SbX
ID: 4591
Download: PHB-Vorlage

<table>
<tr><td colspan="4">Projektänderungsformular (Change Request)</td></tr>
<tr><td colspan="2">Projektname:

Änderung:</td><td colspan="2">Projektnummer:
Betroffenes Arbeitspaket:
Änderungsnummer:
Datum:</td></tr>
<tr><td colspan="2">Antragsteller:</td><td colspan="2">Projektleitung:</td></tr>
<tr><td colspan="4">Beschreibung der Änderung und Begründung:</td></tr>
<tr><td colspan="4">Beschreibung der Auswirkungen auf den Projektinhalt, die Termine und Kosten</td></tr>
<tr><td colspan="2">Genehmigung:</td><td colspan="2">Projektauftraggeber:
Projektleiter:
Verteiler: … NN Projektteam</td></tr>
<tr><td colspan="2">Anhang:
● detaillierte Aufstellung
● Angebote, Kalkulation</td><td colspan="2"></td></tr>
<tr><td>Version:</td><td>Datum:</td><td>Ersteller:</td><td>Seite 1 von 1</td></tr>
</table>

Was sind fremde Claims?

Fremde Claims sind die Ansprüche der Vertragspartner an den Auftragnehmer (z. B. wegen Abweichungen aus der vereinbarten Leistung, mangelhafter Leistungen, Forderungen aus dem Titel Schadenersatz oder Produkthaftung).

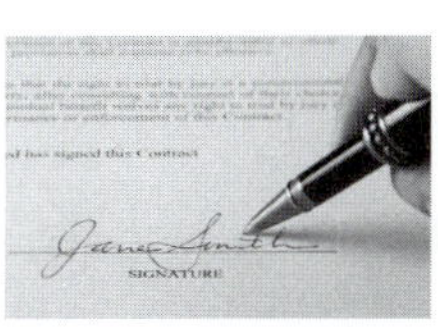

Vertragsinhalte und -änderungen kommunizieren!

Sie können durch folgende Maßnahmen verhindert werden:

- Das Projektteam hat Kenntnis über den Vertrag und die Vertragsänderungen.
- Die auftretenden Unklarheiten werden rechtzeitig aufgedeckt, klargestellt und dokumentiert.
- Im Vertrag ist das Änderungswesen geregelt.
- Das Projektcontrolling wird aktiv durchgeführt.
- Die eigene Vertragserfüllung wird laufend sichergestellt und überprüft.
- Das Claim-Management steht auf der Tagesordnungsliste der Projektteamsitzungen.

- Die Kundenkorrespondenz wird geprüft und es wird hinsichtlich Claims bewusst beantwortet und reagiert.
- Das Verhalten der Kunden wird hinsichtlich sich anbahnender Claims analysiert.
- Sämtliche Ereignisse, Abweichungen oder besondere Vorkommnisse werden aufgezeichnet.
- Anweisungen, Entscheidungen, Änderungen und wichtige Unterlagen werden immer schriftlich bestätigt.

Was sind Eigen-Claims?

Beim Aufbau von **Eigen-Claims,** das sind Ansprüche des Auftragnehmers an den Auftraggeber oder sonstige Gruppen aus dem Umfeld, ist auf die nicht vertragskonforme Gegenleistung des Auftraggebers, vom Vertrag abweichende Leistungen und Erschwernisse hinsichtlich Vertragserfüllung zu achten.

Ein Gerichtsverfahren sollte nur der letzte Ausweg sein.

Man sollte unbedingt das Prozessrisiko (Lässt sich der Anspruch auch juristisch durchsetzen, gibt es genügend Beweise?) prüfen, bevor gerichtliche Schritte eingeleitet werden. Noch schwieriger wird das Unterfangen, wenn es sich um ein internationales Projekt handelt.

Es empfiehlt sich daher, die Claims mittels **Verhandlungen** durchzusetzen, wobei auf folgende Punkte geachtet werden sollte:

- Verhandlungsziel klar formulieren und festlegen
- den richtigen (entscheidungskompetenten) Gesprächspartner auswählen
- zumindest zu zweit die Verhandlungen führen
- günstigen Ort (Heimvorteil) und Zeit selbst festlegen
- Unterlagen perfekt vorbereiten
- auf den Gesprächspartner einstellen (siehe auch Kapitel 7, Lerneinheit Basistechniken der Kommunikation)
- die Erwartungen des Gesprächspartners einschätzen
- Verhandlungsstrategie samt Lösungsalternativen überlegen

Das Projektteam hat einen Mietvertrag für die Musikanlage abgeschlossen. Leider ist das Unternehmen inzwischen in Konkurs gegangen. Das haben sie kurz vor dem Event bei einem Anruf, der eigentlich nur zur Sicherheit, ob alles wie geplant ablaufen wird, dienen sollte, festgestellt. Somit müssen sie sich einen neuen Vermieter für die Anlage suchen. Zu allem Leidwesen ist die Anlage damit auch noch um ca. 5 % teurer geworden. Sie wenden sich mit ihrem Problem an den Elternverein, der die Zusatzkosten übernimmt. Die Ergebnisse werden im Änderungsformular dokumentiert. Außerdem werden alle Teammitglieder von der Änderung verständigt. Schadenersatzansprüche können Sie an den ursprünglichen Vertragspartner leider keine stellen, da das Unternehmen sich durch den Konkurs in Auflösung befindet und auch total zahlungsunfähig ist.

2 Projektcontrolling

Was versteht man unter Projektcontrolling?

Projektcontrolling ist eine begleitende Maßnahme zur Überwachung der Projektentwicklung. Dabei werden die Ist-Daten erfasst und den Soll-Werten gegenübergestellt. Dies betrifft alle geplanten Faktoren wie Termine, Zeitaufwand, Kosten, Umwelt etc. Auslöser für die Controllingmaßnahmen sind entweder die gesetzten Meilensteine oder die vereinbarten Sitzungen. Die Ergebnisse des Projektcontrollings werden in Projektstatusberichten festgehalten. Darin finden sich auch beschlossene Maßnahmen mit Terminen und Verantwortlichen.

Projektcontrolling umfasst folgende Aufgaben:

- Der Projektleiter wird bei der Formulierung von Projektzielen und Erfolgskriterien unterstützt.
- Es werden Kennzahlen und Messsysteme entwickelt, damit Abweichungen überhaupt erkannt und der Projekterfolg ermittelt werden kann.
- Es werden Standards und Zyklen für das Controlling eingeführt.
- Die Projektpläne werden laufend hinsichtlich Soll und Ist verglichen.
- Die Ergebnisse von Steuerungsmaßnahmen werden interpretiert und Folgemaßnahmen daraus abgeleitet.

- Es werden Projektberichte und die Projektdokumentation sichergestellt.
- Die Projektumfeldentwicklung wird verfolgt.
- Es wird sichergestellt, das die im Projekt gemachten Erfahrungen optimal aufbereitet und weitergegeben werden.

Was ist eine Projektrevision?

Im Unterschied zum Controlling haben manche Organisationen eine **Projektrevision.** Deren Aufgabe ist aber die punktuelle und nachgelagerte Analyse und Auswertung einer Projektphase oder eines gesamten Projektes zu verstehen.

Im Rahmen des Projektcontrollings ist folgendermaßen vorzugehen, wobei die Vorgangsweise wieder dem PDCA-Zyklus (siehe S. 12 f.) entspricht:

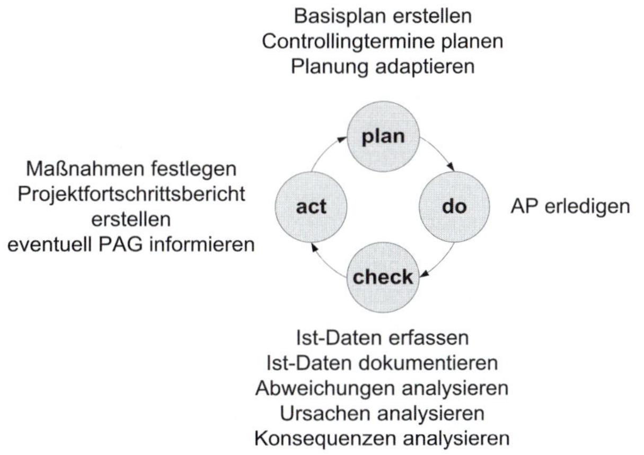

Abb. 4-3 Management-Regelkreis

- Die Controllingtermine sind festzulegen (siehe auch S. 97).
- Die Ist-Daten sind laufend zu erfassen (Leistungen, Ressourcen, Kosten, Termine, Prozessqualität). Dabei werden die aktuellen Ist-Daten gesammelt, überprüft und in der entsprechenden Form (Tabelle, Grafik etc.) dokumentiert. Der Nutzen der Datenerfassung muss in einem sinnvollen Verhältnis zum entsprechenden Aufwand stehen. Die Ist-Daten selbst sollen inhaltlich und formal richtig, aktuell, vollständig, relevant und rückverfolgbar sein.
- Der Projektleiter lädt das Team zur Controllingsitzung ein.
- In der Controllingsitzung werden die Ist-Daten mit den Soll-Daten verglichen und eventuelle Abweichungen positiver oder negativer Natur festgehalten.
- Falls nötig, werden entsprechende Maßnahmen mit Terminen und Verantwortlichen festgelegt.
- Dann muss noch das Projekthandbuch überarbeitet werden (z. B. der Meilensteinplan in der Spalte adaptierter Plan und/oder Ist-Termin ergänzt werden) und
- ein Projektfortschrittsbericht (siehe Musterbeispiel) erstellt werden.
- Eventuell muss auch der Projektauftraggeber informiert werden.

Tipps:

- Controlling dient dem Lernen des Projektteams und der ständigen Verbesserung. Es sollen daher Fehler beseitigt, aber nicht Schuldige gesucht werden.
- Controlling soll helfen, Abweichungen möglichst früh zu erkennen, um bei negativen Abweichungen sofort entgegensteuern zu können. Damit bleiben stets die Projektziele im Blickfeld und verschwinden nicht hinter dem Horizont.
- Widmen Sie sich nicht nur den Zahlen, Daten und Fakten, sondern kümmern Sie sich auch um Beziehungen, Stimmungen und Gefühle im Projektteam und auch zur Projektumwelt.
- Die Anzahl der Controllingsitzungen hängt von Ihrer Planungstiefe ab. Je genauer Sie geplant haben, desto genauer müssen Sie nun controllen. Aber auch hier gilt: so viel wie nötig, so wenig wie möglich. Denn Controlling bedeutet einen nicht zu unterschätzenden Zeitaufwand.

Diese **Tools und Techniken** helfen beim Projektcontrolling:

- Der **Fortschrittsgrad** kann folgendermaßen identifiziert werden:
  - **im Mengenverhältnis** (z. B. anhand quantitativer Größen wie Gewicht)
  - **mit der 0/50/100-%-Methode** (Jedes begonnene Arbeitspaket wird als zu 50 % fertig gewertet, wurde es noch nicht begonnen, werden 0 % gewertet. Erst wenn es vollständig abgearbeitet wurde, darf man 100 % ansetzen.)
  - **Statusschritt-Methode** (Meilensteine im Arbeitspaket): Diese eignet sich vor allem dann, wenn es keinen quantitativen Faktor gibt. Schon im Arbeitspaket wird festgelegt, wie viel Prozent jeder Schritt zur Fertigstellung beiträgt – damit werden im Arbeitspaket Meilensteine gesetzt.
  - **Schätzung der Restleistung:** Es wird geschätzt, wie hoch die noch zu erbringende Leistung (im Sinne von noch fehlend) ist. Hier sollte allerdings nicht der dafür erforderliche Zeitaufwand angesetzt werden, weil er nicht unbedingt im proportionalen Zusammenhang mit der Leistung steht.
- Die **Prozessqualität** im Projekt könnte mittels Fragebogen erfasst werden. Dieser sollte die Bereiche
  - Organisation (angemessene Anzahl, Dauer, Vorbereitung und Effizienz der Sitzungen, Koordination, klare Projektrollendefinition),
  - Methoden und Instrumente des Projektmanagements,
  - Kommunikation,
  - Kompetenz hinsichtlich Projektmanagement und inhaltliche Ebene und
  - Gesamteindruck enthalten.
- Die **Terminerfassung** sollte der Projektgröße angemessen sein. Bei kleineren Projekten reicht die Verfolgung der Meilensteine. Eine detaillierte Verfolgung der Termine ist bei pönalisierten Projekten wegen der Gefahr des damit drohenden pauschalierten Schadenersatzes wegen Nichteinhaltung der Termine (siehe auch BWL-Buch I. Jahrgang) dringend anzuraten.
- Die **Ist-Kosten** können aufgrund von Stundenaufzeichnungen, (siehe auch Tätigkeitsbericht im Kapitel 3, Lerneinheit Projektkultur), Eingangsrechnungen, Zwischenrechnungen, Lieferscheinen etc. erfasst werden.

Der **Vergleich der Soll-Ist-Werte** kann wie folgt geschehen:

- Die bereits erbrachten Leistungen werden im Projektstrukturplan markiert (z. B. durchgestrichen) oder in einem schriftlichen Bericht mittels Prozentangabe dargestellt
- Der Vergleich der Termine kann durch eine tabellarische Darstellung und/oder durch eine **Meilenstein-Trendanalyse** (Abbildung siehe unten) erfolgen:

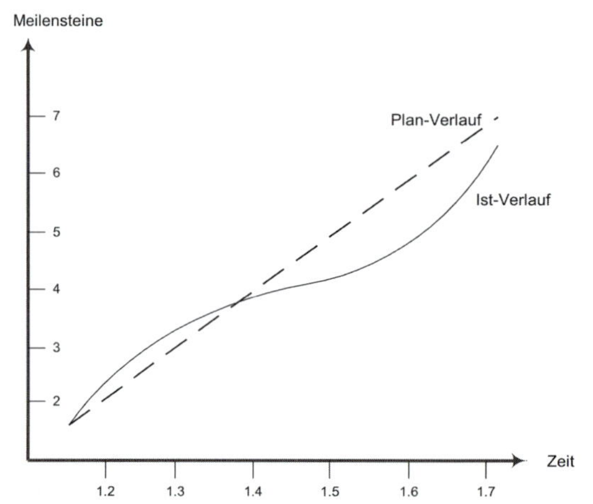

Abb. 4-4 Meilenstein-Trendanalyse

- Die Soll-Ist-Termine können auch im Balkenplan erfasst werden.
- Selbstverständlich werden auch die Ressourcen und Kosten (meist tabellarisch) hinsichtlich Ist-und Soll-Werte gegenübergestellt.
- Ähnlich der Balanced Score Card gibt es auch eine **Project Score Card,** die der Visualisierung des Projektstatuses dient. Dabei können Projektziele und Kontext, Projektleistungen, Kosten, Termine, Projektorganisation, interne Projektumwelten und externe Projektumwelten z. B. mit einer Ampelgrafik (rot = Krise, gelb = Schwierigkeiten, grün = OK) dargestellt werden.

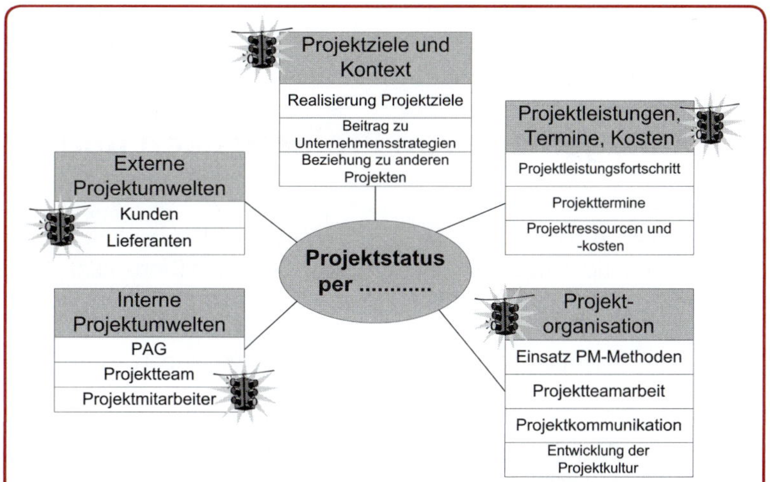

Abb. 4-5 Project Score Card

- Im Rahmen der **Earned-Value-Analyse** wird der Leistungsfortschritt (Earned Value bzw. Leistungswert) zum Kontrollstichtag in Geld bewertet. Dabei werden auch die Restkosten geschätzt und eine Grundlage für die leistungsbezogene Bezahlung durch den Kunden geschaffen. Der Earned Value entspricht den Sollkosten der Ist-Leistung.

Barbara beruft wie geplant die monatliche Controllingsitzung am 18. 5. mittels E-Mail ein. Sie bittet alle Teammitglieder, die Ist-Daten zu jedem Arbeitspaket, das bis dato in Angriff genommen oder erledigt sein sollte, zu dieser Sitzung mitzunehmen. Sie weiß aufgrund der wöchentlichen Koordinationstreffen, dass das Projekt bisher vollkommen im Plan liegt. Diesmal sind vor allem die Änderung hinsichtlich des Vermieters der Musikanlage Themen der Tagesordnung. Die Projektteammitglieder berichten nun über ihren Arbeitsfortschritt und dieser ist sehr erfreulich. Das Projekt ist im Plan – es wurde sogar die Vorgabezeit um 5 Tage unterschritten, auch die Änderung wurde erfolgreich bewältigt. Sie bittet auch alle Teammitglieder, den Feedbackbogen (siehe S. 100) auszufüllen. Damit hat sie Daten für die Soft Facts. Somit ist alles bestens und der unten abgebildete Projektfortschrittsbericht sieht sehr gut aus:

SbX
ID: 4591
Download: PHB-Vorlage

Projektfortschrittsbericht	**Schul-Event 20...**		
Gesamtstatus: OK	Projekt ist im Plan. Die Vorgabezeit wurde um fünf Tage unterschritten.		
Status Zielsetzungen: OK	Veränderungen und Probleme: keine Maßnahmen: keine		
Status Leistungserstellung: OK	Veränderungen und Probleme: keine, AP 1.5 wurden zu 100 % erledigt Maßnahmen: keine		
Status Termine: OK	Veränderungen und Probleme: Vorgabezeit wurde um fünf Tage unterschritten Maßnahmen: keine		
Status Kosten und Ressourcen: OK	Veränderungen und Probleme: Personalkosten wurden aufgrund der Zeiteinsparung unterschritten, Mehrkosten der Musikanlage werden durch den Elternverein gedeckt Maßnahmen: keine weiteren		
Status Projektumwelten: OK	Veränderungen und Probleme: Konkurs des ursprünglichen Vermieters der Musikanlagen Maßnahmen: bereits erfolgt: Vertrag mit neuem Musikanlagenvermieter wurde abgeschlossen, zusätzliche Kosten übernimmt der Elternverein		
Status interne Beziehungen: OK	Veränderungen und Probleme: keine Maßnahmen: keine		
Version: 1.0	Datum: 18. 5. 20..	Erstellerin: Tina	Seite 1 von 1

Tina aktualisiert nun auch das Projekthandbuch und informiert die Projektauftraggeberin, die Direktorin, per E-Mail, dass alles nach Plan läuft und die Zeit sogar unterschritten wurde.

3 Management von Projektrisiken und -chancen

Was sind Diskontinuitäten?

Es kann auch passieren, dass Sie unerwartet und ungeplant stark vom Ziel abweichen. In diesem Fall spricht man von einer **Diskontinuität.** Diese kann sowohl eine positive (Chance) als auch eine negative (Risiko) Abweichung bedeuten. Gibt es dramatische negative Abweichungen, liegt eine Projektkrise vor. In diesem Fall wird der Projektauftraggeber verständigt und gemeinsam entsprechende Maßnahmen vereinbart.

Von einer **Projektkrise** spricht man, wenn extreme Projektsituationen auftreten, die eine gravierende Abweichung vom Plan hervorrufen und als existenzbedrohend nicht nur für das Projekt, sondern auch für die gesamte Organisation angesehen werden können. Sie entstehen aus einem zunehmend größer werdenden Unterschied zwischen Projektumfeld und Projektgeschehen. Allerdings lassen sie sich auch vermeiden bzw. vermindern:

- Die Grundlagen sind im Abschnitt soziale Kontextanalyse auf S. 55 ersichtlich. Dabei ist es wichtig, die Umwelt systematisch zu beobachten, ein Frühwarnsystem zu entwickeln und zu nutzen. Anzeichen für eine Krise können Gerüchte, Gleichgültigkeit, verstärkt abnehmende Termineinhaltung, massive Mitarbeiterwechsel etc. sein.
- Im Rahmen der Krisenvorsorge ist es günstig, Pläne für diesen Anlass zumindest in den Grundlagen durchzudenken und anzulegen. Hilfreich sind organisatorische Regelungen, Training der Betroffenen, Überprüfung und Wartung des Informationssystems.
- Zur Früherkennung einer Projektkrise kann die **Szenariotechnik** eingesetzt werden. Dabei werden im Vorhinein mehrere Szenarien erarbeitet (Best Case, Worst Case, Zielszenario), die helfen, im gegebenen Fall schnell Gegenmaßnahmen zu finden und Krisen schnell erkennen zu können.

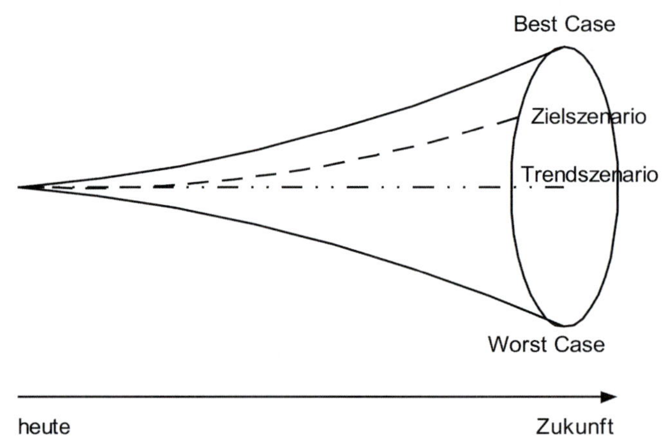

Abb. 4-6 Szenariotrichter

- Tritt nun wirklich eine Krise auf, muss diese bewältigt werden. Dabei sollte folgende Prioritätenliste beachtet werden: Verhinderung von Schäden an Leib und Leben von Personen steht an erster Stelle, dann kann aufkommende Panik bekämpft und die Lage stabilisiert, weitere Schäden verhindert und schließlich in den Normalzustand zurückgeführt werden.
- Maßnahmen zur Bewältigung einer Projektkrise können nur dann sinnvoll ergriffen werden, wenn vorher die Ursachen analysiert werden. Diese können in unklaren Projektaufträgen, einer nicht adequaten Projektplanung, einer ineffizienten Projektorganisation, fehlendem Berichtswesen, Personalwechsel, Insolvenzen von Kunden oder Lieferanten, gesetzliche Änderungen oder schädlichen Medieninteressen etc. liegen.

  Das **Ursache-Wirkungsdiagramm** oder **Ishikawa-Diagramm** hilft bei der Analyse, in dem im Fischkopf die Wirkung dargestellt und systematisch nach Ursachen in Hauptkategorien gesucht wird.

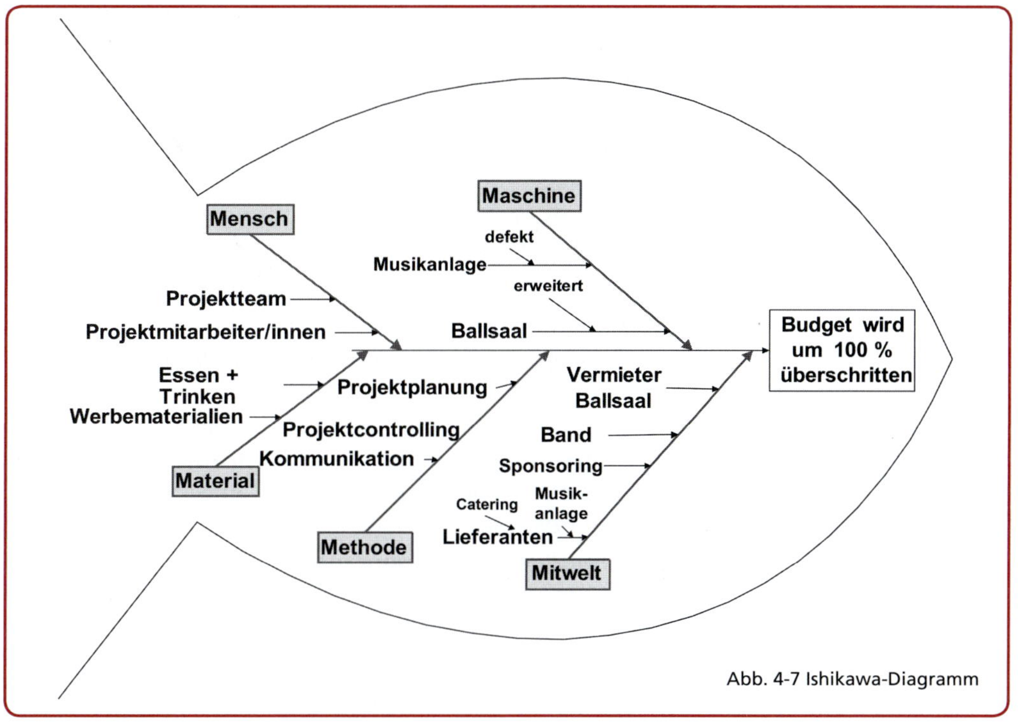

Abb. 4-7 Ishikawa-Diagramm

- Prinzipielle Maßnahmen können der Projektabbruch, der Projektstopp und Neustart sowie Steuerungsmaßnahmen außerhalb des Projektes sein.

Hilfreich kann folgender **Eskalationsantrag** sein:

SbX
ID: 4591
Download: PHB-Vorlage

Projekteskalationsantrag			
Projekt:	Projektnummer:	Datum:	
Projektauftraggeber:	Projektleiter:	Controller:	
Eskalationsanlass:	● Projektzielgefährdung generell ● Minderleistung (Qualität) ● Terminüberschreitung ● Kostenüberschreitung		
Eskalationsursachen:			
Vorgeschlagene Maßnahmen:			
Folgen der Maßnahmen:			
Randbedingungen:			
Festgelegt Maßnahmen nach Sitzung:			
Sprecher des Projektbereiches:	Projektleiter:	Datum:	
Version:	Datum:	Ersteller:	Seite 1 von 1

Gott sei Dank muss sich das Team nicht mit Diskontinuitäten herumschlagen. Natürlich sind aber Notfallpläne wie z. B. für ein Feuer im Gebäude wichtig. Mit diesen Projektdiskontinuitäten umzugehen, ist eine Herausforderung, die nur vom Team mit Rückhalt der Projektauftraggeberin gelöst werden kann.

4 Projektmarketing

„So viele tolle Projekte gibt es an unserer Schule – und keiner weiß etwas davon!", berichtet Stefan. „Viele Lehrer/Lehrerinnen sind auch schon sauer, weil wir dauernd Projekte machen und uns nicht mehr für den normalen Unterricht interessieren", ergänzt Alex. „Ich habe erst kürzlich auf unserer Homepage nachgesehen – dort findet man auch nicht viel zu den Projekten unserer Schule", wirft nun Tina ein und setzt fort, „dagegen müssen wir etwas tun – es ist Zeit für Marketing. Aus BWL wissen wir ja, was das ist und für uns bedeutet."

Projektmarketing kann auf das Produkt (das **Endergebnis**) des Projektes, aber auch auf den **Prozess** des Projektes bezogen sein.

Für das produktbezogene Marketing werden die klassischen Marketinginstrumente herangezogen. Da diese bereits in Betriebswirtschaftslehre behandelt wurden, verweisen wir auf das entsprechende Lehrbuch. Steht die Vermarktung des Projektes selbst im Vordergrund, so werden beispielsweise folgende Instrumente verwendet:

- **Projektauftrag:** eine identische, sehr nüchterne Informationsquelle (siehe auch Kapitel 2 – Projektbeauftragung)
- **Berichte:** fassen die wesentlichen Punkte zum gegebenen Zeitpunkt zusammen, wobei die Qualität vom Berichterstatter abhängt
- **Projekthandbuch:** die umfassendste, umfangreichste schriftliche Informationsquelle
- **Projektmitteilungsblatt bzw. Projektinformationsblatt:** eine gute Möglichkeit, um die Organisationsmitglieder über das Projekt, und zwar über wesentliche Punkte, schriftlich zu informieren bzw. wichtige Dinge mitzuteilen
- **Einbeziehung von Repräsentanten/Repräsentantinnen des Umfeldes zu Sitzungen und/oder Veranstaltungen:** eine gute Möglichkeit, das Umfeld auf der persönlichen Ebene einzubeziehen und Konflikten vorzubeugen bzw. dies ganz bewusst als Maßnahme aus der sozialen Kontextanalyse zu tun (siehe auch Abschnitt soziale Kontextanalyse auf S. 55)
- **Informelle Kontakte:** sind für ein Projekt immer wichtig – manche Dinge gelingen dann leichter weil Hindernisse unterschiedlichster Art beseitigt werden
- **Projektlogo und Name:** schaffen eine gemeinsame Identität des Projektteams und erhöhen die Wiedererkennbarkeit in der Organisation (siehe auch Lerneinheit 8 Projektkultur S. 94 ff.)
- **Veranstaltungen, Events, Feste:** verbinden das Angenehme mit dem Nützlichen – kurze Präsentationen, Reden, Shows etc., gefolgt von Getränken und/oder Buffet, Musik etc. machen gute Stimmung zu Beginn bzw. zeichnen das erfolgreiche Team am Abschluss des Projektes aus. Zusätzlich können Kontakte für weitere Projekte oder für den Beginn der Arbeit im Projekt geknüpft werden. Inhaltliche Punkte wie Präsentationen sollten allerdings nicht zu lange dauern und dementsprechend aufbereitet sein.
- **Projektraum:** dient dem Projektteam als Zuhause, verbindet und motiviert. Sollte dieser Raum auch anderen Organisationsmitgliedern zugänglich sein, kann er auch zur Informationsweitergabe und Werbung für das Projekt genützt werden.
- **Präsentationen:** dienen der professionellen und kompakten Information über das Projekt. Sie können vor, während und nach dem Projekt universell eingesetzt werden.

Wir werden uns daher in der Folge mit dem prozessorientierten Projektmarketing beschäftigen. Dieses ist sowohl nach innen (Projektteam) als auch nach außen (Projektumfeld) gerichtet.

Was ist die wesentliche Aufgabe des prozessorientierten Projektmarketings?

Wesentliche Aufgabe des **prozessorientierten Projektmarketings** ist die die Gestaltung des Projektumfeldes. Durch die Marketing-Maßnahmen soll

- der Projekterfolg und die Kundenzufriedenheit sichergestellt,
- die Identifikation der Projektteammitglieder mit dem Projekt verbessert (siehe auch Lerneinheit 8 Projektkultur S. 94 ff.) und
- die Unterstützung durch wichtige Umfeldgruppen (siehe auch soziale Kontextanalyse S. 55) garantiert werden.

Die nächste Grafik gibt einen Überblick über die Teilprozesse des Projektes sowie die zugehörigen möglichen Marketingmaßnahmen, wobei diese nur als Vorschlag zu verstehen sind. Die Maßnahmen können und sollen dem jeweiligen Projekt angepasst werden:

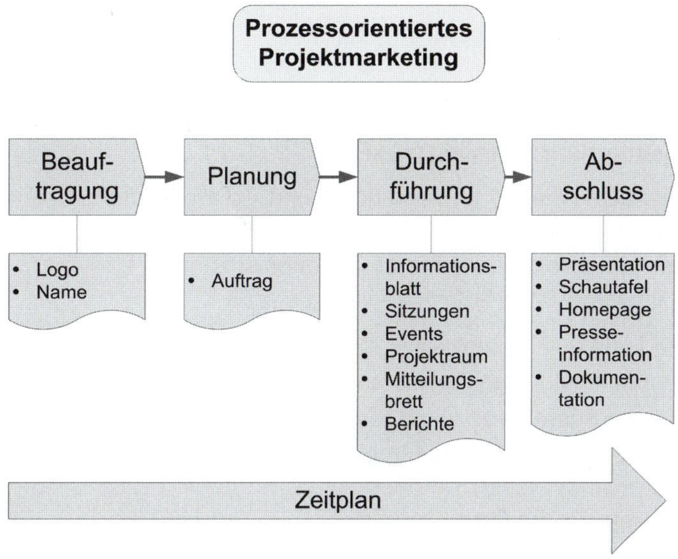

Abb. 4-8 Prozessorientiertes Projektmarketing

Schon gegen Ende der Phase der **Projektbeauftragung** können ein Projektlogo sowie ein Projektname festgelegt werden. Diese stiften eine sehr starke Projektidentität für das Projektteam und können, sobald die Grundsatzgenehmigung für das Projekt vorliegt, kreiert werden. Bei der Entwicklung sind die kreativen Arbeitsmethoden sehr nützlich (siehe auch Kapitel 7, Lerneinheit 1 Kreativitätstechniken).

Liegt als eines der Ergebnisse der **Projektplanungsphase** (Projektstart) der Projektauftrag vor, so soll dieser zwecks Information dem Projektteam und wichtigen Personen aus dem Umfeld des Projektes zur Kenntnis gebracht werden. Selbstverständlich sind auch andere kommunikative Instrumente wie Präsentation, Vieraugengespräch, elektronische Kommunikationsplattform, Informationsblatt, Aushang auf dem „Schwarzen Brett" etc. denkbar.

Wird dann das **Projekt durchgeführt,** helfen Informationsblätter, Sitzungen, Events, Projektraum, Mitteilungsbrett, Berichte etc., sowohl nach innen als auch nach außen über den aktuellen Stand des Projektes zu berichten und Informationsdefizite und Widerstände zu beseitigen. Dadurch können Konflikte und Probleme vermieden werden. Halten Sie fest, wer dafür verantwortlich ist und ob es sich um eine Holschuld (wie z. B. Nachricht auf einem Schwarzen Brett egal ob elektronisch oder nicht) oder eine Bringschuld (Berichte über den Projektstatus) handelt.

Befindet man sich endlich in der **Phase des Abschlusses,** hat es sich bewährt, die Ergebnisse dem Projektauftraggeber zu präsentieren (siehe auch Kapitel 7, Lerneinheit 6 Präsentation von Projekten). Aber nicht nur der Auftraggeber soll informiert werden, auch das Umfeld ist an den Ergebnissen ebenso interessiert wie das Team. Öffentlichkeitsarbeit durch Beiträge auf der Homepage der Organisation, Presseinformationen, Gestaltungen von Schautafeln bieten Interessierten einen guten Überblick über die Ergebnisse und tragen zur Verbesserung des Images der Organisation und des Projektteams bei.

Unser Projektteam hat bereits in der Phase der Beauftragung, nachdem es die grundsätzliche Genehmigung für das Projekt hatte, das Logo und den Projektnamen „Schul-Event" entwickelt (siehe auch S. 35 f.). Die weiteren Marketingaktivitäten hat es aufgrund der Umweltanalyse (siehe S. 56) überlegt und auch im Projektstrukturplan (siehe S. 71) sowie im Balkenplan (siehe S. 78) als konkrete Maßnahmen geplant. Im konkreten Fall erstellt es ein Informationsblatt für Eltern, Schüler/Schülerinnen, Klassenlehrer/-lehrerinnen, Schulgemeinschaftsausschuss (SGA) und Direktorin. Weiters gestaltet und versendet es VIP-Einladungen für den Event. Während das Projekt durchgeführt wird, dienen Projektstatusberichte der gegenseitigen Information. Nach dem Event wollen die Teammitglieder einen Beitrag für den Jahresbericht, eine Presseaussendung, einen Beitrag für die Homepage sowie Schautafeln für die Schule gestalten. Außerdem sind die Ergebnisse des Projektes in der Projektdokumentation bzw. der Projektarbeit ersichtlich und werden dann im Rahmen einer großen Abschlusspräsentation einer geladenen und hoffentlich interessierten Öffentlichkeit vorgestellt.

Üben

Anweisung für die Projektpraxis 1

Dokumentieren Sie die Koordinations- und Controllingaufgaben während des Projektes durch folgende Instrumente:

a) Besprechungsprotokolle für Koordinationssitzungen
b) Projektstatusbericht bei Controllingsitzungen
c) ausgefüllte und ausgewertete Feedbackbögen zum Projekt
d) laufend aktualisiertes Projekthandbuch
e) laufend ausgefüllte bzw. fortgeschriebene persönliche Tätigkeitsprotokolle
f) durchgeführte Marketingaufgaben

Anweisung für die Projektpraxis 2

Überprüfen Sie für Ihr Projekt folgende Instrumente des Projektmanagements. Stellen Sie fest, ob Sie in jeder Phase des Projektes entsprechende prozessorientierte Marketingmaßnahmen vorgesehen haben.

a) Soziale Kontextanalyse
b) Projektstrukturplan
c) Balkenplan

Sichern

Projektdurchführung

Während der Phase der Projektdurchführung werden die laufenden Arbeiten durchgeführt und koordiniert, laufendes Controlling betrieben, permanentes Marketing durchgeführt und falls erforderlich auch Diskontinuitäten gemanagt.

To-do-Listen

Die To-do-Listen sind ein Hilfsmittel für die Projektkoordination. In diesen Listen werden die im Rahmen eines Arbeitspaketes zu erledigenden Tätigkeiten eingetragen.

Change Management

Change Management beinhaltet die Planung und Realisierung von zum Teil tief greifenden Veränderungen.

Claims

Claims sind Forderungen aus Änderungen, die eigene Ansprüche (Eigen-Claims) oder fremde Ansprüche (Fremd-Claims) aus Änderungen hinsichtlich des Vereinbarten darstellen.

Besprechungsprotokolle

Besprechungsprotokolle dienen der Nachvollziehbarkeit, Ergebnissicherung und Dokumentation der Vereinbarungen einer Sitzung. Sie sollten Namen der Teilnehmer, getroffene Entscheidungen, wesentliche Aussagen und Vereinbarungen bezüglich einer weiteren Vorgangsweise enthalten.

Projektcontrolling

Unter Projektcontrolling versteht man eine begleitende Maßnahme zur Überwachung der Projektentwicklung. Dabei werden die Ist-Daten erfasst und den Soll-Werten gegenübergestellt.

Projektrevision

Projektrevision ist die punktuelle und nachgelagerte Analyse und Auswertung einer Projektphase oder des gesamten Projektes.

Meilensteintrendanalyse

Die Meilensteintrendanalyse ist eine grafische Gegenüberstellung der Meilenstein-Ist-Termine mit den Sollwerten.

Diskontinuitäten managen

Von Projektdiskontinuitäten spricht man, wenn Istwerte unerwartet und ungeplant stark vom Ziel abweichen. Diese Abweichungen in positiver oder negativer Hinsicht müssen gemanagt werden.

Projektforschritts-bericht

Der Projektfortschrittsbericht enthält Status, Veränderungen und Probleme sowie Maßnahmen zu den Bereichen Ziele, Leistungserstellung, Termine, Kosten und Ressourcen, Projektumwelten und interne Beziehungen.

Produktbezogenes Projektmarketing

Produktbezogenes Projektmarketing wird auf das Ergebnis des Projektes bezogen. Hier werden die klassischen betriebswirtschaftlichen Marketinginstrumente angewandt.

Prozessbezogenes Projektmarketing

Prozessbezogenes Projektmarketing hat als Zielgruppe sowohl das Projektteam als auch das Umfeld des Projektes. Hier steht die Vermarktung des Projektes selbst im Vordergrund.

Instrumente des prozessbezogenen Projektmarketings

Abhängig von den einzelnen Teilprozessen des Projektes können Berichte, Logo, Projektname, Meetings, Events, Sitzungen, Präsentationen und diverse andere Maßnahmen der Öffentlichkeitsarbeit eingesetzt werden.

Wissen

SbX ID: 4611

SbX
Fragen 2–4, 6–13 mit automatischer Aufgabenkontrolle ID: 4611

erledigt ☑
Frage 2 ☐
Frage 3 ☐
Frage 4 ☐
Frage 6 ☐
Frage 7 ☐
Frage 8 ☐
Frage 9 ☐
Frage 10 ☐
Frage 11 ☐
Frage 12 ☐
Frage 13 ☐

Kontrollfragen und -aufgaben

1. Beschreiben Sie die in der Phase der Projektdurchführung zu erledigenden Tätigkeiten.
2. Welches Hilfsmittel für die Projektkoordination kennen Sie?
3. Was versteht man unter Projektkoordination?
4. Was sollte ein Besprechungsprotokoll enthalten?
5. Erklären Sie die Begriffe Änderungen und Claims anhand eines Beispiels.
6. Wann spricht man von eigenen, wann von fremden Claims?
7. Erklären Sie den Unterschied zwischen Projektcontrolling und Projektrevision?
8. Welche Techniken helfen beim Projektcontrolling?
9. Wozu werden Projektfortschrittsberichte erstellt?
10. Was ist aus einer Meilenstein-Trendanalyse ersichtlich?
11. Was versteht man unter dem Management einer Diskontinuität?
12. Welchen Sinn haben Notfallpläne und welche Prioritäten sind hier zu setzen?
13. Was wird in einem Projekteskalationsantrag festgehalten?
14. Erklären Sie den Unterschied zwischen produktbezogenem Projektmarketing und prozessbezogenem Projektmarketing anhand eines Beispiels.
15. Zählen Sie die Instrumente des produktbezogenen Projektmarketings auf.
16. Listen Sie die möglichen Instrumente des prozessbezogenen Projektmarketings auf.
17. Begründen Sie, wieso Projektlogo und Projektname für das Projektteam von großer Bedeutung sind.

Problemstellungen

Nehmen Sie zu folgenden Aussagen Stellung:

a) Ziel des Controllings ist es, Fehler und Schuldige zu finden.
b) Grundlage für das Projektcontrolling sind die Ist-Daten zu Terminen, Leistungen, Kosten und Ressourcen.
c) Projekthandbücher weisen generell Planwerte auf.
d) Teammitglieder arbeiten stets selbständig.
e) Die Projektplanung hat keinen Einfluss auf das Projektcontrolling.
f) Projektleiter/-leiterinnen führen Managementaufgaben durch.
g) Projektmarketingmaßnahmen sind vergeudete Zeit. Es wäre viel besser, diese in die Arbeit am Projekt zu investieren.
h) Es ist ausreichend, wenn der Projektauftraggeber über die Ergebnisse des Projektes informiert wird.
i) Durch gezieltes Projektmarketing können Probleme vermieden werden.

Kapitelrückblick

Sie haben nach der umfangreichen Planung nun an Ihrem Projekt gearbeitet und können daher

- **die laufenden Arbeiten durchführen und koordinieren,**
- **laufendes Controlling betreiben,**
- **permanentes Marketing durchführen und**
- **falls erforderlich auch Diskontinuitäten managen.**

SbX
ID: 4682
In SbX finden Sie diese Aufgaben zur Lernkontrolle mit automatischer Aufgabenkontrolle sowie einen Kompetenz-Check zu diesem Kapitel und eine Checkliste.

erledigt ☑
Aufgaben zur Lernkontrolle ☐

Aufgaben zur Lernkontrolle – bitte kreuzen Sie die richtige Lösung an. (Mehrfachlösungen sind möglich.)

SbX ID: 4682

1. Während der Phase der Projektdurchführung werden …
   - ☐ a. die laufenden Arbeiten durchgeführt und koordiniert.
   - ☐ b. die Arbeiten zügig erledigt.
   - ☐ c. die Ergebnisse kontrolliert.
   - ☐ d. laufendes Controlling betrieben.
   - ☐ e. Werbung gemacht.
   - ☐ f. permanentes Marketing durchgeführt.
   - ☐ g. Projektkrisen gemanagt.
   - ☐ h. falls erforderlich auch Diskontinuitäten gemanagt.

2. Die To-do-Listen sind …
   - ☐ a. ein Hilfsmittel für die Projektkoordination.
   - ☐ b. ein Hilfsmittel, um den Arbeitsaufwand nachzuweisen.
   - ☐ c. Listen, in die die im Rahmen eines Arbeitspaketes zu erledigenden Tätigkeiten eingetragen werden.
   - ☐ d. Listen, in die die im Rahmen eines Arbeitspaketes erledigten Tätigkeiten eingetragen werden.

3. Claims sind …
   - ☐ a. Forderungen aus Änderungen, die eigene oder fremde Ansprüche aufgrund der Änderung hinsichtlich des Vereinbarten darstellen.
   - ☐ b. Verbindlichkeiten aus Änderungen, die Eigen-Claims oder Fremd-Claims aus Änderungen hinsichtlich des Vereinbarten resultieren.
   - ☐ c. Forderungen aus Änderungen, die fremde Ansprüche aus Änderungen hinsichtlich des Vereinbarten resultieren.
   - ☐ d. Forderungen aus Änderungen, die eigene Ansprüche aus Änderungen hinsichtlich des Vereinbarten resultieren.

4. Besprechungsprotokolle …
   - ☐ a. dienen der Nachvollziehbarkeit, Ergebnissicherung und Dokumentation der Vereinbarungen einer Sitzung.
   - ☐ b. dienen dem Nachweis des Gesagten im Rahmen einer Sitzung.
   - ☐ c. sollten Namen der Teilnehmer, getroffene Entscheidungen, wesentliche Aussagen und Vereinbarungen bezüglich einer weiteren Vorgangsweise enthalten.
   - ☐ d. sollten Namen der Abwesenden, eine wörtliche Mitschrift sowie Vereinbarungen bezüglich einer weiteren Vorgangsweise enthalten.

5. Unter Projektcontrolling …
   - ☐ a. versteht man eine begleitende Maßnahme zur Überwachung der Projektentwicklung.
   - ☐ b. versteht man die Kontrolle der Projektteilergebnisse und Ergebnisse.
   - ☐ c. versteht man den Soll-Ist-Vergleich von Projektergebnissen.
   - ☐ d. versteht man die Erfassung der Ist-Daten und deren Vergleich mit den Soll-Werten.

6. Projektrevision …
   - ☐ a. ist die punktuelle und nachgelagerte Analyse und Auswertung einer Projektphase oder des gesamten Projektes.
   - ☐ b. ist die begleitende Maßnahme zur Überwachung der Projektentwicklung während des gesamten Projektes.
   - ☐ c. ist die Kontrolle der Ergebnisse nach Abschluss des Projektes.

7. Die Meilensteintrendanalyse ist …
   - ☐ a. eine grafische Gegenüberstellung der Meilenstein-Ist-Termine mit den Sollwerten.
   - ☐ b. ist die Prognose der Zielerreichung der Meilensteine.
   - ☐ c. ist die Prognose der Abweichung der Ist- von den Soll-Ergebnissen bei Erreichen eines Meilensteins.

8. Von Projektdiskontinuitäten …
   - ☐ a. spricht man, wenn Ist-Werte unerwartet und ungeplant stark vom Ziel abweichen.
   - ☐ b. spricht man, wenn es sich um eine Projektkrise handelt.
   - ☐ c. spricht man, wenn es sich um eine unerwartete Chance im Projekt handelt.
   - ☐ d. spricht man, wenn es sich um Abweichungen in positiver oder negativer Hinsicht handelt, die gemanagt werden müssen.
   - ☐ e. spricht man, wenn es sich um Abweichungen in negativer Hinsicht handelt, die gemanagt werden müssen.
   - ☐ f. spricht man, wenn es sich um Abweichungen in positiver Hinsicht handelt, die gemanagt werden müssen.

9. Der Projektfortschrittsbericht enthält …
- □ a. den Status des Projektes.
- □ b. den Stand des Projektes.
- □ c. Abweichungen.
- □ d. Veränderungen und Probleme.
- □ e. Maßnahmen zu den Bereichen Ziele, Termine, Kosten und Ressourcen.
- □ f. Maßnahmen zu den Bereichen Ziele, Leistungserstellung, Termine, Kosten und Ressourcen, Projektumwelten und interne Beziehungen.

10. Produktbezogenes Projektmarketing …
- □ a. wird auf das Ergebnis des Projektes bezogen.
- □ b. wird auf das Projektziel bezogen.
- □ c. beinhaltet die klassischen betriebswirtschaftlichen Marketinginstrumente.
- □ d. beinhaltet das klassische Marketingkonzept.

11. Projektbezogenes Projektmarketing …
- □ a. hat als Zielgruppe sowohl das Projektteam als auch das Umfeld des Projektes.
- □ b. hat als Zielgruppe sowohl das Projektumfeld, als auch den Projektauftraggeber.
- □ c. stellt die Werbung für das Projekt selbst in den Vordergrund.
- □ d. stellt die Vermarktung des Projektes selbst in den Vordergrund.

12. Instrumente des prozessbezogenen Projektmarketings sind …
- □ a. Berichte.
- □ b. Logo.
- □ c. Projektname.
- □ d. Distributionspolitik.
- □ e. Consumer Promotion.
- □ f. Meetings.
- □ g. Produktpolitik.
- □ h. Preispolitik.
- □ i. Kommunikationspolitik.
- □ j. Events.
- □ k. Sitzungen.
- □ l. Präsentationen.
- □ m. Maßnahmen der Öffentlichkeitsarbeit.
- □ n. Marketingkampagnen.

13. Von einer Projektkrise spricht man wenn …
- □ a. vom Plan so gravierend abgewichen wird, dass dadurch keine Existenzgefährdung für die Organisation entsteht.
- □ b. vom Plan so gravierend abgewichen wird, dass dadurch eine Existenzgefährdung für die Kunden entsteht.
- □ c. vom Plan so gravierend abgewichen wird, dass dadurch eine Existenzgefährdung für die Organisation entsteht.
- □ d. vom Plan so minimal abgewichen wird, dass dadurch keine Existenzgefährdung für die Organisation entsteht.

Wie geht's weiter?

Im nächsten Kapitel lernen Sie, was in Folge noch zu tun ist – die eigentlichen Arbeiten haben Sie ja erledigt, aber fertig sind Sie damit noch nicht!

5 Projektabschluss

Der Schul-Event war ein voller Erfolg. Bis auf ein paar kleine Pannen, die auch nicht zu verhindern waren (einmal wurde ein Mistkübel umgestoßen und der Raum musste neu gereinigt werden, ein anderes Mal hat jemand Cola auf einem frisch dekorierten Tisch ausgeschüttet) ist alles gut gegangen. Aber das bedeutet nun nicht, dass das Projektteam schon fertig ist – es ist noch einiges zu tun! In der Phase „Projektabschluss" wird das Projekt vom Projektauftraggeber abgenommen, evaluiert und reflektiert, die Abschlussarbeiten der Nachprojektphase geplant, die Dokumentation fertiggestellt, die Ergebnisse präsentiert bzw. ein letztes Mal Projektmarketing betrieben und dann die Projektorganisation aufgelöst.

Die erforderlichen Tätigkeiten können aus der untenstehenden Grafik abgelesen werden:

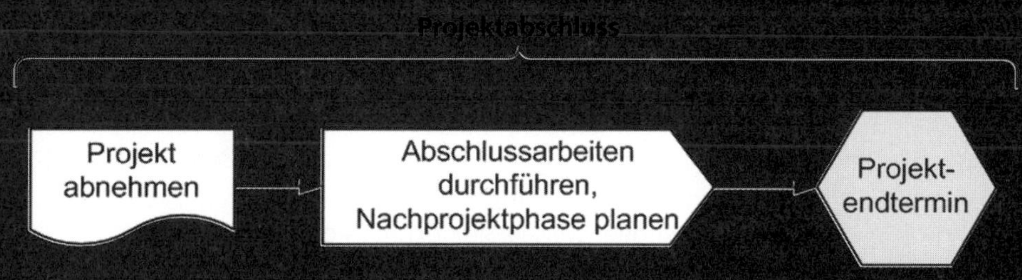

Projekt evaluieren, reflektieren, beurteilen
Projektabschlussbericht verfassen
Nachprojektphase vereinbaren
Projektdokumentation fertig stellen
Projektabschlussmarketing betreiben
Projektorganisation auflösen

Abb. 5-1 Der Projektabschluss

SbX

Alle SbX-Inhalte zu diesem Kapitel/dieser Lerneinheit finden Sie unter der ID: 4710.

In diesem Kapitel lernen Sie

- **über wichtige Punkte, die Sie beim Projektabschluss beachten sollten,**
- **die Projektabnahme,**
- **die Projektevaluierung, Projektreflexion und Projektbeurteilung,**
- **die Nachprojektphase,**
- **die Fertigstellung der Projektdokumentation,**
- **über abschließendes Projektmarketing und**
- **die Auflösung der Projektorganisation.**

Lernen 126
1 Einführung 126
2 Projektabnahme 126
3 Projektevaluierung, Projektreflexion, Projektbeurteilung 127
4 Nachprojektphase 128
5 Fertigstellung der Projektdokumentation 129
6 Abschließendes Projektmarketing 129
7 Auflösung der Projektorganisation 129
Üben 130
Sichern 130
Wissen 130
Kapitelrückblick [illegible]

Lernen

SbX ID: 4711

1 Einführung

„Leute, wir haben es geschafft!", ruft Lukas erleichtert aus. „Ja, der Event war ein Riesenerfolg. Wir können stolz auf uns sein!", lobt Tina ihr Team. „Trotz einiger kleiner Pannen ist unser Projekt Schul-Event sehr gut abgelaufen. Auch die blitzartige Reinigungsaktion wegen des umgestürzten Mistkübels und das verschüttete Cola, das unseren schön dekorierten Tisch verunstaltet hat, haben uns nicht aus der Fassung gebracht", stellt Alex heiter fest.

„Meine Lieben, das Projekt ist aber noch nicht zu Ende", wirft Tina in die gut gelaunte Runde ein. „Jetzt beginnt die Phase des Projektabschlusses – Projektabnahme, Projektevaluierung, Projektdokumentation usw. stehen uns noch bevor." „Na, das werden wir auch noch schaffen", verkündet Lukas zuversichtlich.

SbX
ID: 4711
Bildschirmpräsentation zu dieser Lerneinheit

Wann ist ein Projekt abgeschlossen?

Das Projekt ist in der Phase des Projektabschlusses auch dann noch nicht beendet, wenn es bereits inhaltlich abgeschlossen wurde.

Tipps:

- Die Hauptarbeit im Projekt ist erledigt. Damit nun nicht die restlichen Aufgaben am Projektleiter hängen bleiben, müssen diese Tätigkeiten bereits in der Projektplanung berücksichtigt werden (siehe auch AP 1.1.5 Projekt abschließen im PSP auf S. 69).
- Setzen Sie den genauen Termin für den Abschlussworkshop bei der letzten Controllingsitzung fest oder weisen Sie nochmals darauf hin.
- Regeln Sie schon in der Phase der Planung, was in welcher Tiefe dokumentiert werden muss. Damit können die Unterlagen und Daten laufend gesammelt und nicht erst am Schluss mühevoll zusammengesucht werden.
- Viele der erforderlichen Abschlusstätigkeiten können und sollen im Rahmen eines Abschluss-Workshops durchgeführt werden (z. B. Evaluierung, Fertigstellung, Dokumentation).

2 Projektabnahme

Was versteht man unter Projektabnahme?

Im Rahmen der **Projektabnahme** wird das Ergebnis dem Projektauftraggeber formell übergeben. Er erhält damit das vereinbarte Produkt oder konsumiert die festgelegte Dienstleistung. Der Vertrag ist damit erfüllt und das Team entlastet.

Die Projektauftraggeberin hat selbst am Event teilgenommen und war sehr zufrieden. Formell ist das Projekt aber erst dann abgeschlossen, wenn auch der Endbericht und die Endabrechnung vorliegen.

3 Projektevaluierung, Projektreflexion, Projektbeurteilung

Wozu dient die Projektreflexion bzw. Projektevaluierung?

Was ist eine Projektbeurteilung?

Die **Projektreflexion** bzw. **Projektevaluierung** dient der Sicherung von Erfahrungen. Dabei soll aus Fehlern gelernt und Schlussfolgerungen für die Zukunft gezogen werden. Es werden die Teamleistungen, das Projektmanagement selbst sowie die Ergebnisse des Projektes analysiert und Lernchancen gekennzeichnet.

Das Projekt kann im Abschlussprozess auch einer **Beurteilung** unterzogen werden. Dabei können sowohl inhaltliche Kriterien (Zielerreichung, Kosten- und Termineinhaltung) als prozessbezogene Kriterien (Qualität der Teamarbeit, Beziehungen zu den relevanten Umwelten) angewandt werden.

Die Leistung des Projektteams kann während eines Einzelgesprächs, Gruppengesprächs, in einer Sitzung oder in einem Workshop beurteilt werden. Ziel ist es, die Leistung der einzelnen Teammitglieder zu würdigen und Feedback zu geben. Dazu können z. B. folgende Methoden angewandt werden: persönliches Feedback, Fragebogen, 360° Feedback an den Projektmanager. Die unten abgebildete Projekterfolgsmatrix macht den Zusammenhang zwischen dem Projekterfolg und dem Prozess der Zusammenarbeit sichtbar:

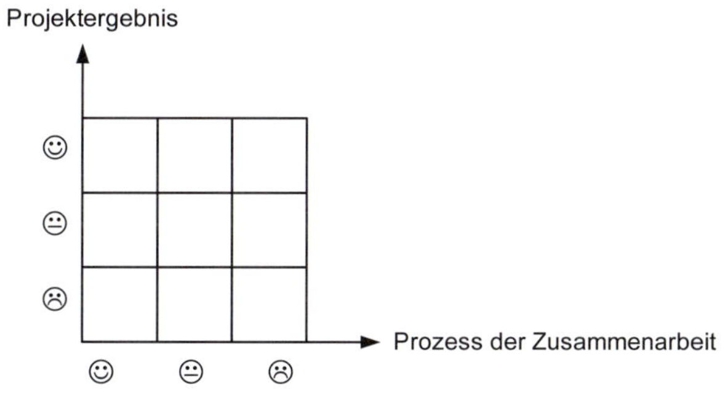

Abb. 5-2 Projekterfolgsmatrix

Tipps zur Projektreflexion bzw. -evaluierung:

- Halten Sie auch negative Erfahrungen fest. Fehler sind für Sie selbst und das Team Lernchancen.
- Diskutieren Sie im Team, welche Fehler an die Öffentlichkeit gelangen sollen und welche nicht.
- Verwenden Sie Visualisierungstechniken wie z. B. die Kärtchenabfrage (siehe Kapitel 7, Lerneinheit 1, „Kreativitätstechniken")
- Lösen Sie Konflikte und bohren Sie nicht in offenen Wunden.
- Erkundigen Sie sich vor Beginn des Projektes nach eventuellen Beurteilungskriterien.

Das Projektteam setzt sich am 4. 7. 2… noch einmal zusammen. Hier wird ein letztes Mal verglichen, ob die Termine gehalten haben, die Leistungen wie vereinbart erbracht wurden und die Kosten eingehalten wurden. Das Team hat alle gesetzten Ziele erreicht. Zur Evaluation des Projektes verwenden Sie folgende Frageliste und erstellen aufgrund dessen Einzel- und Gruppenberichte:

1. *Wie war der Gesamteindruck über das Projekt?*
2. *Wie sieht es mit der Zufriedenheit bezüglich Übernahme der vereinbarten Arbeiten aus?*
3. *Wurden die Leistungen in der gewünschten Qualität erbracht?*
4. *Wurden die Termine eingehalten?*
5. *Wurden die Plankosten eingehalten?*
6. *Wurden nicht mehr als die geplanten sachlichen Ressourcen verwendet?*
7. *Haben die Teammitglieder mehr oder weniger als geplant gearbeitet?*
8. *Hat die Projektleiterin das Team gut geführt?*
9. *Wurden die Spielregeln von allen eingehalten?*
10. *Gab es Konflikte im Team oder bezüglich des Umfeldes?*

11. Wenn ja – wurden diese zufriedenstellend gelöst?
12. Was hat das Team bzw. jeder Einzelne aus dem Projekt gelernt?

Zum Schluss machen sie noch die gemeinsame Projektabrechnung. Diese ist hier besonders wichtig, da es sich um eine Schulveranstaltung handelt. Sie rechnen die Ist-Kosten aus und vergleichen diese mit den Belegen. Nachdem Sie Kontrollrechnungen durchgeführt haben, stellt die Gruppe zufrieden fest, dass alles passt und keine Differenzen zu finden sind.

Die Ergebnisse werden im Projektabschlussbericht festgehalten. Dieser enthält den Gesamteindruck, die Reflexion über die Realisierung der Projektziele, die Reflexion über die Umweltbeziehungen, die Zusammenfassung der Erfahrungen zur Weitergabe an andere Projektteams und als Anhang die Projektdokumentation mit dem Endstand.

Für den Projektabschlussbericht kann folgendes Formular verwendet werden:

SbX
ID: 4711
Download: PHB-Vorlage

Projektabschlussbericht		**Projektname**	**Projektlogo**
Gesamteindruck			
Reflexion: Leistungen/Termine			
Reflexion: Zielerreichung			
Reflexion: Ressourcen/Kosten			
Reflexion: Interne Organisation/Umweltbeziehungen			
Leistungsbeurteilung (Projektauftraggeber, Projektleiter, Projektmitarbeiter)	Lessons learned (Zusammenfassende Erfahrungen und Verbesserungsvorschläge)		
Planung Nachprojektphase, Restaufgaben			
To-do		Zuständigkeit	Termin
Projektabnahme: *Vorname Nachname,* (Projektauftraggeber)	*Vorname Nachname,* (Projektleiter)		
Version:	Datum:	Ersteller/in:	Seite 1 von 1

4 Nachprojektphase

Was ist in der Nachprojektphase zu tun?

Für die **Nachprojektphase** wurde vereinbart (siehe Abschnitt zeitliche Projektkontextanalyse S. 50 ff.), dass nach Abschluss des Projektes noch Arbeiten zu erledigen sind.

Tina nimmt das Projekthandbuch zur Hand und geht die Aufgaben der Nachprojektphase durch (siehe Seite 52). Hier sind folgende Arbeiten festgehalten: Eine Fotogalerie und ein eigener Bereich auf der Homepage sind zu erstellen, weiters ist eine Fortsetzung im nächsten Schuljahr für die Folgeklassen zu planen. Sie legen gemeinsam fest, wer was bis wann erledigen muss, und dokumentieren dies in einem Besprechungsprotokoll.

5 Fertigstellung der Projektdokumentation

Was soll die Projektpräsentation enthalten?

Die **Projektdokumentation** enthält nicht nur das Projekthandbuch samt allen Beilagen, sondern hält auch die Ergebnisse des Projektes mit eventuellen Erläuterungen fest. Damit werden der Prozess und das Ergebnis dokumentiert.

Unser Projektteam hat vorbildlich laufend das Projekthandbuch auf den aktuellen Stand gebracht und die Ergebnisse der Arbeit dokumentiert. Außerdem haben sich alle – oh Wunder – an die vorgegebenen Formatierungsrichtlinien gehalten. Damit muss das Team „nur mehr" ein Ganzes aus den vielen Unterlagen herstellen. Dabei beachten Sie die Tipps des Kapitels 7, Lerneinheit 7, „Wissenschaftliches Arbeiten".

Tipp:

Eine gute Projektdokumentation ist eine wertvolle Hilfe für nachfolgende Projekte.

6 Abschließendes Projektmarketing

Die Projektpräsentation ist Teil des Projektmarketings!

Im Rahmen eines abschließenden Projektmarketings werden die Ergebnisse präsentiert. Beachten Sie dabei die Ausführungen im Abschnitt Projektmarketing ab S. 117.

Das Projektteam hat sich entschlossen, Beiträge für den Jahresbericht, die Presse, die Homepage, Schautafeln für die Schule und einen Reisebericht als abschließende Projektpräsentation zu gestalten. Die Verantwortlichen werden festgelegt und bemühen sich nun, das Projekt und dessen Ergebnis im besten Licht erscheinen zu lassen. Selbstverständlich wenden Sie nun auch ihre Kenntnisse und Fähigkeiten aus der Präsentationstechnik an.

7 Auflösung der Projektorganisation

Was ist nach Abschluss des Projektes zu beachten?

Nach dem Abschluss des Projektes wird das **soziale Gebilde** des Projektteams wieder **aufgelöst.** Die Teammitglieder übernehmen dann wieder die angestammten Rollen in der Organisation.

Dabei sind folgende Fragen zu klären:

- Wie löst man die durch das Projekt entstandenen intensiven Beziehungen wieder auf?
- Welche zukünftigen Aufgaben sollen übernommen werden?
- Wie werden die Teammitglieder in die angestammte Abteilung wieder eingegliedert?
- Gibt es ein Abschlussfest?
- Gibt es Folgeprojekte?

Die Projektarbeit ist fertig, das Projekt präsentiert. Unsere Teammitglieder können sich nun als normale Klassenkameraden/-kameradinnen den Unterrichtsgegenständen widmen und auf die Matura vorbereiten. Dort wird ein letztes Mal das Projekt Thema der mündlichen Matura sein. Nochmals feiern werden sie erst, wenn die Matura vorbei ist. Bis dahin ist noch viel viel zu tun.

Üben

SbX ID: 4712

SbX
ID: 4712
Zusätzlich finden Sie in SbX zwei Anwendungsbeispiele.

Anweisungen für die Projektpraxis

Führen Sie für Ihr Projekt folgende Arbeiten im Rahmen der Phase Projektabschluss durch:

a) eine offizielle Projektabnahme durchführen
b) das gesamte Projekt reflektieren
c) die Nachprojektphase planen
d) die Dokumentation erstellen
e) sowie einen Projektabschlussbericht fertigstellen
f) die Projektergebnisse präsentieren

Sichern

Projektabschluss

In der Phase „Projektabschluss" wird das Projekt vom Projektauftraggeber abgenommen, das Projekt evaluiert und reflektiert, die Abschlussarbeiten der Nachprojektphase geplant, die Dokumentation fertiggestellt, die Ergebnisse präsentiert bzw. ein letztes Mal Projektmarketing betrieben und dann die Projektorganisation aufgelöst.

Projektabnahme

Im Rahmen der Projektabnahme liefert das Projektteam seine Ergebnisse bzw. Dienstleistungen dem Projektauftraggeber ab.

Projektevaluation

Die Projektevaluation dient der Sicherung von Erfahrungen. Das Projektteam und auch die Organisation sollen aus dem Projekt lernen.

Projektdokumentation

Die Projektdokumentation enthält das Ergebnis des Projektes samt eventuell notwendiger Erklärungen und das Projekthandbuch.

Auflösung der Projektorganisation

Nach Abschluss aller Arbeiten werden das Projektteam und damit die Projektorganisation aufgelöst. Die Mitarbeiter/Mitarbeiterinnen übernehmen neue oder bisherige Aufgaben in der Organisation.

Projektabschlussbericht

Der Abschlussbericht enthält den Gesamteindruck, Reflexion über Realisierung der Projektziele und Umweltbeziehungen, Erfahrungen zur Weitergabe an andere Projektteams und die Projektdokumentation zum Endstand im Anhang.

Projektbeurteilung

Das Projekt und das Projektteam können im Abschlussprozess nach inhaltlichen und/oder prozessbezogenen Kriterien beurteilt werden.

Wissen

SbX ID: 4800

SbX
Fragen 3–11 mit automatischer Aufgabenkontrolle
ID: 4800

Kontrollfragen und -aufgaben

1. Erklären Sie den Unterschied zwischen Projekthandbuch und Projektdokumentation.
2. Beschreiben Sie, welche Aufgaben in der Phase Projektabschluss zu erledigen sind.
3. Warum ist die Projektabnahme so wichtig?
4. Was wird im Rahmen der Projektreflexion und Projektevaluation gemacht und wozu?
5. Wie können Sie aus einem Projekt lernen?

erledigt ☑
Frage 3 ☐
Frage 4 ☐
Frage 5 ☐
Frage 6 ☐
Frage 7 ☐
Frage 8 ☐
Frage 9 ☐
Frage 10 ☐
Frage 11 ☐

6. Was passiert, nachdem ein Projekt abgeschlossen wurde, in der Nachprojektphase?
7. Welche Bestandteile sollte eine Projektdokumentation aufweisen?
8. Was ist der Unterschied zwischen Prozess- und Ergebnisdokumentation?
9. Welche Aktivitäten können Sie sich im Rahmen eines abschließenden Projektmarketings vorstellen?
10. Welche Fragen sind bei der Auflösung der Projektorganisation zu klären?
11. Was passiert im Rahmen der Projektbeurteilung?

Problemstellungen

1. Nehmen Sie zu folgenden Aussagen kritisch Stellung:
   a) Das Projekthandbuch entspricht der Projektdokumentation. Daher muss nicht viel zusätzliche Zeit veranschlagt werden.
   b) Die Nachprojektphase hat keinen Einfluss auf das Projekt.
   c) Projektevaluationen dienen den Leistungsbeurteilungen. Personen, die Fehler machen, werden schlecht beurteilt.
   d) Die Projektdokumentation ist eine lästige und nutzlose Pflicht.
   e) Nach Abschluss des Projektes ist die Aufgabe endgültig erledigt.
   f) Das abschließende Projektmarketing verursacht nur Kosten und raubt viel Zeit.
   g) Der Projektauftraggeber kann die Übernahme des Projektergebnisses verweigern.
2. Ordnen Sie folgende Tätigkeiten den einzelnen Prozessen zu! Achtung! Mehrfachzuordnungen sind möglich.

	Beauftragung	Start	Koordination	Abschluss	Controlling	Diskontinuitätenmanagement
Entwicklung der Projektidee						
Erklärung einer Krise						
Permanentes Projektmarketing						
Leistungsplanung						
Fortschrittskontrolle						
Umweltanalyse						
Fertigstellung der Dokumentation						
Projektwürdigkeitsanalyse						
Soll-Ist-Vergleiche						

3. Stellen Sie bei den einzelnen Teilprozessen die durchzuführenden Tätigkeiten, den dafür erforderlichen Input (z. B. Vorlagen, Informationen …) und den entsprechenden Output (z. B. fertiggestellte Dokumente) dar.

Teilprozess	Input	Tätigkeit	Output
Beauftragung			
Start (Planung)			
Durchführung			
Marketing			
Controlling			
Diskontinuitäten managen			
Abschluss			

Kapitelrückblick

Endlich fertig! Sie können nun

- die Projektergebnisse präsentieren,
- wissen, was im Rahmen der Projektabnahme zu tun ist,
- können das Projekt evaluieren und reflektieren,
- wissen, was im Rahmen der Projektbeurteilung passiert,
- Ihr Wissen und Ihre Erfahrung weitergeben,
- Vereinbarungen für die Nachprojektphase treffen,
- den Projektabschlussbericht erstellen,
- die Dokumentation fertigstellen,
- abschließendes Projektmarketing betreiben und
- die Projektorganisation auflösen.

SbX
ID: 4830
In SbX finden Sie diese Aufgaben zur Lernkontrolle mit automatischer Aufgabenkontrolle sowie einen Kompetenz-Check zu diesem Kapitel.

erledigt ☑
Aufgaben zur Lernkontrolle ☐

Aufgaben zur Lernkontrolle – bitte kreuzen Sie die richtige Lösung an. (Mehrfachlösungen sind möglich.)

SbX ID: 4830

1. In der Phase „Projektabschluss" …
- ☐ a. wird das Projekt vom Projektauftraggeber abgenommen.
- ☐ b. wird das Projekt vom Projektcoach beendet.
- ☐ c. wird das Projekt evaluiert und reflektiert.
- ☐ d. wird das Projektergebnis kontrolliert und verbessert.
- ☐ e. werden alle noch anfallenden Arbeiten erledigt.
- ☐ f. werden die Abschlussarbeiten der Nachprojektphase geplant.
- ☐ g. wird die Dokumentation fertiggestellt.
- ☐ h. wird die Projektarbeit fertiggestellt.
- ☐ i. werden die Ergebnisse präsentiert.
- ☐ j. wird ein letztes Mal Projektmarketing betrieben.
- ☐ k. wird ein letztes Mal Werbung für das Projekt gemacht.
- ☐ l. wird die Projektorganisation aufgelöst.
- ☐ m. wird das Projektteam entlassen.

2. Im Rahmen der Projektabnahme …
- ☐ a. liefert das Projektteam seine Ergebnisse bzw. Dienstleistungen dem Projektauftraggeber ab.
- ☐ b. liefert der Projektleiter die Ergebnisse bzw. Dienstleistungen dem Projektauftraggeber ab.
- ☐ c. liefert das Projektteam seine Ergebnisse dem Projektcoach ab.

3. Die Projektevaluation …
- ☐ a. dient der Sicherung von Erfahrungen.
- ☐ b. dient der Endkontrolle der Projektergebnisse.
- ☐ c. dient der Bewertung der Ergebnisse des Projektes.
- ☐ d. soll das Projektteam zum Lernen aus dem Projekt veranlassen.
- ☐ e. soll die Organisation zum Lernen aus dem Projekt veranlassen.

4. Die Projektdokumentation …
- ☐ a. enthält das Ergebnis des Projektes.
- ☐ b. enthält eventuell notwendige Erklärungen.
- ☐ c. enthält alle relevanten Dokumente.
- ☐ d. enthält das Projekthandbuch.
- ☐ e. enthält die theoretische Erklärung des Projektes.

Wie geht's weiter?

Im nächsten Kapitel lernen Sie, wie Organisationen mit Projektteams strukturiert sein können.

6 Projekte und Organisation

Das Projektteam hat das Projekt erfolgreich abgeschlossen und ist stolz auf das Ergebnis. Immerhin hat es eine sehr komplexe Aufgabe gelöst. Dabei hat es die zu erledigenden Aufgaben auf der Ebene eines einzelnen Projektes betrachtet. Aber wie ist vorzugehen, wenn in einer Organisation viele Projekte gleichzeitig geplant und durchgeführt werden? Was ist zu beachten, wenn die Projekte auch in einer besonderen Reihenfolge durchgeführt werden müssen oder es einen Zusammenhang zwischen den Projekten gibt? Was passiert in Organisationen, deren Kerngeschäft oder ein Geschäftszweig in Form von Projekten abgewickelt wird? Daraus ergeben sich viele organisatorische Herausforderungen, die in der Folge allgemein für Institutionen jeder Art dargestellt werden.

SbX

Alle SbX-Inhalte zu diesm Kapitel/dieser Lerneinheit finden Sie unter der ID: 4839.

In diesem Kapitel lernen Sie

- **über Projektmanagement und die unterschiedlichen Formen der Aufbauorganisation,**
- **die projektorientierte Organisation,**
- **Programmmanagement und**
- **das Projektportfolio.**

Lernen 134
1 Projektmanagement und die unterschiedlichen Formen der Aufbauorganisation 134
2 Die projektorientierte Organisation 136
3 Programmmanagement 138
4 Das Projektportfolio 140
Üben 140
Sichern 141
Wissen 142
Kapitelrückblick 144

Lernen

SbX ID: 4840

1 Projektmanagement und die unterschiedlichen Formen der Aufbauorganisation

Was ist eine temporäre Organisation?

Ein Projekt hat eine temporäre Organisation, das heißt, eine zeitlich begrenzte Organisation, die nur so lange besteht, solange am Projekt gearbeitet wird.

SbX
ID: 4840
Bildschirmpräsentation zu dieser Lerneinheit

Im Unterschied dazu existiert auch die sogenannte **permanente (laufende)** Organisation.

Unter **Organisation** als Tätigkeit versteht man die Summe aller Tätigkeiten und Regelungen, durch die die Strukturen und Abläufe in einer Institution (z. B. Betrieb, Schule, Non-Profit-Organisationen wie das Rote Kreuz etc.) gestaltet werden. Die **Ablauforganisation** bildet dabei den Rahmen für die Gestaltung der Tätigkeiten in der Institution (z. B. welche Arbeitsschritte muss ich im Rahmen einer Bestellung erledigen). Im Rahmen der **Aufbauorganisation** wird die **Struktur** der Institution festgelegt. Für die Aufbauorganisation sind besonders bedeutsam:

- die **Stellen,** das sind die kleinsten organisatorischen Einheiten, bei denen einzelne Aufgaben der Mitarbeiter/Mitarbeiterinnen in der Organisation zusammengefasst werden (z. B. Einkauf, Verkauf …)
- die Gestaltung der **Beziehungen** zwischen den Stellen, d. h. die Regelung von Anweisungen, Berichten, Über- und Unterordnung
- die **Organisationsform,** d. h. die Gestaltung der gesamten Struktur des Unternehmens nach bestimmten Regeln (siehe auch unten: Linienorganisation, Divisionalorganisation, Matrixorganisation, Stablinienorganisation und reine Projektorganisation)
- die Dokumentation in **Organigramm** (siehe auch Grafiken zu den Organisationsformen) und **Stellenbeschreibungen** (Festlegung für die Stelle: Aufgaben, Verantwortungsbereich, Unter- bzw. Überordnung, Vertretung etc.)

Wie kann man Unternehmen streng hierarchisch organisieren?

Da in Betrieben und anderen Institutionen (man spricht hier auch von Organisationen), mehrere Personen gemeinsam bemüht sind, in gegenseitiger Abhängigkeit etwas zu vollbringen, bilden sich **Teams.** Teams sind aufgabenorientierte Arbeitsgruppen mit einem starken persönlichen Kontakt und direkter Kommunikation. Daraus und aus der oft großen Anzahl der Mitarbeiter/Mitarbeiterinnen ergibt sich die Notwendigkeit, die **Struktur** der Organisation festzulegen. Es gibt aufgrund der historischen Entwicklung viele unterschiedliche Arten, wie nun die Struktur festgelegt werden kann. Man unterscheidet hier streng hierarchische Formen wie die **Linienorganisation.** Hier fasst man die Mitarbeiter/Mitarbeiterinnen so in Teams zusammen, dass jene, die die gleiche Tätigkeit ausüben, eine Gruppe bilden. Dies ist die Folge der Spezialisierung bzw. Arbeitsteilung. Die Mitarbeiter/Mitarbeiterinnen können nach Aufgaben **(funktional),** Produkten **(divisional),** geografisch und nach anderen Kriterien zu Abteilungen zusammengefasst werden. Den Aufbau einer Organisation kann man aus dem Organigramm, einer Grafik, in der die Struktur genau erkennbar ist, ablesen:

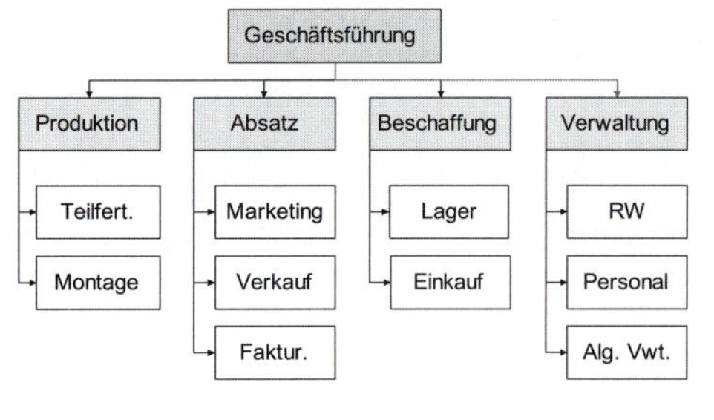

Abb. 6-1 Lininienorganisation (funktional)

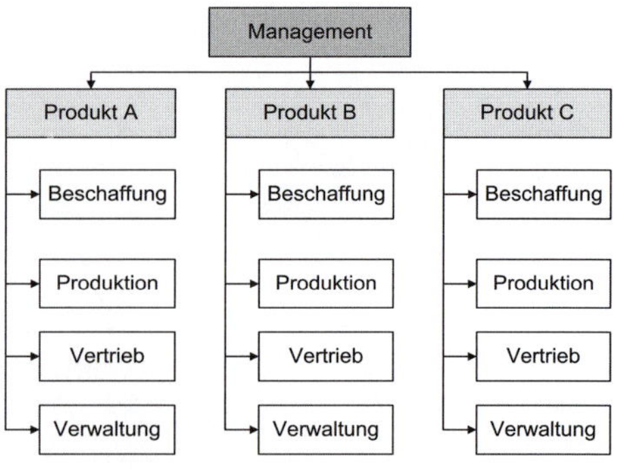

Abb. 6-2 Divisionalorganisaton

Der Vorteil dieser Organisationsformen liegt in der Übersichtlichkeit und Klarheit – jeder weiß, wofür er bzw. sie zuständig ist und von wem er Anweisungen erhält bzw. welcher untergeordneten Stelle er bzw. sie Weisungen geben darf.

Wie kann die Geschäftsführung durch Stäbe entlastet werden?

Da die Leitung einer großen Organisation viele Aufgaben hat und Unterstützung benötigt, hat sich die Form der **Stablinienorganisation** herausgebildet. Die sogenannten „Stäbe" sind oft Experten, z. B. im Bereich des Rechnungswesen, Marketings etc. Sie unterstützen und entlasten ihre Vorgesetzten, dürfen selbst aber nur Vorschläge unterbreiten und sind nicht weisungsbefugt. Im Organigramm werden sie als Ellipse dargestellt:

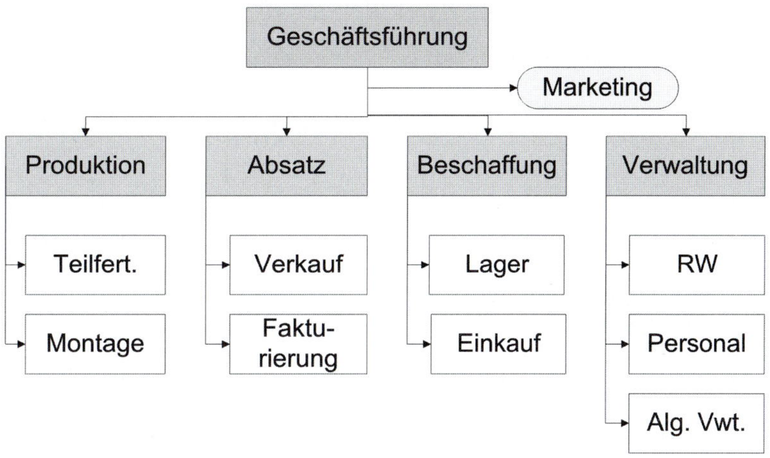

Abb. 6-3 Stablinienorganisation

Wie können Aufgaben gleichzeitig divisional und funktional zusammengefasst werden?

Die aufwändige Matrixorganisation wird immer dann angewandt, wenn von einer Stelle verschiedene Aufgaben gleichzeitig wahrzunehmen sind. Diese Struktur wird oft, aber nicht nur, von internationalen Konzernen angewandt. Mitarbeiter/Mitarbeiterinnen in einer **Matrixorganisation** erhalten Anweisungen von zwei Vorgesetzten. Dies ermöglicht mehr Flexibilität, kann aber auch zu Konflikten führen, da z. B. sich widersprechende Anweisungen vom Einkaufsleiter und vom Produktmanager des Produktes A erteilt werden:

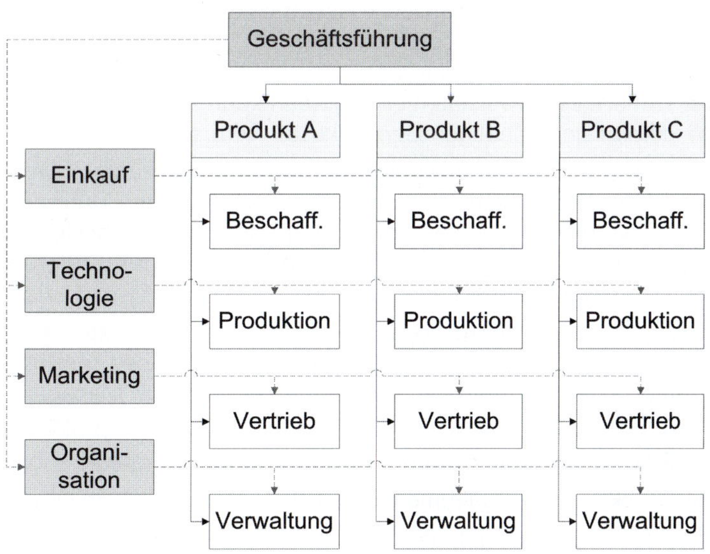

Abb. 6-4 Matrixorganisation

Da die Anforderungen an die Betriebe und anderen Organisationen immer mehr steigen, ist oft die Zusammenarbeit von Experten/Expertinnen erforderlich. Diese arbeiten grundsätzlich in verschiedenen Abteilungen. Für die Zeit des Projektes wird nun die Projektorganisation aufgebaut (siehe auch Abschnitt soziale Projektabgrenzung S. 53 ff.). Hier sind zwei mögliche Formen, die

Projekte in die Organisation einzubinden, abgebildet. Im Rahmen der **„Reinen Projektorganisation"** hat der Projektmanager alle formellen Befugnisse den Projektteammitgliedern gegenüber. Dabei werden die Teammitglieder oft aus den ursprünglichen Abteilungen ausgegliedert und mit dem Projektteam gemeinsam untergebracht. Bei der **Matrix-Projektorganisation** wird die Weisungsbefugnis zwischen Projektmanager (Entscheidungen im Projekt über was, wann und um wie viel?) und den Vorgesetzten der Projektteammitglieder in der permanenten, d.h. nicht projektbezogenen Organisation (Entscheidung bezüglich wer, wie, wie gut?) aufgeteilt.

Wie wird die Weisungsbefugnis in der Projektorganisation (rein und Matrix) geregelt?

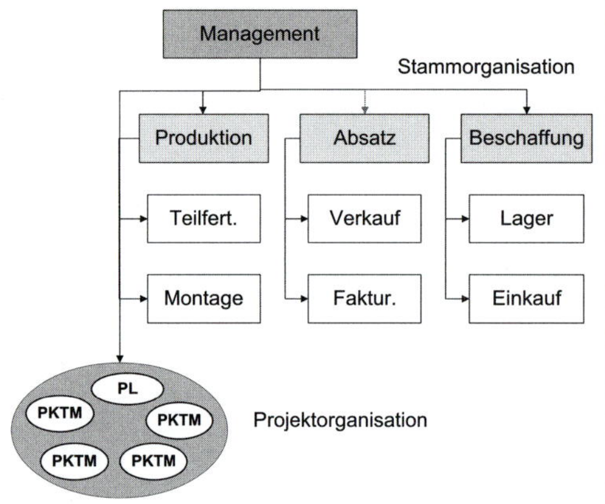

Abb. 6-5 Reine Projektorganisation

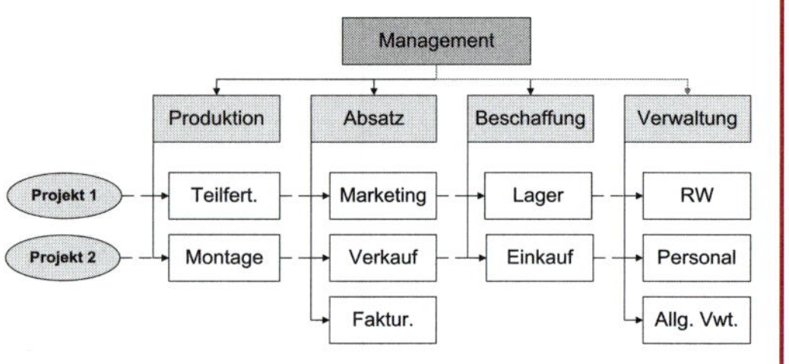

Abb. 6-6 Matrix-Projektorganisation

In der Praxis werden noch viele andere Organisationsformen für die permanente als auch für die Projektorganisation, vor allem Mischformen, je nach ihrer Eignung für die Organisation, angewandt.

2 Die projektorientierte Organisation

Unternehmen sehen sich immer schneller ändernden und wachsenden Anforderungen (siehe auch Seite 9f.) ausgesetzt. Damit diese

- flexibel auf Kundenwünsche reagieren,
- sich auf Kernkompetenzen konzentrieren,
- rechtzeitig Einflussgrößen erkennen,
- rasch Entscheidungen treffen,
- schnelle Durchlaufzeiten ermöglichen können und
- damit keine unnötigen Gemeinkosten verursachen,

sind neue Organisationsmodelle wie die projektorientierte Organisation eine mögliche Lösung. Üblicherweise versteht man unter projektorientierten Unternehmen solche, deren Kundengeschäft vorwiegend in der Abwicklung von Projekten besteht, wie z.B. bei Bauunternehmen, Softwareentwicklungsunternehmen und Forschungsinstituten. Neben diesen traditionellen Bereichen steigt aber die Bedeutung auch in anderen Wirtschaftszweigen.

Was ist eine projektorientierte Organisation?

Projektorientierte Unternehmen sind jene, die Projekte und Programme zur Erfüllung einmaliger und umfangreicher Prozesse einsetzen. Sie haben spezifische Strategien, spezifische organisatorische Strukturen und spezifische Kulturen zum Management von Projekten, Programmen und Projektportfolios. Die projektorientierte Organisation weist folgende **Merkmale** auf:

- Projektmanagement wird als organisatorische Strategie angewandt.
- Projekte und Programme werden als zeitlich begrenzte Organisationen eingesetzt.
- Projektmanagement, Programmmanagement (siehe S. 138) und Projektportfolio-Management (siehe S. 140) sind integrativer Bestandteil der Geschäftsprozesse.
- Projekt-Netzwerke (siehe S. 137), Projekt-Ketten (siehe S. 137) und Projektportfolien (siehe S. 140) sind Betrachtungsobjekte der Führung.
- Das Know-how von Experten wird in Pools gesichert.
- Eine Organisationseinheit wie z.B. ein Projektmanagementbüro sichert die Projektmanagementkompetenz.

- Das Management ist durch Teamarbeit, Prozessorientierung und Empowerment der Mitarbeiter gekennzeichnet.
- Die Organisation sieht sich selbst als projektorientiert.

Das **Organigramm einer projektorientierten Organisation** könnte folgendermaßen aussehen:

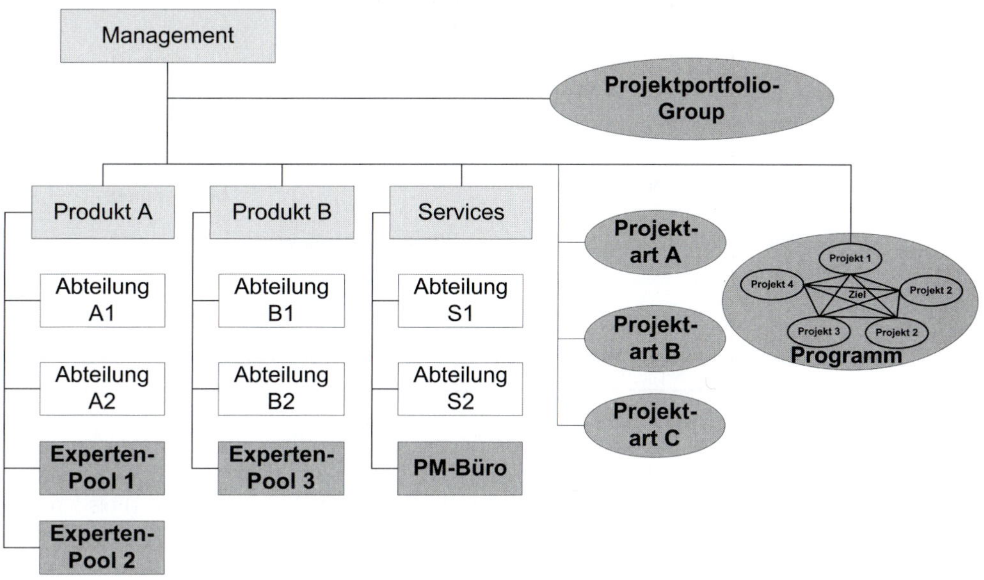

Abb. 6.7 Organigramm projektorientiertes Unternehmen

In der projektorientierten Organisation werden sowohl die permanente als auch die temporäre Organisation als wichtiges strukturelles Merkmal wahrgenommen. Die temporären Organisationen (Programme und Projekte) tragen zur Differenzierung der Organisation bei, gleichzeitig helfen die permanenten Strukturen wie z. B. das **PM-Büro** (dies ist eine Einrichtung, die der Professionalisierung des PM dient und meist auch als Prozesseigner für die Anwendung und Weiterentwicklung des PM zuständig ist), die **Projektportfolio-Group** (sie ist für das Management des Projektportfolios – siehe S. 140 verantwortlich) und die Experten- oder Ressourcenpools bei der Integration.

Welche Prozesse weist eine POO auf?

Für die projektorientierte Organisation sind folgende **Geschäftsprozesse** spezifisch: Projektmanagement, Programmmanagement, Beauftragung von Projekten und Programmen, Coaching und Auditing von Projekten und Programmen (siehe S. 138), Projektportfolio-Management (siehe S. 140), Projekte-Netzwerke, Personalmanagement und Organisationsgestaltung in der projektorientierten Unternehmung.

Im Rahmen des **Projektcoachings** bzw. **-consultings** erfolgt eine Beratung hinsichtlich Projektmanagement-Prozess, um die Qualität eines Projektes zu steigern.

Im Rahmen eines **Projektaudits** wird ein Projekt sowohl hinsichtlich Inhalt als auch Prozess evaluiert. Hier wird z. B. anlässlich des Projektstarts anhand einer Checkliste Folgendes untersucht und bewertet (z. B. mit einer Notenskala oder mit Punkten): Projektauftrag, Business Case, Objektstrukturplan, Projektstrukturplan, Meilensteinplan, Balkenplan, Projektbudget, Projektrisikoanalyse, Projektorganisation, Projektumweltanalyse, Konsistenz der PM-Dokumentation und Prozess der Erstellung der PM-Dokumentation.

Was sind Projekte-Netzwerke?

Was sind Projektketten?

Im Rahmen der **Projekte-Netzwerke** wird berücksichtigt, zwischen welchen Projekten inhaltliche Koppelungen vorkommen, um so Synergien herzustellen. Es wird zwischen einem **Projektnetzwerk,** das sind Projekte, die gleichzeitig in einem Unternehmen eingeführt werden und so in Beziehung miteinander stehen (z. B. durch gleiche Lieferanten, Kunden oder Technologien) und einer **Projektkette,** das sind sequentiell angeordnete und gegenseitig voneinander abhängige Projekte (z. B. Anschaffung Grundstück, Hausbau, Übersiedelung), unterschieden.

Die Geschäftsprozesse der POO können so wie untenabgebildet in Form eines Spinnennetzes als **Maturity-Modell** (Reifegrad-Modell) dargestellt werden.

Was kann man aus dem Maturity-Modell der POO ablesen?

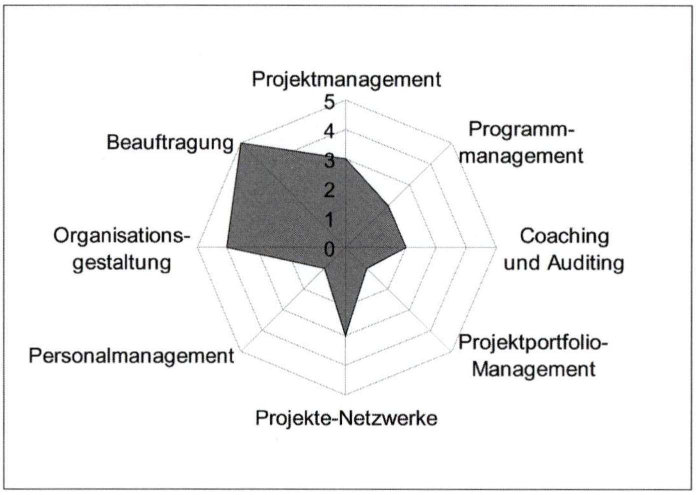

Abb. 6-8 Maturity-Modell der projektorientierten Organisation

Aus der Grafik wird für die Organisation sichtbar, welche Reifegradstufe sie im jeweiligen Geschäftsprozess erreicht hat. Die Levels reichen von 0 (nicht existent oder chaotisch), über 1 (initiiert), 2 (teilweise definiert), 3 (definiert), 4 (kontrolliert) bis 5 (optimiert). Anhand dieser Einstufung können auch Vergleiche zwischen unterschiedlichen Organisationen vorgenommen werden.

SbX
ID: 4840
Download: Excel

3 Programmmanagement

In Organisationen werden oft viele Projekte parallel durchgeführt. Diese sind durch die gemeinsamen Ziele eng gekoppelt. Für solch bedeutende und umfangreiche Aufgaben ist das Konstrukt „Projekt" nicht mehr passend. Man spricht in diesem Fall von Programmen. Programme sind nicht nur durch die Gesamtziele gekoppelt, sondern auch durch das Gesamtbudget, Programmtermine, Programmstrategien, organisatorische Regelungen und Programmmarketing.

Was versteht man unter einem Programm?

Unter **Programm** versteht man die temporäre Organisation zur Erfüllung eines einmaligen Geschäftsprozesses mit großen Umfang und mittlerer bis langer Dauer. In einem Programm werden mehrere Projekte zur Erfüllung des Programmziels gekoppelt:

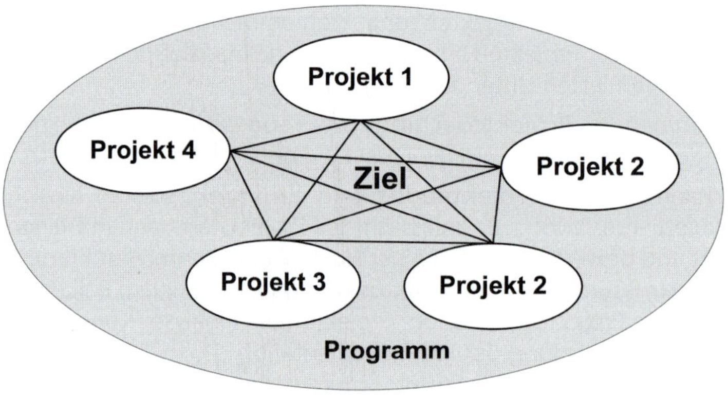

Abb. 6-9 Programm

Beispiele für Programme sind z. B. die Entwicklung einer ganzen Produktfamilie, die Reorganisation mehrer Tochtergesellschaften in einem Konzern oder die Einführung einer komplexen Software wie SAP. Projekte werden so wie Programme einmalig durchgeführt, sind aber nicht an andere Projekte gekoppelt und damit nicht so komplex. Beispiele dafür sind die Entwicklung eines Produktes, die Reorganisation einer Filiale oder die Einführung einer neuen Fakturierungssoftware.

Aufgaben, die oft zu lösen und mit einem relativ kurzen Zeithorizont versehen sind, werden in der permanenten Organisation abgewickelt, wie z. B. Werbemaßnahmen für eine neue Produktfamilie, die Umgestaltung eines einzigen Arbeitsplatzes oder das Updaten von vorhandenen Softwarepaketen.

Welche Betrachtungsobjekte gibt es in einem Programm?

Projektorientierte Unternehmen (siehe auch S. 136) können Programme als einen Geschäftsprozess sehen. Ähnlich wie im Projektmanagement gibt es hier folgende **Betrachtungsobjekte:**

- Programmziele
- Programmleistungen
- Programmtermine
- Programmressourcen und -kosten
- Programmrisiken
- Programmorganisation
- Programmkultur
- Programmkontext (Vor- und Nachprogrammphase, Programmumwelten, andere Programme und Projekte)

Programme bedürfen einer besonderen Organisationsform, um die Synergien und Potenziale ausnützen zu können, wie z.B. die Reduktion der Komplexität von Großprojekten und Schaffung kleinerer und damit überschaubarer Projektorganisationen. Die folgende Grafik zeigt eine **typische Programmorganisation:**

Wie sieht eine Programmorganisation aus?

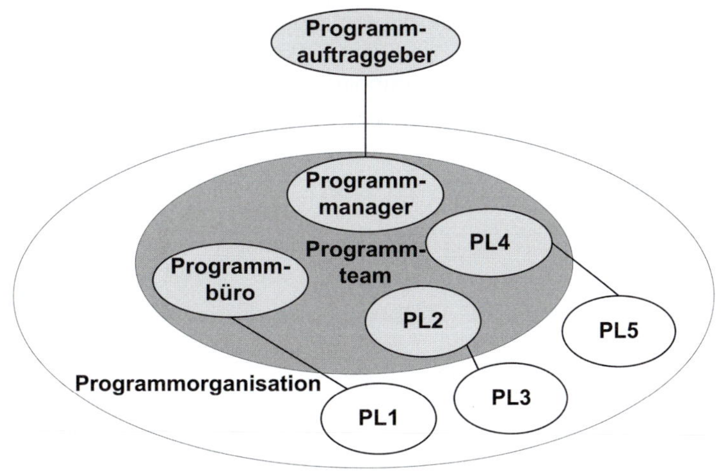

Abb. 6-10 Programmorganisation

Welche Rollen gibt es im Programm?

Der Programmauftraggeber (bzw. das Programmauftraggeberteam) unterscheidet sich von den Projektauftraggebern und sollte aus den Führungskräften der wesentlich betroffenen Unternehmensbereiche rekrutiert werden, damit die Programm- und Unternehmensinteressen abgestimmt werden können. Der Programmmanager nimmt die Programminteressen wahr und sichert die Realisierung der Programmziele. Er wird vom Programmbüro unterstützt, deren Aufgabe es ist, die Einhaltung der Managementstandards im Programm zu sichern und die Programmfinanzmittel zu administrieren. Das Programmteam nimmt gemeinsam die Programminteressen wahr und trägt die Verantwortung für den Programmerfolg. Typische Kommunikationsstrukturen im Programm sind Programmauftraggeber-Meetings und Programmteam-Meetings.

Wie läuft der Programmmanagementprozess ab?

Der Ablauf des Programmmanagement-Prozesses ist mit jenem des Projektmanagement-Prozesses vergleichbar, aber inhaltlich viel komplexer:

Der Programmmanagement-Prozess besteht aus den Subprozessen Programmstart, Programmcontrolling und Programmabschluss, wobei dem Programmmarketing besondere Bedeutung zukommt.

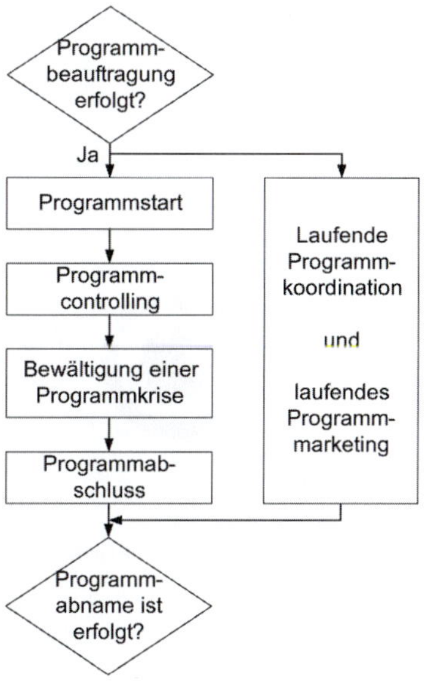

Abb. 6-11 Programmmanagement-Prozess

SbX
ID: 4840
Download: PHB-Vorlage

4 Das Projektportfolio

Was wird in einem Projektportfolio betrachtet?

Projektorientierte Organisationen führen oft viele Projekte gleichzeitig durch bzw. sind in der Planungsphase und wollen eine Auswahl treffen – dies ist eine wichtige Managementaufgabe. Von einem **Projektportfolio** spricht man daher, wenn man die Menge aller Projekte, die ein projektorientiertes Unternehmen zu einem bestimmten Zeitpunkt durchführt, betrachtet.

Die Aufgaben des Projektportfolio-Managements umfassen

- die Optimierung der Ergebnisse des gesamten Projektportfolios und nicht nur eines einzelnen Projektes,
- die Auswahl zu startender Projekte,
- die Unterbrechung und den Abbruch von Projekten,
- die Definition von Projektprioritäten,
- die Koordination von internen und externen Ressourcen und
- die Organisation des Lernens von und in Projekten.

Eine Projektportfolio-Datenbank mit wichtigen Projektdaten wie z. B. Projektart, Kennzahlen wie Projektdauer, Projektkosten, verplante Ressourcen in Mannjahren etc. liefert der Projektportfolio-Group (dem Management) wichtige und entscheidungsrelevante Informationen.

Welche Schlüsse können aus einem Projektportfoliobericht gezogen werden?

Im untendargestellten **Projektportfoliobericht** können die Projekte nach dem Beitrag zum Unternehmenserfolg (Gewinn) und dem Risiko bewertet und visualisiert werden, wobei die Größe des Kreises die Projektkosten symbolisiert (großer Kreis = hohe Kosten):

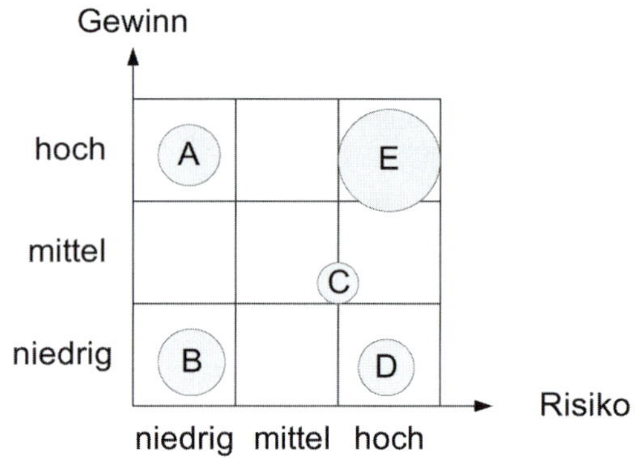

Abb. 6-12 Portfoliobericht

Projekte, die einen hohen Gewinn bei niedrigem Risiko versprechen, sollten die erste Priorität erhalten (z. B. Projekt A). Projekte mit hohem Gewinnpotenzial und hohem Risiko bekommen die Priorität B. Projekte mit niedrigem Risiko und niedriger Gewinnerwartung erhalten die niedrigste Priorität. Projekte mit hohem Risiko und niedriger Gewinnaussicht werden sogar nicht durchgeführt.

Weitere Berichtsformen können ein Projektportfolio-Balkenplan oder eine Projektportfolio-Fortschrittsgrafik sein.

Üben

Anweisungen für die Projektpraxis

Führen Sie für Ihr Projekt folgende Arbeiten durch:

a) Erstellen Sie ein Organigramm jener Institution, für die Sie gerade im Rahmen eines Projektes arbeiten (z. B. Schule, Übungsfirma …). Geben Sie auch an, um welche Organisationsform es sich hier handelt.

b) Erstellen Sie einen Projektportfolio-Bericht für die in Aufgabe a) angesprochene Organisation, sofern derzeit mehrere Projekte durchgeführt werden, über die Sie Informationen haben.

Sichern

Organisation Die Organisation beinhaltet die Summe aller Tätigkeiten und Regelungen, durch die Strukturen und Abläufe in einer Institution (z. B. in einem Unternehmen) gestaltet werden.

temporäre Organisation Die temporäre (zeitlich begrenzte) Organisation besteht nur so lange, wie im Projekt gearbeitet wird.

permanente Organisation Die permanente Organisation wird im Rahmen der Aufbau- und Ablauforganisation für die Institution festgelegt.

Ablauforganisation/Aufbauorganisation Die Ablauforganisation bildet den Rahmen für die Gestaltung der Tätigkeiten einer Organisation. Die Aufbauorganisation legt die Struktur einer Institution mit Stellen, Beziehungen zwischen den Stellen und Organisationsform fest. Sie wird vor allem im Organigramm und in der Stellenbeschreibung dokumentiert.

Stellen Stellen sind die kleinsten organisatorischen Einheiten, bei denen einzelne Aufgaben zusammengefasst werden.

Teams Teams sind aufgabenorientierte Arbeitsgruppen, weisen einen starken persönlichen Kontakt auf und kommunizieren direkt.

Organisationsform Die Organisationsform gestaltet die Struktur der gesamten Institution nach bestimmten Regeln. Dazu gehören die Linienorganisation, Divisionalorganisation, Stablinienorganisation, Matrixorganisation, reine Projektorganisation, die Matrix-Projektorganisation und die projektorientierte Organisation.

Linienorganisation Die Linienorganisation ist eine streng hierarchische Organisationsform, in der die Mitarbeiter nach Aufgaben in Abteilungen zusammengefasst werden.

Divisionalorganisation In der Divisionalorganisation wird die streng hierarchische Struktur des Unternehmens nach Produkten gestaltet.

Stablinienorganisation Experten unterstützen als „Stäbe" ohne Weisungsbefugnis das Management in der Linienorganisation.

Matrixorganisation In der Matrixorganisation können Stelleninhaber Weisungen von mehreren Vorgesetzen erhalten, da sie auch mehr Aufgaben (z. B. divisional und funktional) erfüllen.

reine Projektorganisation In der reinen Projektorganisation unterliegen die Projektteammitglieder der Weisungsbefugnis des Projektleiters, da sie für die Projektdauer aus der Stammorganisation ausgegliedert werden.

Matrix-Projektorganisation Bei der Matrix-Projektorganisation haben sowohl Projektleiter als auch der Vorgesetzte in der permanenten Organisation Weisungsbefugnis an die Projektteammitglieder.

projektorientierte Organisation (POO) Projektorientierte Organisationen setzen Projekte und Programme zur Erfüllung einmaliger und umfangreicher Projekte ein. Sie haben spezifische Kulturen zum Management von Projekten, Programmen und Projektportfolios.

PM-Büro Das Projektmanagement-Büro ist meist für den Prozess Projektmanagement verantwortlich und wird zwecks Professionalisierung des PM eingerichtet.

Projektportfolio-Group Die Projektportfolio-Group ist jenes Führungsgremium, dass Projektportfolios managt.

Projektcoaching bzw. -consulting Projektcoaching bzw. -consulting umfasst die Beratung im Projektmanagement-Prozess mit dem Ziel, die Qualität zu steigern.

Projektaudit In Projektaudits wird ein Projekt hinsichtlich Inhalt und Prozess beurteilt.

Projekte-Netzwerke Projekte-Netzwerke gewährleisten eine inhaltliche Koppelungen zwischen Projekten.

Projektnetzwerk Das Projektnetzwerk enthält alle Projekte, die gleichzeitig in einer Organisation eingeführt werden.

Projektkette Die Projektkette umfasst sequentiell angeordnete und voneinander abhängige Projekte.

Maturity-Modell Das Maturity-Modell ist ein Reifegradmodell, in dem die Geschäftsprozesse in die Level 0 (nicht existent) bis 5 (optimiert) eingestuft werden können.

Programm Ein Programm ist eine temporäre Organisation zur Erfüllung eines einmaligen Geschäftsprozesses mit großem Umfang und mittlerer Dauer, in dem mehrere Projekte zur Erfüllung des Programmziels gekoppelt werden.

Programmorganisation Die typische Programmorganisation enthält die Funktion des Programmmanagers sowie die eines Programmbüros.

Programmmanagement-Prozess Der Programmmanagement-Prozess beinhaltet die Subprozesse Programmstart, Programmcontrolling und Programmabschluss.

Projektportfolio Das Projektportfolio enthält die Menge aller Projekte, die die projektorientierte Organisation zu einem bestimmten Zeitpunkt durchführt.

Projektportfolio-Bericht Im Projektportfolio-Bericht werden die Projekte in einer Portfolio-Grafik nach Gewinnerwartung und Risiko dargestellt.

Wissen

SbX ID: 4841

SbX
Fragen 1–21 mit automatischer Aufgabenkontrolle
ID: 4841

erledigt ☑
Frage 1 ☐ Frage 2 ☐ Frage 3 ☐ Frage 4 ☐ Frage 5 ☐ Frage 6 ☐ Frage 7 ☐ Frage 8 ☐ Frage 9 ☐ Frage 10 ☐ Frage 11 ☐ Frage 12 ☐ Frage 13 ☐ Frage 14 ☐ Frage 15 ☐ Frage 16 ☐ Frage 17 ☐ Frage 18 ☐ Frage 19 ☐ Frage 20 ☐ Frage 21 ☐

Kontrollfragen

1. Was versteht man unter einer Organisation?
2. Wie lange besteht die permanente, wie lange die temporäre Organisation?
3. Worin besteht der Unterschied zwischen Aufbau- und Ablauforganisation?
4. Wie wird die Aufbauorganisation dokumentiert?
5. Wann spricht man von einer Stelle?
6. Was kennzeichnet Teams?
7. Welche Organisationsformen kennen Sie?
8. Worin besteht der wesentliche Unterschied zwischen der reinen Projektorganisation und der Matrix-Projektorganisation?
9. Welche Kennzeichen haben projektorientierte Organisationen?
10. Wofür ist das PM-Büro verantwortlich?
11. Welche Aufgabe hat die Projektportfolio Group?
12. Welche Tätigkeit beinhaltet das Projektcoaching bzw. –consulting?
13. Was wird im Projektaudit beurteilt?
14. Was sind Projekte-Netzwerke?
15. Was enthält ein Projektnetzwerk?
16. Was umfasst eine Projektkette?
17. Was versteht man unter einem Maturity-Modell?
18. Worin besteht der Unterschied zwischen Projekt und Programm?
19. Welche typischen Funktionen enthält die Programmorganisation?
20. Was beinhaltet ein Projektportfolio?
21. Was wird im Projektportfoliobericht dargestellt?

Problemstellungen

1. Suchen Sie im Internet nach Unternehmen, die erfolgreich als projektorientierte Organisationen agieren können.
2. Geben Sie für ein Unternehmen aus der Problemstellung 2 jeweils ein Beispiel für
   - ein Programm,
   - ein Projektnetzwerk und
   - eine Projektkette.

Kapitelrückblick

Nun haben Sie gelernt, dass Projekte nicht nur für sich alleine betrachtet werden sollen. Sie können nun

- **Projektmanagement im Zusammenhang mit den unterschiedlichsten Organisationsformen aus organisatorischer Sicht beschreiben,**
- **die wichtigsten Merkmale einer projektorientierten Organisation erklären,**
- **die Begriffe Programm, Programmmanagement und Projektportfolios definieren.**

SbX
ID: 4842
In SbX finden Sie diese Aufgaben zur Lernkontrolle mit automatischer Aufgabenkontrolle sowie einen Kompetenz-Check zu diesem Kapitel.

erledigt ☑
Aufgaben zur Lernkontrolle ☐

Aufgaben zur Lernkontrolle – bitte kreuzen Sie die richtige Lösung an. (Mehrfachlösungen sind möglich.)

SbX ID: 4842

1. Die Organisation …
- ☐ a. beinhaltet die Summe aller Tätigkeiten und Regelungen, durch die Strukturen und Abläufe in einer Institution gestaltet werden.
- ☐ b. beinhaltet alle Tätigkeiten, durch die der Aufbau einer Institution gestaltet wird.
- ☐ c. kann temporär und permanent sein.
- ☐ d. wird permanent festgelegt.

2. Die Aufbauorganisation …
- ☐ a. ist ein Bestandteil der permanenten Organisation.
- ☐ b. ist Teil der temporären Organisation.
- ☐ c. bildet den Rahmen für die Gestaltung der Tätigkeiten einer Organisation.
- ☐ d. legt die Struktur einer Institution mit Stellen, Beziehungen zwischen den Stellen und die Organisationsform fest.
- ☐ e. legt den Rahmen einer Unternehmung mit Stellen und Organisationsform fest.
- ☐ f. wird nur in der Prozessbeschreibung dokumentiert.
- ☐ g. wird vor allem im Organigramm und in der Stellenbeschreibung dokumentiert.

3. Stellen …
- ☐ a. sind die kleinsten organisatorischen Einheiten, bei denen einzelne Aufgaben zusammengefasst werden.
- ☐ b. entsprechen Teams.
- ☐ c. sind mittlere organisatorische Einheiten, in denen Tätigkeiten zusammengefasst werden.
- ☐ d. sind aufgabenorientierte Arbeitsgruppen, weisen einen starken persönlichen Kontakt auf und kommunizieren direkt.

4. Die Organisationsform …
- ☐ a. legt die Weisungsbefugnis fest.
- ☐ b. gestaltet die Struktur der gesamten Institution nach bestimmten Regeln.
- ☐ c. kann streng hierarchisch wie die Linienorganisation gestaltet sein.
- ☐ d. kann offen nach Produkten in Form der Divisionalorganisation festgelegt werden.
- ☐ e. kann „Stäbe" ohne Weisungsbefugnis aufweisen.
- ☐ f. regelt das Management in der Linienorganisation.
- ☐ g. darf die Weisungsbefugnis von nur einer Stelle vorsehen.

5. Die Projektorganisation …
- ☐ a. sieht in der reinen Form eine Weisungsbefugnis sowohl des Projektleiters als auch des Vorgesetzten aus der Stammorganisation.
- ☐ b. als reine Projektorganisation sieht Weisungsbefugnis des Projektleiters für das Projektteam vor.
- ☐ c. sieht bei der Matrix-Projektorganisation die ausschließliche Weisungsbefugnis des Vorgesetzten aus der permanenten Organisation für die Projektteammitglieder vor.

6. Projektorientierte Organisationen …
- ☐ a. setzen Programme zur Erfüllung mehrmaliger Prozesse ein.
- ☐ b. setzen Projekte und Programme zur Erfüllung einmaliger und umfangreicher Projekte ein.
- ☐ c. setzen Projekte und Programme zur Erfüllung einmaliger und umfangreicher Prozesse ein.
- ☐ d. haben spezifische Kulturen zum Management von Projekten, Programmen und Projektportfolios.
- ☐ e. haben spezifische Techniken zum Management von Programmen und Projektportfolios.

7. Folgende Rollen können in einer projektorientierten Organisation hinsichtlich Projekten, Programmen und Projektportfolios definiert werden:
- ☐ a. Projektmanagement-Büro
- ☐ b. Projektmanager
- ☐ c. Prozessmanager
- ☐ d. Projektportfolio-Group
- ☐ e. Projektportfolio-Koordinator
- ☐ f. Projektconsulting
- ☐ g. Projektcoaching
- ☐ h. Projektcontrolling
- ☐ i. Projektauditing
- ☐ j. Prozessmanager

8. In Projekte-Netzwerken …
- ☐ a. sind Projekte funktionell gekoppelt.
- ☐ b. sind Projekte divisional gekoppelt
- ☐ c. sind Projekte inhaltlich gekoppelt.

9. Das Projektnetzwerk …
- ☐ a. besteht aus den größten Projekten, die gleichzeitig in einer Organisation eingeführt werden.
- ☐ b. enthält alle Projekte, die gleichzeitig in einer Organisation eingeführt werden.
- ☐ c. umfasst alle wichtigen Programme, die gleichzeitig in einer Organisation ablaufen.

10. Die Projektkette …
- ☐ a. umfasst parallel angeordnete und voneinander unabhängige Projekte.
- ☐ b. umfasst sequentiell angeordnete und voneinander unabhängige Projekte.
- ☐ c. umfasst sequentiell angeordnete und voneinander abhängige Projekte.

11. Ein Programm …
- ☐ a. ist eine permanente Organisation zur Erfüllung eines einmaligen Geschäftsprozesses mit großem Umfang und mittlerer Dauer.
- ☐ b. ist eine temporäre Organisation zur Erfüllung eines einmaligen Geschäftsprozesses mit großem Umfang und mittlerer Dauer.
- ☐ c. koppelt mehrere Projekte zur Erfüllung des Programmziels.
- ☐ d. koppelt mehrere Prozesse zur Erfüllung des Programmziels.

12. Der Programmmanagement-Prozess beinhaltet …
- ☐ a. die Subprozesse Programmstart, Programmcontrolling und Programmabschluss.
- ☐ b. die Teilprozesse Programmplanung, Programmmarketing und Programmabschluss.
- ☐ c. die Subprozesse Programmstart, Programmkoordination und Programmabschluss.
- ☐ d. die Subprozesse Programmplanung, Programmdiskontinuitätenmanagement, Programmmarketing und Programmabschluss.

13. Das Projektportfolio …
- ☐ a. enthält die Menge aller Projekte einer Organisation, die zu einem bestimmten Zeitpunkt durchgeführt werden.
- ☐ b. enthält alle Projekte, die innerhalb von fünf Jahren in einer Organisation durchgeführt werden sollen.
- ☐ c. kann in einem Projektportfolio-Bericht dargestellt werden.
- ☐ d. soll in Form einer SWOT-Analyse dargestellt werden.

Fassen Sie Ihr Wissen über dieses Kapitel in der untenstehenden Grafik zusammen.
Tipp: Verwenden Sie dazu auch Farben und Grafiken.

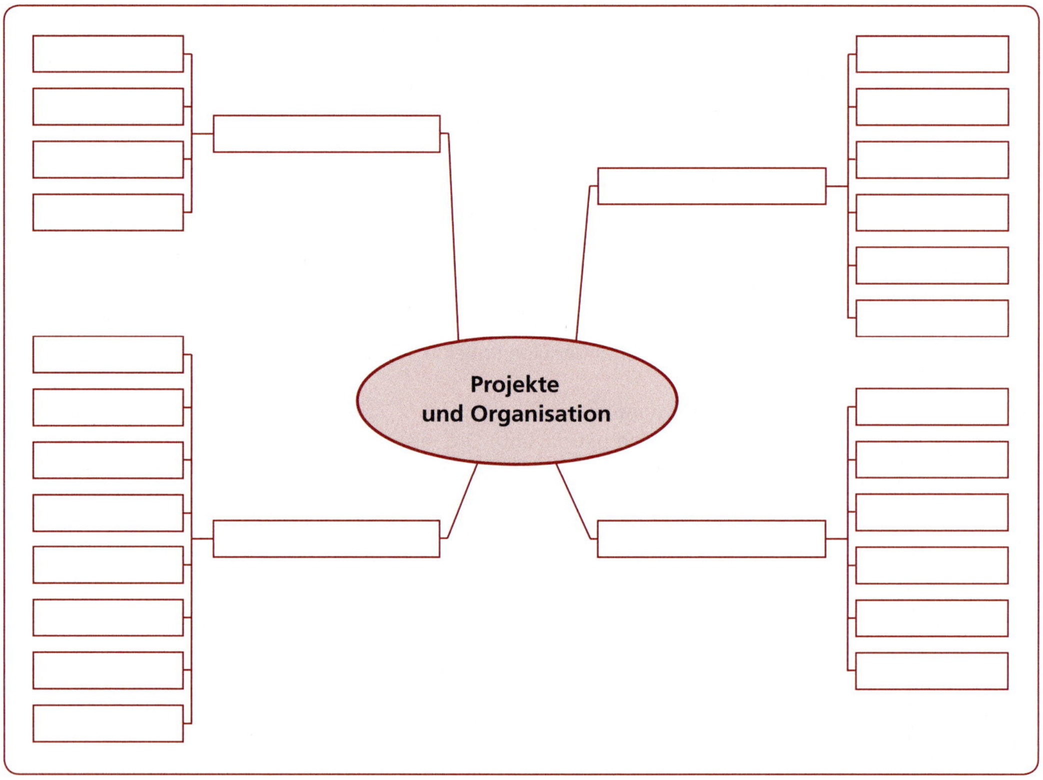

Wie geht's weiter?

Im nächsten Kapitel lernen Sie viele nützliche Techniken, wie Kreativitätstechniken, Zeitmanagementtechniken, Techniken zur Kommunikation und Konfliktmanagement, Moderationstechniken, Präsentationstechniken für Projekte und die Technik des wissenschaftlichen Arbeitens kennen.

7 Nützliche Techniken und Tools

Das Projektteam rund um Tina hat eine anspruchsvolle Aufgabe übernommen, denn viele Arbeitspakete sind zu planen, durchzuführen und abzuschließen. Aber wie können sie diese Aufgaben erfolgreich erledigen? Wie kommen sie zu kreativen Ideen? Wie schätzen sie nicht nur die Zeit richtig, sondern gehen damit auch sinnvoll angesichts des Termindrucks um? Was sollten sie beachten, damit die Kommunikation im und außerhalb des Teams gut funktioniert? Wie lösen sie doch auftretende Konflikte? Sitzungen können sehr schnell zum Zeitfresser werden – wie moderiert man sie also sinnvoll? Wie präsentieren sie ihre Ergebnisse professionell und zu guter Letzt – wie verfassen sie eine tolle Projektdokumentation? Die Antwort auf diese und viele andere Fragen erhält das Team in diesem Kapitel.

In diesem Kapitel lernen Sie,

- Kreativitätstechniken,
- Zeitmanagementtechniken,
- Techniken zu Kommunikation und Konfliktmanagement,
- Moderationstechniken,
- Präsentationstechniken für Projekte und
- die Technik des wissenschaftlichen Arbeitens.

Lerneinheit 1: Kreativitätstechniken

Lernen ... 149
1 Kreativität und Kreativitätstechniken ... 149
2 Brainstorming ... 152
3 Methode 6-3-5 ... 154
4 Kollektives Notizbuch ... 155
5 Mindmapping ... 156
6 Metaplantechnik oder Kärtchenabfrage ... 157
7 Morphologische Matrix ... 158
8 Denkstühle – Walt-Disney-Strategie ... 158
9 Weitere Kreativitätstechniken ... 159
Üben ... 160
Sichern ... 160
Wissen ... 161

Lerneinheit 2: Zeitmanagement

Lernen ... 162
1 Einführung ... 162
2 Zeitmanagement-Methoden ... 163
Üben ... 165
Sichern ... 165
Wissen ... 165

Lerneinheit 3: Die Basistechniken der Kommunikation

Lernen 167
1 Einführung 167
2 Das rhetorische Instrumentarium 168
3 Aktives Zuhören und akzeptierende Grundhaltung 17[illegible]
4 Der kontrollierte Dialog – Pacing und Leading 172
5 Ich-Botschaften und Feedback 173
6 Transaktionsanalyse 174
7 Das Beratungsgespräch 176
8 Das Kritikgespräch 177
9 Gruppen[illegible] 181
Üben 18[illegible]
Sichern 18[illegible]
Wissen 186

Lerneinheit 4: Konfliktmanagement

Lernen 187
1 Einführung 187
2 Einteilung von Konflikten 188
3 Konfliktstile 18[illegible]
4 Konflikteskalation 18[illegible]
5 Konfliktbearbeitung 191
Üben 19[illegible]
Sichern 196
Wissen 196

Lerneinheit 5: Moderationstechnik

Lernen 197
1 Einführung 197
2 Der Moderator 197
3 Die Moderationsmedien 19[illegible]
4 Der Moderationsaufbau 198
Üben 200
Sichern 201
Wissen 201

Lerneinheit 6: Präsentation von Projekten

Lernen 202
1 Einführung 202
2 Der Inhalt [illegible] Präsentation 202
3 Visualisierung 20[illegible]
4 Medientechnik 20[illegible]
5 Das Umfeld 20[illegible]
6 Vorbereitung einer Präsentation 20[illegible]
7 Aufbau und Ablauf einer Präsentation 207
8 Der Grundaufbau einer Präsentationsfolie bzw. eines Bildschirms 20[illegible]
Üben 210
Sichern 210
Wissen 210

Lerneinheit 7: Wissenschaftliches Arbeiten

Lernen 212
1 Aufbau und Gliederung der Arbeit 212
2 Formale Gestaltung 21[illegible]
Üben 215
Sichern 215
Wissen 216

Kapitelrückblick 217

SbX
Alle SbX-Inhalte zu dieser Lerneinheit finden Sie unter der ID: 4843.

Lerneinheit 1

Kreativitätstechniken

„Schul-Event – wie schaffen wir es, dass unsere Klassenkameraden/-kameradinnen Spaß haben?", fragt Tina in die Runde des versammelten Projektteams. „Einfach nur Reden zu halten und zu tanzen ist ja auch nicht ganz das Wahre", erwidert Alex. „Da werden die meisten sicher gleich abwinken", ergänzt Stefan. „Da gibt es doch die Kreativitätstechniken – die können wir jetzt anwenden!", wirft Alex ein. „Genau das machen wir – fangen wir an", fordert Tina ihre Kollegen/Kolleginnen auf.

Kreativitätstechniken sind sehr nützliche Techniken, die zur Lösung unterschiedlichster Aufgaben angewandt werden können. Sie lernen daher auf den folgenden Seiten,

- **was man unter Kreativität und Kreativitätstechniken versteht,**
- **welche Voraussetzungen es dafür gibt,**
- **wie man sich am besten vorbereitet,**
- **welche Blockaden auftreten können,**
- **wie der Prozess der Ideenfindung abläuft und**
- **wie man die Techniken Brainstorming, Methode 6-3-5, Kollektives Notizbuch, Mindmapping, Metaplantechnik, Morphologische Matrix und Denkstühle anwendet sowie**
- **welche weiteren Kreativitätstechniken es gibt.**

Lernen

SbX ID: 4860

1 Kreativität und Kreativitätstechniken

Was bedeutet Kreativität? Was sind Kreativitätstechniken?

Kreativitätstechniken sind Arbeitsmethoden, die einem helfen, neue Wege zu beschreiten, Ideen oder neue Produkte hervorzubringen, Gegenstände auf neue Art einzusetzen oder immer neue Antworten auf ein und dieselbe Frage zu geben.

Kreativität bedeutet schöpferisch tätig zu sein, Fantasie, aber auch Logik einzusetzen, Chaos zu produzieren und dann wieder Ordnung zu schaffen und beide Gehirnhälften einzusetzen.

SbX
ID: 4860 Bildschirmpräsentation zu dieser Lerneinheit

Neben den oben genannten Definitionen gibt es viele andere. Alle Erklärungen laufen aber immer darauf hinaus, dass Kreativität nicht nur den Genies vorbehalten ist – jeder bzw. jede kann sie lernen.

Damit Sie Ihre Kreativität wirksam einsetzen können, müssen folgende **Voraussetzungen** erfüllt sein:

Welche Voraussetzungen für Kreativität gibt es?

- das **Wollen** (die Bereitschaft)
- das **Können** (die Fähigkeit)
- die **Möglichkeit** (das Dürfen)

Die wichtigste Voraussetzung ist das Wollen, d. h. die Bereitschaft, kreativ tätig werden zu wollen. Dies liegt bei jeder Person selbst. Das Können, das heißt die Fähigkeit, Ideen zu entwickeln, kann man üben und durch die Anwendung von Kreativitätstechniken verbessern. Aber auch die Möglichkeit ist entscheidend. Hier spielen vor allem das Umfeld und die Überwindung von Blockaden eine wichtige Rolle.

Wie kann man Kreativität entfalten? Jeder Mensch besitzt bereits kreative Anlagen. Die folgenden **Vorbereitungen** helfen, die schöpferische Tätigkeit zu entfalten:

Wie kann ein kreativer Workshop vorbereitet werden?

1. Suchen Sie ein **kreativitätsförderndes Umfeld** (angenehmer Ort, entspannte Atmosphäre, Düfte, Musik ...). Wählen Sie als Ort einen möglichst störungsfreien Raum abseits des Alltagsbetriebes. (Manchmal denkt es sich unter freiem Himmel besonders gut!)
2. Wählen Sie die **Teilnehmer/Teilnehmerinnen** des Workshops aus. Je unterschiedlicher die einzelnen Personen sind und je unterschiedlicher das damit in der Gruppe vorhandene Wissen ist, desto besser. Eine besondere Rolle kommt dem Teamleiter zu. Er muss nicht nur soziale Kompetenzen besitzen, sondern auch die Kreativitätstechniken beherrschen. Wenn Sie kreative Teams leiten, sind Moderationstechniken besonders nützlich. Hinweise dazu finden Sie in der Lerneinheit „Moderationstechnik" ab S. 197.
3. Genauso wichtig wie die Umgebung ist die **Zeit.** Wählen Sie nach Möglichkeit die Zeit so aus, dass sich alle Gruppenmitglieder gut und gerne entfalten können und nicht unter Druck stehen.
4. Bereiten Sie die notwendigen **Materialien** (Flipchart, Moderationskoffer etc.) vor.
5. Als Teamleiter sollten Sie auch eine schriftliche **Einladung** zur Sitzung verschicken. Diese sollte den Termin, Ort, Zeitrahmen sowie das Thema beinhalten.

Welche kreativen Eigenschaften helfen bei der Lösung von Aufgaben?

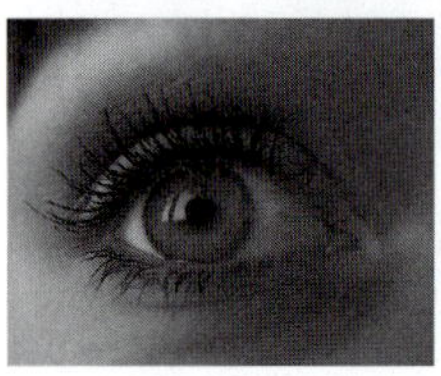

Auch Sie selbst können sich vorbereiten. Gehen Sie bitte die folgende Liste durch, in der Sie **positive kreative Eigenschaften** von Menschen finden. Diese helfen, Aufgaben zu lösen:

- unkonventionell
- erfasst gefühlsmäßig
- sieht sich das ganze Bild an
- tolerant
- humorvoll
- neugierig
- offen gegenüber Neuem
- kann sich leicht von Gewohntem (Traditionen) lösen
- hat den Mut, zur eigenen Überzeugung zu stehen
- hat den Mut, etwas „nicht Normales" zu machen
- selbstbewusst
- hochmotiviert
- risikobereit
- spielerisch
- ausdauernd
- erkennt Probleme
- kann Aufgaben aus unterschiedlichen Blickrichtungen analysieren
- erkennt Ähnlichkeiten
- erkennt Verknüpfungen zu Bekanntem
- kann bildhaft denken und darstellen
- kann mit Widersprüchen umgehen
- geht auf unberechtigte Kritik nicht ein
- ist sehr produktiv

Welche Kreatitätsblockaden gibt es?

Bevor Sie nun richtig loslegen, überprüfen Sie bitte anhand der folgenden Aufzählung von Einstellungen bzw. Verhalten von Einzelpersonen, der Gruppe oder der Umwelt, ob vielleicht **Kreativitätsblockaden** beseitigt werden müssen, damit Sie auch wirklich ungehindert kreativ sein können:

- Das Interesse am Lösen des Problems fehlt.
- Die erstbeste Idee wird aufgenommen.
- ist übermotiviert
- bemüht sich ununterbrochen
- beschäftigt sich zu viel mit der Meinung anderer
- macht gerne stets dasselbe
- gibt zu früh ein Urteil ab
- versucht, perfekt zu sein
- hat Angst vor Kritik
- hat bereits Enttäuschungen beim Vorschlagen von guten Ideen erlebt
- hat eine negative Einstellung
- ist humorlos
- ist verkrampft, nicht entspannt
- hat kein Vertrauen in die eigenen Fähigkeiten
- traut sich nicht, Ungewohntes zu äußern
- möchte sich immer einer Gruppe anpassen

- hat Angst, dass Ideen gestohlen werden
- kann sich nicht schriftlich oder mündlich ausdrücken
- Ideen werden von anderen nicht anerkannt
- Bürokratie
- strenge Vorschriften
- keine Zeit
- zu viele Routineaufgaben

Gute Ideen kommen auch geübten kreativen oder gar genialen Menschen gar nicht so schnell, wie man das glaubt. Meist beschäftigen sich diese Menschen sehr lange mit einem Problem, bis „plötzlich" die Lösung, die Idee auftaucht. Diese Ideen sind das Ergebnis eines oft langen und mühsamen Prozesses der Ideenfindung:

Wie läuft der kreative Prozess ab?

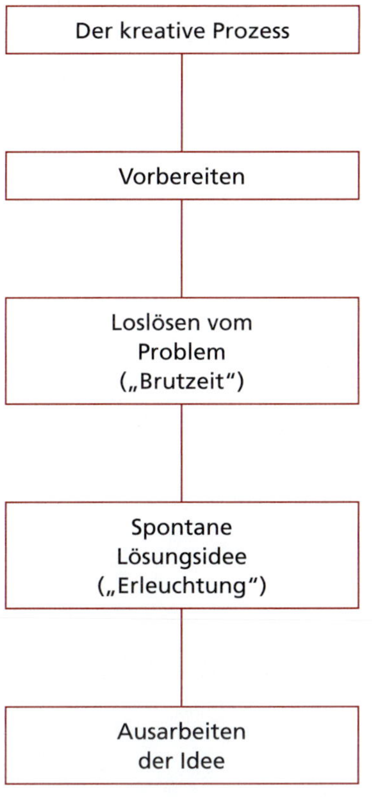

Abb. 7-1 Der kreative Prozess

Wenn Umfeld, Zeit und Teilnehmer/Teilnehmerinnen passen, ist es an der Zeit, den Problemlösungsprozess **vorzubereiten.** Hier wird das Problem definiert bzw. die Aufgabe festgelegt.

Nun setzen die **Kreativitätstechniken** ein, die helfen, sich vom Problem loszulösen und daran zu **brüten** („zu spinnen") und dann eine **spontane Lösungsidee** zu entwickeln. Die Kreativitätstechniken stützen sich dabei auf die Fähigkeiten, Verknüpfungen zu bereits Bekanntem zu erkennen, Ähnlichkeiten zu sehen und schließlich Zusammenhänge oder Ideen bildhaft darzustellen.

Nach der „Erleuchtung" werden die gewonnenen Ideen bewertet, ausgewählt und konkret **ausgearbeitet.** Selbstverständlich muss das Ergebnis auch protokolliert werden. Die Bewertung kann mit Punkten erfolgen. Es können aber auch Vor- und Nachteile gesammelt und dann entschieden werden.

Tipps:

- Vermeiden Sie **Killer-Phrasen** beim Ausbrüten und Ausarbeiten der Ideen, wie z. B. „Das haben wir doch schon versucht …", „Das geht nicht", „Dafür ist die Zeit noch nicht reif".
- Für die Kreativität ist entscheidend, dass **beide Gehirnhälften** (links = Logik, rechts = Fantasie) zusammenwirken. Daher ist die Beschäftigung mit Logik (z. B. Mathematik) und mit Fantasie (z. B. Musik) sehr gut für das Zusammenspiel beider Gehirnhälften. Dieses kann auch durch Tätigkeiten, die mit beiden Händen ausgeführt werden (z. B. Tastaturschreiben mit dem Zehnfingersystem, Jonglieren, Stricken etc.) oder gezielte Gymnastik sehr gefördert werden. Im besten Fall arbeiten beide Gehirnhälften so gut zusammen, dass die Ideen um ein Vielfaches besser sind.

Welche Kreativitätstechniken gibt es?

Auf den folgenden Seiten werden einfache und praxiserprobte Kreativitätstechniken dargestellt, wobei allgemeine Grundlagen, Ziel, Zeitbedarf, notwendige Materialien, Regeln, Ablauf, Vorteile, Nachteile, Varianten und ein Anwendungsbeispiel gezeigt werden:

- Brainstorming
- Methode 6-3-5
- Kollektives Notizbuch
- Metaplantechnik oder Kärtchentechnik
- Mindmapping
- Walt-Disney-Strategie
- Morphologische Matrix

Gesagt – getan: Tina sucht einen passenden Raum, legt die Zeit fest und lädt das Projektteam zu einem kreativen Workshop ein. Damit alle wissen, wann dieser stattfindet, verschickt sie per E-Mail eine Einladung mit dem Ort (Schulhof, bei Regenwetter im Besprechungszimmer der Übungsfirma), Datum: 14. 1. 20.., Zeit: 15:00 bis 17:00 Uhr, Aufgabe: Ideen für den Event zu finden. Am Termin finden sich alle Teammitglieder am vereinbarten Ort ein. Nun probieren Sie einige Kreativitätstechniken zu diesem Thema aus.

2 Brainstorming

Was versteht man unter Brainstorming?

Die einfachste Kreativitätstechnik ist das **Brainstorming** oder „Gedankensturm". Der Amerikaner Alexander Osborn hat diese Methode in den 1950er-Jahren eingeführt. Ziel dieser Technik ist es, möglichste viele, spontane und reichhaltige Ideen zu sammeln. Brainstorming soll möglichst frei von allen Zwängen geschehen. Brainstorming ist eine Gruppenaktivität, die Barriere abbauen und kreatives Verhalten fördern soll. Das Gehirn soll intensiv nach Ideen durchforscht werden.

Das Projektteam macht es sich im Besprechungszimmer der Übungsfirma gemütlich. Tina schreibt das Problem auf die Tafel und erklärt den Teammitgliedern nochmals die Regeln. Sie setzt für das Brainstorming 10 Minuten fest und los geht's – die Ergebnisse sind in der untenstehenden Grafik zu finden:

Abb. 7-2 Ergebnisse Brainstorming-Sitzung

Wie wird eine Brainstorming-Sitzung durchgeführt?

Zeitbedarf	20 bis 45 Minuten
Materialien	Tafel oder Flipchart, Stifte, eventuell Post-its oder Kärtchen
Regeln	• Kritisieren ist in der Phase der Ideenfindung verboten. • Die Menge der Ideen ist wichtiger als die Qualität. • Ungezügelte Fantasie ist erwünscht („spinnen ist erlaubt"). • Alle Ideen (auch jene, die voraussichtlich nicht verwertbar sind) werden notiert. • Aus den genannten Ideen sollen neue entstehen – daher sind Weiterentwicklungen, Anregungen und Erweiterungen erwünscht.

Ablauf	● Die Problemstellung der Brainstorming-Sitzung wird vom Teamleiter deutlich lesbar aufgeschrieben (Flipchart, Tafel, Folie …). ● Alle Teammitglieder werden vom Teamleiter zur Einhaltung der Regeln verpflichtet (Regeln am besten auch gut sichtbar mittels Flipchart, Folie etc. sichtbar machen). ● Die Dauer der ersten Ideenfindungsphase wird vereinbart. Diese kann bei Bedarf vom Teamleiter verlängert werden. ● Ein Protokollführer wird bestimmt. Er bzw. sie hat die Aufgabe, alle Ideen auf einem für alle gut sichtbaren Medium wie z. B. einer Tafel festzuhalten. ● Alle Teammitglieder rufen nun ihre Ideen dem Protokollführer zu, der diese ohne Kommentar notiert, denn die Bewertung erfolgt erst später und ist zeitlich streng getrennt.
Vorteile	● einfach durchzuführen ● geringer Aufwand ● geringer Vorbereitungsaufwand ● große Anzahl von Ideen in kurzer Zeit ● bei richtiger Gruppenzusammensetzung gute gegenseitige Anregung ● Ideen können gut in der Gruppe geäußert werden.
Nachteile	● geringe bzw. keine optischen Anreize wie z. B. Bilder ● eventuell aufwendige Nachbereitung, weil viele Ideen bewertet werden müssen ● zurückhaltende Menschen äußern eventuell nicht gerne verrückte Ideen
Varianten	● **Brainstorming paradox:** Es wird nicht danach gefragt, was man gut machen oder wie man erfolgreich sein kann, sondern das strikte Gegenteil wird zum Thema gemacht: „Was wollen wir nicht erreichen?" Im Falle des Schul-Events würde das heißen: „Wie erreichen wir, dass keiner zum Schul-Event kommen will?" ● **Qualifiziertes Brainstorming:** Beim Beschreiben eines Problems wird ein nicht vorhandenes Merkmal hinzugefügt wie z. B. im Falle unseres Schul-Events: „Das Fest wird am Nordpol durchgeführt bzw. alle Besucher sind tanzfaul." ● **Destruktiv konstruktives Brainstorming:** Das Brainstorming läuft in zwei Schritten ab: Zuerst wird versucht, die Idee zu zerstören, indem negative Auswirkungen, Ärgernisse, Bedenken, Unzufriedenheit und Kritikpunkte gesammelt werden. Anschließend werden dann Lösungsvorschläge für die vorher genannten negativen Punkte gesucht.

Unser Projektteam hat sich auch für das Brainstorming paradox entschieden. Nachdem Tina das Thema „Wie erreichen wir, dass keiner auf das Fest kommt" auf die Tafel geschrieben hat, bestimmt das Team Alex als Protokollführer. Nachdem Tina mit „los geht es" das Brainstorming eröffnet hat, schreibt Alex die auf sie einprasselnden Ideen auf der Tafel nieder (siehe unten): So geht es munter weiter, bis das Ende der festgelegten Zeit erreicht ist. Die Ideen werden erst danach bewertet.

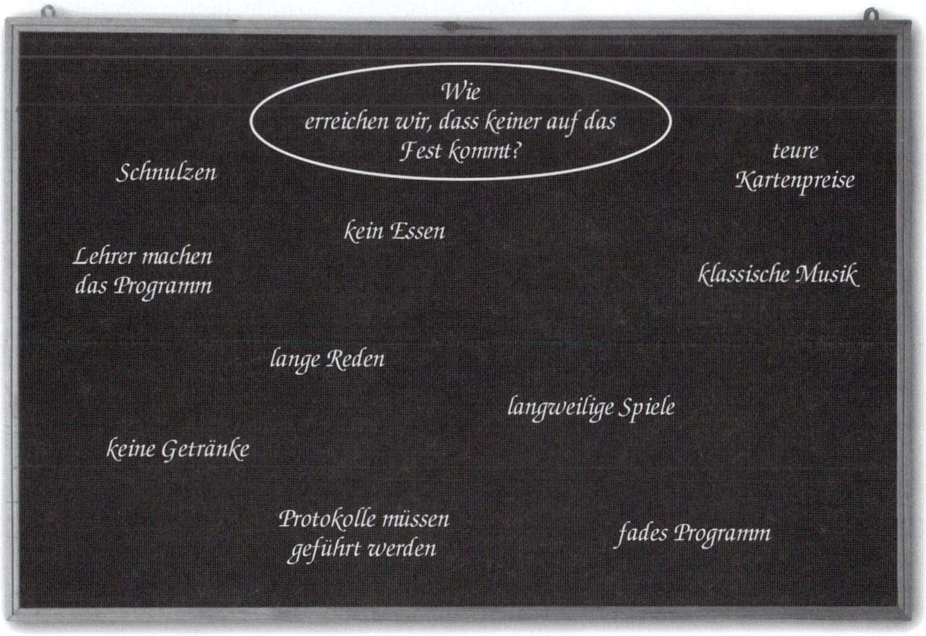

Abb. 7-3 Ergebnisse Brainstorming-paradox-Sitzung

Was versteht man unter der Methode 6-3-5?

3 Methode 6-3-5

Die **Methode 6-3-5,** oder auch Brainwriting (frei übersetzt „Gedankenschreiben") genannt, wurde von Prof. Bernd Rohrbach in den 1970er-Jahren entwickelt. Die Bezeichnung 6-3-5 bedeutet, dass **sechs Personen je drei Ideen** aufschreiben, die dann insgesamt **fünfmal** an die weiteren Teammitglieder **weitergereicht** und ergänzt werden (in manchen Quellen wird die Zahl Fünf auch für fünf Minuten gesetzt). Ziel dieser Kreativitätstechnik ist es, in der Gruppe jeweils ergänzende Ideen zu finden.

SbX
ID: 4860
Download: PHB-Vorlage

Wie wird eine Brainwriting-Sitzung durchgeführt?

6 Personen
3 Ideen
5 Minuten

Zeitbedarf	45 bis 90 Minuten
Materialien	Sechs Formblätter A3 oder A4 (Muster siehe Beispiel), eventuell Flipchart oder Tafel für die Zusammenfassung
Regeln	• Der Ideenfluss steht vor der Qualität der Ideen. • Ungehemmte Fantasie ist erwünscht. • Das Kombinieren der bereits vorhandenen Ideen mit eigenen und die gegenseitige Anregung durch Vorschläge sind erwünscht.
Ablauf	• Alle Teilnehmer/Teilnehmerinnen schreiben die Problemstellung auf ihr Formblatt. • Alle Teilnehmer/Teilnehmerinnen sind zur Einhaltung der Brainwriting-Regeln verpflichtet. • Die Dauer der Brainwriting-Phase wird vereinbart. Sie kann nach Bedarf auch durch den Teamleiter verlängert werden. • Jeder Teilnehmer/Jede Teilnehmerin trägt seine/ihre ersten drei Ideen in Stichworten waagrecht auf seinem/ihrem Formblatt ein und gibt dieses dann an das nächste Gruppenmitglied im Uhrzeigersinn weiter. • Dieses liest sich die bereits vorhanden Ideen durch und ergänzt sie in der nächsten Zeile durch die eigenen, wobei wieder drei Ideen notiert werden sollen. Dann wird das Blatt wieder im Uhrzeigersinn weitergegeben. • Die Blätter werden also insgesamt fünfmal weitergegeben, bis sie wieder beim ursprünglichen Besitzer sind. • Nun lesen sich alle Teammitglieder die Ideen durch und stellen Fragen, wenn Ideen nicht verständlich formuliert sein sollten. Die Bewertung der Ideen erfolgt erst in einer zeitlich getrennten Phase.
Vorteile	• Man erhält eine große Anzahl von Ideen in kurzer Zeit. • Wenn die Gruppe richtig zusammengesetzt ist, regt sie sich gegenseitig an. • Teammitglieder, die nicht so gerne reden, werden diese Methode gerne anwenden. • Der Zeitaufwand kann individuell gesteuert werden (z. B. in den späteren Runden mehr Zeit vorsehen, da mehr Ideen vorher durchgelesen werden müssen). • Es gibt weniger sinnlose Ideen als beim Brainstorming.
Nachteile	• Es gibt keine bildhaften Anreize. • Die Ideen sind eventuell weniger originell als beim Brainstorming.
Varianten	• **Brainwriting-Pool:** Bekannte Lösungsvorschläge werden auf drei bis fünf Blätter geschrieben und in die Mitte des Sitzungstisches, den „Pool" gelegt. Sobald ein Teammitglied keine Ideen mehr hat, holt es sich ein Blatt aus dem Pool und lässt sich von den dortigen Lösungen neue Anreize geben. • **Variante 5-3-4 oder Variante 4-3-3:** Wenn weniger Gruppenmitglieder an der Lösung mitarbeiten können, kann der Durchgang auch auf fünf oder vier Gruppenmitglieder beschränkt werden (5 Personen – 3 Ideen – 4 Weitergaben). Es sollten aber nicht weniger als vier Gruppenmitglieder an der Lösung beteiligt sein.

Dies sind nur zwei der fünf Formblätter, die unser Projektteam in ihrer Kreativitätssitzung nach der Methode 6-3-5 produziert hat. Es hat sich dabei genau an die Arbeitsanweisungen gehalten.

Formblatt zur Brainwriting-Methode 6-3-5			
Projekt: Schul-Event 20..			Datum: 14. 1. 20..
Problem: Gestaltungsideen für den Schul-Event			Blatt-Nr.: 3
1	Tanzveranstaltung	Karaoke-Event	Dinner-Party
2	Disco	Lifeact	Buffet
3	Tanzschule	Starmania	Snacks
4	Rap	Schulband	Knabbereien
5	Hip-Hop	Hitparade	Selbstgemachtes
6	Tanzmuffel	Schlager	Nur Süßes

Formblatt zur Brainwriting-Methode 6-3-5			
Projekt: Schul-Event 20..			Datum: 14. 1. 20..
Problem: Gestaltungsideen für den Schul-Event			Blatt-Nr.: 4
1	Begrüßungstrunk	Mitternachtseinlage	Rosen-Queen
2	Sekt	Schautanzen	Damenwahl
3	Wodka	Kabarett	Ballkönig
4	Orangensaft	Magier	Beliebteste Schülerin
5	Bier	Lehrer singen	Beliebtester Lehrer
6	Begrüßungsgeschenk	Lehrer tanzen	Herzblatt

4 Kollektives Notizbuch

Was ist ein Kollektives Notizbuch?

Das **Kollektive Notizbuch** (oder auch Collective Notebook oder CNB-Methode genannt) ist eine Methode, bei der die Teilnehmer/Teilnehmerinnen die Ideen nicht zur gleichen Zeit, aber in einem gemeinsamen Medium (Notizbuch) zu Papier bringen.

Wie wird das Kollektive Notizbuch angewandt?

Zeitbedarf	drei bis vier Wochen
Materialien	Schnellhefter oder Notizbuch, eventuell auch elektronische Kommunikationsplattform im Internet
Regeln	● Ungehemmte Fantasie ist erwünscht. ● Es sollen auch Bilder und Skizzen gemacht werden. ● Selbstdisziplin ist wichtig: Notizbücher wie vereinbart weiter- oder zurückgeben und auch Ideen eintragen. ● Das Kombinieren der bereits vorhandenen Ideen mit eigenen und die gegenseitige Anregung durch Vorschläge sind erwünscht.
Ablauf	● Die Aufgabenstellung wird in einer Sitzung abgestimmt und/oder auf der ersten Seite des gemeinsamen Notizbuches eingetragen. Es können auch für mehrere Probleme mehrere Notizbücher angelegt werden. ● Die Notizbücher werden an einem festgelegten Ort aufbewahrt. ● Die Teammitglieder können nun die Notizbücher mitnehmen und ihre Ideen eintragen, wobei sie vorher die bereits eingetragenen Ideen lesen sollen. ● Die Notizbücher werden nun in einer festgelegten Reihenfolge ausgetauscht oder einfach nur am nächsten Tag wieder an den festgelegten Ort zurückgelegt. ● Nach Ablauf der vereinbarten Zeit werden die Ideen ausgewertet.
Vorteile	● Jeder kann ohne Zeitdruck und strenge formale Vorschriften seine Ideen zu Papier bringen. ● Die Teammitglieder müssen keinen gemeinsamen Termin finden und sich auch nicht am selben Ort für die Ideenfindung befinden. ● Es können auch Bilder und Skizzen eingefügt werden.

Zeitbedarf	drei bis vier Wochen
Nachteile	● Undisziplinierte Mitglieder können den bemühten Teilnehmern die Lust am Arbeiten verderben.
Varianten	● Wenn das Notizbuch von den Teammitgliedern selbständig geführt wird, spricht man von einem **„Ideentagebuch“** oder **„Lerntagebuch“**. ● Werden die Ideen von Experten, die sich an unterschiedlichen Orten befinden, gesammelt und ausgetauscht, so spricht man von der **Delphimethode.**

Open Source Software ermöglichen es jedem, Einblick in den Quelltext des Programms zu nehmen. Außerdem kann der Quellcode weitergegeben und verändert werden; siehe auch www.opensource.org.

Die Idee des kollektiven Notizbuches findet unser Projektteam toll. Da alle einen Computer sowie Internetzugang besitzen, entschließen sie sich, eine elektronische Plattform als Notizbuch zu benützen. Tina bittet ihren Coach, Frau Prof. Helfer, ein dementsprechendes Forum auf ihrem Projektmanagementkurs im Moodle anzulegen. (Moodle ist ein Open Source E-Learning-Tool – siehe auch http://moodle.org. Der Name Moodle war ursprünglich eine Abkürzung für Modular Object-Oriented Dynamic Learning Environment.) Alle Projektteammitglieder erhalten nun per E-Mail die Nachricht, dass sie zwischen 15. 1. und 17. 1. 20.. ihre Ideen im Forum hinterlassen können. Die Ideen werden später ausgewertet.

5 Mindmapping

Was bedeutet Mindmapping?

Die Mindmapping-Methode wurde in den 1970er-Jahren vom Engländer Tony Buzan entwickelt. Es handelt sich hier um eine Darstellungstechnik, bei der Notizen strukturiert und gehirngerecht als Gedankenlandschaft dargestellt werden.

SbX
ID: 4860
Kurzanleitung Mindmanager

Wie werden Mindmaps erstellt?

Zeitbedarf	30 bis 90 Minuten
Materialien	unliniertes Papier und Buntstifte, eventuell das Programm „Mindmanager“
Regeln	● Verwenden Sie Buntstifte und Bilder, um das Gehirn anzuregen. ● Setzen Sie Farbcodes bewusst ein. ● Der Ideenfluss ist wichtiger als die strenge Unter- und Überordnung. ● Ordnen Sie klar. Sie können auch hervorheben und Reihenfolgen kennzeichnen. ● Beschriften Sie die Äste, sodass Sie beim Lesen der Map das Blatt nicht dauernd drehen und wenden müssen. ● Verwenden Sie für das zentrale Bild mindestens drei Farben. Bei einer A4-Seite sollte das zentrale Bild nicht größer als fünf Zentimeter sein. ● Die Hauptkategorien werden in Blockschrift geschrieben, wobei der Ast so lange wie das Wort sein soll. ● Die Zweige werden direkt an den Hauptast angefügt und sollen dieselbe Farbe haben. Dabei sollen die Zweige natürlich aussehen und vom Hauptast zu den Nebenästen dünner werden. ● Verwenden Sie ihren eigenen Stil und fertigen sie eine hübsche, ausdrucksvolle Mindmap an, die auch Spaß beim Betrachten macht.
Ablauf	● In die Mitte des Blattes wird das Thema geschrieben und mit einem Kreis oder Oval, oder auch einem anderen Symbol (z. B. einen Koffer für eine Reise) eingerahmt, am besten aber als zentrales Bild gemalt. ● Aus dem Zentrum des Blattes wachsen nun Hauptäste in alle Richtungen. Auf diesen werden die Hauptkategorien des Problems eingetragen. ● Die Hauptäste werden nun weiter in Äste verzweigt und die Details eingetragen.
Vorteile	● Durch das Mindmapping wird das Zusammenspiel der rechten und linken Gehirnhälfte besonders gefördert. ● übersichtliche Gliederung ● Ergänzungen sind besser möglich. ● Das vernetzte Denken wird gefördert.
Nachteile	● Menschen, die eher linear denken, haben am Anfang Probleme, sich an das „Chaos“ am Papier zu gewöhnen. ● Die Einteilung des Papiers ist manchmal schwierig, denn manche Äste wachsen mehr als andere. ● Die Mindmap kann bei zu vielen Ideen unübersichtlich und chaotisch wirken.

Zeitbedarf	30 bis 90 Minuten
Varianten	● Die Methode **Brainstorm-Mapping** ist eine Weiterentwicklung des Mindmappings. Dabei werden die Mindmaps in bestimmten Zeitabständen wie bei der Methode 6-3-5 ausgetauscht und vervollständigt.

Das Projektteam hat die Mindmapping-Methode bereits bei der Ideenfindung angewandt. Ein Musterbeispiel finden Sie im Abschnitt Ideenentwicklung auf S. 30. Diese Mindmap wurde von der Gruppe gemeinsam mit dem Programm Mindmanager gezeichnet.

Siehe auch www.mindjet.com/de/

6 Metaplantechnik oder Kärtchenabfrage

Was versteht man unter Moderationsmethode, Kärtchenabfrage oder Metaplantechnik?

Die **Moderationsmethode, Kärtchenabfrage oder Metaplantechnik** ist eine Arbeitstechnik, bei der Pinnwand und Karten sowie Moderationsmaterial eingesetzt wird. Ausgangsbasis für die Kärtchenabfrage ist das Brainstorming.

Wie wird die Moderationsmethode angewandt?

Zeitbedarf	30 bis 120 Minuten
Materialien	Kärtchen und sonstiges Moderationsmaterial
Regeln	● pro Gedanke eine Karte ● nur in Stichworten formulieren ● so groß schreiben, dass es später jeder auf der Pinnwand lesen kann ● Wer fertig ist, legt den Stift ab.
Ablauf	● Das Thema wird vom Teamleiter für alle gut sichtbar in eine Wolke geschrieben und gepinnt. ● Die Teilnehmer/Teilnehmerinnen schreiben nun ihre Ideen, und zwar jede einzeln, auf ein Kärtchen (gut lesbar). ● Die Kärtchen werden vom Teamleiter, wenn alle fertig sind, eingesammelt und aufgepinnt. ● Dann werden sie gemeinsam im Team strukturiert. ● Es kann nun auch eine erste Bewertungsphase angeschlossen werden, indem die Teilnehmer/Teilnehmerinnen Wertungspunkte auf die Kärtchen mit den Ideen kleben (z. B. drei Punkte für toll, ein Punkt für OK, maximal dürfen 5 Punkte vergeben werden).
Vorteile	● Auch zurückhaltende Teammitglieder äußern leichter Ideen. ● Die Technik kann für viele Zwecke, wie z. B. auch die Abfrage von Erwartungen, verwendet werden.
Nachteile	● Der Teamleiter oder Moderator muss Erfahrung mit der Technik haben und mit Gruppen gut umgehen können. ● Bei größeren Gruppen dauert der Vorgang länger.
Varianten	● Die Kärtchenabfrage kann in Kombination mit Clustering und Mindmapping angewandt werden.

Unser Projektteam verwendet die Kärtchenabfrage, um die ideale Verpflegung für den Schul-Event herauszufinden. Tina definiert das Problem und schreibt auf eine Wolke aus dem Moderationskoffer „Essen und Trinken am Schul-Event". Dann teilt sie Kärtchen aus und bittet alle Teammitglieder, mögliche Getränke und Speisen für den Schul-Event aufzulisten. Nachdem Lukas als letzter den Stift hingelegt hat, sammelt sie die Kärtchen ein und pinnt sie auf die Pinnwand. Nun schaffen sie gemeinsam Ordnung unter den Namen und clustern sie nach warme Speisen, kalte Speisen, Softdrinks und alkoholische Getränke. Dann bekommt jedes Teammitglied 8 bunte Punkte. Drei sollen sie zum für sie besten Essen und nochmals drei zum für sie besten Getränk sowie einen zum zweitbesten Essen und auch einen zum zweitbesten Getränk kleben. Nachdem alle fertig sind, werden die Punkte zusammengezählt und so die besten Speisen und Getränke ermittelt. Und siehe da, es sind …

Das Projektteam hat die Methode bereits auch für das Finden der Spielregeln verwendet (siehe Kapitel 3, Lerneinheit „Projektkultur").

7 Morphologische Matrix

Was ist eine Morphologische Matrix?

Der Schweizer Fritz Zwicky entwickelte als eine Methode des „geordneten Denkens" die **Morphologische Matrix.** Dabei werden Teilaspekte eines Problems (Parameter) systematisch mit möglichen Erscheinungsformen kombiniert.

Wie wird eine Morphologische Matrix erstellt?

Zeitbedarf	30 bis 60 Minuten
Materialien	Formblatt, Flipchart oder Tafel, Pinnwand und Moderationsmaterial
Regeln	● geordnet und logisch arbeiten
Ablauf	● Das Problem wird definiert. ● Die Elemente eines Problems werden durch das Team oder eine einzelne Person ermittelt und am linken Rand des Blattes in eine Spalte geschrieben. ● Dann wird waagrecht aufgelistet, welche Erscheinungsformen oder Ausprägungen ein Parameter (Element) haben kann. ● Nun werden die gewünschten Kombinationen mit Strichen verbunden. ● Die besonders neuen, originellen und/oder attraktiven Ideen werden weiterbearbeitet.
Vorteile	● Die Möglichkeiten einer Problemlösung werden vollständig erfasst. ● Die Lösungsvorschläge sind direkt auf das Problem übertragbar. ● Menschen, die ein stark geordnetes Denken besitzen, schätzen diese Methode.
Nachteile	● Die Ideen sind durch die formalen Vorgaben eingeengt. ● Verrückte Ideen können nicht so gut eingebracht werden.
Varianten	● Der Morphologische Kasten ist eine dreidimensionale Variante, bei dem das Problem zuerst in Teilprobleme zerlegt wird. Dann geht man wie bei der **Morphologischen Matrix** vor.

Tina entwirft auf einer Flipchart das Formular für die Morphologische Matrix. Sie definiert als Problem „Fun-Faktor am Schul-Event". Dann machen alle gemeinsam ein Brainstorming, um die einzelnen Elemente zu finden. Diese ergänzen sie mit den Ausprägungen. Zum Schluss verbinden sie jene Varianten mit Strichen, die ihnen am attraktivsten erscheinen.

Formblatt zur Morphologischen Matrix					
Projekt: Schul-Event 20..					Datum: 15. 1. 20..
Problem: Fun-Faktor am Schul-Event					
Parameter ↓	Ausprägungen →				
Akteure	Moderator	Tänzer	Schauspieler	Magier	Animateure
Musik	Band	DJ	Karaoke		
Beteiligung	Alle aktiv	keiner	Frauen	Männer	
Spiel	Bingo	Rosenkavalier	Wettbewerb		

8 Denkstühle – Walt-Disney-Strategie

Was sind Walt Disney's Denkstühle?

Diese Methode der Ideenbewertung geht auf **Walt Disney** zurück, der jedes Projekt stets aus dem Blickwinkel der Rollen Träumer, Realist und Kritiker betrachtet hat. Der **Träumer** lässt seiner Fantasie freien Lauf, dabei ist es ihm vollkommen egal, ob die Ideen durchführbar sind oder nicht. Der **Realist** greift die Ideen des Träumers auf und überlegt, wie diese umgesetzt werden können. Der **Kritiker** hinterfragt schonungslos, ob es überhaupt sinnvoll ist, diese Idee umzusetzen. Er geht bis ins Detail und streicht alles Überflüssige und perfektioniert die Ergebnisse bis ins Detail.

Abb. 7-4 Denkstühle

Wie arbeitet man mit den Denkstühlen?

Zeitbedarf	30 bis 60 Minuten
Materialien	drei Denkstühle oder Denkräume für die drei Rollen sowie Notizmaterial
Regeln	● Versetzen Sie sich in die Rollen. ● Benützen Sie nach Möglichkeit unterschiedliche Räume. Der Träumer träumt im Garten oder im Caféhaus, der Realist sitzt am Esstisch und der Kritiker setzt sich an den Arbeitstisch.
Ablauf	● Definieren Sie die zu betrachtende Idee. ● Erklären Sie den Teammitgliedern die drei Denkstühle nach dem Vorbild von Walt Disney. ● Teilen Sie das Team in drei Subteams auf und losen Sie, wer mit welcher Rolle beginnt. ● Legen Sie fest, wie lange jede Gruppe auf dem entsprechenden Denkstuhl verweilt und die Idee aus dem vorgegebenen Blickwinkel betrachtet. ● Die Teams nehmen ihre Arbeit auf und notieren ihre Meinungen. ● Nach Ablauf der Zeit werden die Stühle gewechselt. ● Haben alle Teams alle Blickwinkel durchlaufen, werden die Ergebnisse gesammelt und die Entscheidung getroffen, ob die Idee aufgenommen werden soll oder nicht.
Vorteile	● Risiken und Gefahren werden berücksichtigt.
Nachteile	● Teammitgliedern fällt es eventuell schwer, sich in die Rollen zu versetzen.
Varianten	● Die Teammitglieder tragen **Denkhüte,** wobei Rot eine gefühlsbetonte Einstellung, Schwarz eine negative Einstellung, Gelb eine positive Einstellung, Grün Nachwachsen und Fortpflanzen bedeutet, Blau eine objektive Einstellung verkörpert.

Tina erklärt dem Team die Rollen. Sie beschäftigen sich nun wieder mit dem Fun-Faktor am Schul-Event. Karin und Stefan gehen als Träumer in den Schulhof und lassen ihre Fantasie schweifen. Als Unterstützung haben sie sich etwas zum Essen und Trinken mitgenommen. Alex und Lukas wandern als Realisten ins Schulbuffet. Sie stellen sich vor, wie das nun wirklich funktionieren könnte. Tina setzt sich als Kritikerin in einen EDV-Raum und sucht nach Problemen oder Nachteilen. Alle notieren ihre Ideen und tauschen nach 20 Minuten jeweils die Rollen. Am Ende setzen sie sich zusammen und diskutieren die gefundenen Anregungen durch. Danach legen sie einen Programmvorschlag für den Schul-Event fest.

9 Weitere Kreativitätstechniken

Hinweis: Sie finden im Internet genauere Beschreibungen der weiteren Kreativitätstechniken.

Die bisher erläuterten Kreativitätstechniken sind leicht durchzuführen. Aber es gibt noch viele andere Techniken, die teilweise sehr anspruchsvoll sind:

Bei der **Bisoziation** werden zwei vorher unverbundene Denk-Dimensionen zusammengebracht. Der Begriff wurde vom Schriftsteller und Philosophen Arthur Koestler in Anlehnung an die Assoziation eingeführt. In dieser Technik werden vier Phasen durchlaufen: Man beginnt mit der Problemdefinition, spürt dann die zweite Denk-Dimension auf, versucht, Analogien zu erkennen, und überträgt dann die Lösung.

Die **Synektik** ist eine anspruchsvolle Methode, die in den 1960er-Jahren von William Gordon für Gruppen entwickelt wurde. Die klassische Synektik-Sitzung besteht aus folgenden Schritten: Problem formulieren, Brainstorming über Lösungsvorschläge, Problem neu formulieren, eine direkte Analogie (Problemlösung aus anderen Bereichen) suchen, eine persönliche Analogie bilden, eine symbolische Analogie bilden, eine zweite direkte Analogie bilden, die Analogien analysieren, die Merkmalslisten auf die Ausgangsfrage zurückbeziehen, Lösungsansätze formulieren.

Die **Reizwortanalyse** ist eine unkomplizierte, verbreitete Technik, bei der man mit einem zufällig ausgewählten Begriff konfrontiert wird und so zu ungewohnten Ideen kommen soll. Man schlägt eine beliebige Seite in einem Wörterbuch auf und tippt auf einen Begriff. Dieser wird dann als Reizwort analysiert, eine Verbindung zum Problem geschaffen und dann die Lösung des Problems gesucht.

Die **mentale Provokation** ist die bekannteste und spektakulärste Kreativitätstechnik von Edward de Bono. Sie kommt dadurch zustande, dass man ausgehend vom Problem eine Aussage macht, die man für nicht durchführbar hält. Die Aussage sollte mit „po" (steht für provokative Denkoperation) beginnen, damit klar ist, dass sie nicht wörtlich gemeint ist. Die Aussage kann dadurch erzeugt werden, dass etwas Selbstverständliches ins Gegenteil verkehrt wird.

Die **NIE-Technik** wurde von Joern Bambeck und Anje Wolters aus de Bonos mentaler Provokation entwickelt. Dabei wird das Problem definiert, die Selbstverständlichkeiten dieses Problems aufgezählt, mit NIE daraus Verneinungen bzw. Verkehrungen formuliert, damit nach neuen Ideen gesucht und diese dann einer Bewertung unterzogen.

Mittels **Osborn-Checkliste,** die vom Erfinder des Brainstormings stammt, lassen sich aus bereits vorhandenen Ideen neue Lösungen kreieren, in dem für jede Idee die folgenden Punkte bearbeitet und mindestens eine weitere Idee entwickelt wird: anders verwenden, anpassen, ändern, vergrößern, verkleinern, ersetzen, umstellen, umkehren, kombinieren, transformieren.

Dies war natürlich keine erschöpfende Aufzählung, es gibt noch eine Vielzahl weiterer Techniken und Varianten.

Üben

Anweisungen für die Projektpraxis

Wenden Sie eine oder mehrere Kreativitätstechniken für Ihr Musterprojekt z. B. für die Ideenfindung bei der Projektbeauftragung, bei der Gestaltung des Betrachtungsobjekteplanes bzw. bei beliebigen Teilproblemen an.

Sichern

Kreativität – Kreativität bedeutet schöpferisch tätig zu sein, Fantasie, aber auch Logik einzusetzen, Chaos zu produzieren und dann wieder Ordnung zu schaffen und beide Gehirnhälften einzusetzen.

Kreativitätstechnik – Kreativitätstechniken sind Arbeitsmethoden, die einem helfen, neue Wege zu beschreiten, Ideen oder neue Produkte hervorzubringen, Gegenstände auf neue Art einzusetzen oder immer neue Antworten auf ein und dieselbe Frage zu geben.

Voraussetzung für Kreativität – Voraussetzungen für die Kreativität sind die Bereitschaft, die Fähigkeit und das Dürfen.

Der kreative Prozess – Der kreative Prozess beginnt mit der Vorbereitung, dann brütet man an der Idee, hat eventuell einen spontanen Einfall, der später ausgearbeitet wird.

Brainstorming – Die einfachste Kreativitätstechnik ist das Brainstorming oder „Gedankensturm". Ziel dieser Technik ist es, möglichst viele, spontane und reichhaltige Ideen zu sammeln.

Methode 6-3-5 – Die Methode 6-3-5 oder auch Brainwriting bedeutet, dass sechs Personen je drei Ideen aufschreiben, die dann insgesamt fünfmal an die weiteren Teammitglieder weitergereicht und ergänzt werden.

Mindmapping – Die Mindmapping-Methode ist eine Darstellungstechnik, bei der Notizen strukturiert und gehirngerecht als Gedankenlandschaft dargestellt werden.

Kärtchenabfrage Die Moderationsmethode, Kärtchenabfrage oder Metaplantechnik ist eine Arbeitstechnik, bei der Pinnwand und Karten sowie Moderationsmaterial eingesetzt werden.

Walt-Disney-Strategie Diese Methode der Ideenbewertung geht auf Walt Disney zurück, der jedes Projekt stets aus dem Blickwinkel der Rollen Träumer, Realist und Kritiker betrachtet hat.

Kollektives Notizbuch Das Kollektive Notizbuch (oder auch Collective Notebook oder CNB-Methode genannt) ist eine Methode, bei der die Teilnehmer/Teilnehmerinnen die Ideen nicht zur gleichen Zeit, aber in einem gemeinsamen Medium (Notizbuch) zu Papier bringen.

Morphologische Matrix Bei der Morphologischen Matrix werden Teilaspekte eines Problems (Parameter) systematisch mit möglichen Erscheinungsformen kombiniert.

Weitere Kreativitätstechniken Bisoziation, Synektik, Reizwortanalyse, mentale Provokation, NIE-Technik, Osborn-Checkliste

Wissen

SbX ID: 4861

SbX
Fragen 1–2, 10–12 mit automatischer Aufgabenkontrolle
ID: 4861

erledigt ☑
Frage 1 ☐
Frage 2 ☐
Frage 10 ☐
Frage 11 ☐
Frage 12 ☐

Kontrollfragen und -aufgaben

1. Welche Kreativitätstechniken kennen Sie? Zählen Sie diese bitte auf.
2. Welche Voraussetzungen gibt es, damit Kreativität wirksam eingesetzt werden kann?
3. Geben Sie drei für Sie passende Beispiele an, wie Kreativitätsblockaden entfernt werden können.
4. Nennen Sie jene positiven kreativen Eigenschaften, die Sie auszeichnen.
5. Beschreiben Sie die Vorbereitungsarbeiten für den kreativen Prozess und geben Sie auch an, wie dieser abläuft.
6. Erklären Sie den Unterschied zwischen Brainstorming und Brainwriting.
7. Erklären Sie den Ablauf der Methode „Kollektives Notizbuch".
8. Listen Sie die Regeln für die Erstellung von Mindmaps auf.
9. Beschreiben Sie Möglichkeiten zum Einsatz der Kärtchenabfrage.
10. Was sind die Vor- und was die Nachteile der Morphologischen Matrix?
11. Wie ist Walt Disney bei der Ideenbewertung vorgegangen?
12. Welche weiteren Kreativitätstechniken kennen Sie?

Problemstellungen

Geben Sie an, welche Kreativitätstechniken für die folgenden Aufgaben verwendet werden könnten und begründen Sie Ihre Antwort:

a) Zu Beginn des Projektes soll ein Projektname und ein Projektlogo gefunden werden.
b) Die grundsätzliche Projektidee soll verfeinert werden.
c) Eine konkrete Projektidee soll auch kritisch hinterfragt werden.
d) Für die Lösung eines Teilproblems sollen möglichst viele unterschiedliche Lösungsmöglichkeiten in kurzer Zeit gefunden werden.
e) Einige Teammitglieder äußern ihre Ideen lieber schriftlich. Wie können Sie in den kreativen Prozess eingebunden werden?
f) Die Lösungen für eine Aufgabe im Projekt sollen möglichst gehirngerecht und geordnet aufgezeichnet werden.
g) Ein Teammitglied möchte alleine eine Aufgabe logisch durchdacht lösen.
h) Es soll eine Lösung für eine Projektkrise (das Projekt befindet sich in dramatischem Zeitverzug) gefunden werden.
i) Es sollen Ideen für das Projektmarketingkonzept entwickelt werden.
j) Der Projektstrukturplan soll entwickelt werden.

SbX
Alle SbX-Inhalte zu dieser Lerneinheit finden Sie unter der ID: 4862.

Lerneinheit 2
Zeitmanagement

Tina und ihr Projektteam haben sich bereits im Gegenstand Persönlichkeitsbildung und soziale Kompetenz ausführlich mit Zeitmanagement beschäftigt. Da sie nun die Kenntnisse für das Projekt anwenden sollen, holen sie sich die Unterlagen aus der ersten Klasse und übertragen sie auf das Projekt. Sie wissen, dass die Arbeit am Projekt stressig werden kann. Da hilft ihnen sicher ein gutes Zeitmanagement.

Lernen

SbX ID: 4863

1 Einführung

Was versteht man unter Zeitmanagement?

Zeitmanagement ist nach dem anerkannten Experten Lothar J. Seiwert die „konsequente und zielorientierte Anwendung bewährter Arbeitstechniken in der täglichen Praxis, um sich selbst und den eigenen Lebensbereich so zu führen und zu organisieren, d. h. zu managen, dass die zur Verfügung stehende Zeit sinnvoll und optimal genutzt wird".

Wie bekämpft man Zeitfresser?

Zeit ist ein wertvolles Gut. Sie ist absolut knapp, man kann sie nicht kaufen, nicht lagern oder sparen, nicht vermehren und sie verrinnt unwiderruflich. Also gehen Sie mit Ihrer Zeit gut um und **sagen Sie den Zeitfressern den Kampf an:**

SbX
ID: 4863 Bildschirmpräsentation zu dieser Lerneinheit

- arbeiten ohne Ziele und ohne Prioritäten zu setzen
- schlechte oder keine Tagesplanung
- keine funktionierende Ablage
- unangekündigte Besuche
- Telefonate
- fehlende Selbstdisziplin
- Aufgaben werden nicht zu Ende geführt
- Hast und Ungeduld
- alles selbst machen wollen
- sich nicht selbst motivieren können
- zu viel auf einmal tun wollen
- Arbeiten so lange aufschieben, bis es fast zu spät ist
- sich gerne ablenken lassen
- bei Lärm arbeiten
- langwierige und schlecht vorbereitete Besprechungen
- schlechte Kommunikation, Missverständnisse
- mangelhafte Koordination, schlechtes Teamwork
- zu viel Zeit für das Suchen aufwenden
- bei der Arbeit zu viel privat tratschen

Welche Arbeitstechniken helfen beim Zeitmanagement?

Wie können Sie nun Ihre Arbeit gut organisieren? Gehen Sie folgendermaßen vor:

- Setzen Sie sich Ziele.
- Planen Sie Ihre Aktivitäten unter Verwendung der ALPEN-Methode.
- Verwenden Sie Hilfsmittel für die Arbeitsorganisation: Terminkalender, Programme wie z. B. Outlook, die Instrumente des Projektmanagements etc.
- Versuchen Sie, ständig besser zu werden und aus Ihren Fehlern zu lernen.

2 Zeitmanagement-Methoden

Die ALPEN-Methode

Die **ALPEN-Methode** ist eine fünfstufige Zeitplanungsmethode, die sowohl für Tages- und Wochenpläne, als auch sehr gut für die Terminplanung in Projekten anzuwenden ist. Kurz zusammengefasst sagt sie: **A**ktivitäten auflisten, **L**änge schätzen, **P**ufferzeit einplanen, **E**ntscheiden und **N**achkontrollieren.

Wie wird die Zeit nach der Alpen-Methode gemanagt?

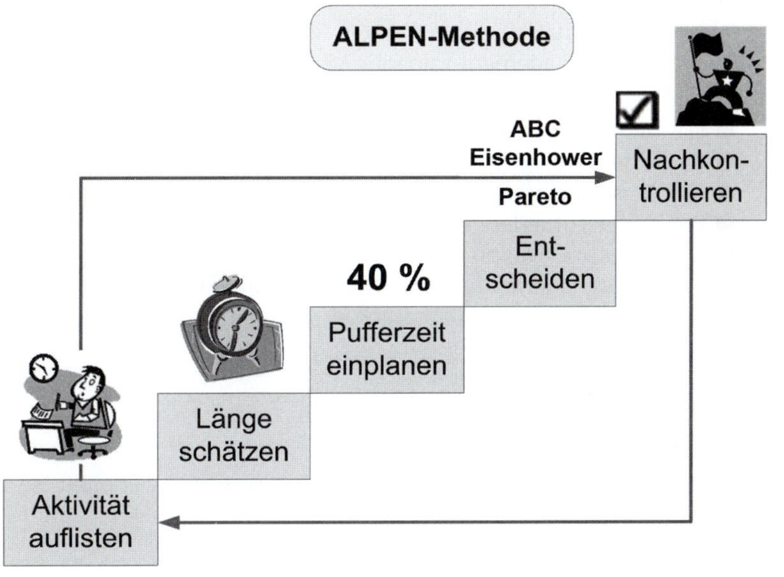

Abb. 7-5 ALPEN-Methode

ALPEN

1. **Aufgaben auflisten:** Machen Sie ein Brainstorming (siehe Lerneinheit 1, Kreativitätstechniken) und listen Sie alle zu erledigenden Tätigkeiten, Besprechungen etc. auf.

A**L**PEN

2. **Länge der Tätigkeiten schätzen:** Planen Sie möglichst realistisch, wie lange Sie für die einzelne Aufgabe an Zeit in Anspruch nehmen werden. Wenn Sie nicht auf Erfahrungswerte zurückgreifen können, fragen Sie Ihren Coach oder schauen Sie nach, ob es bereits Erfahrungen aus vorhergehenden Projekten gibt.

AL**P**EN

3. **Pufferzeit reservieren:** Verplanen Sie nur 60 % der Arbeitszeit, die Sie zur Verfügung haben. Die restlichen 40 % sollten für Unvorhergesehenes und spontane Aktivitäten frei bleiben. Neben der Unterrichtszeit und den Hausübungen wird es allerdings schwierig werden, einen achtstündigen Arbeitstag einzuhalten, bei dem nur fünf Arbeitsstunden verplant sind.

ALP**E**N

4. **Entscheiden** Sie über Prioritäten, Kürzungen und Delegation:

Pareto-Prinzip 80:20

Halten Sie sich das **Pareto-Prinzip** oder die 80:20-Regel vor Augen. Angewandt auf das Zeitmanagement bedeutet die Regel, dass 20 % der Zeit, die für die „lebenswichtigen" Aufgaben verwendet werden, 80 % der Ergebnisse bringen.

ABC-Analyse

Setzen Sie daher Prioritäten nach der **ABC-Analyse.** Diese werden Sie wahrscheinlich aus der Betriebswirtschaft kennen. Für das Zeitmanagement bedeutet sie, dass A-Tätigkeiten (die wichtigsten Aufgaben) ca. 15 % der Menge der Aufgaben ausmachen. Der Wert dieser Aufgaben liegt jedoch bei ca. 65 %. C Aufgaben (weniger wichtige oder unwichtige Aufgaben) machen hingegen ca. 65 % der Menge der Aufgaben aus und bringen nur ca. 15 % des Wertes. Die B-Aufgaben liegen in der Mitte, sind durchschnittlich wichtig, machen ca. 20 % der Menge aus und bringen 20 % des Wertes. Also setzen Sie Prioritäten und versuchen Sie, die C-Aufgaben zu streichen oder zu delegieren. Legen Sie Wert darauf, dass Sie vor allem die A-Aufgaben durchführen, denn diese bringen am meisten.

Eisenhower-Regel

Vielleicht hilft Ihnen dabei auch die Regel des US-Generals Dwight **Eisenhower,** der bei den Aufgaben Prioritäten nach der Dringlichkeit und Wichtigkeit gesetzt hat. A-Aufgaben sind wichtig und dringend und werden daher sofort selbst erledigt. B-Aufgaben sind zwar wichtig, aber nicht so dringend. Diese werden mit einem Termin versehen und geplant. C-Aufgaben sind zwar dringend, aber nicht wichtig – also bestens für das Delegieren geeignet. Und jene

Aufgaben, die weder wichtig noch dringend sind, können mit bestem Wissen und Gewissen in den Mistkübel befördert werden.

ALPE**N**

5. **Nachkontrolle und Unerledigtes übertragen:** Wahrscheinlich schaffen Sie es nicht, alle Aufgaben zu erledigen, also müssen Sie die entsprechenden Aufgaben auf den nächsten Tag oder einen anderen freien Termin verschieben. Wenn Sie dies öfter tun müssen, wird die Aufgabe immer lästiger und dann gibt es folgende Möglichkeiten: Entweder delegieren, doch erledigen oder vielleicht hat sie sich schon selbst erledigt und kann gestrichen werden. Versuchen Sie auch, ständig besser zu werden und aus Ihren Erfahrungen zu lernen – machen Sie dieselben Fehler, wie z. B. den Zeitaufwand für das Formatieren von Texten zu unterschätzen, nicht mehrmals hintereinander.

Was bringt Zeitmanagement?

Wenn Sie es schaffen, Ihren inneren Schweinehund zu besiegen, dann kann Ihnen ein konsequentes Zeitmanagement folgende **Vorteile** verschaffen:

- Die Aufgaben werden mit weniger Aufwand erledigt.
- Die Arbeit ist besser organisiert.
- Die Arbeitsergebnisse sind besser.
- Es gibt weniger Stress und Hektik.
- Die Arbeitszufriedenheit ist größer.
- Die Arbeitsmotivation ist höher.
- Das Zeitmanagement ist eine wichtige Kompetenz für das Berufsleben.
- Der Arbeits- und Leistungsdruck ist geringer.
- Es treten weniger Fehler auf.
- Die Ziele werden besser erreicht.

Tipps für Ihr Zeitmanagement:

- **Beginnen** und **schließen** Sie einen Tag **positiv.** Überlegen Sie sich, welche positiven Aktivitäten Sie am Morgen und Abend planen können. Hektik am Morgen und Ärger am Abend verderben die gute Laune und auch die Motivation.
- Beachten Sie Ihre eigene **Leistungskurve.** Bei den meisten Menschen liegt der Leistungshöhepunkt am Vormittag. Nach dem Mittagessen sinkt üblicherweise die Leistung auf ein Tief. Das Niveau steigt dann zwar wieder an, aber das Vormittagshoch wird nicht mehr erreicht. Schauen Sie daher darauf, dass Sie A-Aufgaben nach Möglichkeit am Vormittag erledigen können. Die Phase des Leistungstiefs eignet sich gut für soziale Kontakte und C-Aufgaben. Am späteren Nachmittag können Sie sich wieder wichtigeren Aufgaben (z. B. Typ B) zuwenden.
- **Arbeiten Sie nicht durch** – legen Sie immer wieder kurze Pausen ein und machen Sie nach Möglichkeit Bewegung an frischer Luft.
- Sorgen Sie dafür, dass Sie bei wichtigen Aufgaben **nicht dauernd unterbrochen** werden und schalten Sie z. B. Ihr Mobiltelefon ab. Sie müssen sich nach den Störungen stets erneut einarbeiten und können dadurch bis zu einem Drittel Ihrer Zeit verlieren.

Unser Projektteam wendet die ALPEN-Methode für die Erstellung des Balkenplans (siehe S. 78 in der Planungstiefe jedes einzelnen Arbeitspaketes) bei der Projekt-Start-Sitzung am 31. Jänner 20.. an. Dabei listen die Teammitglieder alle Tätigkeiten auf. Dies ist einfach, denn die haben sie ja bereits im Projektstrukturplan festgelegt. Nun müssen sie die Länge schätzen. Das ist nun nicht mehr so leicht, weil sie noch wenig Erfahrung in der Planung haben. Ihr Coach hilft ihnen aber dabei. Sie bemühen sich auch, Pufferzeiten einzuplanen. Dazu rechnen sie zusammen, wie viel Zeit sie für das Projekt neben dem Unterricht und den Hausübungen und der Zeit zum Lernen haben. Davon versuchen sie nur 60 % für die Arbeit am Projekt zu verplanen. Da die Abschlussklasse sehr wichtig ist, müssen sie in Kauf nehmen, dass auch der ein oder andere Samstag für das Projekt herhalten muss. Nun sind Entscheidungen hinsichtlich „wichtig" und „unwichtig" zu treffen. Hier sind die Kenntnisse über die Eisenhower-Entscheidungsregel von Vorteil. Diese wenden sie bei der Festlegung der notwendigen Schritte bei den speziell definierten Arbeitspaketen an (siehe auch S. 71). Sie entscheiden, ob notwendige Schritte geplant werden sollen oder nicht. Die Nachkontrolle erledigen Sie bei den regelmäßigen Meetings. Sie halten die erledigten Tätigkeiten im persönlichen Tätigkeitsprotokoll sowie in den Besprechungsprotokollen fest (siehe auch S. 98 f.). Dort sind auch geänderte Termine wie auch im Meilensteinplan zu finden. Sie nützen die Besprechungen auch, um die Gründe für Verschiebungen zu analysieren. So lernen Sie aus ihren Fehlern und werden ständig besser.

Üben

Anweisungen für die Projektpraxis

Wenden Sie das in dieser Lerneinheit zu Zeitmanagement Gesagte für Ihr Musterprojekt an. Beachten Sie vor allem die ABC-Analyse, das Eisenhower-Prinzip, die ALPEN-Methode und vermeiden Sie Zeitfresser!

Sichern

Zeitmanagement

Zeitmanagement ist die konsequente, zielorientierte tägliche Anwendung von bewährten Arbeitstechniken, um sich selbst und den eigenen Lebensbereich so zu managen, dass die zur Verfügung stehende Zeit sinnvoll und optimal genutzt wird.

ALPEN-Methode

Die ALPEN-Methode ist eine Zeitplanungsmethode nach der Aktivitäten aufgelistet, deren Länge geschätzt, Pufferzeiten eingeplant, Entscheidungen getroffen und nachkontrolliert wird.

Pareto-Prinzip

Das Pareto-Prinzip oder die 80:20-Regel besagt, dass 20 % der Zeit, die für die „lebenswichtigen" Aufgaben verwendet werden, 80 % der Ergebnisse bringen.

ABC-Analyse

Im Rahmen der ABC-Analyse werden Tätigkeiten untersucht und festgehalten, ob sie A-, B- oder C-Tätigkeiten sind:

- A: ca. 15 % der Menge und ca. 65 % des Wertes
- B: ca. 20 % der Menge und ca. 20 % des Wertes
- C: ca. 65 % der Menge und ca. 15 % des Wertes

Entscheidungsregel nach Eisenhower

Nach Eisenhower sind

- A-Aufgaben wichtig und dringend, sie werden daher sofort selbst erledigt,
- B-Aufgaben sind zwar wichtig, aber nicht so dringend und werden mit einem Termin versehen und geplant,
- C-Aufgaben sind zwar dringend, aber nicht wichtig und werden daher delegiert,
- die restlichen Aufgaben sind weder wichtig noch dringend und werden daher gestrichen.

Wissen

SbX ID: 4900

SbX
Fragen 1, 3, 5 mit automatischer Aufgabenkontrolle ID: 4900

erledigt ☑
Frage 1 ☐
Frage 3 ☐
Frage 5 ☐

Kontrollfragen und -aufgaben

1. Was versteht man unter dem Begriff Zeitmanagement?
2. Erklären Sie die ALPEN-Methode anhand des Beispiels „Formatieren der Texte der Projektarbeit".
3. Beschreiben Sie den Unterschied zwischen Pareto-Prinzip und ABC-Analyse.
4. Erklären Sie anhand eines selbst gewählten Beispiels aus den Tätigkeiten, die Sie heute erledigen sollen, wie Sie Prioritäten nach der Entscheidungsregel nach Eisenhower setzen können.
5. Zählen Sie die Vorteile des Zeitmanagements auf.

Problemstellungen

Nehmen Sie zu folgenden Problemen Stellung:

a) Die Projektleiterin möchte alle Aufgaben selbst erledigen, weil sie glaubt, dass es keiner besser machen kann.

b) Sie werden zu einer Projektsitzung gerufen. Sie wissen nur Beginn und Ort der Besprechung.

c) Da Sie ständig erreichbar sein möchten, haben Sie stets Ihr Mobiltelefon eingeschaltet.

d) Ihr Morgen beginnt stets hektisch. Da Sie wieder einmal länger als beabsichtigt geschlafen haben, sind sie im Stress.

e) Wichtige Arbeiten für das Projekt können Sie nur am Nachmittag nach dem Mittagessen erledigen. Den Abend wollen Sie für Freizeitaktivitäten freihalten. Vormittags sind Sie in der Schule.

f) Sie machen jene Aufgaben zuerst, die Sie am leichtesten erledigen können.

g) Sie verplanen immer ihre gesamte Freizeit nach der Schule. Auch Samstag und Sonntag ist Ihr Kalender voll.

Lerneinheit 3

Die Basistechniken der Kommunikation

SbX
Alle SbX-Inhalte zu dieser Lerneinheit finden Sie unter der ID: 4901.

„Kannst nicht du mit Stefan über den Folder reden? Er hämmert immer in sein Notebook, wenn man mit ihm spricht. Mich ärgert das, und dann streiten wir wieder, statt mit der Arbeit voranzukommen", meint Karin zu Alex.

Kommunikation geht nicht immer glatt von der Hand. Mitunter geht eine Besprechung dann nahtlos in eine Krisensitzung über.

Lernen

SbX ID: 4902

SbX
ID: 4902
Bildschirmpräsentation zu dieser Lerneinheit

1 Einführung

Reden können wir, seit wir Kleinstkinder sind. Was so einfach und klar scheint, erweist sich auch für Erwachsene oft als trügerisch und tückisch: „Was sage ich jetzt am besten?" oder „Wie sage ich das am besten?" oder auch „So, wie mein Gegenüber mich verstanden hat, habe ich es gar nicht gemeint!"

Die Weisheit, dass nicht das wahr ist, was A sagt, sondern das, was B versteht, lässt uns nahezu hilflos erscheinen. Sprache ist nun einmal nicht eindeutig. Aber mit einigen **Einsichten und sprachlichen Techniken** gelingt es recht gut, die Wahrscheinlichkeit zu erhöhen, wechselseitige Kommunikationsziele zu erreichen. Es gilt,

- das eigene Verhalten besser zu kennen und bewusster zu steuern,
- das Verhalten meines Gegenübers aus anderen Blickwinkeln betrachten zu können und
- faire kommunikative Techniken anwenden zu können.

In dieser Lerneinheit werden nun einige dieser Werkzeuge vorgestellt. Bevor wir hier anspruchsvollere Situationen aus der Praxis der Gruppenarbeit und Projektpräsentation behandeln, sollten wir sicherstellen, dass zumindest den Leitern von Projektgruppen die Basistechniken der Kommunikation bekannt sind.

Was sind Basistechniken der Kommunikation?

Basistechniken der Kommunikation

- das rhetorische Instrumentarium (also Grundlegendes zu Blickkontakt, Mimik, Gestik, Körperhaltung und Stimme)
- Zuhörtechniken
- der kontrollierte Dialog
- Ich-Botschaften und Feedback
- Techniken der produktiven Gesprächsführung (Transaktionsanalyse, Beratungsgespräch, Konfliktgespräch, Arbeit mit Gruppen)

2 Das rhetorische Instrumentarium

2.1 Körpersprache

„4 Millionen Jahre Mensch" lautete vor einigen Jahren der Titel einer Ausstellung. Aber erst seit den letzten 20 000 bis 30 000 Jahren können wir von menschlicher Sprache reden. Was davor neben Lauten der Verständigung diente, war die Sprache des Körpers. Diese verinnerlichte Körpersprache hat bis heute einen ungeheuren Einfluss auf die Beziehungs- aber auch die Inhaltsebene unserer Kommunikation. Wir „glauben" den Signalen der Körpersprache mehr als den Worten, aber wir nehmen diese Signale nicht so bewusst wahr wie Worte.

Diese Tatsache drückt auch das **Eisbergmodell der Kommunikation** aus: Nur ein Siebentel eines Eisbergs ragt aus dem Wasser, die weitaus größere Masse liegt für das menschliche Auge verborgen unter der Wasseroberfläche. Unter der sprachlichen Oberfläche und tückisch für die nur scheinbare Eindeutigkeit der Kommunikation liegen persönliche Befindlichkeiten, Vorurteile, Ablenkungen und der große Brocken der non-verbalen Kommunikation, zu der die Körpersprache zählt. Der eigentliche gesprochene Text kommt nur zu einem kleinen Teil so an, wie wir uns das vorstellen.

2.2 Blickkontakt

Wie führt man ein Gespräch mit Blicken?

Ein Blick sagt mehr als tausend Worte. Eigentlich ist es nicht der Blick, sondern das, was man dabei an Körpersprache beim anderen sieht oder dem anderen mitgibt. Der Ratschlag, sein Gegenüber immer anzusehen, ist nur teilweise richtig. Besser wäre es, zu sagen: Führen Sie das Gespräch nicht nur mit Worten, sondern auch mit Blicken.

- Während eine Person spricht, werden Sie ihr **überwiegend ins Gesicht sehen.** Achtung: Blicke können bohren. Auf die Stirn oder Schulter zu stieren, verunsichert Ihr Gegenüber oder auch Sie, wenn der Gesprächspartner Sie zu intensiv anblickt – „Habe ich da einen Fleck?"
- Arbeiten wir mit Gruppen, müssen wir den **Blickkontakt auf alle** Teilnehmer ungefähr **gleichmäßig aufteilen.** Stellt ein Teammitglied eine Frage, die Sie beantworten wollen, gilt die 25 : 75-Regel: Der Fragesteller erhält 25 % des Blickkontakts, alle anderen 75 %. Die Zahlenwerte haben Symbolcharakter, die Idee ist: Vergessen Sie nicht den Blickkontakt mit allen anderen Anwesenden. Damit stellen Sie sicher, dass Sie Frage und Antwort auch für alle interessant machen.
- Mit den Blicken führen heißt auch, auf Visualisierungen (Pinnwand, Flipchart, Tafel etc.) zu sehen, wenn Sie die Gesprächspartner „dort haben wollen".
- Beim Nachdenken werden Sprecher mitunter kurz wegblicken. Auch das ist natürlich und gut so. Vergessen Sie aber das Gegenüber nicht. Ab und zu ein kurzer Blick und einige Worte darüber, was Sie gerade tun, zeigt jedem einzelnen Gruppenmitglied, dass Sie noch für sie oder ihn da sind.

2.3 Mimik

Mimik bedeutet Gesichtsausdruck – und der sollte natürlich bleiben. Professionell lächelnde Sprecher, deren Mundwinkel nach oben wandern, sobald sie zu sprechen beginnen und abschlaffen, wenn sie verstummen, strahlen nicht Freundlichkeit aus, sondern Verkrampfung: „Ich tue alles, um akzeptiert zu werden."

Arbeiten Sie nicht an der eigenen Mimik. Eine freundliche, positive Haltung wird sich automatisch in Ihrem Gesicht widerspiegeln. Wichtiger ist, die Mimik der anderen Sprecher zu beachten, wenn Sie sprechen:

- Die Mimik Ihres Gegenübers gibt erste bedeutende Aufschlüsse darüber, ob Sie überhaupt verstanden werden (Lautstärke, Sprech- oder Denktempo, Konzentrationsfähigkeit oder Pausenbedürfnis der Gruppe).
- Im Gesicht „lesen" Sie, ob Ihre Argumente verstanden und gewürdigt werden oder nicht.
- Eines sollten Sie aber nicht: sich von der Mimik des anderen von vornherein einschüchtern lassen. Ein Gesicht mag Desinteresse oder Widerstand ausdrücken, es spiegelt aber vielleicht mehr die momentane persönliche Situation (Konzentration, Müdigkeit, Stress) des Gesprächspartners wider, ist eine Maske. Der erste Eindruck kann täuschen, die Veränderungen in der Mimik sind da schon viel verlässlicher.

2.4 Gestik

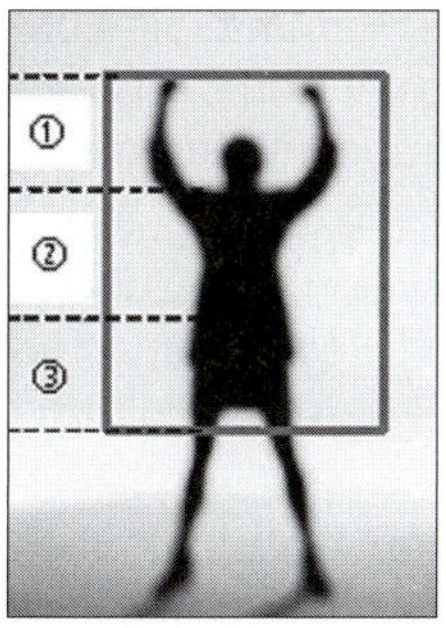

Arme und Hände können Worte ausgezeichnet unterstreichen. Einige **Grundregeln** verdienen Beachtung:

- Natürlichkeit ist auch hier oberstes Gebot.
- Die Wahrheit liegt in der Mitte: Weder denkmalartig starre Arme noch Gebärdenreichtum wie in der Gehörlosensprache sind angebracht.
- Mit Gestik kann man „aus dem Rahmen fallen". Denn wir haben um uns einen unsichtbaren Rahmen, der sich dort befindet, wohin wir locker mit den Händen kommen, ohne die Ellbogen durchstrecken zu müssen. Gestik, die außerhalb dieses Rahmens gesetzt wird, wirkt übertrieben.
- Der Rahmen unterteilt sich in drei Zonen. **Die positive Zone** ①, von den Schultern aufwärts, ist für das Unterstreichen besonders positiver Inhalte („Spitzenidee!", „Das passt optimal zu den Ergebnissen der zweiten Arbeitsgruppe.") oder das Heischen von Aufmerksamkeit („Hierher!", „Ich, bitte!") vorbehalten. Die meiste Gestik findet in der **neutralen Zone** ② statt. In der **negativen Zone** ③, unterhalb der Taille bzw. der sprichwörtlichen Gürtellinie, verstärken wir negative Inhalte („Er hat mir das Projekthandbuch einfach auf den Tisch geknallt."), negative Entschlossenheit („Ein für alle mal: Nein!") und unsichere Unentschlossenheit (pinguinartiges Anheben der Hände bei herunterhängenden Armen: „Ich weiß nicht …").

2.5 Körperhaltung & N-N-Kontakt

Wenn wir ein Gespräch ernst nehmen, werden wir unser Gegenüber nicht nur ansehen, sondern uns ihm mit dem ganzen Oberkörper zuwenden. Diese Körperhaltung, wie sie das linke Bild zeigt, wird **N-N-Kontakt** genannt; sie steht für den nicht zu wörtlich zu nehmenden Nasen-Nabel-Kontakt. Beide Gesprächspartner haben das Gesicht (Nase) und den Körper (Nabel) einander zugewandt. Im rechten Bild sehen die Personen einander zwar an (Nase), die Körper sind einander nicht zugewandt. Das reicht für eine rasche Begrüßung, ein brauchbares Gespräch kann aber nur dann daraus werden, wenn die Körperhaltung sich zum N-N hin ändert.

2.6 Arme und Hände

Schier endlos scheint die Liste der ungünstigen Armhaltungen:

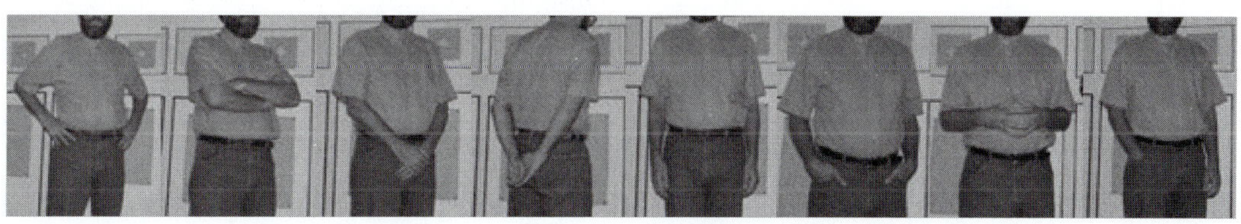

Die Lösung ist in den beiden Bildern am Beginn des Kapitels aber schon enthalten: eine Hand oder beide Hände locker und offen (d. h. ohne verschränkte Arme oder Finger) in der **neutralen Zone.** Einen Stift in die Hand zu nehmen, bringt Sie fast automatisch zur richtigen Handhaltung.

Übrigens: Wenn Sie auf Dinge oder Personen zeigen, verwenden Sie dazu nicht nur einen Finger. Zeigen Sie immer mit der ganzen Hand: Handfläche schräg nach oben, alle Finger ausgestreckt.

2.7 Beine

Wer **„mit beiden Beinen fest am Boden"** steht, steht nicht nur im Sprichwort richtig. Die Standbein-Spielbein-Haltung mag an der Theke der Schicki-Micki-Bar cool wirken. In einem ernsthaften Gespräch gewinnt man in dieser labilen Haltung wohl kaum an optischer und argumentativer Sicherheit. Viele Menschen empfinden die Haltung als arrogant und gekünstelt.

Wenn die Beine vom langen Stehen schmerzen, ist eine Gewichtsverlagerung von einem auf das andere Bein möglich. Steht man hinter einem Verkaufspult, sodass die Beine nicht sichtbar sind, kann ein Spielbein zur Fußentlastung auch kurz Entspannung bringen.

Standbein: bleibt mit dem Boden verbunden
Spielbein: verlässt den Boden, meist im Kniegelenk leicht eingeknickt

2.8 Die Stimme

Wann ist eine Stimme tragend?

Manche Leute haben von Natur aus eine **richtig sitzende** (auch: **tragende**) Stimme. Sie können größere Räume, z. B. einen Stand auf einer Messe, trotz Nebengeräuschen ohne Anstrengung „füllen". Als Sprecher wirken sie sicher und überzeugend. Eine nicht tragende Stimme zu haben, kann zweierlei bedeuten:

- Entweder muss der Redner den Raum und die Nebengeräusche überschreien: Die Zuhörer verstehen den Redner zwar, dieser wird aber leicht heiser und empfindet die Redesituation als körperlich anstrengend. Ein immer röter werdender Kopf, hervortretende Adern am Hals und Schweißperlen auf der Stirn sind äußere Zeichen dieser Gewaltleistung.
- Oder man spricht mit zu hoher Stimme und zumeist leise. Die Bezeichnung „Piepsi-Stimme" ist vielleicht nicht höflich, trifft aber den Nagel auf den Kopf. Piepser können kaum überzeugen, sie rufen eher Mitleid hervor. Denn das Piepsen ist ein sogenannter Beißhemmer, eine uralte Beschwichtigungsgeste, auf die wir instinktiv aggressionsgehemmt antworten. Schon das Wort „Piepsen" lässt uns an einen kleinen Vogel denken. So wie wir auf die großen Augen des Rehs (Bambi) reagieren, reagieren wir auch auf Piepsen. Die unterschwellige Aussage lautet: „Tu mir nichts, kümmere dich lieber um mich. Ich bin noch so klein, ich bin kein Konkurrent für dich." Für die Rolle als ernstzunehmendes Teammitglied oder überzeugende Präsentatorin ist ein Ansprechen dieser Gefühle aber verheerend.

Wie erkennt und wie erreicht man nun eine tragende Stimme?

Die besondere individuelle Formung des Vokaltrakts – im wesentlichen des Rachens, Nasen- und Mundraums sowie der Nebenhöhlen – verleiht unserer Stimme eine für uns charakteristische Klangfarbe – die übrigens in der kriminaltechnischen Auswertung so eindeutig wie ein Fingerabdruck ist, was Telefonerpresser und Drohanrufer oft zur Kenntnis nehmen müssen. Auf einem bestimmten, engen Lautspektrum wirkt unser Körper als Verstärker dieses Tons. In dieser von Person zu Person unterschiedlichen Tonhöhe können wir ohne Anstrengung lauter oder leiser sprechen, die Stimme scheint über einige Meter zu tragen, gleichsam wie das Wasser aus einem schräg hochgehaltenen Gartenschlauch auch entfernte Winkel zu erreichen. Diese sogenannte **Indifferenzlage** gilt es zu kennen.

Das Stimmrelief

Wie kann die Stimme verändert werden?

Von der Indifferenzlage aus können wir unsere Stimme modulieren, das heißt hoch und tief verändern. Vereinfacht ausgedrückt bedeutet das: Bei einem Beistrich oder am Ende einer Frage heben Sie die Stimme, am Satzende senken Sie sie.

Einen interessanten Sprecher, dem man gerne zuhört, machen aber noch andere stimmliche Veränderungen aus:

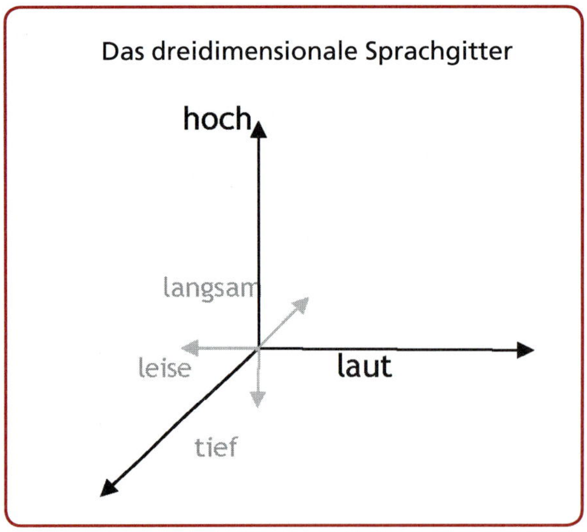

Abb. 7-6 Das dreidimensionale Sprachgitter

Modulation = Wechsel der Tonart; Veränderung einer Schwingung

Wenn wir unsere Stimme je nach Textbedeutung in den Dimensionen schnell – langsam, hoch – tief, laut – leise verändern, entsteht für den Zuhörer gleichsam ein Relief, ein dreidimensionales lautliches Gebilde. Je natürlicher diese Modulationen erfolgen (Wichtiges etwas langsamer und lauter, nicht so Wichtiges etwas schneller und leiser, betonte Satzelemente höher, unbetonte tiefer), umso leichter fällt das Zuhören, umso besser merkt der Kommunikationspartner sich das Gesagte.

hoch – tief

hohe – tiefe Stimme

Im Deutschen sprechen wir von einer Sprechquart oder -quint. Das bedeutet, dass zwischen den am höchsten und den am tiefsten gesprochenen Textpassagen etwa der Tonhöhenunterschied besteht, den wir vom „Tra-ra" der Feuerwehr kennen. Im Englischen oder Französischen etwa kann die Tonspanne (auch bei Männern) schon einmal eine Oktav betragen:

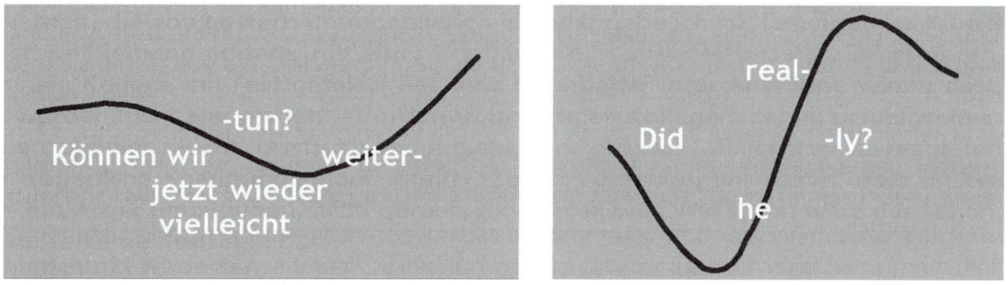

Abb. 7-7 Tonspanne

laut – leise

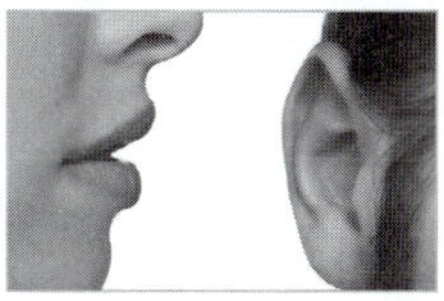

laute – leise Stimme

Wie wir die Lautstärke einer Sprechstimme empfinden, hängt in erster Linie davon ab, was wir unter laut oder leise verstehen. Und weil üblicherweise mindestens zwei Personen miteinander sprechen, ist Lautstärke etwas sehr Relatives. Eine gute Möglichkeit herauszufinden, wie laut oder leise Sie sprechen, besteht darin, dass Sie sich Feedback einholen: Fragen Sie einige Ihre Kolleginnen und Kollegen, wie sie Ihre Sprechlautstärke einschätzen!

Lautstärkefehler sind leicht gemacht: Wenn es beim Telefonieren im eigenen Büro Nebenlärm gibt, besteht kein Grund, in den Hörer hineinzubrüllen. Auch bei Gesprächen mit Ausländern oder (anscheinend) Schwerhörigen neigen die meisten Menschen dazu, lauter zu sprechen, als es nötig wäre. Weil lautes Sprechen in unserem Kulturkreis zumeist ein Warn- oder Aggressionssignal ist, fühlen wir uns oft unwohl, wenn wir für uns unmotiviert in ein zu lautes Gespräch gezogen werden.

Im Gegensatz steht zu **leises Sprechen.** Es zeigt oft den Wunsch nach Diskretion. Andererseits macht uns ein leise sprechendes Gegenüber leicht aggressiv: Wer leise spricht, scheint auszudrücken, dass das, was er sagt, so wichtig ist, dass der andere sich einfach bemühen muss, ihn zu verstehen. Die meisten Menschen erinnern sich sofort an Situationen wie „dann müsst ihr halt leiser sein" eines Lehrers.

schnell – langsam

schnell – langsam sprechen

„Zu-langsam-Sprecher" sind extrem selten. Für die meisten Menschen gilt eine abgewandelte Form des Pareto-Prinzips: Wer es schafft, in heiklen Gesprächspassagen um 10 % langsamer zu reden, hat seine Gesprächswirkung um 50 % verbessert!

Wo liegen die häufigsten **Fehlerquellen** des zu schnellen Sprechens?

- In Stresssituationen, wenn die Arbeitszeit knapp wird, nützt es nichts, schneller zu sprechen. Ganz im Gegenteil, Stress und Missverständnisse nehmen dann noch zu, die Frustration steigt.
- Bei der Wiederholung von Argumenten: Sollte die Wiederholung nicht notwendig sein, lasse man sie völlig weg; fühle ich, dass ein Sachverhalt wiederholt werden muss, besteht kein Grund, das Tempo zu steigern, als ob ich nun Nebensächlichstes anplaudere.

Ein wesentlicher Punkt auf der Schell-Langsam-Achse soll noch herausgestrichen werden: der absolute Nullpunkt der Sprechgeschwindigkeit – die **Pause.**

Wie helfen Pausen?

Pausen helfen den Zuhörern, das Gehörte zu „verdauen". Üblicherweise empfinden Sprecher ihre Pausen aber als viel länger als die Zuhörer. Während der Sprecher nach einem Argument glaubt, schon zu viele Sekunden geschwiegen zu haben, ist der Zuhörer froh, das Gehörte einige wenige Sekunden überlegen zu können. Zu schnell Argument an Argument zu reihen, schreckt den Zuhörer ab, er fühlt sich überrumpelt. Dem Sprechenden gehen schneller die Argumente aus, die die Gruppe sich nicht merken konnte. Das Ergebnis ist der „Wie-gesagt"-Stil, bei dem der Sprecher das ungute Gefühl hat, sich wiederholen zu müssen und der Zuhörer das ungute Gefühl hat, wie ein Dummkopf dazustehen.

3 Aktives Zuhören und akzeptierende Grundhaltung

Sie wissen, was passiert, wenn Sie am Telefon passiv, d. h. absolut schweigend zuhören? Irgendwann fragt Ihr Partner: „Hallo, sind Sie noch dran?"

In einer „Face-to-Face"-Gesprächssituation braucht Ihr Partner dieselben Informationen: Hört er/sie mir überhaupt noch zu? Versteht er/sie mich? Sie signalisieren dies durch ein Nicken, ein Lächeln oder Kopfschütteln zum passenden Gesprächsinhalt, durch ein „Ja", „Aha", „So?", „Ich verstehe" etc. Dort, wo Sie einen Inhalt nicht verstanden zu haben glauben, unterbrechen Sie: „Entschuldigen Sie! Habe ich Sie richtig verstanden, dass …", „Moment, mir ist jetzt eines nicht klar: …". Diese Technik wird Ihnen unter dem Namen kontrollierter Dialog bereits bekannt sein.

Wie kann man eine akzeptierende Grundhaltung einnehmen?

Zu einer akzeptierenden Haltung gehört Empathie, d. h. Mitgefühl auszudrücken, nicht in einer rührseligen, gekünstelten Art, sondern schlicht und einfach als Bestätigung, den Inhalt verstanden zu haben („Ich verstehe, dass das für Sie eine Belastung darstellt.", „Ich verstehe Ihren Standpunkt.", „Ich kann mir vorstellen, was das für Sie bedeutet.", „Für Sie muss das …", „In Ihren Ohren hat das vermutlich …").

Zur **akzeptierenden Haltung** gehört noch mehr:

Ich bin OK.
Du bist OK.

- den anderen ernst zu nehmen, so seltsam sein Problem auch klingen mag
- den anderen ausreden zu lassen; sprechen Sie nicht seine Sätze fertig
- Pausen zu ertragen, nicht beim erstbesten Luftholen des anderen einen eigenen Monolog beginnen
- den anderen anzusehen, ihm zugewandt zu sitzen
- den anderen mit Namen anzureden – ein Beratungsgespräch ist Vertrauenssache, Ihr Partner hat sich dafür nicht irgendwen ausgesucht. Sie sprechen also auch nicht mit irgendwem!

4 Der kontrollierte Dialog – Pacing and Leading

Wie führt man einen kontrollierten Dialog?

Diskussionen werden deshalb oft zu Streitanlässen, weil **niemand dem Sprecher wirklich zuhört.** Noch während er sein Argument entwickelt, denken die Zuhörer bereits ihre Gegenargumente durch und bewerfen den Sprecher bei der erstbesten Gelegenheit damit.

Der kontrollierte Dialog hilft, das Tempo sinnvoll zu reduzieren und das inhaltliche Verständnis zu sichern.

Hören wir zuerst einer eher missglückten Diskussion unserer Projektgruppe zu:

Mitten in der Gruppenbesprechung läutet Stefans Handy …

Alex: *Ich hätte gerne, dass in unseren Projektmeetings gar nicht mehr telefoniert wird. Niemand ist so wichtig, dass er ständig erreichbar sein muss. Das Abdrehen der Handys funktioniert nicht wirklich.*

Stefan: *Du bist ja ein ganz Radikaler! Zurück in die Steinzeit, was?!*

Die Situation hätte aber auch so verlaufen können:

Mitten in der Gruppenbesprechung läutet Stefans Handy …

Alex: *Ich hätte gerne, dass in unseren Projektmeetings gar nicht mehr telefoniert wird. Niemand ist so wichtig, dass er ständig erreichbar sein muss.*

Stefan: *Dich hat es gestört, dass ich eben ein Gespräch angenommen habe …?*

Alex: *Genau. Es lenkt mich furchtbar ab, wenn sich in unserer Gruppe dauernd etwas anderes tut.*

Stefan: *Das Gespräch war das vereinbarte OK für unsere Betriebsexkursion morgen. Ein Privatgespräch hätte ich ohnehin nicht angenommen.*

Alex: *Gut, verstehe ich, wenigstens kein Privatgespräch. Aber Konzentration kostet es trotzdem.*

Stefan: *Verstehe ich auch. Ich glaube, wir müssen hier eine Vereinbarung treffen, wie wir dringende Telefonate abwickeln und die Teambesprechung dennoch nicht stören können. Mein Vorschlag: Handys auf Vibracall stellen und wenn ein wichtiger Anruf hereinkommt, rausgehen und draußen sprechen.*

Alex: *Könnte funktionieren …*

Speed kills ...

Wodurch unterscheiden sich die beiden Situationen?

Im ersten Gespräch kam es nicht dazu, das Problem zu thematisieren; es ging mehr um die „Hackordnung im Hühnerhof" – eine Win-lose-Situation wurde anscheinend von beiden gesucht und gefunden.

Im zweiten Dialog hat Stefan erst einmal das Tempo (und damit die Emotionen) aus dem Gespräch genommen, indem er sich vergewisserte, was eigentlich Thema ist. Zugleich schafft er damit bei Alex Empathie: Ich versuche zu verstehen, was dein Anliegen ist. Auch in der zweiten Antwort ist Stefan noch nicht auf die Lösung zugegangen, sondern darauf, die Inhalts- und ganz besonders die Beziehungsebene positiv zu beeinflussen; mit Erfolg. Erst in der dritten Antwort übernahm er die Initiative für eine Lösung, die beiden Seiten entgegenkommt.

Das zweimalige Bremsen, das Pacing mit Rückfragen und Empathie-Schaffen, half, den Boden für eine Lösung vorzubereiten. Im Leading-Statement konnte so eine Win-win-Situation geschaffen werden.

Pacing und Leading sind Begriffe aus der Psychologie und bedeuten „mitgehen" und „führen".

Je nach emotionaler Belastung oder Komplexität des Themas bringt ein ein- bis dreimaliges Pacing oft den Erfolg, den ein sofortiges Leading nicht hätte erzielen können.

5 Ich-Botschaften und Feedback

Die Teambesprechung war für 14 Uhr angesetzt. Alle waren da, alle außer Tina. Sie kam – nicht zum ersten Mal – 20 Minuten später. „Endlich", begrüßte Lukas sie, „man kann sich auch gar nicht auf dich verlassen. Pünktlichkeit lernst du wohl nie?"

Das war eine klassische **Du-Botschaft:** Lukas „bespricht" Tina in einer für sie kaum zu akzeptierenden Weise:

- Lukas scheint für die gesamte Gruppe zu sprechen („man").
- Er verallgemeinert („gar nicht verlassen").
- Er fällt negative Prognosen („lernst du nie").

Wie formuliert man Ich-Botschaften?

Sollen gewünschte Verhaltensänderungen beim anderen mehr Chancen auf Erfolg haben, dann gilt es, **Ich-Botschaften** zu formulieren. Hierbei hilft ein einfaches Schema. Formuliere die Ich-Botschaft in drei Schritten:

- Situation – was kann ich objektiv feststellen?
- Meine Reaktion – was denke, fühle ich in der Situation?
- Mein Wunsch – was ist meine Bitte, mein Wunsch, mein Auftrag?

Und das hört sich dann etwa so an:

Lukas: „Wir haben mit unserem Meeting wie vereinbart um 14 Uhr begonnen. Wenn du 20 Minuten zu spät zu uns stößt, bekomme ich das Gefühl, dass dir unsere Arbeit nicht wichtig ist, dass du nicht wirklich mitarbeiten willst und wir auch deinen Part übernehmen müssen. Das ärgert mich schon ganz schön! Ich möchte dich dringend ersuchen, pünktlich zu unseren Besprechungen zu kommen."

Hier ist Tina Platz gegeben, die Wirkung ihres Verhaltens auf andere kennenzulernen *(Also das denkt Lukas, wenn ich zu spät komme. Ärgern will ich ihn gar nicht.)*. Zudem hat Tina die Chance, eine sachliche Erklärung oder Entschuldigung für ihr Zuspätkommen abzugeben; sie wird sich nicht dazu verleitet fühlen, die Attacke mit einem Gegenangriff zu parieren.

Wie gibt man Feedback?

Leicht verändert – nämlich ohne den dritten Schritt, den Wunsch – lässt sich diese Technik auch auf positives Verhalten von anderen anwenden. Zwar ist Kritisieren leichter als Loben und außerdem könnte Lob leicht als „Schleimerei" ausgelegt werden. Aber hin und wieder ein ehrliches, positives Feedback geben zu können, ist eine Fähigkeit, die Führungskräfte von Teams auszeichnet:

„Heute waren jede Menge Totpunkte in unserer Besprechung. Deine Energie und deine Ideen haben uns da jedesmal aus dem Loch herausgeholt. Fand ich echt super! Da ist es mir dann auch wieder leichter gefallen, mich zu motivieren."

6 Transaktionsanalyse

Stellen Sie sich eine konkrete Situation vor:

Plötzlich dreht sich Karin in der Klasse zu Alex und sagt: „Du hast nicht zufällig meinen blauen Ordner gesehen?"

Welche Reaktionen sind auf diese Frage denkbar? Vielleicht trifft eine der folgenden Varianten Ihre wahrscheinliche Antwort:

a) „Ich glaube nicht, aber warte, ich helfe dir beim Suchen."

b) „Warum verdächtigst du andauernd mich?"

c) „Nein, wieso?"

d) „Ach, du liebe Güte, du suchst schon wieder etwas. Bist du eigentlich der Begründer der Chaos-Theorie oder nur ihr größter Fan?"

Was ist eine Transaktion?

Was hier stattgefunden hat, war ein kurzer Dialog, ein Kommunikationsakt. Wir wollen ihn in diesem Zusammenhang **„Transaktion"** nennen. Eine Transaktion ist eine Verhaltenseinheit: A tut oder sagt etwas und B reagiert darauf mit einer Äußerung oder einer Handlung. Die Transaktionsanalyse versucht nun zu klären, aus welcher Rollenhaltung heraus Personen agieren oder reagieren.

Welche Bewusstseinszustände gibt es?

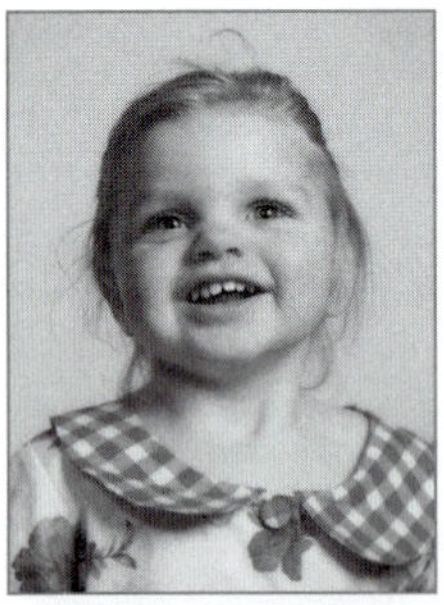

Die Begründer der Transaktionsanalyse, das Ehepaar Amy B. und Thomas A. Harris, gehen von der Annahme aus, dass, wenn wir etwas tun oder sagen oder auf etwas mit einer Äußerung oder Handlung antworten, wir uns nach einem bestimmten Muster verhalten, das wir aus dem Schatz unserer Erfahrung hervorkramen. In jedem Fall sind einem Erwachsenen **drei Grundmuster** bekannt: Wir können uns gemäß einem Schema verhalten, wie wir uns als Kinder verhalten haben, oder so, wie sich unsere Eltern uns gegenüber verhalten haben, oder so, wie wir uns verhalten oder verhalten würden, wenn wir als reife, denkende und urteilende Erwachsene gelten wollen:

Innerhalb der einzelnen **Bewusstseinszustände** werden folgende Unterscheidungen getroffen:

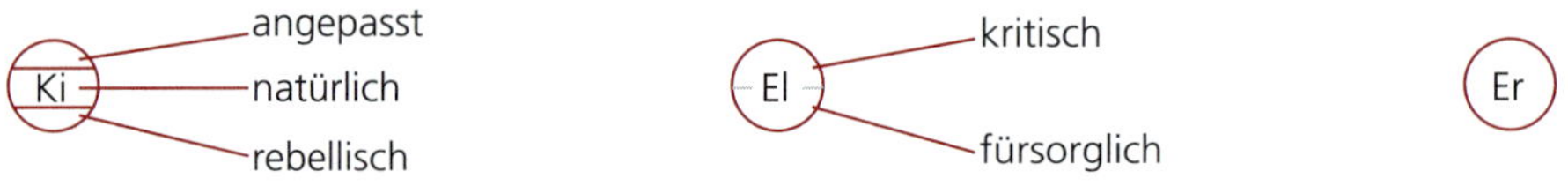

Unser Beispiel sollte nun verständlich werden:

Wenn Karin aus dem neutralen Erwachsenen-Ich heraus meint: „Du hast nicht zufällig meinen blauen Ordner gesehen?", so erwartet sie nichts als die Bestätigung oder Verneinung der Tatsache. Die dazupassende Antwortvariante von Alex ist c) „Nein, wieso?/Ja, hier ist er." Über alle anderen Antworten müsste Karin überrascht sein – mindestens ebenso wie Sie selbst über die Äußerung von Alex überrascht sein könnten: Hören Sie sie nämlich aus ihrem Eltern-Ich sprechen, so schwingt in der harmlosen Frage nach dem Ordner eine andere Aussage mit; etwa:

„Ich muss mich um alles kümmern, was im Büro passiert oder nicht passiert." (fürsorglich) oder

„Wenn dir nicht andauernd jemand auf die Finger schaut, geht alles drunter und drüber!" (kritisch)

Aus diesen **Eltern-Ich-Aussagen** werden die Reaktionen auf die Ordnerfrage verständlicher:

a) „Ich helfe dir suchen ..."
   Hier antwortet das angepasste Kind auf die elterliche Ermahnung.

b) „Wieso verdächtigst du andauernd mich?"
   Klingt das nicht wie die Rebellion des aufmüpfigen Kindes?

c) „Ach du liebe Güte, du suchst schon wieder etwas ..."
   Und hier antworten Sie so, als sprächen Sie zu Ihrem Kind: Mit der fürsorglichen Beruhigung schwingt ein ironischer, belehrender, erzieherischer Ton mit.

Was bedeuten diese Erkenntnisse nun für unsere Kommunikation, für unsere Transaktionen?

Eine Feststellung lässt sich leicht machen: Wird eine Äußerung als Äußerung des Erwachsenen-Ich verstanden und aus dem Erwachsenen-Ich beantwortet, so gibt es keine Probleme (Antwort c).

Ebenso verhält es sich bei Transaktionen, in denen ein Eltern-Ich-Sprecher mit einem angepassten Kindheits-Ich-Partner kommuniziert (Antwort a). Beide Seiten dürften akzeptiert haben, dass einer die Eltern- und der oder die andere die Kindheitsrolle übernehmen.

pikiert = beleidigt, verstimmt

Probleme entstehen dort, wo unvereinbare Rollen aufeinandertreffen: Wenn das Eltern-Ich eine Antwort aus dem rebellierenden Kindheits-Ich erhält, wenn ein Erwachsenen-Ich sich den Ton des Kindheits- oder Eltern-Ich nicht gefallen lässt oder wenn ein Eltern-Ich auf ein anderes kritisches Eltern-Ich pikiert reagiert.

Sehen wir uns einige Transaktionsmuster an:

1. A: „Wie spät ist es, bitte?"
2. B: „Gleich 8."

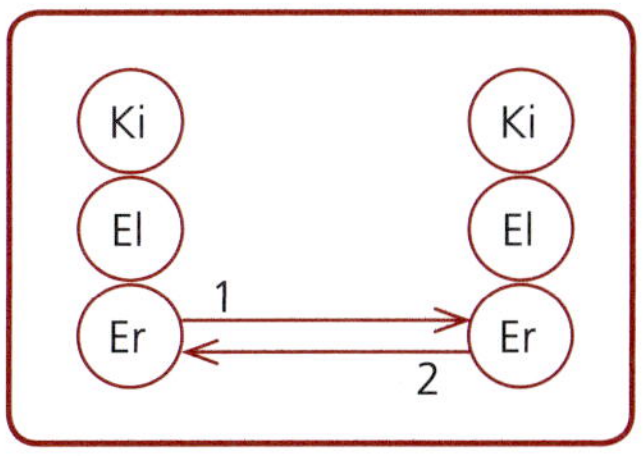

Bei dieser **horizontalen, parallelen Transaktion** (siehe die Pfeile) sprechen zwei Personen aus dem Erwachsenen-Ich; die reifste, unkomplizierteste Art der Gesprächsführung gelingt leider nicht immer.

Was ist eine horizontale, parallele Transaktion?

1. A: „Wie spät ist es, bitte?"
2. B: „Du arbeitest schon wieder zu viel, nimm dir doch mehr Zeit für dich und deine Familie!"
3. A: „Ich wollte eigentlich die Zeit und nicht die Kummernummer!"
4. B: „Naja, ich will mich nicht einmischen – es ist gleich 8."

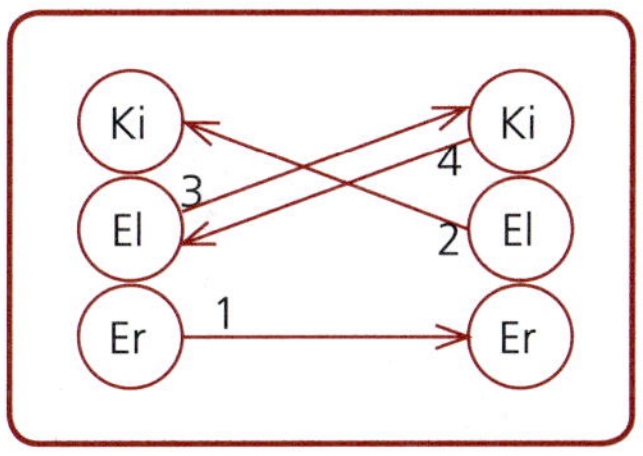

Was ist eine unparallele Transaktion?

Unparallele Transaktionen (insbesondere 1, 2 und 3) führen unweigerlich zu Problemen: Jemand akzeptiert die Rolle nicht, mit der ihm der andere entgegenkommt.

1. A: „Wann müssen wir den Bericht eigentlich abgeben?"
2. B: „Was ist denn los? Ich kann dir sicher helfen!"

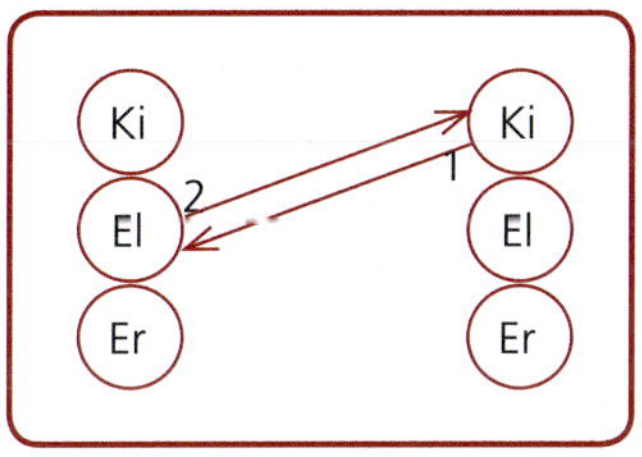

Was ist eine parallele, diagonale Transaktion?

Bei der **parallelen, diagonalen Transaktion** mögen Konflikte so lange ausbleiben, bis die Rollenbedrängung einem der Partner zu viel wird; eine gesunde Kommunikationsbasis herrscht hier aber zweifelsohne nicht vor. Entweder es gibt in der Beziehung weitere Spielregeln, wie lange und in welcher Situation ein solches Transaktionsmuster durchgespielt wird, oder aber der Ausstieg wird zum Problem werden.

1. A: „Wann müssen wir den Bericht eigentlich abgeben?"
2. A steht vom Computer auf, hält sich die Stirn und seufzt.
3. B: „Ende der Woche."
4. A: „So genau wollte ich es gar nicht wissen. Ich glaube ich schaffe es nicht allein. Kannst du mir helfen?"
5. B: „Sag das doch gleich und frag nicht erst herum."

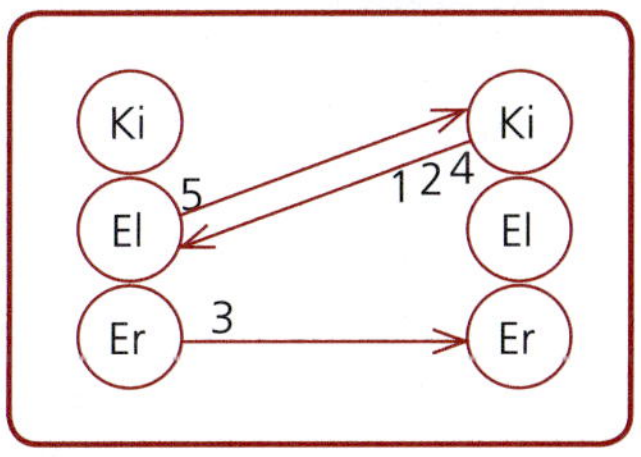

Es ist gar nicht so leicht, auf der Ebene des Erwachsenen-Ich zu bleiben, wenn der Partner partout nicht so kommunizieren will. B wird hier in die Eltern-Ich-Rolle förmlich gedrängt. Fatalerweise ist das aber in vielen Fällen zumindest mittelfristig tatsächlich eine Möglichkeit, mit dem Partner, der nach dieser Behandlung geradezu bettelt, reibungsarm zu kommunizieren.

Wie können die Grundregeln der Transaktion auf die Kommunikation angewandt werden?

Grundregeln der Transaktionsanalyse:

1. Für reife Kommunikation am erfolgversprechendsten sind parallele Transaktionen im Erwachsenen-Ich (a), dem unterstützenden Eltern-Ich (b) und dem natürlichen Kind-Ich (c).

   Beispiele:

   (a) „Ich habe eben die Quartalszahlen unserer Abteilung erhalten. Wir liegen um 10 % unter dem Soll. Was halten Sie davon, wenn wir uns die Zahlen näher ansehen und dann eine Besprechung mit den Projektleitern einberufen?"

   (b) „Ich habe eben die Quartalszahlen unserer Abteilung erhalten. Es wird für einige ein Schock sein, aber wir liegen 10 % unter dem Soll. Ich werde die Zahlen einmal analysieren und dann sollten wir uns mit den Projektleitern zusammensetzen. Gemeinsam kommen wir sicher wieder auf Linie."

   (c) „Ich habe eben die Quartalszahlen unserer Abteilung erhalten. Es ist kaum zu fassen, aber wir sind 10 % hinter dem Soll. Ich schlage vor, wir trommeln die Projektleiter zusammen, krempeln die Ärmeln hoch und überlegen uns, wie wir weiter vorgehen. Wäre doch gelacht, wenn wir im nächsten Quartal nicht besser dastehen!"

2. Respektieren Sie das Eltern-Ich des anderen und setzen Sie sich nicht zum Maß aller Dinge. Vermeiden Sie jede Provokation der Wertvorstellungen des andern. Verletzen Sie das Kindheits-Ich eines Menschen nicht mehr, als es den Umständen entsprechend notwendig ist.

   Beispiele:

   Statt: „Es nutzt uns jetzt überhaupt nichts, wenn Sie wüste Schuldzuweisungen machen."

   Besser: „Ich schlage vor, wir blicken nicht zu viel zurück, sondern nach vorne. Wie gehen wir's an?"

3. Wenn es uns gelingt, unser Gegenüber im Kindheits-Ich auf einer spontanen, lustvollen und kreativen Ebene anzusprechen, so haben wir ihn schon gewonnen.

   Beispiele:

   „Wäre es nicht toll, wenn wir den Bericht schon am Donnerstag fertig hätten. Die Besprechung am Freitag lassen wir dann ab Mittag im Grünen stattfinden."

7 Das Beratungsgespräch

„Darf ich dich kurz unter vier Augen sprechen?" Viele Beratungsgespräche beginnen so. Zwei Inhalten wenden wir uns im Besondern zu: zum einen den „vier Augen" – dem Wunsch nach Vertraulichkeit ist unbedingt nachzukommen. Ein (wirklich) abgeschiedener Winkel oder das Besprechungszimmer sollen von Störungen freigehalten werden. Das zweite auffällige Wort in der Gesprächsaufforderung ist „kurz". Oft wird diese Ankündigung nicht zu halten sein. Zeit ist aber ein entscheidender Faktor im Beratungsgespräch. Wenn Sie nach einer halben Stunde des Gesprächs beginnen, nervös am Sessel herumzuwetzen, verstohlen auf die Uhr blicken und immer wieder mit „Also ..." abrundend zusammenfassen wollen, wird Ihr Gegenüber das vielleicht so verstehen: „Jetzt habe ich mein Problem angesprochen, die Neugier ist gestillt und jetzt lässt er mich wieder im Regen stehen!"

Nehmen Sie sich Zeit. Wenn Sie keine Zeit haben, sagen Sie das gleich vorneweg, suchen Sie einen geeigneteren Termin – nicht irgendwann (außer, Sie wollen nicht reden), sondern konkret und bald. Und wenn Sie nur beschränkt Zeit haben, sagen Sie das am Beginn des Gespräches („Ich habe jetzt eine Stunde zur Verfügung, dann muss ich in eine Besprechung. Sollten wir in dieser Stunde nicht zurande kommen, dann sehen wir uns an, wann wir in den nächsten zwei Tagen weiterreden können. Einverstanden?"). Wer ein Beratungsgespräch ernst nimmt, nimmt sich in der vereinbarten Zeit nicht so wichtig: kein Handy, keine Seitengespräche, keine Tätigkeiten nebenbei, entschiedenes Zurückweisen und Verschieben von Störungen.

„Jetzt habe ich letzte Woche drei Stunden mit ihr gesprochen und ihr gesagt, was sie tun könnte – und sie geht weg und tut was ganz anderes!"

Was hier schiefgelaufen ist, liegt im Bereich der Einstellung der beiden Partner. Natürlich sucht einer einen Rat, der andere sollte sich aber davor hüten, Ratschläge zu erteilen. Wie ist das nun zu verstehen?

Gehen wir davon aus, dass der Ratsuchende ein Problem besitzt und sich mit diesem Problem bereits intensiv auseinandergesetzt hat. Dennoch ist er mit sich selbst nicht zurande gekommen. Um wie viel schwerer ist es dann, eine Lösung zu akzeptieren, die von außen kommt! Letztendlich bleibt diese Lösung etwas, das ein anderer mir zu tun aufgegeben hat; die Gefahr, in unfreie

Abhängigkeit vom Ratgeber zu gelangen, wird groß – und hierbei werden sich Widerstände melden.

Seine Probleme muss der andere selbst lösen; Sie können lediglich Hilfestellungen anbieten (Türöffner, aktives Zuhören, akzeptierende Haltung). Umgekehrt können Ihre Probleme auch nur Sie selbst lösen. Sie müssen dem anderen aber klarmachen, dass Sie ein Problem „besitzen" (Ich-Botschaften, Aufforderung zum Feedback und kontrollierter Dialog).

Das Problem des anderen zu meinem eigenen zu machen, führt zum Helfer-Syndrom, und wenn meine Kräfte erschöpft sind zum Burn-out-Syndrom. Der, der allen Hilfe angedeihen ließ, wird zu einem, dem alles und jeder egal ist! Sie können nur wirklich helfen, wenn Sie selbst nicht von Problemen erschlagen werden. Aus diesem Grund einmal das Hilfeersuchen eines anderen abzulehnen (verbunden mit dem Ansprechen der eigenen Situation und einer Idee, an wen sich der Hilfesuchende an Ihrer statt wenden könnte) ist kein Verbrechen!

Welche Techniken helfen beim Beratungsgespräch?

Wirkliche Hilfe ist Hilfe zur Selbsthilfe. Welche Techniken ermöglichen es, dem anderen sinnvolle Unterstützung zu geben?

1. **Türöffner, die das Gespräch in Gang bringen.**

   Wenn die Initiative zum Beratungsgespräch von mir ausgeht: etwa die Feststellung, dass ich im Verhalten, in der Leistung, im Aussehen des anderen Veränderungen festgestellt habe, verbunden mit der unverbindlichen Einladung, für ein Gespräch zur Verfügung zu stehen.

   Wenn die Initiative zum Beratungsgespräch vom anderen ausgeht: zunächst einmal nur gut Zuhören und dann die Einladung, für ein Gespräch zur Verfügung zu stehen.

   Was Sie nicht sagen sollten:

   „Ja, ja, ich habe auch manchmal ein Tief.", „Das wird schon wieder, Kopf hoch!", „Das ist das Wetter.", „Genau so geht es jedem Junglehrer!"

   Auch wenn Sie es noch so gut meinen, im Prinzip heißen diese Sätze nichts anderes als: „Lass mich mit deinen Problemen in Ruhe!"

2. **Aktives Zuhören und akzeptierende Grundhaltung**

3. **Reden lassen – im positiven Sinn des Wortes!** In vielen Situationen ist es das Beste, was Sie tun können. Schon durch das Ausreden-Können ist vielen geholfen. Andere werden während des Redens auf Lösungen für ihr Problem von selbst kommen; einfach deshalb, weil sie ihr Problem zum erstenmal selbst klar strukturiert hören. Anderen werden Sie durch geschicktes Fragen helfen können, selbst eine Lösung zu finden. Nicht „Was soll ich für Sie tun?", sondern etwa „Was wollen Sie erreichen? Welche Varianten sehen Sie selbst? Wonach ist Ihnen am ehesten zumute? Welche Informationen brauchen Sie noch, um zu einer Entscheidung zu kommen?" etc. Eine Lösung, die der Ratsuchende selbst findet, wird auch von ihm/ihr selbst getragen und akzeptiert, man vermeidet, ein Gefühl der Abhängigkeit zu schaffen.

8 Das Kritikgespräch

Ein Kollege hat im Computer unter Ihrem Password Dateien „bearbeitet"; ein Mitarbeiter hält sich zum wiederholten Male nicht an Termine und Vereinbarungen; ein Klient versorgt Sie immer nur mit Teilinformationen, sodass Sie Ihre Berichte immer wieder umarbeiten.

Ihr Zorn ist berechtigt, keine Frage. Aber in dieser Stimmung bricht ein Kritikgespräch oft einen Krieg vom Zaun, wo ein Donnerwetter auch seinen Zweck erfüllt hätte.

Wozu wird ein Kritikgespräch geführt?

Die oberste Regel lautet daher: Ein Kritikgespräch will vorbereitet sein. Der **Sinn** eines solchen Gespräches ist doch,

1. einen Mangel, einen Fehler, ein Fehlverhalten dem anderen klar vor Augen zu führen,
2. Abhilfe zu schaffen und
3. Vorkehrungen dahingehend zu treffen, dass diese oder ähnliche unerwünschte Situationen in Zukunft vermieden werden.

Was ist beim Kritikgespräch zu beachten?

Ein sofortiges, spontanes, befreiendes heftiges Donnerwetter wird dem ersten Punkt Genüge tun, aber ...

... sind Sie sicher, dass der/die „Gemaßregelte" für den Fehler tatsächlich verantwortlich ist? Wenn nicht, so sind Sie gerade dabei, einen Mitarbeiter (geistig) zu verlieren! Seine Motivation und Ihre Führungsqualität haben den Schlag abbekommen.

... sind Sie sicher, dass der/die Kritisierte weiß, warum die Sache misslungen ist? Wenn nicht, so wird sich der Fehler in kürzester Zeit wiederholen, was wiederum Ihren Zorn steigern, den nächsten Fehler aber auch nicht vermeiden wird. Sie wissen bereits, wo das hinführt: Motivation und Führungsqualität!

... sind Sie sicher, dass Sie in einer derartigen Situation vor anderen „geohrfeigt" werden wollen – ganz egal, ob Sie für den Fehler verantwortlich sind oder nicht.

... sind Sie sicher, dass der/die Kritisierte nach einigen Bandagen dieser Art noch gewillt ist, mit Ihnen zusammenzuarbeiten? Möglicherweise wird der Mitarbeiter nicht offen gegen Sie arbeiten, aber wenn Ihnen ein Fehler unterläuft, dürfen Sie nicht mit Gnade rechnen. Sie wissen: Motivation und Führungsqualität sind untrennbar miteinander verbunden!

Und wenn das Problem einen Kunden oder Klienten betrifft: Sind sie sicher, dass Sie den Auftrag zurücklegen und den Kunden verlieren möchten?

Welche Aspekte tragen zu einer fruchtbaren Kritik bei?

Das, was wir eben festgestellt haben, bedeutet aber nicht, dass jeder spontane Kommentar folgenschwer oder dass Kritiklosigkeit ein Wesensmerkmal hoher Führungsqualität und professionellen Auftretens ist. Wo etwas auszusetzen ist, muss dies auch klar und eindeutig und rechtzeitig geschehen. Sehen wir uns aber nun einige Aspekte an, die dazu beitragen sollen, dass **Kritik fruchtbar** gemacht werden kann:

Fruchtbare Kritik:
Termin vereinbaren
Gesprächsablauf planen
Gesprächsinhalt skizzieren
Spontaneität kontrollieren
Nicht vor anderen kritisieren
Kritik verständlich äußern
Klar und verbindlich formulieren
Wellenmodell einhalten

1. Wenn Sie bei einem Mitarbeiter ein Fehlverhalten festgestellt haben, das mehr als einer korrigierenden Äußerung bedarf, so platzen Sie nicht gleich mit einem Kritikschwall heraus. Das Einzige, was Sie spontan tun sollten, ist **möglichst bald ein Gespräch** zu **terminisieren** („Herr Steiner, bitte kommen Sie mit mir in mein Büro?", „Franz, können Sie bitte nach der Besprechung noch ein bisschen hier bleiben? Ich möchte mit Ihnen wegen der Sache am Freitag sprechen.", „Fräulein Bauer, ich muss mit Ihnen sprechen. Bitte kommen Sie heute, bevor Sie nach Hause gehen, in mein Büro.")
2. Zur **groben Planung** des Inhalts und Verlaufes des Gespräches haben Sie nun Zeit – zwischen ein paar Atemzügen im günstigsten Fall und einigen Stunden im ungünstigsten.
3. Wenn Sie ein paar Stunden Zeit haben oder wenn das Fehlverhalten derart gravierend ist, dass Sie sich voraussichtlich ein paar Stunden Zeit nehmen, so **skizzieren** Sie die **Inhalte schriftlich** vor.
4. **Kontrollieren** Sie Ihre **Spontaneität!** Sie kennen die Situation sicher: knapp nach dem hitzigen Gespräch wissen Sie, was Sie hätten sagen sollen und was nicht. Was kann Ihnen helfen, spontan und ehrlich zu sein und dennoch Dinge nicht zu sagen, die Sie später bereuen: etwa ein paar Atemzüge bevor Sie loslegen, oder eine Zusammenfassung der Situation, wie sie sich Ihnen darstellt (vgl. kontrollierter Dialog).
5. Planen Sie das Umfeld des Kritikgespräches! Sie dürfen Mitarbeiter vor anderen loben, aber **kritisieren Sie nie Mitarbeiter vor anderen!**

   Vielleicht scheint das Donnerwetter mehr Wirkung zu zeigen, wenn andere Zeugen anwesend sind, einige Argumente sprechen aber dennoch stark dagegen: Eine öffentliche Kritik ist eine öffentliche Demütigung. Haben Sie einen beliebten Mitarbeiter öffentlich gedemütigt, wird er zum Märtyrer für eine ganze Gruppe von Gefolgsleuten, die gegen Sie stehen. Haben Sie einen Außenseiter gedemütigt, steht immer noch niemand hinter ihnen, aber alle gegeneinander, weil jeder versuchen wird, nicht selbst zum Außenseiter zu werden – auf Kosten der Gruppe. In jedem Fall schüren Sie Angst: Angst davor, als Nächster dran zu sein. Fehler können daher nicht mehr eingestanden werden, die Motivation steuert in Richtung Fehlervermeidung um jeden Preis, nur ja nicht auffallen – und nicht in Richtung kreative, qualitätsvolle Arbeit. Ihr Büro, ein Besprechungszimmer, ein ruhiger Winkel am Gang, wo Sie nicht gleich jeder sieht und jeder mithören kann, sind Orte, an denen Kritikgespräche geführt werden können. Ihre Autorität sollte so sehr gegeben sein, dass Sie dem Kritikempfänger Platz anbieten können – Kaffee anzubieten hieße aber, ein falsches Zeichen zu setzen! Halten Sie den Raum um Ihrer eigenen Konzentration willen störungsfrei und die Türen geschlossen.
6. Kritik ist keine Hinrichtung! Das wesentliche Element beim Kritikgespräch ist nicht, dass der Kritikempfänger sich bestraft fühlt, sondern dass ihm/ihr **einsichtig wird,** was passiert ist, welche Folgen das Fehlverhalten (für die Abteilung, die Firma etc.) hat und was der Kritikgeber nun weiter von ihm/ihr erwartet. Weder Zynismus noch Scherze sind angebracht: Zynismus heißt: Ich habe Macht über dich, ich kann dir wehtun; Scherze bedeuten: Ich meine es ja gar nicht so! Beides ist mit den Zielen des Kritikgesprächs unvereinbar.
7. Kritik ist aber auch nicht gleich Feedback, obwohl Feedback Teil des Kritikgesprächs sein kann. Nachdem Sie klargestellt haben, wie sich das Fehlverhalten auf das Klima oder die Arbeit auswirkt, müssen Sie Flagge zeigen: Formulieren Sie **klar, eindeutig, verbindlich.**

Wie funktioniert das Wellenmodell der Kritik?

8. Bewährt hat sich das **Wellenmodell der Kritik.** Hier folgt auf jedes offensive Kritikelement (o) ein positiv-motivierendes (p): Wo lag der Fehler (o_1), was sind die gewünschten Verhal-

tensänderungen (p_1), welcher Fehler darf sich nicht wiederholen (o_2), was ist das positive Ziel (p_2)? Bei schwerwiegenden Problemen kann dem Gespräch eine weitere Negativ-Positiv-Welle folgen: die Sanktionsdrohung für den Wiederholungsfall (o_n) und die Hoffnung, dass es dazu nicht kommen wird (p_n).

Wie kann ein Kritikgespräch nun geplant, aufgebaut werden?

Am Beginn soll in klaren Worten das Thema des Gesprächs, der **Vorwurf** sachlich formuliert werden: Welcher Mangel, welcher Fehler, welches Fehlverhalten wurde vom Kritikgeber festgestellt?

Wie soll ein Kritikgespräch geplant werden?

A: „Bitte schließen Sie das Büro am Abend immer zu!"

B: „Tut mir leid, ich war gestern in Eile, da werde ich wohl vergessen haben …" (unter Umständen: Ende des Gespräches)

A: „Nicht nur gestern; in den letzten Wochen war Ihre Türe gut und gern zehnmal unversperrt." (unter Umständen: Ende des Gespräches)

A: „In unserem Gebäudekomplex ist in den letzten Monaten einige Male eingebrochen worden. Was nicht versperrte Türen für die Haftung der Versicherung bedeuten, ist wohl klar. Was werden Sie tun, um nicht wieder zu vergessen?"

B: „Ich werde mir einen Zettel auf die Türe kleben, den muss ich beim Hinausgehen ja sehen."
(„Ich halte das für eine gute Idee." unter Umständen: Ende des Gespräches)

A: „Sollten Sie wieder vergessen abzusperren, müsste ich sie schriftlich verwarnen. Bei einem Einbruch haften Sie dann wegen grober Fahrlässigkeit …

… Aber mit dem Erinnerungszettel an Ihrer Türe sollte es eigentlich klappen, oder?"

Wann wird ein Kritikgespräch fair?

Ja, aber …

Ein faires Kritikgespräch gibt dem Kritikempfänger die Möglichkeit einer **Rechtfertigung:**

- Stimmt der vorgestellte Sachverhalt? Möglicherweise ist das Gespräch hier bereits beendet, weil sich die Sache in einem anderen Licht zeigt oder eine andere Person Empfänger der Kritik sein sollte. (Wer es geschafft hat, nicht gleich zu explodieren, sondern kontrolliert vorzugehen, erspart sich nun die sonst fällige Entschuldigung!)
- Gibt es eine Erklärung für das Fehlverhalten? Liegt höhere Gewalt vor? Wurde für die Aufgabe, die Anlass zur Kritik gibt, die richtige Person ausgewählt? Wurde sie von den Vorgesetzten angemessen unterstützt? Von der Beantwortung dieser Fragen wird das weitere Vorgehen abhängen.

- Erkennt der Kritikempfänger sein Fehlverhalten: Wenn ja, kann zur Klärung übergegangen werden; wenn nein, muss dieses Verständnis in der Verstärkungsphase geschaffen werden.

Wenn sich herausstellt, dass nun wirklich ein Anlass für ein Kritikgespräch besteht, folgt die **Verstärkung** des Vorwurfs. Der Kritikgeber muss nun versuchen, seine persönliche Betroffenheit, den Schaden, der für das Projekt, die Abteilung, das Unternehmen etc. entstanden ist, die Konsequenzen des Fehlers deutlich zu machen. Vielleicht endet das Gespräch bereits hier mit einem **negativen Schluss,** was wieder zweierlei bedeuten kann:

Wie wirkt sich ein negativer Schluss aus?

- Sie belassen es bei der Verstärkung der Kritik, behalten gleichsam das letzte Wort. Eine hohe Wahrscheinlichkeit, das Problem zu lösen, hat dieser Schluss nicht, außer der Sprecher strahlt eine besondere Autorität aus.
- Wenn das Kritikgespräch in der Vergangenheit bereits die volle hier dargestellte Routine durchlaufen hat und deswegen notwendig wird, weil das Fehlverhalten erneut aufgetreten ist, bedeutet der negative Schluss die Sanktion: den angedrohten schriftlichen Verweis, die Aufkündigung der Zusammenarbeit etc.

Üblicherweise ist es das Ziel des Kritikgebers, nach dem Gespräch weiterhin mit dem Kritikempfänger zusammenzuarbeiten, nur eben unter verbesserten Voraussetzungen. Gemeinsam sollte versucht werden, eine **Klärung** der Situation zu erarbeiten: Was ist zu retten, zu verbessern, zu vermeiden?

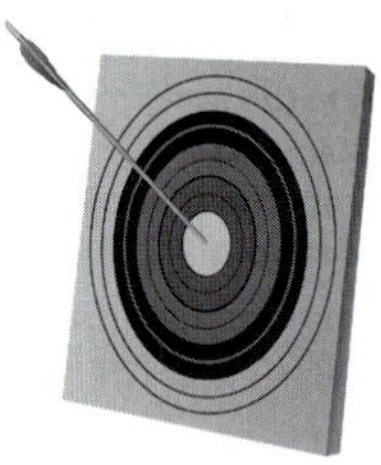

Je nach der Art des Vorfalles wird eine kurz-, mittel- und/oder langfristige Korrektur und Kontrolle als **Zielsetzung** besprochen werden: Welche Verbesserungen, Nacharbeiten, Leistungen sind bis wann wem vorzulegen, um sicherzustellen, dass eine Wiederholung des Fehlers vermieden wird?

Im vorigen Kapitel haben wir erkannt, dass Lösungen dann akzeptiert werden, wenn sie vom Lösungssuchenden selbst kommen. Was für das Beratungsgespräch galt, gilt auch für das Kritikgespräch: Je mehr der Kritikempfänger aktiv in den Prozess der Fehlerbeseitigung einbezogen wird, umso nachhaltiger wird die positive Verhaltensänderung sein, umso klarer wird die Notwendigkeit des Gespräches, ja auch etwaiger Sanktionen dem Kritikempfänger gegenüber sein.

Das Ziel, die positive Verhaltensänderung, muss dem Kritikempfänger aber auch klar sein. „Ist Ihnen also klar, was Sie tun sollen, um die Sache zu bereinigen?" Zu leicht passiert es, dass der Kritikempfänger sich auf diese Frage nur mit einem „Ja" antworten getraut, auch wenn beileibe nicht alles klar ist. Der Wille, nicht noch einmal einen Fehler zu begehen, ist da, die Gesprächstechnik reicht aber nicht aus, diesen Fehler zu vermeiden.

Wie funktioniert „Read it back"?

Read it back ist die Lösung, was sich nur schlecht mit „Wiederhole, was man dir gesagt hat" übersetzen lässt. Fordern Sie den Kritikempfänger also auf, wichtige Inhalte in eigenen Worten zu wiederholen.

Wie geht das, ohne schulmeisterlich zu klingen?

Etwa so: „Wie schätzen Sie den Schaden ein, der uns durch den Vorfall entstanden ist?", „Was werden Sie also bis kommenden Mittwoch tun, um die Sache in Ordnung zu bringen?", „Was werden Sie konkret unternehmen, um sicherzustellen, dass sich dieser Fehler nicht wiederholt?"

Wie wird ein positiver Schluss gezogen?

Suchen Sie einen **positiven Schluss.** Das heißt nicht, dass Sie mit einem „Schwamm-Drüber" enden sollen – sonst hätten Sie das Kritikgespräch gar nicht führen müssen. „Ich hoffe, dieses Gespräch hilft Ihnen, solche Vorfälle in Zukunft zu vermeiden.", „Ich bin sicher, dass Sie die Affäre wie besprochen bereinigen können.", „Das war eine ziemlich ungute Sache; ich bin aber überzeugt, dass Sie in Zukunft wieder eine so gute Arbeit leisten werden, wie wir das von Ihnen bisher gewohnt waren."

Eine Kette ist so stark wie ihr schwächstes Glied. Auch ein Team kann gemeinsam mit der Schwäche auch nur eines Mitarbeiters stehen oder fallen. Wenn Kritik rechtzeitig, eindeutig, konstruktiv stattfindet, wenn im Zentrum das positive Ziel steht, wenn der Kritikgeber es dem Mitarbeiter erlaubt, sein Gesicht zu wahren, wenn Mitarbeiter Fehler zugeben dürfen, dann ist das Team sogar stärker als sein schwächstes Glied!

Es mag überraschen, aber die Festlegung von „Strafmaßnahmen" ist bei den wenigsten Kritikgesprächen angebracht. Bei schwerwiegendem oder wiederholtem Fehlverhalten sollten Sie sich aber auch nicht scheuen, klipp und klar anzusprechen, welche **Sanktionen** Sie entweder sofort oder im Wiederholungsfall verhängen werden? Hierbei gilt:

Wie werden Sanktionen gesetzt?

- Drohen Sie nicht vorschnell oder ungerechtfertigt. Sie wissen: Hunde, die bellen, beißen nicht!
- Drohen Sie keine Sanktionen an, die Sie nicht wirklich verhängen können, wollen und würden.
- Sanktionen müssen dem Anlass entsprechend verhältnismäßig und arbeits- bzw. vertragsrechtlich gedeckt sein.

Paul Watzlawick

Axiom = unmittelbar einleuchtender, nicht beweisbarer Grundsatz

Peer Group = Gruppe einander unterstützender Menschen

9 Gruppen

„Man kann nicht nicht kommunizieren", lautet das erste Axiom von Paul Watzlawick. Sobald also einige Leute zusammentreffen, ergibt sich eine Gruppe, die sogleich zu kommunizieren beginnt. Und auch wenn jemand sich schweigend neben die Gruppe stellt, sagt diese Person damit etwas aus.

Die erste und wichtigste Gruppe ist unsere Familie („Primärgruppe"). Wenn wir unter Kommunikation in der Familie nur das Erlernen der Sprache verstehen, ist das viel zu wenig. Wir lernen hier Rollen übernehmen, moralische Maßstäbe aufbauen, Konflikte austragen, Zuneigung und Ablehnung ausdrücken und vieles andere mehr. Viele Defizite in Sekundärgruppen, also etwa Aggression in der Schule und im Betrieb, gehen darauf zurück, dass in der Familie unzureichend kommuniziert wurde.

Mit dem Eintritt in die Pubertät sucht der junge Mensch Anschluss an andere junge Menschen außerhalb der Familie. Diese **Peer Groups** kommunizieren nach eigenen Normen und zu eigenen Zwecken: Hier geht es um das Erwachsenwerden, die Identitätsfindung, die Kontaktaufnahme mit dem anderen Geschlecht.

Schon mit der Schule als Sekundärgruppe ergibt sich eine weitere natürliche Gruppe, die über lange Strecken prägend ist: die Arbeitsgruppe. Über sie werden wir in der Folge noch zu sprechen haben.

Was ist eine Ad-hoc-Gruppe?

Für unsere Betrachtungen von untergeordneter Bedeutung und nur am Rande erwähnt seien die **Ad-hoc-Gruppe,** die sich zu einem bestimmten Zweck oder in einer bestimmten Situation bilden und mit dem Wechsel der Situation wieder aufgelöst werden: Eine Gruppe von U-Bahn-Passagieren ist in ihrem Kommunikationsverhalten interessant, vor allem dann, wenn Unvorhergesehenes eintritt!

Anders verhält sich eine Projektgruppe: Sie ist der Spezialfall einer Arbeitsgruppe (auf beschränkte Zeit). Vieles, was für eine (junge) Arbeitsgruppe gesagt werden wird, trifft auch auf die Projektgruppe zu.

Welche Kommunikationsmuster gibt es in einer Gruppe?

Was sollten wir nun über **Gruppen** wissen? Welche Abläufe in einer neu entstehenden Gruppe (Anbieter und Kunde, Berater und Klient etc.) sind vorhersagbar? Welche **Kommunikationsmuster** kennen wir?

1. Eine Gruppe, egal ob sie fünf Minuten oder fünfzehn Jahre besteht, ist **immer in Bewegung.** Innerhalb der Gruppe wird das den Mitgliedern oft nicht bewusst, aber dennoch zum Verhängnis! Der Gruppenleiter, der über einige Grundbegriffe dieser Bewegung der Gruppe – oder Gruppendynamik – verfügt, kann dem Auskommen und Vorwärtskommen der Gruppe dienlich sein.
2. Entscheidende **Weichenstellungen** erfolgen **in den ersten Minuten,** in denen die Mitglieder einer Gruppe zusammentreten (Gesetz der ersten 180 Sekunden). Urteile – oft Vorurteile – die sich die Teilnehmer hier blitzschnell bilden, belasten oft die gesamte Arbeitsbeziehung. Denn meist bemerken wir in diesen kritischen Minuten Negatives an den anderen oder der Situation (Gesetz der negativen Polung). Häufig sind es optische Reize und gar nicht so sehr inhaltliche Elemente, auf denen die Urteile beruhen (Gesetz der optischen Prädominanz).
3. Eine Gruppe von mehr als 12 Personen ist **nie homogen.** Untergruppen müssen sich geradezu bilden. Verschwenden Sie Ihre Energien nicht damit, künstliche Harmonien herzustellen. Wenn die Gruppe/n ein gemeinsames Ziel anstrebt/anstreben und einen gemeinsamen Verhaltenskodex hat/haben, ist bereits viel vollbracht. Optimale Arbeitsgruppen haben gemäß dem Brook'schen Gesetz 5 bis 7 Teilnehmer.
4. Gruppen sind entweder an der Erreichung eines Zieles orientiert oder an der Herstellung einer Hackordnung. Solange der Kampf um die **Führung** nicht geklärt ist, bleibt die Gruppe beschränkt arbeitsfähig. Eine zielorientierte Gruppe kann in eine hierarchiesuchende Gruppe zurückfallen. Hier spielt die „Alpha-Rolle" entscheidend mit: Fachliche Autorität, persönliche Ausstrahlung, Leistungs- oder Zeitdruck lassen (oft nur temporär) eine Person den Ton angeben. Je reifer und zielorientierter die Gruppe ist, umso weniger Energie wird die Person, die die situative Kompetenz trägt, aufwenden müssen, um sich zu behaupten.
5. Daraus ergibt sich, dass Rollen nicht von einer Person allein getragen werden müssen. Mitunter schließen sich zwei oder drei Gruppenmitglieder zu einer **Untergruppe** mit einer Funktion zusammen (Paarbildung, Pairing): Wenn Sie, vor allem in kniffligen Situationen, mit einem Gruppenmitglied zu sprechen glauben, erkennen Sie plötzlich eine scheinbare Front; gemäß der Clausewitz-Doktrin wird hier getrennt marschiert und vereint geschlagen. Dies gilt insbesondere für den Fall, dass Sie gegen ein Gruppenmitglied ver-

7 Nützliche Techniken und Tools

bal vorgehen: Auch wenn Sie einen Außenseiter zu „prügeln" glauben – gerade mit diesem Außenseiter werden Sie die Gruppe gegen sich vereinen!

Was sind aktive und passive Rollen?

6. In jeder Gruppe übernehmen Gruppenmitglieder **Rollen, also Verhaltensmuster,** die über längere Zeit innerhalb der Gruppe durchgezogen werden, selbst wenn sie außerhalb der Gruppe bei ein und demselben Gruppenmitglied nicht feststellbar sind.

   Zu den **aktiven Rollen** (Rollen, die das Gruppenmitglied anstrebt) zählen

   - der informelle Führer (der Ideenlieferant),
   - der Oppositionelle (der Besserwisser),
   - der Tüchtigste (das Arbeitstier).

   Zu den **passiven Rollen** (Rollen, in die das Gruppenmitglied gedrängt wird) zählen:

   - der Spaßmacher: ein Unterhalter, der sonst oft nur durch Hilfsdienste auffällt; Böswillige bezeichnen ihn als Gruppenclown. Sein Humor ist mitunter Frustration und wirkt destruktiv, obwohl an der Oberfläche die Stimmung gut ist.
   - der Angepasste: ist immer bei der Mehrheit dabei, nie gegen den Gruppenführer.
   - der Beliebteste: oft ein Schulterklopfer (Everybody's Darling), oft wirklich die Person, die wegen der kommunikativen Fähigkeiten als Ratgeber, nicht aber als Gruppenführer geschätzt wird.
   - der Außenseiter: Aus irgendeinem Grund ist er/sie nicht „dabei", so sehr er/sie sich auch bemüht! Manchmal auch als Intrigant auftretend.

Welche Führungsstile gibt es?

7. Die Führung der Gruppe entscheidet über ihr Verhalten. Grundsätzlich können **vier Führungsstile** unterschieden werden:

   - **der autokratische Stil:** Die handelnden Personen sind hier zwischen dem Diktator und einer überhöhten Vaterfigur angesiedelt, der zuliebe man alles tun wird. Es herrschen geringes Gruppengefühl, ich-zentrierter Wortschatz, Angst, Vergeltungswünsche vor. Versuche der Auflehnung kosten die Gruppe Energie.
   - **der Laissez-faire-Stil:** Der Gruppenführer enthält sich jeder Führung, die Gruppe bestimmt alles. Letztendlich bestimmen informelle Führer in diktatorischer Form, denn eine Laissez-faire-Gruppe ruft nach dem „eisernen Besen"! Was als größtmögliche Demokratie gepriesen wurde, stellte sich bald als bedenkliche Gleichgültigkeit des Führenden heraus.
   - **der demokratische oder kollegiale Führungsstil:** Der Gruppenleiter bekennt sich zu seiner Leitungsfunktion, anstehende Probleme werden aber von der Gruppe gemeinsam unter der (Gesprächs-)Leitung des Gruppenführers gelöst. Autorität tritt gegenüber inhaltlicher Führung zurück, d. h., dort, wo ein Mitarbeiter besondere Fähigkeiten zeigt, wird er auch die Gruppe führen. Hier entsteht ein Wir-Gefühl, die Zusammenarbeit klappt auch, wenn der Gruppenleiter nicht anwesend ist.
   - **Führung durch die Gruppe selbst:** Die Verselbständigung des kollegialen Stiles; das Ziel steht dermaßen im Zentrum, die Gruppe ist so eingespielt, dass Führung keine Frage ist. Diese Form der Gruppenarbeit lässt sich meist nur über gewisse Strecken innerhalb des demokratischen Stiles bei einer reifen Gruppe durchhalten.

Welche Techniken der Kommunikation in der Gruppe gibt es?

Die Kommunikation innerhalb einer Gruppe erfordert natürlich auch spezielle Techniken und Vereinbarungen. Die Psychoanalytikerin **Ruth Cohn** hat einige wesentliche Techniken zusammengefasst, die im Folgenden mit anderen, allgemeinen Aspekten vorgestellt werden:

1. Jede der folgenden **Regeln** kann **ad absurdum** geführt werden. Wenn etwa Störungen nur noch angemeldet werden, um sich interessant zu machen, wenn zu wenig Selbstdisziplin herrscht, wenn Demagogie und Ideologie vorherrschen, wenn die Hackordnung wichtiger ist als das Ziel, so sind die hilfreichsten Regeln nichts als unnützer Ballast.
2. Sei dein **eigener Chairman!** Jedes Gruppenmitglied entscheidet selbst, ob und was er/sie zur Gruppenarbeit beitragen möchte.
3. **Störungen** haben Vorrang. Es hat keinen Sinn, aus Gruppensolidarität Totpunkte oder Störungen niederzuarbeiten. Was ein Gruppenmitglied stört, soll ausgesprochen werden.
4. Vieles, was angesprochen wird, ist nicht als Inhalt, sondern als **Signal** (Beziehungsebene) bedeutend: Kann der Gruppenführer dies erkennen und thematisieren?
5. Wenn die Gruppe eine Störung anzeigt (z. B. „Schwätzen"), **hat die Gruppe** meist das **Problem.** Besonders unerfahrene Gruppenleiter meinen, jedes Gespräch (und um wie viel mehr erst jedes Grinsen!) innerhalb der Gruppe zeige, dass über ihn/sie gesprochen werde. Wer diesen Irrglauben nicht ablegt, verunsichert sich selbst bis zum Rand des Verfolgungswahns!
6. Was diese Störungen sehr wohl anzeigen, liegt auf einer ganz anderen Ebene: Ein Gruppenmitglied hat einen Satz nicht gehört oder nicht verstanden, Müdigkeit macht sich breit,

die Konzentration sinkt (jemand fragt daher den Nachbarn, ob er den Film gestern auch gesehen habe), ein Gruppenmitglied moniert bei seinem Nachbarn eine Jausen- oder Rauchpause, ein Gruppenmitglied lobt die Qualität des Vortrages, kritisiert die Luft, die Temperatur im Raum etc. Sie haben bemerkt, dass Gewand, Stimme, Aussehen des Gruppenleiters, ein Versprecher oder seine/ihre Kompetenz gar nicht besprochen werden müssen!

7. Der **Moderator** (Gruppenleiter) beteiligt sich inhaltlich nicht an der Diskussion, er lenkt, fasst zusammen, stellt richtungsweisende Fragen, beachtet die Redezeit und Fairness der Beiträge, schließt die Diskussion und wertet sie aus. Zur Visualisierung des Gesagten kann ein zweiter Moderator herangezogen werden.
8. **Zuhören** ist Schwerarbeit, aber unerlässlich. Die Aufnahmekapazität der anderen darf nicht überfordert werden. Der Einzelne soll nur sprechen, wenn er etwas zu sagen hat und strukturiert spricht, der Gruppenführer soll bei fehlender Struktur den roten Faden schaffen.
9. Der **kontrollierte Dialog** hilft, Inhalte zu fixieren und lange Statements zu konkretisieren.
10. Was gezeigt wird, wird besser aufgenommen, als was gesagt wird. **Visualisieren** stellt eine große Kommunikationshilfe dar. Tafel, Pinnwand, Flipchart und Overhead-Projektor sollten zu alltäglichen Gebrauchsgegenständen der Gruppe werden.

Üben

Übung zur Körperhaltung und zum N-N-Kontakt

Sehen Sie sich die beiden Abbildungen von Face-to-Face-Gesprächssituationen auf Seite 169 an. Welche Situation halten Sie für echter, persönlicher? Welche Situation entspricht einem schnellen „Hallo, wie geht's?", welche deutet auf ein längeres, ernsthaftes Gespräch? Versuchen Sie, die Körperhaltung für Ihre Begründung heranzuziehen.

Übungen zur Stimme

- Löwengebrüll: Stellen Sie sich so auf, dass Sie die Hände vor sich strecken können. Nun werden wir etwas tun, was im vorigen Abschnitt „verboten" wurde: Atmen Sie ganz tief ein und beginnen Sie mit vollen Lungen sofort und laut wie ein Löwe „uuaahhh" zu brüllen. Strecken Sie nun tatsächlich die Hände vor, als ob Sie einen Ball von hinter dem Kopf nach vorne werfen würden. Lassen Sie das Gebrüll mit Ihrer Atmung „die Hände entlang" strömen. Nach einigen Sekunden werden Sie leiser werden, die Stimme wird sich senken. Knapp bevor Sie wieder einatmen wollen, sollten Sie sich in der Indifferenzlage befinden. Versuchen Sie, diesen relativ tiefen, satten Ton nach dem Einatmen gleich wieder zu treffen. Wenn das nicht gelingt, wiederholen Sie das Löwengebrüll.
- Bringen Sie sich zum Gähnen. Der Schlusston des – sonst ungebührlichen – Gähnlauts kommt in der Indifferenzlage. Sprechen Sie von hier einige Sätze weiter.
- Stellen Sie sich vor, Sie sitzen im Kino und sehen einen langweiligen Film. Sie wollen nicht stören, fragen aber ihren Nachbarn mit leiser, für Sie tiefer Stimme, knapp über dem Flüstern: „Wie spät ist es, bitte". Die leise, tiefe Stimme ist die Indifferenzlage.

Übungen zur Transaktionsanalyse

Ordnen Sie zu, aus welchen Ich-Zuständen die folgenden Aussagen kommen könnten (ohne weiteren Kontext sind Mehrfachvermutungen möglich):

- „So pass doch bitte auf, wenn ich etwas sage!" – „Reg dich nicht gleich so auf …"
- „Wann können wir die nächste Besprechung ansetzen?" – „Für Sie ist die Zeit schon knapp, nicht wahr?"
- „Warte, ich packe dir die Unterlagen schon ein." – „Danke, sehr freundlich."
- Formulieren Sie für die folgenden Situationen Aussagen aus den verschiedenen Ich-Ebenen. Ergänzen Sie die Aussagen zu Transaktionen, indem Sie auch mögliche Antworten darauf finden:
  - Sie beschweren sich über eine verspätete Lieferung.
  - Sie müssen eine Einladung eines Kollegen zum Abendessen ablehnen.
  - Sie haben über ein Buch/einen Film eine andere Meinung als Ihr Gesprächspartner.

Übung zum Gruppengespräch

Organisieren Sie sich in Dreiergruppen. Eine Person ist der „Berater", die andere der „Ratsuchende", die dritte ein Beobachter. Der Ratsuchende soll mit dem Berater nur dann in ein tieferes Beratungsgespräch gehen, wenn der Berater die Zeichen einer entsprechenden Haltung erkennen lässt; andernfalls sprechen Sie den Kern des Problems nicht an, brechen das Gespräch ab und geben gemeinsam mit dem Beobachter dem Berater konkretes Feedback, warum keine positive Beziehungsebene zustande gekommen ist.

Kommt das Beratungsgespräch zustande, besprechen Sie im Anschluss daran gemeinsam mit dem Beobachter den Verlauf: Was hat der Berater getan, dass das Gespräch aufgenommen wurde, wie hat der Berater das Gespräch geführt?

Mögliche Gesprächsanlässe:

- Ein Krankheitsfall in der Familie des Ratsuchenden führt zu Schwierigkeiten, Arbeiten termingerecht fertig zu stellen. Sie sprechen mit Ihrem Abteilungsleiter.
- Sie suchen bei einem befreundeten Kollegen Rat: Eine Konkurrenzfirma hat Ihnen ein gutes Angebot gemacht.
- Sie vermuten, dass Ihr Abteilungsleiter ein Alkoholproblem hat. Als neuer Mitarbeiter versuchen Sie mit einem Kollegen darüber ins Gespräch zu kommen und Ihre weitere Vorgangsweise zu überlegen.

Übung zum Kritikgespräch

Organisieren Sie sich in Dreiergruppen. Eine Person ist Kritikgeber, die zweite Kritikempfänger, die dritte ein Beobachter. Besprechen Sie nach dem Kritikgespräch gemeinsam den Verlauf.

Mögliche Gesprächsanlässe:

- Ein junger Kollege, mit dem Sie zusammen einen Bericht erstellen müssen, gibt seine Texte immer zu spät und schlampig bearbeitet an Sie weiter.
- Ein Kunde ruft Sie mehrmals pro Woche an, um Adaptionen an seinem Auftrag zu fordern.
- Sie sprechen mit Ihrem Abteilungsleiter, denn Sie haben den Eindruck, dass Ihr Team in letzter Zeit immer mehr und kurzfristigere Arbeitsaufträge erhält, obwohl Ressourcen gekürzt wurden.

Anweisungen für die Projektpraxis

Aufgabe A

Bilden Sie Gruppen in der Größe von 3 bis 5 Personen.

Überlegen Sie sich Szenarien für Beratungs- und Kritikgespräche. Greifen Sie dabei auf Ihre Erfahrungen mit der Arbeit in Projektgruppen zurück.

Führen Sie diese Gespräche mit Beobachtern durch.

Beschreiben Sie, welche Kenntnisse und Fähigkeiten Sie in Bezug auf Kommunikationstechniken bereits besitzen und welche Sie noch erwerben wollen.

Aufgabe B

Halten Sie Statements aus der aktuellen Projektarbeit fest und finden Sie darauf Antworten, die aus den verschiedenen Ich-Zuständen gegeben werden könnten. Bewerten Sie die Transaktionen aus diesen Mini-Dialogen: Was bedeuten Sie für die Zusammenarbeit innerhalb der Projektgruppe?

Sichern

Basistechniken der Kommunikation

Zu den Basistechniken der Kommunikation gehören das rhetorische Instrumentarium, Zuhörtechniken, der kontrollierte Dialog, Ich-Botschaften und Feedback sowie die Techniken der produktiven Gesprächsführung.

rhetorisches Instrumentarium

Das rhetorische Instrumentarium beinhaltet die Körpersprache, den Blickkontakt, die Mimik und die Gestik, die Körperhaltung, Haltung von Armen, Händen und Beinen sowie die Stimme.

dreidimensionales Sprachgitter
Das dreidimensionale Sprachgitter umfasst die stimmlichen Veränderungen in hoch – tief, laut – leise und langsam – schnell.

akzeptierende Grundhaltung
Zur akzeptierenden Grundhaltung gehört, den anderen ernst zu nehmen, ihn ausreden zu lassen, ihn anzusehen und ihn mit seinem Namen anzureden sowie Pausen zu ertragen.

kontrollierter Dialog
Der kontrollierte Dialog hilft, das inhaltliche Verständnis zu sichern und beinhaltet ein Pacing mit Rückfragen.

Ich-Botschaften
Ich-Botschaften werden in den drei Schritten *Situation – meine Reaktion – mein Wunsch* formuliert.

Transaktionsanalyse
Die Transaktionsanalyse nach dem Ehepaar Harris geht von der Annahme aus, dass wir bei unseren Handlungen nach bestimmten Mustern aus dem Erfahrungsschatz agieren.

Bewusstseinszustände der Transaktionsanalyse
In der Transaktionsanalyse werden die Bewusstseinszustände *angepasstes Kindheits-Ich, natürliches Kindheits-Ich, rebellisches Kindheits-Ich, fürsorgliches Eltern-Ich, kritisches Eltern-Ich* und *Erwachsenen-Ich* unterschieden.

unkomplizierteste Art der Gesprächsführung
Die unkomplizierteste Art der Gesprächsführung gelingt, wenn zwei Personen im Erwachsenen-Ich kommunizieren bzw. bei parallelen Transaktionen im Erwachsenen-Ich, dem unterstützenden Eltern-Ich und dem natürlichen Kind-Ich.

Techniken für Beratungsgespräche
Beratungsgespräche werden durch die Techniken des Türöffners, der das Gespräch in Gang bringt, das aktive Zuhören und die akzeptierende Grundhaltung sowie das Redenlassen unterstützt.

Ziel des Kritikgesprächs
Ziel des Kritikgespräches ist es, einen Mangel, einen Fehler bzw. ein Fehlverhalten dem anderen vor Augen führen, Abhilfe zu schaffen und Vorbeugemaßnahmen zu ergreifen.

fruchtbarer Verlauf von Kritikgesprächen
Ein Kritikgespräch kann fruchtbar verlaufen, indem z. B. das Gespräch terminisiert, Inhalt und Verlauf des Gesprächs geplant, die eigene Spontaneität kontrolliert, ein Mitarbeiter nie vor anderen kritisiert, die Kritik klar und eindeutig formuliert wird und auf jedes offensive Kritikelement ein positiv-motivierendes folgt.

Wellenmodell des Kritikgesprächs
Im Wellenmodell des Kritikgesprächs folgt auf jedes offensive (o) Kritikelement ein positiv-motivierendes (p). Es kann folgendermaßen verlaufen: Vorwurf, Rechtfertigung, Verstärkung (negativer Schluss), Klärung und Zielsetzung, Read it Back – entspricht „wiederhole, was man dir gesagt hat" (positiver Schluss), Sanktionen, Erwartung (positiver Schluss).

Verhalten der Projektgruppe (Arbeitsgruppe)
Eine Projektgruppe ist eine spezielle Arbeitsgruppe, die sich besonders verhält. Sie ist dadurch gekennzeichnet, dass sie immer in Bewegung ist, die entscheidenden Weichenstellungen in den ersten Minuten erfolgt, die optimale Gruppengröße 5 bis 7 Personen beträgt, die Gruppe Ziele erreichen oder eine Hackordnung aufstellen möchte, Mitglieder sich oft zu Untergruppen zusammenschließen, die Mitglieder über längere Zeit Rollen übernehmen und die Führung der Gruppe über deren Verhalten entscheidet.

Techniken für die Kommunikation in der Gruppe
Die folgenden Regeln sind wesentlich für die Kommunikation in der Gruppe:
- Jede Regel kann ad absurdum geführt werden.
- Jedes Gruppenmitglied entscheidet selbst über die eigene Mitarbeit.
- Störungen und bedeutende Signale (Beziehungsebene) sollten angesprochen werden.
- Störungen sind oft auf die Gruppe zurückzuführen und nicht auf den Gruppenleiter.
- Moderatoren beteiligen sich nicht inhaltlich an der Diskussion.
- Zuhören ist unerlässlich.
- Durch den kontrollierten Dialog werden Inhalte fixiert.
- Visualisieren stellt eine wichtige Hilfe dar.

Wissen

SbX ID: 4903

SbX
Fragen 1–3 mit automatischer Aufgabenkontrolle
ID: 4903

erledigt ☑
Frage 1 ☐
Frage 2 ☐
Frage 3 ☐

Kontrollfragen und -aufgaben

1. Welche Elemente stehen Ihnen als rhetorisches Instrumentarium in Kommunikationssituationen zur Verfügung?
2. Welche zielorientierten, konfliktvermeidenden Techniken haben Sie in diesem Kapitel noch kennengelernt?
3. Welche Ich-Zustände kennt die Transaktionsanalyse? Welche Transaktionen sind konfliktarm, welche konfliktträchtig? Warum?
4. Nennen Sie die Bedingungen für ein positives Beratungs- und Konfliktgespräch.
5. Welche Basistechniken der Kommunikation kennen Sie?
6. Welche Dimensionen sollten Sie bei der stimmlichen Veränderung berücksichtigen?
7. Wie demonstrieren Sie eine akzeptierende Grundhaltung?
8. Wobei hilft der kontrollierte Dialog?
9. In welchen Schritten werden Ich-Botschaften formuliert?
10. Was ist das Ziel eines Kritikgespräches?
11. Wie verläuft ein Kritikgespräch nach dem Wellenmodell?
12. Wodurch ist die Projektgruppe als Arbeitsgruppe gekennzeichnet?
13. Welche wesentlichen Regeln für die Kommunikation in der Gruppe sollten Sie anwenden?
14. Welche Theoretiker, die sich mit der Kommunikation beschäftigen, haben Sie kennengelernt?

SbX
Alle SbX-Inhalte zu dieser Lerneinheit finden Sie unter der ID: 4904.

Lerneinheit 4
Konfliktmanagement

Und plötzlich ist es da, das flaue Gefühl in der Magengrube. Hervorgerufen durch die Notwendigkeit, eine Entscheidung zu treffen. (Erledige ich heute Nacht die Terminarbeit, die von gestern übriggeblieben ist, oder gehe ich mit Freunden ins Kino?) Oder weil jemand anderer mit einer Konflikttüre in unser Haus fällt. (Sie erfahren, dass ein Kollege ein Fest gefeiert hat. Alle Mitarbeiter Ihrer Abteilung waren dort. Sie wurden nicht eingeladen. – Ihr Unmut über einen Kollegen, der im gemeinsamen Arbeitszimmer raucht, lässt sich kaum mehr kontrollieren.) Üblicherweise reagieren wir auf solche Spannungsfelder intuitiv. Zu oft bemerken wir später, dass unsere Art, mit Ärger umzugehen, nicht gerade von Vorteil war. Wie schön wäre das Leben, wenn es keine Konflikte gäbe!

Lernen

SbX ID: 4905

SbX
ID: 4905
Bildschirmpräsentation zu dieser Lerneinheit

1 Einführung

Soll man nun versuchen, Konflikte zu vermeiden oder sie sogar suchen? Tatsache ist: Man entkommt ihnen ohnehin nicht. Wer Konflikte unter den Teppich kehrt, bringt sie zwar vorübergehend aus dem Gesichtsfeld. Aber der Teppich wird dadurch immer höher, irgendeinmal kann man im Zimmer nicht mehr aufrecht gehen. Erst dann den Konflikt zu bearbeiten heißt, Altlasten unnötigerweise mitbereinigen zu müssen. Sinnvoller ist es, Konflikte dort, wo sie aufgetreten sind, zu bearbeiten. Was dabei hilft, sind

Was hilft bei der Konfliktbearbeitung?

- die Kenntnis von Grundlagen der Konflikttheorie,
- die Kenntnis geeigneter Kommunikationsmethoden,
- Erfahrung und
- entschlossenes, prozessbegleitendes Vorgehen.

Konflikt, Streitgespräch, verschiedene Meinungen prallen aufeinander. Sehen Sie eine solche Situation als etwas Positives oder etwas Negatives?

Polemos pater panton. (Heraklit)

πολεμοζ πατηρ παντων – Der Krieg ist der Vater aller Dinge, sagten die Griechen. „polemos" kann man aber auch anders übersetzen, etwa mit „Konflikt". Dort, wo alles eitel Wonne ist, geht nichts wirklich weiter. Neue Ideen und Entwicklungen brauchen eine Art von Leidensdruck, brauchen Reibebäume und Widerstände. Konflikte können konstruktiv sein. Konflikte sind ein charakteristisches Merkmal aller lernenden Systeme. Das gilt für den einzelnen Menschen genauso wie im beruflichen und privaten Bereich.

Und dann gibt es da noch den Streit, die Schlammschlacht, die sich vielleicht aus einem Missverständnis entwickelt und immer gehässiger wird. Konflikte können destruktiv sein.

Was kennzeichnet konstruktives, was destruktives Konfliktdenken?

altes, destruktives Konfliktdenken	neues, konstruktives Konfliktdenken
Konflikte stören, sie sind überflüssig und hemmen den natürlichen Lauf der Dinge.	Konflikte gehören zum natürlichen Lauf der Dinge; in allen Veränderungs- und Entwicklungsprozessen sind Konflikte notwendig und unabwendbar.
Konflikte haben einen Auslöser. Diese Auslöser können Personen, Dinge oder Situationen sein. Konflikte lösen heißt, diesen Auslöser, den Sündenbock, aufdecken und ausschalten.	Konflikte haben eine komplexe Vorgeschichte. Alle Konfliktpartner müssen gleichberechtigt und unvoreingenommen in die Analyse der Vorgeschichte eingebunden werden.
An Konflikte muss man rational, logisch und analytisch herangehen. Emotionen sind Gift.	An Konflikte soll man analytisch, intuitiv und kreativ herangehen. Emotionen kann man nicht ausschalten, man muss sie bearbeiten.

altes, destruktives Konfliktdenken	neues, konstruktives Konfliktdenken
In einem Konflikt gibt es notwendigerweise Gewinner und Verlierer („Win-lose"-Situation).	Keine Partei kann einen Konflikt gewinnen, weil er sonst unterschwellig und langfristig weitergärt („Lose-lose"-Situation). Ziel muss sein, dass beide Seiten gewinnen („Win-win"-Situation).
Ein Kompromiss ist die beste Konfliktlösung – beide Seiten geben ein bisschen nach.	Der Konsens ist die anzustrebende Konfliktlösung. Beide Seiten verhandeln auf der Sach- und Beziehungsebene so lange, bis alle intrinsischen Faktoren (Bedürfnisse, Ängste, Vorurteile etc.) und extrinsischen Faktoren (Sachzwänge, Vorgaben etc.) bekannt, verstanden und akzeptiert sind.

Von welchen Faktoren hängt der Konfliktverlauf ab?

Ob Konflikte konstruktiv oder destruktiv verlaufen, hängt hauptsächlich von vier Faktoren ab:

- ob klar herausgearbeitet wird, welche Personen welche Konflikte „besitzen" **(Konfliktart)**
- welche **Konfliktcharaktere** daran beteiligt sind und welche Konfliktstile sie anwenden
- in welcher **Eskalationsstufe** sich der Konflikt befindet
- ob der Konflikt **moderiert** wird oder ungezügelt dahingaloppiert

Was sind intrapersonelle, was interpersonelle Konflikte?

Ein Konflikt existiert, sobald ihn ein Beteiligter wahrnimmt. Diese Wahrnehmungsschwelle ist gleitend und individuell und situativ sehr unterschiedlich. Hat ein Mensch ein Problem gleichsam mit sich selbst, sprechen wir von einem **intrapersonellen** Konflikt. Ein **interpersoneller** Konflikt liegt hingegen vor, wenn die unterschiedliche Bewertung einer Situation von verschiedenen Menschen oder Organisationen geteilt wird. Häufig treten beide Formen vermischt auf. Sie bei der Konfliktanalyse sauber zu trennen, ist ein erster Schritt zur erfolgreichen Bewältigung: Intrapersonelle Konflikte können nur von der Person selbst (nicht von einem Berater!), interpersonelle Konflikte nur zwischen allen involvierten Parteien (vielleicht aber mithilfe eines Beraters) gelöst werden.

2 Einteilung von Konflikten

Kurt Lewin (1890–1947) beschäftigte sich als Psychologe mit der Gruppendynamik.

Einteilung von Konflikten (nach Kurt Lewin):

Wie werden Konflikte nach Kurt Lewin eingeteilt?

intrapersonelle Konflikte	interpersonelle Konflikte
• **Annäherungs-Annäherungs-Konflikt:** Beide Alternativen, zwischen denen die Person entscheiden muss, sind erstrebenswert, können aber nicht zugleich erreicht werden. (Ich will möglichst viel Freizeit und möglichst schnell Karriere machen.) • **Vermeidungs-Vermeidungs-Konflikt:** Von zwei nicht erstrebenswerten Alternativen muss die Person sich für eine entscheiden. (Der Fuhrpark des Unternehmens ist veraltet, es stehen aber momentan keine Mittel für Investitionen zur Verfügung.) • **Annäherungs-Vermeidungs-Konflikt:** Die Person muss eine Entscheidung treffen, die sowohl Positives als auch Negatives mit sich bringt. (Der angebotene Aufstieg ins Management der Firma in einer anderen Stadt ist verlockend, die Familie will aber nicht übersiedeln.)	• **Ziel- oder Beurteilungskonflikt:** Im Management eines Unternehmens herrscht Uneinigkeit, ob die Konkurrenzfähigkeit durch Personalabbau oder einen Investitionsschub verbessert werden kann. • **Rollen- oder Identitätskonflikt:** Ein firmeninternes Seminar wird von einem jungen Mitarbeiter geleitet. Der Chef ist einer der Teilnehmer, sein Handy läutet oft und stört die Arbeit. • **Verteilungskonflikt:** Fünf Abteilungsleiter müssen sich vier Büros teilen. • **Beziehungskonflikt:** In die technische Abteilung einer Firma kommt eine junge Diplomingenieurin. Der Abteilungsleiter ist bekannt dafür, dass er Frauen kein technisches Verständnis zutraut.

3 Konfliktstile

Jeder Mensch bringt eine komplexe Vergangenheit mit, in der es reichlich Erfahrung mit Konflikten gegeben hat. Um für sich selbst oder mit anderen Konflikte bearbeiten zu können, ist es zunächst ratsam, die verschiedenen Konfliktstile zu kennen.

Das **Grid-Modell** kennen Sie vielleicht bereits vom Führungsstil-Raster von Blake-Mouton. Hier hilft es uns, die verschiedenen Ausprägungen der Konfliktstile zu verdeutlichen. Der Text in den Wolken beschreibt den Konfliktcharakter der agierenden Person.

Welche Konfliktstile gibt es?

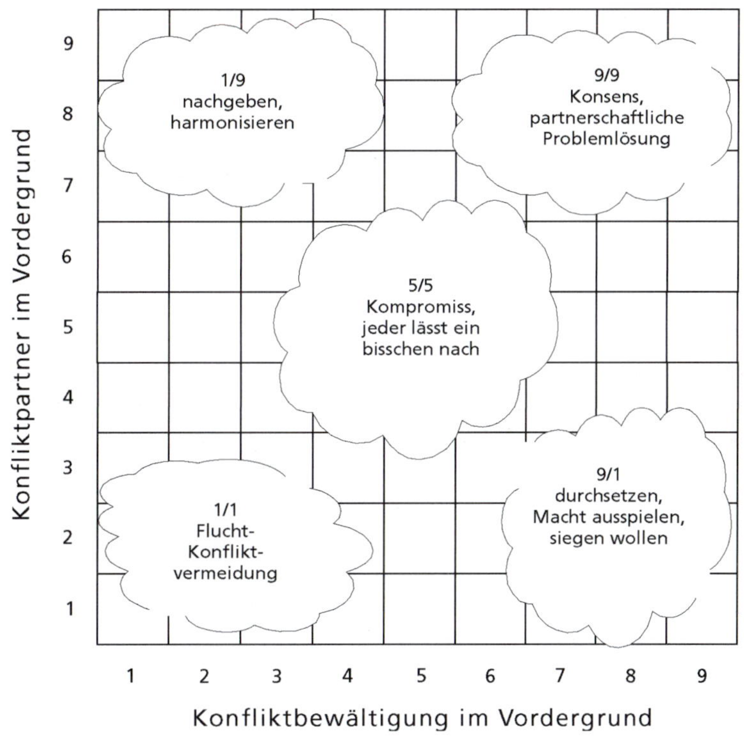

Abb. 7-8 Grid-Modell

4 Konflikteskalation

Interpersonelle Konflikte haben die Tendenz, zu eskalieren. Wir kennen das seit dem Kindergarten, wo eine Lappalie zu einem Wortgefecht und schließlich zu einer handfesten Rauferei führt.

Das Schema aus dem Kindergarten gilt auch für alle privaten und betrieblichen Konfliktsituationen, ja bis zu kriegerischen Auseinandersetzungen. Das Grundprinzip dabei ist teuflisch einfach: Wer sich angegriffen fühlt („Geht das nicht flotter?"), will mit seinem Gegenüber gleichziehen und kontert („Ich arbeite sicher nicht langsamer als du …") – aber mehr als das, nach dem Gleichziehen legt man „noch ein bisschen nach" („…, aber ich habe sicher weniger Tippfehler in meinen Texten"). Und der Konfliktpartner tut genau das Gleiche („Von wegen Tippfehler! Wenn man über deine Texte nicht noch einmal drübergeht, versteht sie kein Mensch."). Worauf der Erste wiederum … die Konfliktspirale beginnt sich zu drehen.

Wie dreht sich die Konfliktspirale?

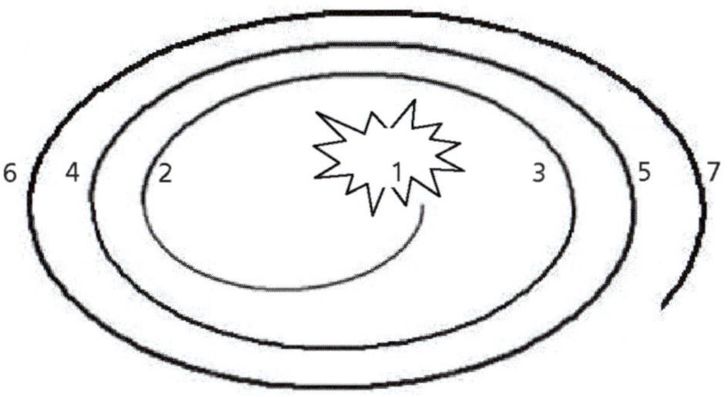

Die Konfliktspirale

(1) … und plötzlich entzündet sich ein Konflikt,
(2) B kontert und legt noch ein bisschen nach,
(3) A gleicht aus und legt noch ein bisschen nach,
(4) B gleicht aus und legt noch ein bisschen nach,
(5) A gleicht aus …
(6) …

Abb. 7–9 Konfliktspirale

Je früher ein Konflikt bearbeitet wird, umso geringer ist der Aufwand, ihn beizulegen oder ins Positive zu wandeln. Im Konfliktmanagement unterscheidet man nach Friedrich Glasl 9 Eskalationsstufen, die jeweils eine andere Strategie der Bearbeitung erfordern.

Welche 9 Eskalationsstufen nach Friedrich Glasl kann man unterscheiden?

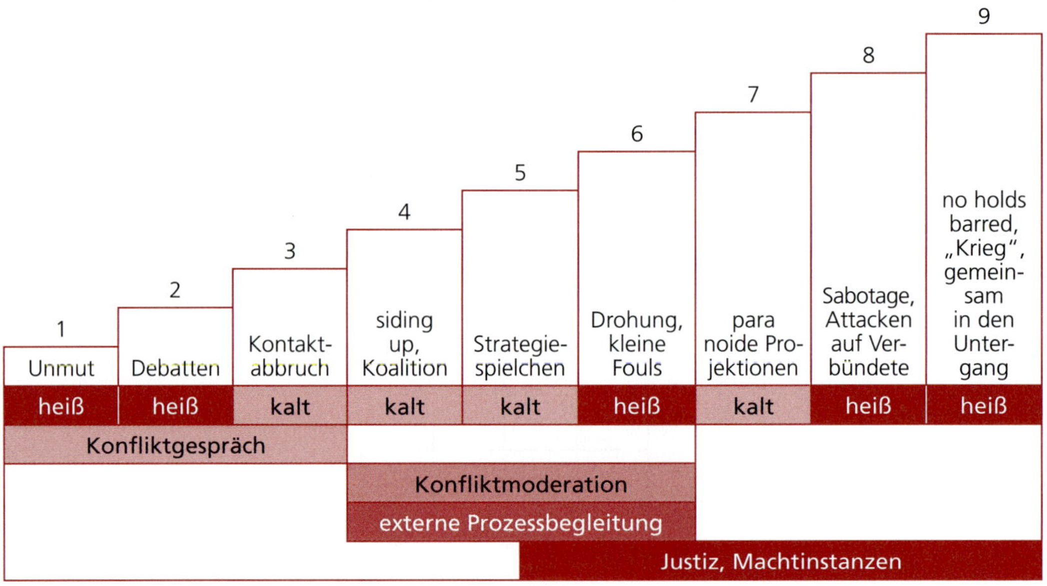

Verfolgen wir den Verlauf eines Konfliktes anhand eines Beispiels aus dem Grid-Test:

In Ihrer Arbeitsgruppe bringt ein Mitglied wiederholt Einwände gegen Beiträge der anderen Kollegen vor, der Arbeitsfluss verlangsamt sich.

Unmut
heiß

Phase 1	Der Konflikt ist **heiß,** was bedeutet, dass in dieser Phase offenes Konfrontationsgehabe deutlich wird, selbst wenn das nur kleine verbale oder non-verbale Signale des Unmuts sind.

→ erfolgreiches Konfliktgespräch, Konflikt „schläft ein"	Ende
→ erfolgloses oder kein Konfliktgespräch, der Konflikt wird thematisiert	Phase 2
→ erfolgloses oder kein Konfliktgespräch, der Konflikt wird „unter den Teppich gekehrt"	Phasen 3–5

Debatten
heiß

Phase 2	Beide Konfliktparteien besprechen die Lage, sie stellen ihre Sicht dar und lassen meist die Sicht der anderen nicht gelten.

→ erfolgreiches Konfliktgespräch, sachliche Diskussion bringt Entschärfung	Ende
→ erfolgloses oder kein Konfliktgespräch: der Konflikt eskaliert	Phase 3

Kontaktabbruch
kalt

Phase 3	Der Konflikt wird **kalt,** d. h., die Teilnehmer begeben sich in eine Rückzugsphase, der Konflikt lebt, wird aber für den Partner nicht direkt bemerkbar ausgetragen: etwa durch Aus-dem-Weg-Gehen, Schmollen, Überdenken der Beziehung etc.

→ letzte Chance für ein Konfliktgespräch, vielleicht schon Konfliktmoderation; von selbst geht nichts mehr	Ende
→ unvollständiges Konfliktgespräch	Phase 4; 1, 2
→ erfolgloses oder kein Konfliktgespräch: der Konflikt eskaliert	

siding up, Koalition
kalt

Phase 4	Die Konfliktpartner suchen Verbündete, die ihre Sicht der Situation teilen; Dritte kommen, ob sie wollen oder nicht wollen, ins Spiel. Self-fulfilling prophecies scheinen Vermutungen zu bestätigen.

→ erfolgreiche Konfliktmoderation, vielleicht schon externe Prozessbegleitung	Ende
→ unvollständiges Konfliktgespräch	Phasen 1–3
→ erfolgloses oder kein Konfliktmanagement: der Konflikt eskaliert	Phase 5

Strategiespielchen
kalt

Phase 5	Alleine oder mit Verbündeten bauen die Konfliktpartner Strategien auf, wie sie die Gegenseite unter Druck setzen oder ihr schaden können. Zugleich wird versucht, Winkelzüge der anderen vorherzusehen.

→ erfolgreiche Konfliktmoderation oder externe Prozessbegleitung	Ende
→ unzureichendes Konfliktmanagement	Phasen 1–3
→ erfolgloses oder kein Konfliktmanagement: der Konflikt eskaliert	Phase 6

Drohung, kleine Fouls
heiß

Phase 6	Wieder eine heiße Phase: Mehr oder weniger einlösbare Drohungen werden ausgesprochen, die Arbeit des Konflikt**gegners** (die Chance, ihn als **Partner** zu sehen, schwindet zusehends) wird behindert, Intrigen werden gesponnen etc.

→ erfolgreiche Konfliktmoderation, externe Prozessbegleitung	Ende
→ unvollständiges Konfliktgespräch	Phasen 1–5
→ erfolgloses oder kein Konfliktmanagement: der Konflikt eskaliert	Phase 7

paranoide Projektionen
kalt

Phase 7	Dieser kalten Zwischenphase liegt die Annahme zugrunde, dass die Gegenseite zu allem fähig sei. Weil der Gegner an allem (auch zufälligem) Übel, das einem widerfährt, Schuld trägt oder es zumindest ausnützen wird, werden Notwehrreaktionen angedacht.

→ erfolgreiche Konfliktmoderation, vielleicht schon externe Prozessbegleitung	Ende
→ unvollständiges Konfliktgespräch	Phasen 1–3
→ erfolgloses oder kein Konfliktmanagement: der Konflikt eskaliert	Phase 4

Sabotage, Attacken auf Verbündete
heiß

Phase 8	Vor Sabotageaktionen sind auch die Verbündeten des Gegners nicht gefeit. Handgreiflichkeiten und Sachbeschädigungen bedingen, dass der Konflikt nur noch von Personen mit weitreichender Machtbefugnis (Firmenleitung, Gerichte) unter Kontrolle zu bringen ist.

→ erfolgreiche Prozessbegleitung bzw. Arbitration (Richter, Schiedsgericht)	Ende oder Phasen 1–3
→ erfolgloses oder kein Konfliktmanagement: der Konflikt eskaliert	Phase 9

„Krieg", gemeinsam in den Untergang
heiß

Phase 9	Das Ziel, den Gegner psychisch, gesellschaftlich, beruflich, vielleicht sogar physisch zu zerstören, lässt sogar Rücksichten auf die eigene Sicherheit vergessen: gemeinsam in den Untergang!

→ Arbitration unumgänglich	vorläufiges Ende wegen räumlicher Trennung (Versetzung, Entlassung, Gefängnis, Krieg)

5 Konfliktbearbeitung

Wie werden Konflikte bearbeitet?

In den ersten drei Eskalationsstufen lässt sich ein Konflikt noch von den Partnern selbst steuern. Dabei reicht es, wenn wenigstens einer der beiden Beteiligten das kommunikative Werkzeug für die Konfliktbearbeitung beherrscht. Nach der dritten Stufe werden die Eigendynamik des Konflikts und die emotionale Belastung der Kontrahenten zu groß. Hier muss ein außenstehender Dritter als Moderator und/oder Prozessbegleiter eingeschaltet werden. Hier sind nun **Konfliktanalyse** und **Konfliktkommunikation** gefragt.

Die vorgestellten Techniken finden grundsätzlich bei allen Konfliktarten und Eskalationsstufen in ähnlicher Weise, aber unterschiedlichem Vertiefungsgrad Anwendung. Zu den Daten der Konfliktanalyse gelangt man auf drei verschiedene Methoden:

Wie kommt man zu den Daten für die Konfliktanalyse?

- **Selbstanalyse** – Sie eignet sich vorwiegend für Konflikte auf einer niederen Eskalationsstufe. Außerdem darf die persönliche Betroffenheit (Emotionalität) noch nicht zu sehr aufgeschaukelt sein.
- **Abfragemethode** – Im Konfliktgespräch zwischen den Konfliktpartnern möglich, sonst von einem Moderator durchgeführt, der, je nach Eskalationsstufe, mit den Konfliktparteien einzeln oder gemeinsam arbeitet.

- **Harvard-Methode** – Hier werden die notwendigen Informationen von den Konfliktparteien und von Dritten (z. B. Vorgesetzten) geliefert.

Wie wird die Konfliktanalyse durchgeführt?

Konfliktanalyse – Konfliktlandkarte		
1	Wer sind die Beteiligten?	Allgemeine Informationen zur Person und ihrer beruflichen Situation – die Privatsphäre bleibt hier noch ausgespart.
2	Wann ist der Konflikt aufgetreten?	Gibt es möglicherweise zwischen dem Auftreten des Problems und der beruflichen oder privaten Situation einen Zusammenhang?
3	Sind Verhaltensdifferenzen feststellbar?	Die meisten Menschen verhalten sich in einem privaten Umfeld ganz anders als in ihrem beruflichen. Charakterbeschreibungen und Situationsszenarien aus beiden Feldern helfen, Verhaltensunterschiede aufzuzeigen.
4	Wie stellen sich Sach- und Beziehungsebenen dar?	Selten sind Sachprobleme Auslöser von interpersonellen Konflikten – meistens werden sie jedoch vorgeschoben, um die dahinterliegenden Beziehungsprobleme zu verstecken. Erst nachdem die emotionale Ebene des Konflikts freigelegt, verstanden und eingestanden wird, kann auf der Sachebene gearbeitet werden. In der Analyse (wie auch in der Konfliktmoderation selbst) ist immer auf eine saubere Trennung von Sach- und Beziehungsebene zu achten.
5	Welche Gruppenstrukturen gibt es?	Formelle Gruppen lassen sich leichter definieren, Ziel der Analyse ist es, auch informelle Gruppen und verwischte Gruppenstrukturen aufzuzeigen.
6	Wie verläuft die Kommunikation?	Welche Qualität, Intensität, Formen und Normen hat die Kommunikation zwischen den Konfliktparteien. Wie kommunizieren sie mit hierarchisch gleich oder anders gelagerten Gruppen?
7	Welche Motive lassen sich erkennen?	Welche Motive werden durch das (zumeist unmögliche) Szenario des Konfliktsieges befriedigt? Welche Motive sind nicht erkannt und/ oder nicht befriedigt worden, bevor der Konflikt ausgebrochen ist?

Je schwerer der Konflikt und je höher die Eskalationsstufe, in der er sich befindet, umso eher wird eine ausgebildete Fachkraft (Psychologe, Sozialarbeiter, Richter etc.) die Konfliktlandkarte erstellen und auswerten. Für die überwältigende Mehrzahl aller Konflikte, die wir als Konfliktpartner oder Mediatoren/Moderatoren erleben, kann jedoch die Kenntnis und Anwendung der Konfliktbearbeitungstechniken zum Erfolg führen.

Welche Stufen der Konfliktbearbeitung gibt es?

Stufen der Konfliktbearbeitung

1. Emotionen unter Kontrolle bringen 	● Wenn auch nur eine Seite einen Konflikt wahrnimmt, dann gibt es einen Konflikt. ● Kontrollierte Spontaneität: einmal tief durchatmen oder bis 5 zählen hilft, etwas nicht zu sagen, was man später bereut. ● Verbalisieren: Emotionen verdrängen bringt nichts, sie brechen später verstärkt hervor. Sprechen Sie Ihre Gefühle aus: Äußern Sie Betroffenheit, Hoffnung, Befürchtung; legen Sie offen, was auf dem Spiel steht.
2. Vertrauen herstellen 	● Die übliche Spontanreaktion ist Misstrauen. ● Vertrauen ist wichtig, aber riskant: Die Folgen enttäuschten Vertrauens sind schlimmer als der mögliche Gewinn bei erfülltem Vertrauen. ● Empathie wirkt vertrauensbildend: Versuchen Sie zumindest Aspekte der Haltung des Konfliktpartners zu verstehen und drücken Sie das in Worten aus. ● Unterlassen Sie Provokationen, denken Sie nicht in den Kategorien „Sieg und Niederlage", „Schuld und Bestrafung" oder „Belehrung".
3. Offen kommunizieren 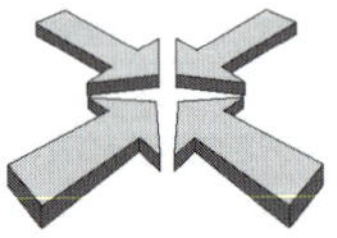	● Nehmen Sie sich Zeit. Terminisieren Sie ein Konfliktgespräch so, dass ausreichend Zeit zur Verfügung steht. ● Haupttechniken: aktives Zuhören, kontrollierter Dialog, Fragetechniken, Feedback ● Klären Sie ab, ob ein Dritter (Mediator, Moderator) hinzugezogen werden sollte. ● Entpersönlichen Sie den Konflikt: Zeigen Sie Rollenzwänge auf, in denen die Konfliktpartner verhaftet sind. ● Betonen Sie, dass eine Lösung des Problems wirklich gewünscht wird bzw. unabdingbar ist.

4. **Probleme lösen** 	● Konsens statt Kompromiss ● Eine gute Lösung ist meist keine schnelle Lösung und eine schnelle Lösung oft keine gute. ● Verbalisieren oder visualisieren Sie Zwischenergebnisse auf dem Weg zur Lösung – bei Unterbrechungen oder neuen Denkansätzen müssen Sie nicht zurück an den Start gehen. ● Bieten Sie keine Lösungsschritte an, die außerhalb Ihres Einflussbereichs liegen.
5. **Vereinbarungen treffen** 	● Notieren Sie Vereinbarungen (Protokoll). ● Beide Parteien müssen den Vereinbarungen zustimmen. ● Auch kleine nachträgliche einseitige Änderungen sind neuer Konfliktstoff. ● Vereinbaren Sie die gemeinsame mittel- und langfristige Überprüfung der Tauglichkeit Ihrer Vereinbarungen.
6. **Den Konflikt persönlich verarbeiten** 	● Vergleichen Sie die Ausgangs- und Endsituation miteinander. ● Welche Erfahrungen haben Sie gewonnen? ● In welchen Phasen haben Sie sich gut oder schlecht gefühlt? Warum? ● Was bleibt vom Konflikt für Sie stehen? Hat das eine Auswirkung auf Ihre persönliche oder berufliche Situation? ● In jedem Fall sollten Sie mindestens einen positiven Aspekt finden/notieren, den der Konflikt hervorgebracht hat.

Wie können Konflikte kreativ gelöst werden?

Kreativmethoden zur Konfliktlösung

- **Bildermachen**
  - Vor Beginn des Lösungsprozesses stellen die Konfliktgruppen ein Bild oder eine Collage zum Konflikt dar.
  - Die Bilder werden präsentiert, die Gruppen beantworten Fragen der Gegenpartei.
  - Der Moderator soll nur spärlich eingreifen, um die Struktur zu wahren.
  - „Bildermachen" ist für die Eskalationsstufen 1 bis 5 geeignet.
- **Der gespielte Dialog**
  - Der Moderator hilft, die Regeln des kontrollierten Dialogs anzuwenden.
  - Die Konfliktparteien stellen einzeln vor, wie sie das konkrete Verhalten der Konfliktgegner erlebt haben. Nun müssen die Konfliktgegner das Gehörte in eigenen Worten wiedergeben. Danach Wechsel der Darstellung.
  - Der gespielte Dialog ist für die Konfliktstufen 1 bis 4 geeignet
- **Periodische Zusammenfassungen**
  - Beide Konfliktparteien fassen, nach vom Moderator bestimmten Zeitabständen, die Argumente, Sichtweisen und Diskussionspunkte der Gegenpartei zusammen, ohne sie zu kommentieren. Dabei können die Parteien klären, an welchen Punkten ihre Wahrnehmung/Interpretation unrichtig oder fehlerhaft war.
- **Kleine Kreditangebote**
  - Ein Vermittler befragt beide Seiten jeweils allein, welche Kreditangebote sie von der anderen Partei wünschen und welche sie selbst zu geben bereit wären. Die dritte Partei sorgt dann dafür, dass die Angebote ausgetauscht werden („Pendelmission", z. B. im Nahostkonflikt).
- **Gemeinsame Suche nach Oberzielen**
  - Nach einer Wahrnehmungs- und Beziehungsklärung sind die Konfliktparteien eher bereit, ihre gemeinsamen Ziele und Interessen ohne Gesichtsverlust zu visualisieren und zu formulieren.

Üben

Übungen zum Konfliktmanagement

- Schreiben Sie die ersten zehn Worte auf einen Zettel, die Sie mit dem Begriff „Konflikt" assoziieren. Vergleichen Sie dann das Ergebnis in der Klasse.
- Denken Sie an je einen konstruktiven und destruktiven Konflikt, den Sie selbst erlebt haben. Schreiben Sie Stichworte zum Verlauf: Wie hat der Konflikt für Sie begonnen? Welchen Verlauf hat er genommen? Was war das Ergebnis des Konflikts?

- Finden Sie konkrete bzw. mögliche Beispiele für die auf Seite 188 genannten Konflikte (Einteilung nach Kurt Lewin) aus Ihrem persönlichen, einem betrieblichen und dem politischen Umfeld.

Konfliktstil-Grid-Test

Kreuzen Sie die Antwort an, die am ehesten zutrifft, und gegebenenfalls eine zweite Antwort, die auch noch Ihrer Gefühlslage entspricht:

1. Stellen Sie sich eine Konfliktsituation vor. Welche der folgenden Antworten entspricht Ihnen am ehesten (max. 2 Antworten)?
   a) Konflikte verletzen nur. Erst wenn die Emotionen abgebaut sind, kann man an das Problem herangehen.
   b) Ein Konflikt ist nicht unangenehm, solange die Emotionen nicht durchgehen.
   c) Konfliktsituationen bringen nichts. Man kann sich nur ärgern oder aufgeben, zu einer nachhaltigen Lösung von Problemen führen sie eher nicht.
   d) Mich interessiert, warum die anderen so reagieren wie sie reagieren. Ein freier Meinungsaustausch kann Konflikte lösen.
   e) Es ist mir wichtig, meinen Gefühlen Raum zu geben und mir erst einmal Luft zu verschaffen; nach einem Dampf-Ablassen kann ich mit Konflikten besser umgehen.
2. Eine Arbeitsgruppe kommt nicht voran, weil ein Teilnehmer Einwände einbringt. Was würden Sie tun (max. 2 Antworten)?
   a) Jeder soll Einwände einmal vorbringen können. Dann werden wir sehen, ob er/sie die Gruppe überzeugen kann oder überstimmt wird.
   b) Die Gruppe sollte versuchen, die Sache mit seinen/ihren Augen zu sehen und so die Argumente noch einmal zu bewerten.
   c) Endloses Diskutieren bringt nichts. Um das Ziel zu erreichen, sollte ein Teammitglied versuchen, die Diskussion abzurunden und zum nächsten Punkt weiterzugehen.
   d) In dem Fall scheint der Teilnehmer die Gruppe zu lähmen. Das sollte offen angesprochen und geklärt werden. Wenn daraus ein Konflikt entsteht, so ist er zu führen.
   e) Solange ich kein Problem damit habe, brauche ich mich nicht zu engagieren. Die Gruppe wird sich selbst regeln.
3. Sie ärgern sich über einen Kollegen. Wie würden Sie am ehesten reagieren (max. 2 Antworten)?
   a) Zuerst sage ich ihm/ihr, worüber ich mich ärgere, dann diskutieren wir die Sache durch.
   b) Eigentlich ärgere ich mich darüber, dass ich mich wegen ihm/ihr ärgere.
   c) Wenn ich in Rage bin, explodiere ich einfach.
   d) Ich fürchte mich fast vor Streit mit Kollegen. Wenn ich in Wut komme, könnte ich etwas tun oder sagen, was ich später bereue.
   e) Ein bisschen Streit wird uns schon nicht schaden.
4. Ein Gruppenergebnis soll präsentiert werden. Welcher Typ eignet sich am ehesten dafür (max. 2 Antworten)?
   a) Er/Sie sollte versuchen, unser Ergebnis einzubringen, außer wir liegen mit unserer Meinung außerhalb des Trends der anderen Gruppen.
   b) Der Gruppensprecher soll das optimale Gesamtziel vor Augen haben, also wahrscheinlich irgendeine Art von Mischung aus allen Teilergebnissen der Arbeitsgruppen.
   c) Ein Gruppensprecher soll mit den anderen Sprechern zusammenarbeiten und Konflikte vermeiden können. Nur so lässt sich ein gutes Gesamtergebnis erzielen.
   d) Wer in ein Konsensmeeting geht, muss Abstriche von der eigenen Meinung machen. Wer das Give-and-Take am besten versteht, ist für mich der ideale Sprecher.
   e) Ein Sprecher hat die Aufgabe, das Gruppenergebnis „durchzubringen", schließlich hat die Gruppe seriös gearbeitet. Wenn er/sie um das Gruppenergebnis kämpfen muss, soll er/sie kämpfen.
5. Ein Kunde/Auftraggeber/Vorgesetzter ist mit dem Ergebnis Ihrer Arbeit nicht zufrieden. Wie reagieren Sie?
   a) Nichts wird so heiß gegessen, wie es gekocht wird. Wenn man dem Konfliktpartner ein paar Tage aus dem Weg geht, haben sich wahrscheinlich viele Kritikpunkte von selbst geklärt.

b) Durch Reden kommen die Leute zusammen. Der Kunde sagt, was er/sie will, ich sage, was möglich ist und wir treffen uns in der Mitte.

c) Wir besprechen noch einmal die Ausgangslage und das Ziel und legen die Meilensteine auf dem Weg zur Zielerreichung gemeinsam fest.

d) Der Kunde ist König. Die gewünschten Anpassungen möglichst prompt zu realisieren, wird den Konflikt lösen.

e) Wahrscheinlich kritisiert der Kunde/die Kundin mein Ergebnis, weil er/sie nicht weiß, welche Überlegungen darin stecken. Wenn ich ihm/ihr das erkläre, kann er/sie meinen Ansatz besser verstehen.

Kreisen Sie im folgenden Raster Ihre Antworten auf die Fragen 1. bis 5. ein. Wenn Sie in einer Spalte (deutlich) mehrere Kreise haben, entspricht das Ihrem Konfliktstil.

	Konfliktstile				
Fragen	9/9	5/5	1/9	9/1	1/1
1.	d	b	a	e	c
2.	b	a	c	d	e
3.	a	e	d	c	b
4.	b	d	c	e	a
5.	c	e	d	b	a

- Formulieren Sie die Eigenschaften der einzelnen Konfliktcharaktere deutlicher aus, bringen Sie Beispiele oder typische Ausdrucksmuster ein.
- Vergleichen Sie Ihr Testergebnis mit der Auswertung im Raster. Überlegen Sie für sich selbst und fragen Sie auch Kollegen, die Sie besser kennen, ob der Test für Ihren Konfliktstil zutreffend ist.

Übungen zum Thema Konflikteskalation

Beschreiben Sie die 9 Eskalationsstufen eines Konflikts möglichst konkret. Wählen Sie aus folgenden Varianten:

- Gehen Sie von einem realen Problem aus Ihrem Umfeld aus, das Sie gedanklich weiter eskalieren lassen.
- Skizzieren Sie einen frei erfundenen privaten, beruflichen oder politischen Konflikt.
- Nehmen Sie aktuelle Ereignisse aus den Medien als Ausgangspunkt für die Eskalation; so können Sie etwa eine Zeitungsmeldung eines mittelstufigen Konflikts in beide Richtungen weiterdenken.

Übungen zur Konfliktbearbeitung

Herr/Frau Berger, ein junger Mitarbeiter/eine junge Mitarbeiterin, möchte für einen Arbeitsauftrag in einem anderen Bundesland den Herrn/Frau Hofer zugeteilten Dienstwagen für zwei Tage ausborgen. Im Allgemeinen ist das in Ihrer Firma nicht unüblich, im konkreten Fall will Herr/Frau Hofer das Auto aber nicht hergeben.

Bilden Sie 5 Gruppen:

1. Eine Gruppe nimmt die Position von Herrn/Frau Berger ein: Überlegen Sie gemeinsam Argumente, warum Sie den Dienstwagen bekommen sollten.

Drei Gruppen versetzen sich in die Rolle von Herrn/Frau Hofer:

2. Eine Gruppe geht mit der freundlichen „Debatten-Strategie" (Eskalationsstufe 1 bis 2) ins Rollenspiel: Sie wollen den Partner überzeugen, versuchen die Beziehungsebene intakt zu halten.
3. Eine weitere Gruppe spielt die „Spiel-Strategie" (bis Eskalationsstufe 5): Sie wollen den Konflikt auf jeden Fall gewinnen. Versuchen Sie, Herrn/Frau Berger auszutricksen, aufs „Kreuz zu legen", setzen Sie Ironie und Sarkasmus ein etc.
4. Die vierte Gruppe wählt die „Kampf-Strategie" (bis Eskalationsstufe 8): Ihnen sollte es darum gehen, über den Gegner zu triumphieren, ihn fertigzumachen. Sie dürfen zu persönlichen Diffamierungen greifen und Gewalt androhen.

5. Die letzte Gruppe beobachtet die drei Rollenspiele. Stellen Sie fest, …
   - … welcher Stil der erfolgversprechendste ist.
   - … mit welchem Stil die „jungen Kollegen" antworten.
   - … ob Herr/Frau Hofer jeweils ihre Vorgabe halten können oder in höhere Eskalationsstufen geraten.
   - … wie die Konflikte in den einzelnen Rollenspielen enden.

Anweisungen für die Projektpraxis

Erstellen Sie nun selbst eine Anleitung für ein Rollenspiel zum Thema „Konfliktmanagement":

- Bilden Sie Gruppen in der Größe von 3 bis 5 Personen
- Erstellen Sie Anweisungen für Konfliktlösungs-Rollenspiele: Beschreiben Sie in einigen Sätzen die Ausgangssituation und die beteiligten Parteien. Sie können die tatsächlichen Konfliktsituationen aus Ihrer Klasse natürlich ein wenig abändern!
- Tauschen Sie die Rollenspielanweisungen mit den anderen Gruppen aus.
- Führen Sie die Rollenspiele mit Beobachtern aus und besprechen Sie Ihre Interventionsvorschläge zum Konfliktmanagement.

Sichern

Konflikt denken

Wer einen Konflikt nicht gleich in Schwarz-Weiß-Manier als Kampf von Gut (natürlich die eigene Position) gegen Böse (natürlich die andere Position) sieht, hat schon viel zur Konfliktlösung beigetragen. Dasselbe gilt für jene, die sich einem Konflikt stellen, obwohl sie ihn lieber ignorieren, vor ihm flüchten wollen.

Konfliktlösung

Schnelle Lösungen sind meist keine guten Lösungen. Es braucht viel Arbeit und „guten Willen", bis aus einer Situation ein Konflikt geworden ist. Daher braucht es auch viel Arbeit und noch besseren Willen, bis die Konfliktpartner (nicht Konfliktgegner!) aus ihren Positionen wieder herausfinden.

Konflikt-bearbeitung

Für Konfliktlösungen gibt es keine Patentrezepte; aber Techniken, mit denen die Wahrscheinlichkeit steigt, dass der Konflikt einer zumindest pragmatischen Lösung zugeführt werden kann. Die Kommunikationstechniken aus Lerneinheit 3 können gemeinsam mit den Konflikttechniken dieser Lerneinheit die gewünschte Win-win-Situation bringen!

Wissen

SbX ID: 4910

SbX
Fragen 1–3 mit automatischer Aufgabenkontrolle
ID: 4910

erledigt ☑
Frage 1 ☐
Frage 2 ☐
Frage 3 ☐

Kontrollfragen und -aufgaben

1. Inwiefern sind Konflikte positive Elemente der zwischenmenschlichen Kooperation? Suchen und beschreiben Sie aus realen Konflikten der letzten Zeit die Anstöße zu positiver Veränderung, Klärung, konstruktiver Entwicklung, Neuanfang etc.
2. Denken Sie an reale Konfliktsituationen und beschreiben Sie, wie diese mit verschiedenen Konfliktstilen bewältigt werden könnten. Erkennen Sie in den Stilen Stärken oder Schwächen?
3. Stellen Sie fest, auf welcher Stufe sich reale Konflikte Ihrer Umgebung befinden. Welche Erkenntnisse zur Konfliktlösung leiten Sie aus der Bestimmung der Eskalationsstufen ab?

Problemstellungen

Suchen Sie aus Ihrem konkreten Projektalltag Konfliktsituationen. Analysieren Sie die Konflikte und diskutieren Sie Lösungsmöglichkeiten.

Lerneinheit 5
Moderationstechnik

SbX
Alle SbX-Inhalte zu dieser Lerneinheit finden Sie unter der ID: 4911.

„Ich bin nicht zufrieden damit, wie unsere Projektmeetings ablaufen", klagt Karin. „Da sitzen sieben Leute um den Tisch herum, aber nur zwei oder drei nehmen an den Gesprächen wirklich teil." – „Genau", stimmt Stefan bei, „und außerdem wissen wir oft nicht, was bei dem Gerede eigentlich tatsächlich beschlossene Sache ist. Da muss es doch noch eine andere Methode geben, wie Teambesprechungen sinnvoller abgehalten werden können."

Lernen

SbX ID: 4912

1 Einführung

Was ist die Moderationsmethode?

Bei der Moderationsmethode können Gruppen durch den Einsatz von bestimmten Medien und Techniken arbeitsteilig und visualisierend effizienter zusammenarbeiten.

SbX
ID: 4912
Bildschirmpräsentation zu dieser Lerneinheit

Der Mensch, schrieb Leonardo da Vinci, ist ein Augentier: Wir denken und träumen in Bildern, ein visuelles oder körpersprachliches Signal mag nicht bewusst wahrgenommen werden, verbale Reize sticht es allemal aus. Trotzdem bedeutet Kommunikation für uns zumeist Austausch gesprochenen Textes. Die Moderationsmethode gleicht unser uneingestandenes sprachliches Defizit dadurch aus, indem sie Elemente der Visualisierung einbringt. Diese zusammen mit einem strukturierten, zielorientierten Vorgehen, haben der Moderation einen sicheren Platz in der Arbeit mit Gruppen verschafft. Ihre Vorteile:

Was sind die Vorteile der Moderation?

1. Erhöhte Aufmerksamkeit: Selbst nach einer Ablenkung fällt der Wiedereinstieg in die Arbeit durch die Visualisierung leichter.
2. Alle Teilnehmer können sich einbringen: Je nach der angewandten Methode kann das offen oder auch anonym geschehen.
3. Je nach eingesetzten Medien können Inhalte leicht umstrukturiert, weiterentwickelt, ergänzt werden.
4. Dadurch haben die Teilnehmer stets einen Gesamtüberblick über den Stand der Arbeit, Arbeitsschritte werden leichter fassbar und können leichter behalten werden.

Was benötigt man für die Moderation?

Die Moderationsmethode benötigt:

- einen Moderator und Teilnehmer
- Moderationsmedien
- Moderationstechniken (Moderationsaufbau, Medientechnik, kommunikative Techniken)

2 Der Moderator

Moderatoren sind nicht notwendigerweise Teammitglieder, sie müssen nicht einmal von derselben Abteilung oder demselben Unternehmen stammen. Mehr noch: Sie können auch thematische Laien sein – einfach Spezialisten der Moderationsmethode und/oder des Konfliktmanagements. Als inhaltlich Unbeteiligte können Moderatoren leichter Fragen stellen (auch solche, die nur scheinbar ohnehin allen klar sind). Auch ist ihr Blick nicht durch Arbeitsroutinen eingeengt, kreative Impulse und unkonventionelle Lösungsansätze gelingen eher.

Was sind Moderatoren?

Moderatoren sind:

- Prozessbegleiter der Gruppe
- verantwortlich für häufiges Visualisieren und Zusammenfassen

- Sie geben notwendigen Diskussionen Gestalt, leiten aber weiter, wo Stillstand droht.
- Sie helfen Selbstverständnis, Ziele und Wünsche der Gruppe zu formulieren.
- Sie halten Beziehungs- und Inhaltsebene in Balance und stellen Konsens her.

So viele Aufgaben sind, insbesondere bei heiklen Moderationen, allein schwer zu erfüllen. Deshalb werden oft zwei aufeinander eingespielte Moderatoren eingesetzt.

Die Teilnehmer an der Moderation sind die Fachleute, von der Moderationsmethode müssen sie nichts verstehen, obgleich das auch nicht schadet. Wichtig ist Akzeptanz: Während bei einer Arbeitsmoderation sich die Akzeptanz der Gruppe gegenüber der Person des Moderators oder der Moderationsmethode durchaus erst im Lauf der Moderation entwickeln kann, muss bei der Konfliktmoderation der Moderator von vornherein akzeptiert sein; er darf kein Naheverhältnis zu einer Konfliktpartei haben, sich nicht instrumentalisieren lassen, nicht Partei ergreifen. Besteht die Akzeptanz nicht, ist es ehrlicher, die Moderation zurückzulegen als den Konflikt durch unprofessionelles Vorgehen anzuheizen.

3 Die Moderationsmedien

Welche Moderationsmedien gibt es?

Zu den Moderationsmedien zählen:

- Pinnwände, Pinnwandpapier (Packpapier), Pins (Stecknadeln mit großen Köpfen)
- Flipcharts und Flipchartblöcke
- Overheadprojektor, Transparentfolien und Folienstifte
- Moderationskärtchen
- Moderationsstifte (dickere Filzstifte)

4 Der Moderationsaufbau

Wie sieht der Aufbau einer Moderation aus?

Ganz gleich, welches Thema moderiert wird, die Grunddramaturgie ist immer dieselbe:

In der **Vorbereitungsphase** werden vom Auftraggeber Informationen über die Ausgangssituation, Ziele, Teilnehmer und Moderationsort eingeholt. Nur damit ist eine sinnvolle Struktur der **Hauptphase** möglich, die sich in fünf Abschnitte gliedert:

- Eröffnung, gegebenenfalls Vorstellung der Teilnehmer und des Moderators, Spielregeln
- Themensammlung; Konsens über das Arbeitsziel, gemeinsame Problemdefinition
- Bearbeitung des Problems, gegebenenfalls in verschiedenen Arbeitsgruppen
- Präsentation der Ergebnisse im Plenum, Maßnahmen planen, Erstellung einer verbindlichen Aktivitätenliste
- Abschluss

In der **Nachbereitungsphase** können die bei der Moderation entstandenen Unterlagen in Skriptenform gebracht (Pinnwandprotokoll, Flipchartprotokoll) und den Auftraggebern und/oder Teilnehmern zur Verfügung gestellt werden. Eine Verlaufsreflexion hilft dem Moderator, Stärken und Schwächen seiner Arbeit zu evaluieren und so das zu gewinnen, was neben dem rein technischen Können einen guten Moderator ausmacht: Erfahrung.

Medientechnik

Wie sieht das Grundschema einer Moderation aus?

Die Moderationsmethode kennt einige typische Ablaufschemata und Standardtechniken. Die in der Folge beschriebene Moderation stellt ein Grundschema dar, das nach Bedarf ausgebaut und abgeändert werden kann.

Einstieg

Technik: Matrix mit Kärtchenabfrage, Selbstpräsentation

Wie stellen sich die Teilnehmer vor?

Vorstellung der Teilnehmer: Pinnwand, Pinnwandpapier, Moderationskärtchen

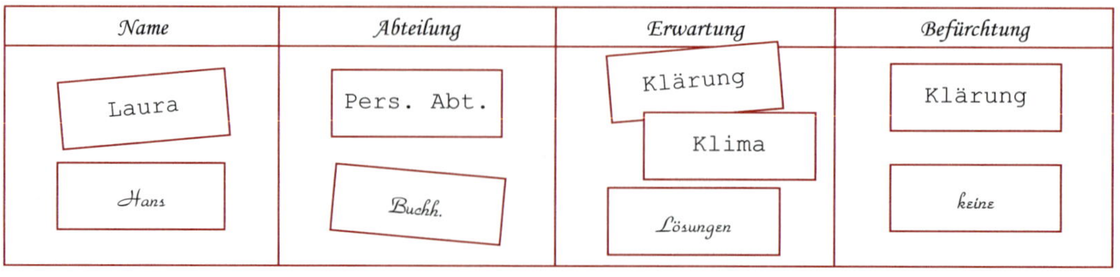

Vorgang: Auf dem Pinnwandpapier sind Spaltenüberschriften vorgegeben. Die Teilnehmer schreiben ein-, maximal zweizeilige Stichworte auf die Moderationskärtchen. Nach ein paar Minuten beginnt die Vorstellungsrunde: Jeder Teilnehmer tritt an die Pinnwand, steckt sein Kärtchen und spricht einige Worte dazu.

Tipps:

- Die Spaltenkategorien müssen gut überlegt sein. Mit ungeschickten, funktionsarmen und zu persönlichen Abfragen werden Teilnehmer leicht verärgert.
- Kennen die Teilnehmer einander, wird zwar die Vorstellrunde entfallen, es ist dennoch sinnvoll, die Namen der Teilnehmer anzuschreiben und dazu Kärtchenabfragen in Spalten mit „Erwartung", „Befürchtung" oder motivierenden Aussagen wie „Warum das Ergebnis für mich wichtig ist …" durchzuführen.

Funktion: Das Eis ist gebrochen, man kennt einander, jeder hat bereits eine Wortmeldung hinter sich gebracht, was besonders für Schüchterne wichtig ist.

Wie macht man eine eindimensionale Einpunktabfrage?

Einstieg

Technik: eindimensionale Einpunktabfrage, Flipchart, Klebepunkte

Vorgang: Jeder Teilnehmer klebt einen Punkt in das zutreffende Kästchen.

Tipp: Statt der Abstufungen in leicht – schwer könnte bei einem anderen Thema eine Angabe in Prozenten erfolgen (0 % – 50 % – 100 %). Auch Ja-Nein-Kästen sind denkbar.

Funktion: Für den Moderator und die Teilnehmer wird sichtbar, wie homogen die Gruppe ist – ein wertvoller Indikator für die weitere Arbeit.

Wie sammelt man Themen mit Kärtchen?

Themensammlung

Technik: Kärtchenabfrage oder Abfrage auf Zuruf, Pinnwand, Klebepunkte

	Name	Punkte
1	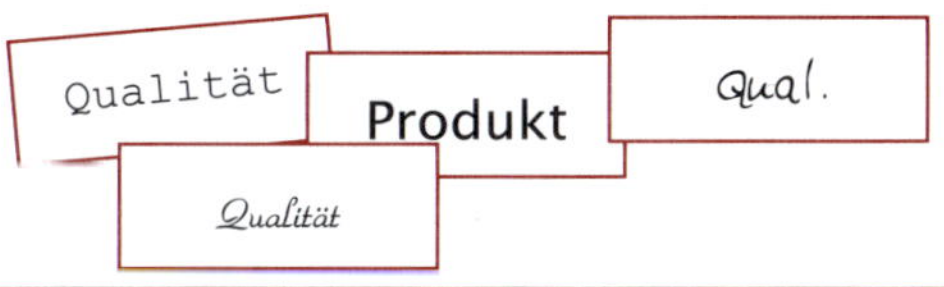	
2	interne Kommunikation	

Vorgang: Bei der Kärtchenabfrage (1. Zeile) füllen die Teilnehmer beliebig viele Moderationskärtchen aus und übergeben sie dem Moderator, der sie ordnet und anpinnt. Bei der Abfrage auf Zuruf (2. Zeile) werden die Themen nur für die Formulierung ganz kurz andiskutiert. Anschließend bestimmt die Gruppe selbst mit Klebepunkten, in welcher Reihenfolge die Themen behandelt werden. Faustregel: Jede Person erhält halb so viele Klebepunkte wie es Themen zu wählen gibt.

Unter Umständen sind einige Ziele der Veranstaltung bereits vorgegeben. Dann sucht der Moderator, gegebenenfalls nach einer Ergänzung oder Abänderung der Zielformulierungen, den Konsens der Teilnehmer für die weitere gemeinsame Arbeit.

Funktion: Themen, die der Gruppe wichtig sind, werden zuerst behandelt. Bei Zeitnot fallen die weniger wichtigen Themen weg.

Wie sammelt man Themen und Probleme mit der SWOT-Analyse?

Themen-, Problembearbeitung

Technik: Gruppenarbeit mit Pinnwänden oder Flipcharts

Vorgang: Die Gruppen bearbeiten völlig autonom oder mit Technikvorgaben des Moderators einen Teilaspekt aus, den sie anschließend dem Plenum präsentieren. Technikvorgaben könnten sein:

SWOT-Analyse (Flipchart oder Pinwand, Stifte)

Die Gruppe diskutiert und notiert in Stichworten die Stärken-Schwächen-Chancen-Gefahren (**S**trengths – **W**eaknesses – **O**pportunities – **T**hreats) ihres Problemaspekts.

Stärke	*Schwäche*
Chance	*Gefahr*

Wie sieht ein Themenspeicher aus?

Ähnlich verläuft die Analyse nach dem Ist- und Sollzustand, nach Widerständen und Lösungsansätzen.

In einem Themenspeicher kann die Gruppe an der Pinnwand die gemeinsamen Ziele, Probleme und Lösungen erarbeiten.

	gemeinsame Ziele
1	*Wirtschaftlichkeit der Abteilung*
2	*verbesserte interne Kommunikation*
3	

Funktion: In Sub-Gruppen lassen sich Aufgaben schneller und besser bewältigen. Im Plenum erfolgt die Feinabstimmung und Vereinbarung.

Wie erstellt man einen Maßnahmenplan?

Maßnahmenplan

Technik: Maßnahmenplan, Pinnwand, Stifte, Kärtchen

Vorgang: Der Moderator erstellt die verbindliche Aktivitätenliste gemeinsam mit den Teilnehmern.

Funktion: Keine Arbeitssitzung ohne Maßnahmenplan! Kopiert und allen Teilnehmern zugänglich gemacht, garantiert er, dass die Gruppe sich über das „Wir-sollten-eigentlich"- und „Wir-sollten-wirklich"-Stadium hinausbewegt: Jeder sieht schwarz auf weiß, wer welche Arbeitsschritte übernommen hat und ob der Zeitplan hält. Der Maßnahmenplan ist auch ein perfektes Instrument des Projektmanagements und kann als solcher auch isoliert, ohne begleitende Moderation, eingesetzt werden.

Maßnahmenplan			
was	*wer*	*mit wem*	*bis wann*
BSCW-Tool installieren	Laura	Hans	27-09-2...
BSCW-Seminar	Hans	Clara Eva	3-10-2...

Üben

Anweisungen für die Projektpraxis

Führen Sie mit der eben ausgearbeiteten Dramaturgie eine Moderation durch.

a) Bilden Sie Gruppen in der Größe von 5 bis 7 Personen.

b) Bestimmen Sie einen Moderator pro Gruppe sowie einen Beobachter.

c) Führen Sie die Moderation durch.

d) Analysieren Sie gemeinsam die Moderation mit der SWOT-Methode.

Sichern

Das Rezept für die erfolgreiche Moderation

Erfahrungsgemäß sind Arbeitsprozesse mit großen Gruppen – etwa mit Klassen – kaum durchführbar, außer man wendet Moderationsmethoden an. Das „Geheimrezept“ lautet:

- Aufspalten der Großgruppe in Kleingruppen mit je einem Moderator
- Der Moderator kennt die Medien und Techniken der Moderationsmethode.
- Der Moderator entwickelt eine Dramaturgie für die Besprechung, in der alle Teilelemente funktionell dem Ziel untergeordnet sind.
- Die Moderationsgruppe wird dazu angehalten, die einzelnen Arbeitsschritte sowie das Gruppenergebnis ständig zu visualisieren.
- Die Teilergebnisse werden im Plenum zusammengetragen und präsentiert.
- Jede Moderation endet in einem Maßnahmenplan, in dem konkrete Arbeitsprozesse sowie deren Prozesseigner und eine verbindliche Terminvereinbarung festgeschrieben sind.

Wissen

SbX ID: 4920

SbX
Fragen 1–4 mit automatischer Aufgabenkontrolle
ID: 4920

erledigt ☑
Frage 1 ☐
Frage 2 ☐
Frage 3 ☐
Frage 4 ☐

Kontrollfragen

1. Worin liegen die Stärken der Moderationsmethode?
2. Welche Fähigkeiten muss ein Moderator besitzen?
3. Welche Moderationsmedien kennen Sie?
4. Welche Hauptphasen beinhaltet die Moderation?

Problemstellungen

Planen Sie in Kleingruppen zu nicht mehr als vier Personen eine Dramaturgie für eine Moderation in Ihrer Klasse. Die Moderation soll zwischen drei und sechs Schritten umfassen und verschiedene Abfrage- und Visualisierungsarten bieten.

Wählen Sie dazu ein konkretes Thema aus dem Projekt.

SbX
Alle SbX-Inhalte zu dieser Lerneinheit finden Sie unter der ID: 4921.

Lerneinheit 6
Präsentation von Projekten

„Ich glaube, unsere Projektergebnisse können sich sehen lassen!", meint Stefan. „Ja und nein", antwortet Karin. „Wie meinst du das?" – „Wir haben ein tolles Ergebnis zustande gebracht. Aber von alleine wird sich nichts sehen lassen. Habt ihr euch schon überlegt, was wir wem wann und wo zeigen. Und wie?", fragt Karin.

Lernen

SbX ID: 4922

SbX
ID: 4922
Bildschirmpräsentation zu dieser Lerneinheit
Zusätzlich finden Sie in SbX eine Formatvorlage für Projektpräsentationen.

1 Einführung

Keine Kommunikationstechnik hat sich unter dem Einfluss des technischen Fortschritts und von Modetrends so stark entwickelt wie die Präsentationstechnik: Overheadprojektoren, Desktop-Publishing mit Folienausdruck, Overhead-Displays und Beamer, Präsentationssoftware, animierte Computerpräsentationen und Multimediatechnik geben heute schon Schülerinnen und Schülern Möglichkeiten, die vor wenigen Jahren hochbezahlten Profis vorbehalten waren. Mit der leichteren Verfügbarkeit steigen auch Ansprüche und Erwartungshaltung. Eine gute Präsentation ist dadurch um nichts leichter geworden.

Der alte **„Vortrag"**, das **„Referat"** sind die Vorfahren der Präsentation – und in gewisser Weise immer noch ihr Kern. Aber während Referate und Vorträge fast zum Synonym für „gelangweiltes Publikum" geworden sind, haben die im Lauf der Zeit entwickelten Präsentationstechniken mit **Visualisierungs- und Medientechnik** das genau entgegengesetzte Ziel:

Was sind die Ziele einer Präsentation?

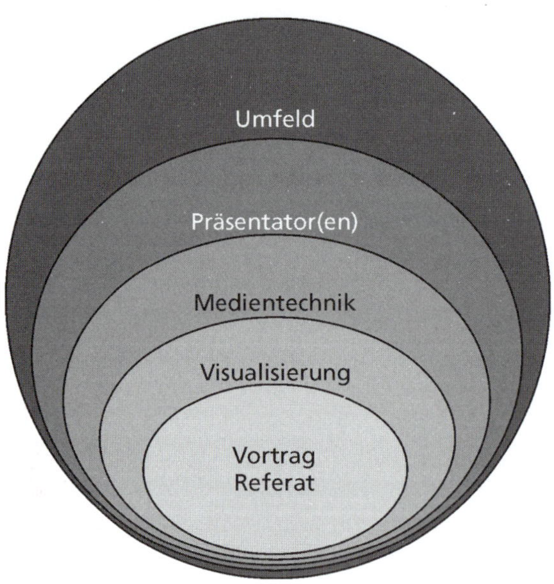

Abb. 7-10: Präsentation von Projekten

- Das **Publikum** soll fasziniert, gefesselt, gewonnen werden.
- Der „Kernstoff" soll von einem oder mehreren **Präsentatoren** so dargebracht – also: präsentiert – werden, dass der Behaltenseffekt möglichst leicht und umfassend einsetzt.
- **Funktionalität** zählt: Wenn eine Technik nicht die beiden ersten Punkte unterstützt, hat sie in der Präsentation nichts verloren. „Kill your darlings", nennt das die englischsprachige Welt.
- Dem Funktionalitätsgebot unterliegt auch die Gestaltung des **Umfelds** der Präsentation: Bei der Wahl des Raumes und der Raumgestaltung, der Sitzordnung und der Ablaufplanung der Präsentation wird nichts dem Zufall überlassen.

2 Der Inhaltskern der Präsentation

Was ist bei der Gestaltung des Inhaltskerns der Präsentation zu beachten?

- **Publikumsanalyse, Zielanalyse und logischer Aufbau:** Was weiß wer im Publikum, welches Ziel will die Präsentation erreichen? Nur so viel an Vorgeschichte, wie unbedingt notwendig ist, um ein allgemeines Verstehen des Inhalts zu gewährleisten. Durch die Präsentation muss sich ein roter Faden ziehen. Inhaltliche Geländespiele verstören die Zuhörer.

- **KISS:** Keep it short and simple: Hauptsätze, Hauptsätze, Hauptsätze – mit maximal einem Nebensatz. Anzustreben ist dasselbe Prinzip, das aus gutem Grund viele Boulevardmedien verfolgen: nicht mehr als 15 Wörter pro Satz.
- Zwei Leitsprüche der Branche besagen daher: „Einen Vortrag von einer Stunde vorzubereiten, dauert fünf Stunden. Eine Präsentation von 20 Minuten vorzubereiten, dauert 5 Tage" und „Man kann über alles reden, nur nicht ‚über 20 Minuten'". Der Inhaltskern der Präsentation dauert **so kurz wie möglich, aber so lange wie nötig.** Sprechen Sie die Präsentation vorab einem „critical friend" vor, jemandem, der inhaltlich nicht zu nahe am Thema steht und zu dem Sie ein so gutes Arbeitsverhältnis haben, dass Sie seine kritischen Anmerkungen annehmen können.
- In der Vorbereitungsphase kann der Inhalt (insbesondere von noch weniger routinierten Präsentatoren) als Ganztext, besser als gegliederte Stichwortliste aufgeschrieben werden. **Herunterzulesen** ist allerdings eine **Todsünde** der Präsentation. Mehr dazu beim Thema „Präsentatoren".
- Kerninhalte gehen selten verloren. Sollten Sie bei der Präsentation auf einen **wesentlichen Inhaltspunkt vergessen,** können Sie ihn nachtragen, solange Sie noch nicht beim Ende der Präsentation angekommen sind. Bemerken Sie erst gegen Ende der Präsentation, dass ein Punkt fehlt, ist es ratsam, ihn nicht an nun unpassender Stelle nachzutragen, sondern auf die Diskussionsrunde nach der Präsentation zu warten. Entweder ergibt sich die Möglichkeit, ihn hier anzubringen, oder der Punkt wird im Rahmen einer Frage aus dem Publikum angesprochen.

3 Visualisierung

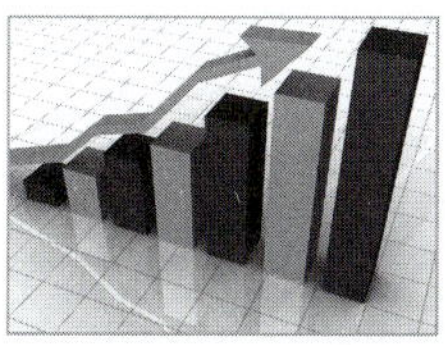

Wie viele Medien sollen eingesetzt werden?

- Die Bandbreite ist enorm: Hand- oder computergeschriebene Folien, der Einsatz von Overhead-Displays oder Beamern für computergestützte Präsentationsprogramme, Multimediapräsentationen, Elemente der Moderation (Flipchart, Pinnwand), Modelle, Warenproben usw. finden bei Präsentationen Einsatz. Die Quantität der verwendeten Medien wird von zwei Überlegungen begrenzt:

mehr	weniger
• Der optische Kanal ist stärker als der akustische. Was man sieht, merkt man sich leichter. • Menschen denken in Bildern. • Trockene und theoretische Inhalte (Zahlen) sind nur durch Bilder transportierbar (Grafik, Diagramm). • „Inhalt-plus-Bild" spricht beide Gehirnhälften an.	• Weniger ist oft mehr. • Ein Feuerwerk an Visualisierung wird Selbstzweck und verschleiert den Blick auf das Wesentliche. • Inhalt und Präsentator(en) sollen im Zentrum stehen, die Visualisierung hat nur unterstützenden Charakter.

- Weil die Visualisierung **nur unterstützend** auftreten soll, darf sie nie ohne Kontrolle durch den Präsentator eingesetzt werden. Handouts, Kataloge, Bilder oder Warenproben durch das Publikum wandern zu lassen, während die Präsentatoren weiter präsentieren, ist Masochisten vorbehalten: Ein Teil des Publikums wird – in beiderseitiger bester Absicht – gedanklich ganz woanders sein und, wenn das Visualisierungsmaterial weitergereicht wurde, auch den Wiedereinstieg nicht leicht finden.

4 Medientechnik

Medientechnik im Allgemeinen

Was sollte man beim Medieneinsatz beachten?

Tipps:

- Alles, was technisch möglich ist, ist deswegen noch lange nicht gut. Die vorgegebenen Designkataloge der Präsentationsprogramme sind bereits nach kurzer Zeit allgemein bekannt und abgenützt. Das Publikum reagiert dann auf typische Farb-, Schrift-, Aufzählungszeichen und Hintergrundschemata und auf bekannte Cliparts gelangweilt. Lernen Sie, mitgelieferte Formatvorlagen zu variieren. Verändern Sie einzelne Elemente der Gestaltungskataloge entsprechend Ihrem Geschmack und Ihren Zielvorstellungen.

- Auch wenn 100 Folien kein Problem für die Kapazität der Festplatte bedeuten, übersteigen sie die Kapazität des Publikums. Weniger ist auch hier mehr. **Max. = 15/20** bedeutet: Die Kennzahlen 15 Folien und 20 Minuten sollen nicht ohne guten Grund überschritten werden.
- Wenig Text pro Bild, **Stichworte** genügen. Das Publikum muss sich grob orientieren können, inhaltlichen Aufschluss gibt erst der (frei gesprochene) Text des Präsentators.
- Es gilt die **6er-Regel:** nicht mehr als 6 Zeilen zu maximal 6 Wörtern.
- Farben spärlich einsetzen. Folgen Sie der **3er-Regel:** nicht mehr als drei Farben. Ausnahmen: Dort, wo es die Funktionalität bedingt, können mehr Farben verwendet werden (Organigramm, Landkarte, Bild etc.)
- Sparsam mit Schriften (Fonts) umgehen. Beachten Sie hier die **2er-Regel:** nicht mehr als zwei Schriftarten. Hervorhebungen erreicht man durch Skalierung (unterschiedliche Punkt-Größe) und durch Kursiv- oder Fettsetzung. Überschriften werden häufig in serifenlosen Fonts (z. B. Arial, Tahoma), Texte in Serifenschrift (Times New Roman, Courier) gesetzt. Zierschriften sind nahezu ausnahmslos verpönt.
- Bildschirminhalte sollen mindestens **1 Minute** sichtbar sein, bevor sie vom nächsten Bild abgelöst werden. Innerhalb dieser Minimalzeit können jedoch Textzeilen oder Bildelemente auf der Basisfolie eingespielt werden. Achten Sie auf eine einheitliche **Einzugs- und Überblendmethode:** Es sieht nicht gut aus, wenn der Text einmal von links, dann von oben und schließlich aus der Bildschirmmitte heraus eingezogen wird.
- Zusätzlich zur Computerpräsentation einen OH-Foliensatz dabei zu haben, bedeutet eine **Rückversicherung** gegen technische Pannen.
- Trivial, aber leicht fatal: Laptop und Beamer suggerieren eine räumliche Unabhängigkeit. Eine geeignete **Präsentationswand** muss dennoch vorhanden sein (geeignete Dimension, glatt und weiß, kein zu starker seitlicher Lichteinfall).

Mit den schier unendlichen Möglichkeiten steigen die Gefahren: Die hervorragendste Präsentation auf der Festplatte ist wertlos, wenn der Computer sich nicht booten lässt. Eine Steckdose in der Wand bedeutet noch lange nicht elektrischen Strom. Die Lampe eines Overheadprojektors fällt prinzipiell dann aus, wenn man die Präsentation beginnen will. Der Beamer im Transportkoffer wird wertlos, wenn das Verbindungskabel zu Hause oder im Büro liegt.

Und der Teufel steckt im Detail! Bei der Präsentation sind die Präsentatoren für schlichtweg alles verantwortlich, auch für die Technik. Eine genaue Kontrolle, ein Probelauf mit allen Geräten und Ersatzgeräte sollten daher Standard sein.

Dias

Besser nicht: Diapräsentationen benötigen Verdunkelung. Zum einen hat eine defekte, unvollkommene Verdunkelung dem geplanten Effekt schon allzu häufig ein jähes Ende gesetzt. Zweitens ermüdet das Publikum leicht. Zudem sind die optischen Eindrücke so stark, dass der Präsentator in den Hintergrund gedrängt wird. Wenn Sie eine Diapräsentation einsetzen wollen, dann eine von Profis gestaltete mit Überblendungseffekten und aufgezeichnetem Ton.

Videos

Auch davon ist abzuraten. Die Erwartungshaltung des Publikums liegt durch den TV-Konsum sehr hoch. Ein „recht gutes" selbst gedrehtes Video fällt bei den Zuschauern dennoch meistens durch.

Computer

Der Computer hat die Folie als beliebtestes Präsentationsmedium abgelöst. In Verbindung mit einem (transportablen) Beamer können animierte Präsentationen in beliebiger Länge und, dank bedienerfreundlicher Präsentationsprogramme, in professioneller Qualität über ein Notebook praktisch überall abgespielt werden.

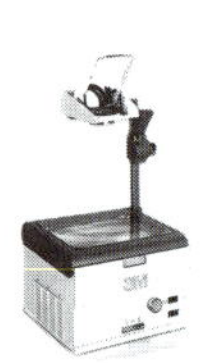

Was spricht für, was gegen Folienpräsentationen?

Overheadprojektoren und Overheadfolien

Das meiste, das für gebeamte „Computerfolien" gilt, gilt ebenso für OH-Folien. Folienpräsentationen nehmen an Beliebtheit ab, weil

- das Material teuer ist (Folien, Farbpatronen),
- sie selten mehr als einmal verwendet werden, bevor sie inhaltlich überholt sind,
- sie trotz gestiegener Farbqualität feuchtigkeitsempfindlich sind.

Was für Folienpräsentationen spricht, ist die universelle Einsetzbarkeit (OH-Projektoren sind immer noch häufiger anzutreffen als Beamer), die geringere technische Störungsanfälligkeit und – simpel, aber psychologisch einleuchtend – die größere Dynamik, die das Wechseln von Folien bedeutet: Der Präsentator muss sich bewegen, die Augen der Zuschauer müssen „wandern".

Welche Tipps gibt es für Folienpräsentationen?

Tipps:

- Versuchen Sie einmal, bei Kurz- oder Ad-hoc-Präsentationen **handschriftliche** Folien einzusetzen oder Folien, die durch handschriftliche Elemente während der Präsentation ergänzt werden. Als Gegentrend zur Technisierung werden – wenn die Handschrift einigermaßen leserlich und ein bisschen grafisches Talent vorhanden ist – diese selbst designten Folien als angenehm, erfrischend, weniger steril empfunden.
- **Kopieren** Sie **nie Buchtexte auf Folie.** Die auf der vorigen Seite erwähnte 6er-Regel sollte unbedingt beachtet werden.
- Beachten Sie auch die Notwendigkeit, einen mindestens **3 cm breiten Rand** auf den Folien vorzusehen. Nur innerhalb dieses Randes wirken Schriften oder Bilder am OH-Projektor.
- Wird der Overheadprojektor für mehr als **1 Minute** nicht benötigt, soll er abgeschaltet werden.
- Overheadprojektoren haben ein **Gebläse** zur Kühlung – oder zur Störung der Teilnehmer, die unmittelbar neben dem Gerät sitzen. Daher ist dies zu vermeiden.
- Wenn **auf bestimmte Folieninhalte gezeigt** werden muss, so soll das auf dem Overheadprojektor erfolgen, nicht auf der Projektionswand. Mit den Fingern oder einem Bleistift zu zeigen, wird zittrig, wenn der Präsentator nur ein bisschen nervös ist. Den Bleistift, besser einen eigenen OH-Zeigestab oder eine „Präsenter-Maus" auf die Folie zu legen, wirkt professioneller. Projiziert ein Beamer das Bild auf eine Wand, ist der sparsame Gebrauch eines Laserpointers angebracht.

5 Das Umfeld

Das Umfeld der Präsentation spielt eine wichtige Rolle.

Welche Rolle spielt das Umfeld bei einer Präsentation?

- Präsentationen sind **Rohdiamanten** des Kommunikationserfolges. Stimmen alle Umfeldfaktoren, so kann eine Präsentation viel bewirken. Stimmen sie nicht, ist sie meist immer noch wertvoll gewesen.
- Die **20 : 60 : 20**-Formel ist ein Hilfsmittel zu einer realistischen Einschätzung des Publikums: Egal, was und wie sie präsentieren, 20 % der Zuseher werden auf Ihre Seite zu bringen zu sein. Mag sein, weil sie das Thema oder die Vortragsweise interessiert oder weil sie Sie sympathisch finden. Wieder 20 % des Publikums werden nicht zu gewinnen sein. Vielleicht sind sie müde, haben andere wichtige Aufgaben oder Probleme im Kopf, sind am Thema nicht wirklich interessiert oder, oder, oder … Die restlichen 60 % sind zu gewinnen. Für sie halten Sie die Präsentation. Die 20 % der positiv Eingestellten sollen Sie nicht stolz machen, die 20 % der negativ Eingestellten nicht frustrieren.
- Das zweite Hilfsmittel zur Einschätzung der Zielerreichung ist die bereits angesprochene **Publikumsanalyse.** Wir unterscheiden verschiedene Stufen der **Publikumshaltung:**

Welche Stufen der Publikumshaltung gibt es?

	Die **offen Sympathisierenden:** Sie stimmen mit Ihrem Präsentationsziel vollinhaltlich überein und setzen auch dementsprechende Zeichen (Szenenapplaus, unterstützende Kommentare und Wortmeldungen).	1
	Die **Sympathisierenden:** Sie stimmen mit Ihrem Präsentationsziel überwiegend überein.	2
	Die **noch Unentschlossenen:** Vieles spricht für Ihr Präsentationsziel, vieles dagegen. Wortmeldungen oder Körpersprache, die für sie kritisch erscheinen, haben vorrangig den Zweck, zu einem eigenen Urteil zu gelangen. So oder so.	3
	Die **Ahnungslosen:** Es ist zu früh, um sie zu einem Urteil zu bringen. Ihr Wunsch ist es, Information zu erhalten.	4

	Die **Ablehnenden:** Ihr Ziel ist nicht ihr Ziel. Zu viele Argumente sprechen gegen die Intention Ihrer Präsentation.	5
	Die **offen Ablehnenden:** Hier haben Sie nicht nur eine starke inhaltliche Gegenposition, diese Gruppe wird dies auch offen zeigen (Körpersprache, scharfe Wortmeldungen, vielleicht sogar rhetorische Fouls).	6

Wie setzen Sie die Ziele nach der Publikumshaltung fest?

Wenn Sie die Präsentation planen, schätzen Sie ein oder erkundigen Sie sich, auf welcher Stufe die Entscheider oder die Mehrheit des Publikums steht. Und danach erst legen Sie Ihr Ziel fest:

- Steht die Mehrheit auf den Stufen 1 bis 3, können Sie auf „Zustimmung, Abschluss, Kauf" setzen.
- Steht die Mehrheit auf den Stufen 3 oder 4, wäre es unklug, eine Entscheidung zu erwarten. Sie sind mit der Präsentation wahrscheinlich erst einer der ersten Tropfen, die den Stein höhlen. Es wird weiterer inhaltlicher Arbeit und Lobbyings bedürfen, bevor eine Entscheidung zu erwarten ist.
- Steht die Mehrheit auf den Stufen 5 oder 6, könnte eine Entscheidung nur gegen Ihre Intention ausfallen. Das Ziel dieser und vielleicht der nächsten zwei oder drei Präsentationen muss es sein, die Mehrheit auf die Stufe-3-Haltung zu bewegen, von wo aus in einer weiteren Phase möglicherweise eine positive Entscheidung erreicht werden kann.

Was ist hinsichtlich Präsentationsrahmen zu beachten?

Zu den Umfeldfaktoren zählt auch der **Rahmen,** in dem die Präsentation stattfindet:

- Der **Raum:** Eine Richtlinie sind 3 bis 5 m² Platzbedarf pro Teilnehmer. Präsentationen, bei denen Teilnehmer gedrängt an der Wand stehen müssen haben eine ebenso schlechte Ausgangssituation wie solche, in denen sich eine Handvoll Teilnehmer in einem großen Saal verliert.
- Für die Entscheider sind die **besten Sitze** zu reservieren.
- Die **Medien** und **Sitzplätze** müssen so gestellt sein, dass von jedem Platz im Raum ein ungehindertes Einsehen des Standnestes (Bewegungsraum der Präsentatoren und Aufstellungsort der eingesetzten Medien) möglich ist. Probieren Sie es vor der Präsentation aus: Setzen Sie sich auf die Extremplätze im Raum (ganz vorne links und rechts, ganz hinten links und rechts) und bewerten Sie kritisch, wie gut das Standnest einzusehen ist und wie gut die Schriften zu lesen sind.
- **Corporate Design:** Die Präsentatoren und die Präsentation müssen sichtbar „aus einem Stall" kommen. Das Gewand der Präsentatoren soll stimmig sein. Sie müssen keine Uniform tragen, aber vielleicht gleiche Krawatten oder Schals oder zumindest Gewand im gleichen Stil. Lederhose und Designerrobe dürfen bei den Präsentatoren nicht aufeinandertreffen. Abgestimmt müssen auch Namenskärtchen und das Grunddesign der Folien sein.

6 Vorbereitung einer Präsentation

Wie werden Präsentationen vorbereitet?

Eine gut vorbereitete Präsentation ist ein absolutes Muss.

1. **Stichwortliste** mit den inhaltlichen Ideen für die Präsentation, erstellt mithilfe von Kreativitätstechniken (Brainstorming, Brainwriting, Collective Notebook, 6-3-5, Morphologische Analyse, Moderation etc.)
2. **Clustern:** Die Stichworte werden in inhaltsähnliche Gruppen zusammengefasst, die Gruppen erhalten Überschriften; neue Stichwörter können hinzugefügt werden. Eine Gruppe enthält jeweils nur Stichworte zu einem Inhaltsaspekt.
3. **Gewichten:** Versetzen Sie sich in die Rolle Ihres Publikums: Welche Inhaltsblöcke, die Sie in den Clustern geschaffen haben, werden Sie wie stark interessieren? Versuchen Sie eine Reihung von 1 bis n.
4. **Gliedern:** Gliedern Sie nun die wichtigsten 5 Inhaltsblöcke nach folgendem Prinzip: Am Anfang und am Schluss stehen die beiden vermutlich interessantesten Blöcke. Die Blöcke 5 bis 3 schließen an den ersten Block in ansteigender Reihenfolge. Inhaltsblöcke 6 bis n werden nicht

Vorbereitung einer Präsentation:
Stichwortliste
Clustern
Gewichten
Gliedern
Interpolieren
Verfassen eines Ganztextes und Stichwortzettels
Anwendung der Methode 100:80:75

gereiht. Die Blöcke 3 bis 5 dürfen auch nicht völlig uninteressant sein, andernfalls werden sie ebenfalls weggelassen.

5. **Interpolieren:** Bewerten Sie das Gliederungsschema: Macht es Sinn? Fehlen wichtige Inhalte, die in der Gewichtung die Nummern 6 – n erhalten haben?
   - Ändern Sie das Gliederungsschema vorsichtig.
   - Gehen Sie zurück zum Clustering und legen Sie inhaltsähnliche Gruppen zusammen.
   - Erweitern Sie den Bedeutungsumfang der Überschriften im Clustering.
   - Durchlaufen Sie die Punkte 2 bis 5 solange, bis die Gliederung logisch ist und auch dem Schema entspricht.
6. Bringen Sie den interpolierten gegliederten Inhalt in Stichworten auf die Folien.
   - Wählen Sie das Folienlayout.
   - Finden Sie ein passendes Logo.
   - Wählen Sie Schrifttypen, Aufzählungszeichen.
7. Fertigen Sie einen **Ganztext** an, den Sie möglichst oft frei durchsprechen, aber nicht auswendig lernen. Sind Sie ein routinierter Präsentator, wird das Durchsprechen mit den **Folienstichworten** oder mit **Stichwortzettel** (Format A6) möglich sein. Wenn Sie die Präsentation zu verschiedenen Gelegenheiten frei durchsprechen und so üben, werden Sie denselben Inhalt in immer anderen Worten formulieren. So wird der Inhalt fixiert, ohne dass Sie textabhängig werden.
8. Methode **100 : 80 : 75** – Sprechen Sie die Präsentation einem „critical friend" vor. Messen Sie die Zeit (100 %). Versuchen Sie dann, die Präsentation in 80 % der Zeit durchzusprechen, anschließend in 75 % der Zeit. Besprechen Sie die drei Durchgänge mit dem critical friend:
   - Wenn die Präsentation trotz Verkürzung verständlich bleibt, sind Sie zu wortreich unterwegs. Kürzen Sie Unnötiges.
   - Wenn Sie nicht mehr verständlich sind: Stellen Sie fest, welche Elemente der Präsentation in jedem Fall unverzichtbar sind, welche ggf. gekürzt werden können.
   - In jedem Fall erhalten Sie ein Gefühl für den Zeitablauf der Präsentation. Sie haben die Präsentation bereits in einer Stresssituation durchgeübt – was nie schaden kann.

7 Aufbau- und Ablaufschema einer Präsentation

Wie soll eine Präsentation aufgebaut sein?

Das Aufbau- und Ablaufschema einer Präsentation sollte wie folgt aussehen.

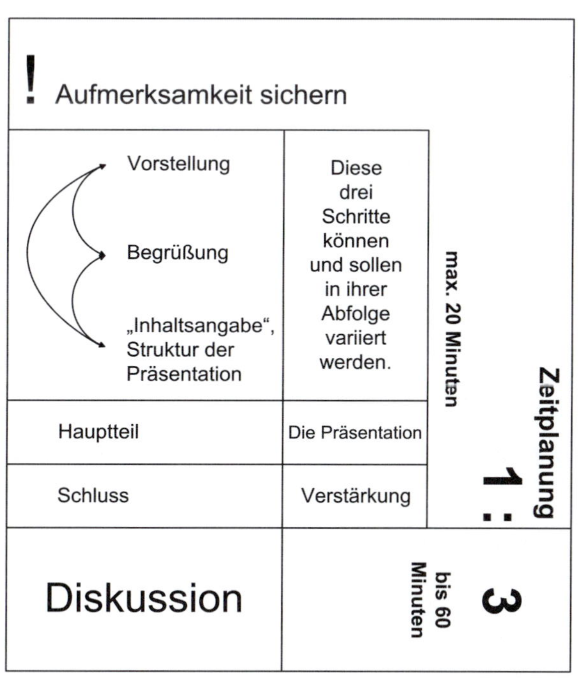

Abb. 7-11 Aufbau- und Ablaufschema einer Präsentation

8 Der Grundaufbau einer Präsentationsfolie bzw. eines -bildschirms

Die untenstehende Abbildung zeigt Ihnen, wie eine Präsentationsfolie bzw. ein -bildschirm aufgebaut werden soll.

Wie soll eine Folie gestaltet werden?

Abb. 7-12 Grundaufbau einer Präsentationsfolie bzw. eines -bildschirms

Grau hinterlegte Kästchen sind auf allen Präsentationsfolien des gesamten Foliensatzes in derselben Größe und Farbe am selben Platz.

Das **Logo** kann sowohl ein Firmenlogo als auch ein eigenes Präsentationslogo sein. Für die Platzierung gibt es mehrere Möglichkeiten, üblicherweise am oberen oder unteren Textrand, links, rechts oder zentriert. Ist der Platz des Logos festgelegt, muss es auf allen Folien an derselben Stelle stehen.

Folientitel bleiben im gleichen Format am gleichen Platz, werden aber je nach Inhalt der Folie variiert.

Der **Folientext** ist immer gleich formatiert in Stichworten gehalten. Je nach Fachmannschaft des Publikums werden auch Kürzel und Abkürzungen verwendet. Erst der Präsentator schafft das volle Textverständnis.

Clipart/Bild: Die strichliert umrandete Fläche zeigt den Platz, an dem Bilder oder Cliparts eingefügt werden können, insbesondere dann, wenn der Raum auf einer Folie dort zu leer wirken würde. Zu beachten ist:

Was ist beim Einsatz von Bildern und Cliparts zu beachten?

- Bilder und Cliparts müssen funktionell sein, d. h. die Wirkung und Aussage der Folie unterstützen.
- Sie müssen stilistisch zur Präsentation dazupassen.
- Die Bildqualität (dpi, Bildschärfe und -größe) muss zufriedenstellend sein.
- Es ist besser, keine weitere Visualisierung anzuwenden als eine schlechte.

Der Textteil kann ganz oder teilweise von einer Rahmengestaltung umgeben sein. Mit Rahmen (häufig bei grafisch geringer gestaltetem, transparentem Folienhintergrund) wird das Auge eher im Textfeld gehalten, ohne Rahmen (häufig bei Folien mit Bildern, Grafiken, Cliparts sowie bei eingefärbten Folienhintergründen) wirkt die gesamte Folie als Fläche.

Die Präsentatoren

Präsentatoren haben eine schwierige Rolle zu spielen. In Wahrheit stehen sie im Mittelpunkt, sie sind der gemeinsame Nenner von Inhalt, Visualisierung, Medieneinsatz und Publikum. Für das Publikum sollen aber nicht die Präsentatoren, sondern der Inhalt als Zentrum erscheinen.

- **Wie viele Präsentatoren** eingesetzt werden können, hängt von der Länge der Präsentation ab. Verschiedene Gesichter und Stimmen machen es dem Publikum leichter, die der Präsentation eigene inhaltliche Dichte zu verkraften. Ein Zuviel an Rollenwechsel verwirrt hingegen.

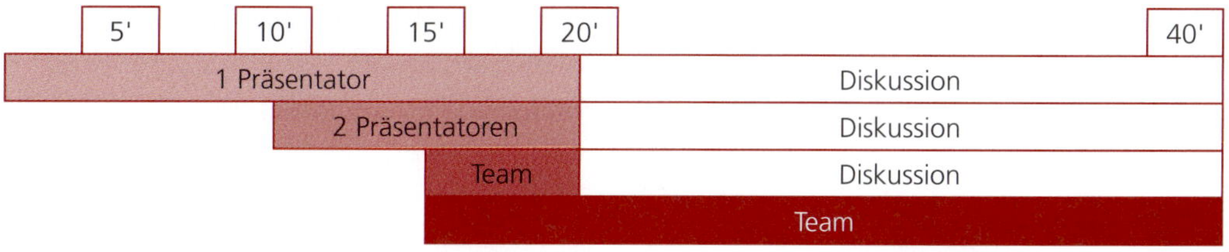

Alles, was länger als 20 Minuten dauert, ist keine Präsentation im engeren Sinn: Sie nimmt dann Seminar-, Vortrags- oder Showcharakter an und stellt eigene Ansprüche an die Präsentatoren.

- Treten mehrere Präsentatoren auf, ist es ratsam, alle gleich zu Beginn der Präsentation **vorzustellen,** um später den inhaltlichen Fluss nicht zu zerstören.
- Den Kontakt zum Publikum stellt die **Körpersprache** her. Präsentatoren, die gerade zum Publikum sprechen, stehen zentral im Blickfeld aller Zuhörer, jedoch nicht so, dass für irgendjemanden der Blick auf die Medien verdeckt wird. Blickkontakt und offen zugewandter Oberkörper müssen zumindest zeitweise für alle Zuseher erkennbar sein. Das bedeutet, dass der Präsentator umso weniger stationär präsentieren kann, je größer und räumlich verteilter sein Publikum sitzt.
- Die Daumenregel des **Blickkontakts** lautet, **„1 : 2"**-Entscheider und Fragesteller erhalten ein Drittel des Blickkontakts, das gesamte restliche Publikum zwei Drittel. Was dadurch vermieden werden soll, ist der dauernde, positive Signale heischende Blick zum „Chef" oder zu einem Fragesteller, wodurch die Inhalte der Präsentation für die Mehrheit der Teilnehmer durch das psychologische Signal des Nicht-Ansehens abgewertet werden.
- Präsentatoren, die gerade **nicht sprechen,** gehen aus dem direkten Blickfeld hinaus, beobachten aber weiterhin das Publikum. Denn dessen Körpersprache verrät einiges darüber, was von der Präsentation wie ankommt.
- Wer präsentiert, wendet dem Publikum möglichst **nie den Rücken zu.** Arbeiten an der Visualisierung sollen von Co-Präsentatoren durchgeführt werden. Diese in der Situation stummen Helfer dürfen sogar möglichst keinen körpersprachlichen Kontakt zum Publikum aufnehmen.
- Müssen Präsentatoren auf Inhalte zeigen, die sich hinter ihrem Rücken befinden, sollte die **Touch-Turn-Talk**-Methode angewandt werden. Sie nimmt dem Präsentator den Stress, während des Sprechens sich zu verwinden und halb auf das Publikum, halb auf das Zeigeziel konzentriert – auf das falsche Element zu zeigen.

  Wenn es zum Hinzeigen kommt: **Touch:** Stoppen Sie den Redetext, blicken und zeigen Sie konzentriert auf das gewünschte Element (unter Umständen drehen Sie hier kurz dem Publikum den Rücken zu). **Turn:** Bleiben Sie mit dem Zeigestab, der ausgestreckten Hand, dem Laserpointer etc. auf dem Zeigeobjekt und wenden Sie sich mit Blickkontakt und so weit als möglich offener Oberkörperhaltung dem Publikum zu. **Talk:** Setzen Sie erst jetzt den Redetext fort. Wiederholen Sie die TTT-Schritte jedes Mal, wenn Sie auf ein neues Ziel zeigen. Nicht nur für den Präsentator, auch für das Publikum bedeutet dieses strukturierte, verlangsamte Vorgehen mehr Konzentrationsmöglichkeit.

Üben

Anweisung für die Projektpraxis

Teilen Sie Ihr Team in vier Gruppen. Nach einer gemeinsamen Besprechungsphase übernimmt jede Gruppe Teilaufgaben für das Grobdesign der Präsentation Ihres Projekts. Die zu verteilenden Aufgaben sind:

- Publikums- und Umfeldanalyse (Plenarphase)
- Medienauswahl (Plenarphase)
- Überlegungen zum Präsentationsort (Saal, Einrichtung)
- Grobplanung der Arbeitsschritte für die Erstellung der Präsentation
- Grobplanung des Präsentationslayouts
- Grobplanung des inhaltlichen Präsentationsaufbaus

Sichern

Das Rezept für eine erfolgreiche Präsentation

Was nützt die beste Leistung, wenn sie nicht entsprechend präsentiert wird?

Andererseits kann die beste Präsentationsleistung nicht über inhaltliche Mängel hinwegtäuschen.

Eine gute Präsentation ist so kurz wie möglich und so lang wie nötig.

Todsünden der Präsentation sind das Auswendiglernen und das Herunterlesen von Texten. Stellen Sie sich vor, Sie erzählen die Inhalte der Präsentation Freunden und Bekannten.

Sinnvolle, unterstützende Visualisierungen ergänzen den Part der Präsentatoren. Beide wären ohneeinander unvollständig.

Die Präsentation hat einiges mit Werbespots gemeinsam: Weil sie zeitlich knapp bemessen sind, müssen alle eingesetzten Elemente (Text, Visualisierung) auf das Ziel hinarbeiten. Jedes Detail hat Funktion, nichts ist Selbstzweck!

Wissen

SbX ID: 4925

SbX

Fragen 1–12 mit automatischer Aufgabenkontrolle ID: 4925

erledigt ☑
Frage 1 ☐
Frage 2 ☐
Frage 3 ☐
Frage 4 ☐
Frage 5 ☐
Frage 6 ☐
Frage 7 ☐
Frage 8 ☐
Frage 9 ☐
Frage 10 ☐
Frage 11 ☐
Frage 12 ☐

Kontrollfragen

1. Worin unterscheiden sich Moderation und Präsentation, wo haben sie gemeinsame Elemente?
2. Wozu werden Umfeld- und Publikumsanalysen durchgeführt?
3. Welche Präsentationsmedien sind momentan state-of-the-art, welche sind weniger empfehlenswert?
4. Welche Ziele werden mit einer Präsentation verfolgt?
5. Was sollte hinsichtlich Inhaltskern einer Präsentation berücksichtigt werden?
6. Was sollte hinsichtlich Quantität beim Medieneinsatz berücksichtigt werden?
7. Welche allgemeinen Medientipps würden Sie bei einer Präsentation berücksichtigen?
8. Welche Stufen der Publikumshaltung kennen Sie?
9. Wie bereiten Sie eine Präsentation vor?
10. Wie sieht das Aufbau- und Ablaufschema einer Präsentation aus?
11. Welche Tipps für den Aufbau einer Bildschirmfolie kennen Sie?
12. Was sollte hinsichtlich Präsentatoren bei einer Präsentation berücksichtigt werden?

Problemstellungen

1. Finden Sie möglichst viele sprachliche Varianten für die folgenden Funktionen innerhalb der Präsentation:
   - sich die Aufmerksamkeit des Publikums sichern
   - sich (und das Präsentationsteam) vorstellen
   - das Publikum begrüßen
   - kurz zu umreißen, was das Publikum zu hören bekommt
   - zur Diskussion überzuleiten und einzuladen
2. Bewerten Sie Ihre Ergebnisse:
   - Filtern Sie sprachlich unpassende, unhöfliche oder gestelzte Formulierungen heraus.
   - Markieren Sie Formulierungen mit (k) bzw. (f), je nachdem, ob sie zu Präsentationen in einem kollegialen oder formellen Ton passen.
3. Finden Sie verschiedene Varianten für einen effektvollen und funktionellen Schluss der Präsentation. Achten Sie darauf, dass ein ungelenker Schluss nicht die Wirkung der Präsentation zerstört.

Lerneinheit 7

Wissenschaftliches Arbeiten

„Uff ... geschafft!“, meint Tina zu ihrem Team. „Endlich sind alle Arbeitspakete im Projekt erledigt.“ „Aber jetzt kommt noch ein ganz schöner Brocken – die Projektdokumentation“, erwidert Karin. „Genau“, meint Lukas, „Vorwort und Zusammenfassung sind ja kein Problem, aber richtig zitieren – wie macht man das und wie schaffen wir es, ein gemeinsames tolles Layout zu kreieren?“ „Tja, das ist fast schon eine wissenschaftliche Arbeit ...“

SbX
Alle SbX-Inhalte zu dieser Lerneinheit finden Sie unter der ID: 4926.

Lernen

SbX ID: 4960

SbX
ID: 4960
Download: Formatvorlage für Projektarbeit
Bildschirmpräsentation zu dieser Lerneinheit

1 Aufbau und Gliederung der Arbeit

Folgender Aufbau sollte bei einer wissenschaftlichen Arbeit eingehalten werden:

- Titelblatt
- Eigenständigkeitserklärung
- Vorwort
- Inhaltsverzeichnis
- Projekthandbuch (Prozessdokumentation)
- Projektdokumentation
- Zusammenfassung
- Abbildungsverzeichnis
- Tabellenverzeichnis
- Literaturverzeichnis
- Anhang

Wie wird eine wissenschaftliche Arbeit aufgebaut?

Titelblatt

Das Titelblatt sollte enthalten:

- **Projektthema**
- Logo
- **Projektteammitglieder und Jahrgang**
- **Projektbetreuer**
- Projektauftraggeber
- evtl. Sponsoren

Eigenständigkeitserklärung

Diese beinhaltet die Erklärung, dass die vorliegende Arbeit selbständig verfasst und nur die angeführten Quellen sowie keine unerlaubten Hilfsmittel verwendet wurden.

Vorwort

Beinhaltet eine kurze persönliche Stellungnahme bzw. Begründung der Themenwahl, evtl. Danksagung an Personen bzw. Unternehmen, die zum Gelingen beigetragen haben.

Inhaltsverzeichnis

Mit der Seitennummerierung wird erst ab der Prozessdokumentation begonnen. Es werden alle Kapitel und Abschnitte der Arbeit mit Seitenzahlen angeführt. Die numerische Gliederung ist der alphanumerischen vorzuziehen. Es empfiehlt sich folgende Gliederung:

1	Prozessdokumentation
1.1	Projektwürdigkeitsanalyse
1.2	Projektauftrag
...	
2	Ergebnisdokumentation
2.1	Einleitung
2.2	...
2.2.1	
...	
3	Zusammenfassung
4	Abbildungsverzeichnis
5	Tabellenverzeichnis
6	Literaturverzeichnis
7	Anhang

Prozessdokumentation

Unter Prozessdokumentation versteht man die Dokumentation der zum Ergebnis führenden Schritte (Projekthandbuch). Dieser Teil der Projektdarstellung soll projektbegleitend erfolgen, ergänzt und aktualisiert werden und Bestandteil der Gesamtdokumentation sein.

Welche wesentlichen Bestandteile hat eine Prozessdokumentation?

Wesentliche Bestandteile sind:

- Projektauftrag
- Projektabgrenzung
- Projektkontextanalyse
- Projektstrukturplan (Gliederung in plan- und kontrollierbare Teilergebnisse/Teilleistungen)
- Arbeitspakete (Beschreibung der notwendigen Aufgaben)
- Terminplanung (Meilensteinplan, Terminliste etc.)
- Aufgabenverteilung (Funktionendiagramm, Tätigkeitsliste etc.)
- Ressourcen- und Kostenmanagement

Ergebnisdokumentation

Die Ergebnisdokumentation soll in logisch strukturierter, formal einwandfreier Form das Ergebnis der Projektarbeit darstellen. Der Umfang ist vom Thema, von der Art des Projektes und zum Teil auch von der Anzahl der Teammitglieder abhängig und soll insgesamt nicht zu umfangreich sein.

Hinweis: Diese Seite(n) sind die meist gelesenen!

Die allgemeinen Richtlinien der Textgestaltung (ÖNORM A 1080) sind zu beachten.

Zusammenfassung

Am Ende der Ergebnisdokumentation ist eine etwa einseitige Zusammenfassung als inhaltliches Kurzergebnis der Projektarbeit anzufügen.

Anhang

Nach dem Literaturverzeichnis können im Anhang noch diverse erklärende Informationen wie z. B. Besprechungsprotokolle, Tätigkeitsprotokolle, Schriftverkehr, Fragebögen, Erhebungsformulare usw. beigefügt werden.

2 Formale Gestaltung

Was ist bei der formalen Gestaltung zu beachten?

Für die formale Gestaltung von Projektarbeiten sind die Vorschriften der ÖNORM A 1080 (Richtlinien für Textgestaltung) zu beachten (siehe Abschnitt 3 Kurzanleitung – Word).

Seitenlayout

Die Blätter werden einseitig bedruckt und gebunden. In der Regel wird mit Zeilenabstand 1,5 geschrieben. Zwischen den einzelnen Absätzen sollte mindestens 6 pt Abstand zusätzlich eingehalten werden. Die Seitenränder betragen links 2,5 cm und rechts 2 cm.

Schriftart

Als Schrifttyp können sowohl Serifenschriften (z. B. Times New Roman, Century Schoolbook, Bookman Old Style, Book Antiqua usw.) als auch serifenlose Schriften (Arial, Tahoma, Century Gothic usw.) verwendet werden. Serifenschriften sind leichter lesbar und eignen sich besonders für längere Texte. Serifenlose Schriften sind eher für kürzere Texte geeignet (z. B. für Überschriften). Schmuckschriften (*Brush Script*, Comic Sans MS usw.) sind zu vermeiden.

Schriftgröße

Die Schriftgröße für Kopf- und Fußzeile sowie bei Fußnoten sollte 9 pt betragen. Im laufenden Text sollte die Schriftgröße ca. 11 pt (bei serifenlosen Schriften) und 12 pt (bei Verwendung von Serifenschriften) betragen. Überschriften sollen sich vom Text deutlich abheben.

Hervorhebungen

Zum Hervorheben des Textes können **Fettschrift,** *Kursivschrift,* Kapitälchen verwendet werden. In jedem Fall muss die Hervorhebung einheitlich angewandt werden.

Kopf- und Fußzeile

In der Kopf- bzw. Fußzeile steht der Projekttitel, die Seitennummerierung und evtl. Namen der Autoren, Jahrgang, Schuljahr, Logo.

Hinweis: So arbeiten Sie professionell und schützen sich gegen Plagiatsvorwürfe!

Literatur- oder Quellenverzeichnis

In jeder wissenschaftlichen Arbeit muss ein Literaturverzeichnis vorhanden sein. Wobei die verwendete Literatur zweimal dokumentiert wird, und zwar durch direkte oder indirekte Zitate im Text oder in einer Fußnote und am Ende der Dokumentation im Literaturverzeichnis. Im Literaturverzeichnis wird die zitierte Literatur vollständig aufgenommen.

Quellenangabe im Text

Wie wird richtig zitiert?

1. Vollbeleg in der Fußnote

Fußnoten enthalten Quellenangaben, knapp gefasst. Bezieht man sich auf ein Buch, ist der Zusatz „vgl." (vergleiche) voranzustellen. Bei wörtlichen Zitaten entfällt vgl.

> … bemüht sich, etwas zu vollbringen.[3]
>
> [3] Vgl. Patzak, Gerold und Rattay: Projektmanagement, Wien 2004, S. 53.

2. Kurzbeleg in der Fußnote

> … bemüht sich, etwas zu vollbringen.[1]
>
> [1] Vgl. Patzak/Rattay (2004). S. 53.

3. Kurzbeleg im Text

> … spricht man von einem Team (Patzak/Rattay 2004. S. 53).

4. Direkte und indirekte Zitate

Bei direkten Zitaten wird die zitierte Quelle wörtlich angegeben, bei indirekten Zitaten wird die Quelle sinngemäß angeführt.

Direktes Zitat:

> … definieren Patzak/Rattay (2004, S. 53) wie folgt: „Von einem Team spricht man ganz allgemein, wenn mehrere Personen in gegenseitiger Abhängigkeit bemüht sind, etwas zu vollbringen."

Indirektes Zitat:

> … wenn mehrere, gegenseitig voneinander abhängige Personen bemüht sind, etwas zu erreichen, spricht man von einem Team (Patzak/Rattay 2004. S. 53).

Hinweis: Quellen schon während der Arbeit laufend dokumentieren.

Literaturverzeichnis am Ende der Dokumentation

Jedes direkt und indirekt zitierte Werk muss im Literaturverzeichnis vorkommen.

Bei der Erstellung des Literaturverzeichnisses sind folgende Hinweise zu beachten:

- Einträge beginnen mit Zu- und Vornamen des Autors/der Autoren.
- Die Einträge werden nach Zunamen der Autoren alphabethisch geordnet.
- Akademische Grade und Berufstitel werden nicht angeführt.
- Nach ihrer Erscheinungsform (Buch, Zeitschrift, Website etc.) werden Quellen in das Literaturverzeichnis unterschiedlich aufgenommen.

1. Buch

Autorenname, Vorname: Titel. Auflage, Ort Jahr.

> Patzack, Gerold und Rattay, Günter: Projektmanagement. 4. Aufl., Wien 2004.

2. Zeitschrift/Zeitung

Autorennachname, Vorname: Titel des Artikels. In: Name der Zeitschrift, Jahrgang, Jahr, Heftnummer (gegebenenfalls mit Datumsangabe), erste und letzte Seite des Artikeln.

> Daetge, Jörg: Möglichkeiten der Früherkennung negativer Unternehmensentwicklungen. In: ZfbF, 41. Jg., 1989, Nr. 4, S. 792–811.

3. Website im Internet

Autorennachname, Vorname (wenn vorhanden): Titel, URL: http://…, Stand: Datum des Zugriffs.

> Wirtschaftsuniversität Wien: Wissenschaftliches Schreiben,
> URL: http://www.wu-wien.ac.at/lehre/support/schreiben_zitieren/wissenschaftlschreiben, Stand: 18. Februar 2011.

Diagramme, Grafiken und Abbildungen

Diagramme und Grafiken sind mit Überschriften und fortlaufender Nummerierung zu versehen.

Abbildungs- und/oder Tabellenverzeichnis

In das Abbildungs- und Tabellenverzeichnis sind alle Abbildungen (Grafiken, Schaubilder, Fotografien) und Tabellen aufzunehmen. Gegliedertes Zahlenmaterial wird als Tabelle bezeichnet, grafische Darstellungen und Bilder hingegen als Abbildungen.

Abbildungsverzeichnis

Abb. 1: Projektstrukturplan 17
Abb. 2: Objektestrukturplan 21
Abb. 3: Balkenplan 35

Tabellenverzeichnis

Tab. 1: Umsatzentwicklung 2…–2… 4
Tab. 2: Kaufmenge von Laptops 17

SbX ID: 4960

Eine Kurzanleitung für Word mit praktischen Tipps für die Gestaltung einer Projektarbeit finden Sie in SbX.

Üben

Anweisungen für die Projektpraxis

Führen Sie für Ihr Projekt folgende Arbeiten durch:

a) Erstellen Sie eine Gliederung für Ihre Projektarbeit nach den Hinweisen für den Aufbau einer wissenschaftlichen Arbeit inklusive Unterkapiteln. Erläutern Sie dabei genauer die Inhalte der Prozessdokumentation.

b) Gestalten Sie Ihre Projektarbeit formal richtig.

Sichern

Aufbau einer wissenschaftlichen Arbeit

Eine wissenschaftliche Arbeit sollte das Titelblatt, die Eigenständigkeitserklärung, ein Vorwort, ein Inhaltsverzeichnis, das Projekthandbuch (die Prozessdokumentation), die Zusammenfassung, das Abbildungs- und Tabellenverzeichnis, das Literaturverzeichnis und den Anhang enthalten.

formale Gestaltung

Bei der formalen Gestaltung sind Seitenlayout, Schriftart, Schriftgröße, Hervorhebungen, Kopf- und Fußzeile, Literatur- und Quellenverzeichnis, Beschriftung von Diagrammen, Grafiken und Abbildungen sowie das Abbildungs- und Tabellenverzeichnis festzulegen.

Wissen

SbX ID: 4961

SbX
Fragen 1–4 mit automatischer Aufgabenkontrolle ID: 4961

erledigt ☑
Frage 1 ☐
Frage 2 ☐
Frage 3 ☐
Frage 4 ☐

Kontrollfragen

1. Welcher Aufbau sollte bei einer wissenschaftlichen Arbeit eingehalten werden?
2. Welche Norm ist hinsichtlich der formalen Gestaltung zu beachten?
3. Was wird im Rahmen der formalen Gestaltung festgelegt?
4. Welche Möglichkeiten haben Sie hinsichtlich der Gestaltung von Quellenangaben?

Problemstellungen

1. Wieso ist die Eigenständigkeitserklärung in Verbindung mit dem Literaturverzeichnis wichtig?
2. Nehmen Sie zu folgenden Aussagen kritisch Stellung:
   a. Für Schulzwecke spielt das Copyright an Bildern und Texten keine Rolle.
   b. Das Layout einer Projektarbeit bzw. Projektdokumentation ist schnell erledigt.
   c. Plagiatsvorwürfe spielen in der Schule keine Rolle.
   d. Das Layout spielt im Vergleich zum Inhalt eine Nebenrolle.
   e. Für Projektarbeiten können alle Schriftarten verwendet werden.
   f. USB-Speichersticks sind sichere Speichermedien.

Kapitelrückblick

In diesem Kapitel haben Sie viele nützliche Techniken und Tools kennengelernt, die Sie in Ihrem Projekt anwenden können:

- **Kreativitätstechniken**
- **Zeitmanagementtechniken**
- **Techniken zu Kommunikation und Konfliktmanagement**
- **Moderationstechniken**
- **Präsentationstechniken für Projekte**
- **Technik des wissenschaftlichen Arbeitens**

SbX
ID: 4983
In SbX finden Sie diese Aufgaben zur Lernkontrolle mit automatischer Aufgabenkontrolle sowie einen Kompetenz-Check zu diesem Kapitel.

erledigt ☑
Aufgaben zur Lernkontrolle ☐

Aufgaben zur Lernkontrolle – bitte kreuzen Sie die richtige Lösung an. (Mehrfachlösungen sind möglich.)

SbX ID: 4983

1. Kreativität bedeutet …
- ☐ a. schöpferisch tätig zu sein.
- ☐ b. erfinderisch tätig zu sein.
- ☐ c. Fantasie, aber auch Logik einzusetzen.
- ☐ d. Fantasie einzusetzen.
- ☐ e. Chaos zuzulassen.
- ☐ f. Ordnung zu schaffen.
- ☐ g. Chaos zu produzieren und dann wieder Ordnung zu schaffen.
- ☐ h. die rechte Gehirnhälfte einzusetzen.
- ☐ i. beide Gehirnhälften einzusetzen.

2. Kreativitätstechniken sind Arbeitsmethoden, die einem helfen, …
- ☐ a. erfinderisch tätig zu sein.
- ☐ b. neue Wege zu beschreiten.
- ☐ c. neue Produkte hervorzubringen.
- ☐ d. immer neue Fragen aufzuwerfen.
- ☐ e. Ideen oder neue Produkte hervorzubringen.
- ☐ f. Gegenstände auf neue Art einzusetzen.
- ☐ g. immer neue Antworten auf ein und dieselbe Frage zu geben.

3. Voraussetzungen für die Kreativität sind …
- ☐ a. die Bereitschaft,
- ☐ b. das Sollen,
- ☐ c. die Kompetenz,
- ☐ d. die Fähigkeit,
- ☐ e. das Dürfen.

4. Der kreative Prozess …
- ☐ a. beginnt mit der Vorbereitung.
- ☐ b. beginnt spontan.
- ☐ c. dann brütet man an der Idee.
- ☐ d. hat garantiert einen Einfall.
- ☐ e. hat eventuell einen spontanen Einfall.
- ☐ f. der gleich bewertet wird.
- ☐ g. der später ausgearbeitet wird.

5. Brainstorming oder „Gedankensturm" …
- ☐ a. ist die erfolgreichste Kreativitätstechnik.
- ☐ b. ist die einfachste Kreativitätstechnik.
- ☐ c. hat das Ziel, viele durchdachte Ideen zu sammeln.
- ☐ d. hat das Ziel, möglichste viele, spontane und reichhaltige Ideen zu sammeln.

6. Die Methode 6-3-5 oder auch Brainwriting bedeutet,
- ☐ a. dass sechs Personen je drei Ideen aufschreiben, die dann insgesamt fünfmal an die weiteren Teammitglieder weitergereicht und ergänzt werden.
- ☐ b. dass sechs Ideen von drei Personen aufgeschrieben werden, die dann insgesamt fünfmal an die weiteren Teammitglieder weitergereicht und ergänzt werden.
- ☐ c. dass sechsmal je drei Ideen von 5 Personen aufgeschrieben werden.

7. Die Mindmappingmethode ist …
- ☐ a. eine Darstellungstechnik,
- ☐ b. eine Kreativitätstechnik,
- ☐ c. ein Ordnungssystem,
- ☐ d. bei der Notizen strukturiert und gehirngerecht als Gedankenlandschaft dargestellt werden.
- ☐ e. bei der Notizen geordnet und logisch dargestellt werden.
- ☐ f. bei der Notizen aus dem Gedächtnis geordnet und kreativ dargestellt werden.

8. Die Moderationsmethode, Kärtchenabfrage oder Metaplantechnik ist …
- ☐ a. eine Arbeitstechnik, bei der Pinnwand und Karten sowie Moderationsmaterial eingesetzt werden.
- ☐ b. eine Kreativitätstechnik, bei der mit Kärtchen möglichst viele Ideen gesammelt werden.
- ☐ c. eine Technik, bei der mit Kärtchen vorhandene Ideen geordnet werden.

9. Die Walt-Disney-Strategie …
- ☐ a. ist nach dem gleichnamigen Erfinder der Mickey Maus benannt, der jedes Projekt stets aus dem Blickwinkel der Rollen Träumer, Realist und Kritiker betrachtet hat.
- ☐ b. ist nach dem gleichnamigen Amerikaner benannt, der jede Aufgabe stets aus dem Blickwinkel Erfinder, Mathematiker und Kritiker betrachtet hat.
- ☐ c. ist nach dem gleichnamigen Erfinder der Mickey Maus benannt, der jedes Projekt stets

aus dem Blickwinkel der Rollen Träumer und Kritiker betrachtet hat.

10. Das Kollektive Notizbuch (oder auch Collective Notebook oder CNB-Methode genannt) …
- ☐ a. ist eine Kreativitätstechnik, bei der die Teilnehmer die Ideen zur gleichen Zeit in einem gemeinsamen Medium festhalten.
- ☐ b. ist eine Methode, bei der die Teilnehmer die Ideen nicht zur gleichen Zeit auf einem beliebigen Medium zu Papier bringen.
- ☐ c. ist eine Methode, bei der die Teilnehmer die Ideen nicht zur gleichen Zeit, aber in einem gemeinsamen Medium zu Papier bringen.

11. Bei der Morphologischen Matrix …
- ☐ a. werden Teilaspekte eines Problems (Parameter) systematisch mit möglichen Erscheinungsformen kombiniert.
- ☐ b. werden Teilaspekte eines Problems in einer Matrix geordnet.
- ☐ c. werden Ideen für ein Problem in einer Matrix festgehalten.

12. Welche der folgenden Aussagen sind richtig?
- ☐ a. Während des Brainstormings werden unpassende Lösungen sofort richtig gestellt.
- ☐ b. Die Denkstühle nach Walt Disney werden vom Philosophen, Marketinggenie und vom Buchhalter besetzt.
- ☐ c. Die Morphologische Matrix ist für Menschen, die das Chaos lieben, besonders gut geeignet.
- ☐ d. Mit der Kärtchenabfrage wird das Wissen der Gruppenmitglieder überprüft.
- ☐ e. Mindmaps dürfen nur in einer Farbe erstellt werden.

13. Weitere Kreativitätstechniken sind unter anderem:
- ☐ a. Bisoziation
- ☐ b. Assoziation
- ☐ c. Synektik
- ☐ d. Synergie
- ☐ e. Reizwortanalyse
- ☐ f. Provokation
- ☐ g. mentale Provokation
- ☐ h. NIE-Technik
- ☐ i. IMMER-Technik
- ☐ j. Oswald-Checkliste
- ☐ k. Osborn-Checkliste

14. Zeitmanagement ist …
- ☐ a. die konsequente, zielorientierte Anwendung von Techniken zur Einteilung von Terminen und Tätigkeiten, damit die zur Verfügung stehende Zeit sinnvoll und optimal genutzt wird.
- ☐ b. die tagtägliche und konsequente Anwendung von bekannten Arbeitstechniken, um sich selbst und den eigenen Lebensbereich so zu managen, dass die zur Verfügung stehende Zeit sinnvoll und optimal genutzt wird.
- ☐ c. die konsequente, zielorientierte tägliche Anwendung von bewährten Arbeitstechniken, um sich selbst und den eigenen Lebensbereich so zu managen, dass die zur Verfügung stehende Zeit sinnvoll und optimal genutzt wird.

15. Die ALPEN-Methode ist eine Zeitplanungsmethode …
- ☐ a. nach der Aktivitäten aufgelistet werden.
- ☐ b. deren Länge geschätzt werden.
- ☐ c. Prioritäten gesetzt werden.
- ☐ d. Pufferzeiten eingeplant werden.
- ☐ e. Entscheidungen getroffen werden.
- ☐ f. Ergebnisse geplant werden.
- ☐ g. nachkontrolliert wird.

16. Das Pareto-Prinzip oder die 80:20-Regel besagt, …
- ☐ a. dass 20 % der Zeit, die für die „lebenswichtigen" Aufgaben verwendet werden, 80 % der Ergebnisse bringen.
- ☐ b. dass 20 % der Zeit, die für dringende Aufgaben verwendet werden, 80 % des Gewinns bringen.
- ☐ c. dass 20 % der Ergebnisse, aus 80 % der Zeit, die für dringende Aufgaben verwendet wird, resultieren.

17. Im Rahmen der ABC-Analyse werden Tätigkeiten untersucht und festgehalten, ob sie A, B oder C Tätigkeiten sind:
- ☐ a. A: ca. 15 % der Menge und ca. 65 % des Wertes
- ☐ b. A: ca. 65 % der Menge und ca. 15 % des Wertes
- ☐ c. B: ca. 20 % der Menge und ca. 20 % des Wertes
- ☐ d. C: ca. 65 % der Menge und ca. 15 % des Wertes
- ☐ e. C: ca. 15 % der Menge und ca. 65 % des Wertes

18. Nach Eisenhower sind …
- ☐ a. A-Aufgaben wichtig und dringend und werden daher sofort selbst erledigt.
- ☐ b. A-Aufgaben wichtig und dringend und werden daher sofort in die Terminplanung übernommen.
- ☐ c. B-Aufgaben sind wichtig, können aber delegiert werden.
- ☐ d. B-Aufgaben sind zwar wichtig, aber nicht so dringend und werden mit einem Termin versehen und geplant.
- ☐ e. C-Aufgaben sind zwar dringend, aber unwichtig und werden daher gestrichen.
- ☐ f. C-Aufgaben sind zwar dringend, aber nicht wichtig und daher delegiert.
- ☐ g. Die restlichen Aufgaben sind weder wichtig noch dringend und werden daher gestrichen.

19. Zu den Basistechniken der Kommunikation gehören …
- ☐ a. das rhetorische Instrumentarium,
- ☐ b. die Kybernetik,
- ☐ c. Zuhörtechniken,

- ☐ d. Präsentationstechniken,
- ☐ e. der kontrollierte Dialog,
- ☐ f. Ich-Botschaften,
- ☐ g. Konfliktmanagement,
- ☐ h. Feedback,
- ☐ i. Techniken der proaktiven Gesprächsführung,
- ☐ j. Techniken der produktiven Gesprächsführung.

20. Das rhetorische Instrumentarium beinhaltet …
- ☐ a. die Kopfhaltung,
- ☐ b. die Körpersprache,
- ☐ c. die Intimzonen,
- ☐ d. den Blickkontakt,
- ☐ e. die Mimik und die Gestik,
- ☐ f. die Körperhaltung,
- ☐ g. Arme, Hände, Beine,
- ☐ h. die Stimme,
- ☐ i. die Grußform.

21. Das dreidimensionale Sprachgitter umfasst …
- ☐ a. hoch – tief,
- ☐ b. schrill – tief,
- ☐ c. laut – leise,
- ☐ d. laut – flüstern,
- ☐ e. quick – quick – slow,
- ☐ f. langsam – schnell.

22. Zur akzeptierenden Grundhaltung gehört …
- ☐ a. Selbstvertrauen mitzubringen.
- ☐ b. den anderen ernst zu nehmen.
- ☐ c. eine gute Verhandlungsposition einzunehmen.
- ☐ d. den anderen ausreden zu lassen.
- ☐ e. Pausen zu ertragen.
- ☐ f. Stillschweigen mit Floskeln zu übertönen.
- ☐ g. den anderen anzusehen.
- ☐ h. Höflichkeitsfloskeln einzubauen.
- ☐ i. den anderen mit Namen anzureden.

23. Der kontrollierte Dialog
- ☐ a. hilft, das inhaltliche Verständnis zu sichern.
- ☐ b. hilft, die eigene Vorrangstellung zu untermauern.
- ☐ c. beinhaltet ein Pacing mit Rückfragen.
- ☐ d. beinhaltet ein Leading.

24. Ich-Botschaften werden in den folgenden drei Schritten formuliert:
- ☐ a. Situation – meine Reaktion – mein Wunsch
- ☐ b. Reflexion – meine Reaktion – mein Wille
- ☐ c. Situation – meine Reflexion – mein Wunsch

25. In der Transaktionsanalyse werden folgende Bewusstseinszustände unterschieden:
- ☐ a. angepasstes Eltern-Ich
- ☐ b. angepasstes Kindheits-Ich
- ☐ c. dominantes Erwachsenen-Ich
- ☐ d. Erwachsenen-Ich
- ☐ e. fürsorgliches Eltern-Ich
- ☐ f. fürsorgliches Kindheits-Ich
- ☐ g. kritisches Eltern-Ich
- ☐ h. kritisches Kindheits-Ich
- ☐ i. natürliches Eltern-Ich
- ☐ j. natürliches Kindheits-Ich
- ☐ k. rebellisches Eltern-Ich
- ☐ l. rebellisches Kindheits-Ich
- ☐ m. rezessives Erwachsenen-Ich

26. Die unkomplizierteste Art der Gesprächsführung gelingt …
- ☐ a. wenn zwei Personen im Erwachsenen-Ich kommunizieren.
- ☐ b. bei unparallelen Transaktionen.
- ☐ c. bei parallelen, diagonalen Transaktionen.
- ☐ d. bei parallelen Transaktionen im Erwachsenen-Ich, dem unterstützenden Eltern-Ich und dem natürlichen Kind-Ich.

27. Folgende Techniken unterstützen Beratungsgespräche:
- ☐ a. Türöffner, um das Gespräch in Gang zu bringen
- ☐ b. Eisbrecherfragen
- ☐ c. aktives Zuhören und akzeptierende Grundhaltung
- ☐ d. Monologe
- ☐ e. Reden lassen
- ☐ f. Leading

28. Ziel des Kritikgespräches ist es …
- ☐ a. einen Mangel, Fehler, Fehlverhalten dem anderen vor Augen zu führen.
- ☐ b. Abhilfe zu schaffen.
- ☐ c. den Schuldigen zu verurteilen.
- ☐ d. die Personalbeurteilung festzulegen.
- ☐ e. Vorbeugemaßnahmen zu ergreifen.

29. Ein Kritikgespräch kann fruchtbar verlaufen, indem z. B.:
- ☐ a. Das Gespräch terminisiert wird.
- ☐ b. Das Gespräch spontan durchgeführt wird.
- ☐ c. Inhalt und Verlauf des Gesprächs geplant werden.
- ☐ d. Die eigene Spontaneität kontrolliert wird.
- ☐ e. Ein Mitarbeiter immer vor den anderen gelobt und kritisiert wird.
- ☐ f. Ein Mitarbeiter nie vor anderen kritisiert wird.
- ☐ g. Die Kritik umschrieben wird.
- ☐ h. Die Kritik klar und eindeutig formuliert wird.
- ☐ i. Auf jedes offensive Kritikelement ein positiv-motivierendes folgt.

30. Eine Projektgruppe ist eine spezielle Arbeitsgruppe, die sich besonders verhält.
- ☐ a. Sie ist immer in Bewegung.
- ☐ b. Die entscheidenden Weichenstellungen erfolgen in den ersten Minuten.
- ☐ c. Die optimale Gruppengröße ist 5 bis 7 Personen.
- ☐ d. Gruppen wollen Ziele erreichen oder eine Hackordnung aufstellen.
- ☐ e. Mitglieder schließen sich oft zu Untergruppen zusammen.
- ☐ f. Mitglieder übernehmen über längere Zeit Rollen.
- ☐ g. Die Führung der Gruppe entscheidet über ihr Verhalten.

31. Bei der Konfliktbearbeitung hilft/helfen …
- ☐ a. die Rhetorik.
- ☐ b. ein Schiedsgericht.
- ☐ c. die Kenntnis von Grundlagen der Konflikttheorie.
- ☐ d. die Kenntnis geeigneter Kommunikationsmethoden.
- ☐ e. Erfahrung.
- ☐ f. schnelle Entscheidungen.
- ☐ g. entschlossenes, prozessbegleitendes Vorgehen.

32. Kurt Lewin teilt die Konflikte in …
- ☐ a. alte und neue Konflikte ein.
- ☐ b. intrapersonelle und interpersonelle Konflikte ein.
- ☐ c. personelle und sachliche Konflikte ein.
- ☐ d. heiße und kalte Konflikte ein.

33. Die Konfliktspirale zeigt, …
- ☐ a. wie ein Konflikt entsteht.
- ☐ b. wie man sich in einer Konfliktsituation verhält.
- ☐ c. wie ein Konflikt eskalieren kann.

34. Zur Konfliktanalyse gehört die …
- ☐ a. Selbstanalyse.
- ☐ b. Fremdanalyse.
- ☐ c. Abfragemethode.
- ☐ d. St. Gallen-Methode.
- ☐ e. Harvard-Methode.

35. Die Konfliktbearbeitung umfasst die Stufen
- ☐ a. Emotionen unter Kontrolle bringen,
- ☐ b. Entspannungstechniken anwenden,
- ☐ c. geschlossene Fragen stellen,
- ☐ d. Vertrauen herstellen,
- ☐ e. offen kommunizieren,
- ☐ f. Probleme lösen,
- ☐ g. Vereinbarungen treffen,
- ☐ h. Möglichkeiten erörtern,
- ☐ i. den Konflikt persönlich verarbeiten.

36. Moderatoren sind unter anderem …
- ☐ a. Prozessbegleiter der Gruppe.
- ☐ b. Projektleiter.
- ☐ c. verantwortlich für Visualisierung und Zusammenfassung.
- ☐ d. verantwortlich für das Protokoll.
- ☐ e. die Leitung der Diskussionen.
- ☐ f. wichtige Lieferanten von Diskussionspunkten.

37. Zu den Moderationsmedien zählen …
- ☐ a. Pinnwände mit Ausstattung.
- ☐ b. Mikrofon.
- ☐ c. Zeigestab.
- ☐ d. Flipcharts mit Material.
- ☐ e. Tafel und Kreide.
- ☐ f. OH-Projektor mit Zubehör.
- ☐ g. Moderationskärtchen.
- ☐ h. Laptop.
- ☐ i. Moderationsstifte.

38. Die Hauptphase der Moderation beinhaltet …
- ☐ a. die Eröffnung.
- ☐ b. die Danksagung.
- ☐ c. die Themensammlung.
- ☐ d. das Brainstorming.
- ☐ e. die Bearbeitung des Problems.
- ☐ f. das Protokoll.
- ☐ g. die Präsentation der Lösungen für das Problem.
- ☐ h. den Abschluss.

39. Ziel einer Präsentation ist es, …
- ☐ a. das Publikum zu fesseln, faszinieren und gewinnen.
- ☐ b. Standig Ovations zu produzieren.
- ☐ c. einen Behalteeffekt zu haben.
- ☐ d. die Zuhörer zu langweilen.
- ☐ e. funktionell zu sein.
- ☐ f. das Umfeld zu gestalten.

40. Der Inhaltskern einer Präsentation sollte …
- ☐ a. einem roten Faden folgen.
- ☐ b. KISS sein.
- ☐ c. SWOT sein.
- ☐ d. maximal 20 Minuten betragen.
- ☐ e. maximal eine Stunde betragen.
- ☐ f. frei gesprochen werden.
- ☐ g. hinuntergelesen werden.

41. Das Umfeld der Präsentation …
- ☐ a. hat einen hohen Einfluss auf die Wirkungsweise.
- ☐ b. ist nebensächlich.
- ☐ c. hat genug Platz für alle Beteiligte vorgesehen.
- ☐ d. bietet genug Platz für das Publikum.
- ☐ e. sollte die besten Plätze für die Entscheider vorsehen.
- ☐ f. dem Corporate Design entsprechen.

42. Was sollte eine wissenschaftliche Arbeit beinhalten?
- ☐ a. Titelblatt
- ☐ b. Deckblatt
- ☐ c. Bilder der Projektteammitglieder
- ☐ d. Eigenständigkeitserklärung
- ☐ e. Vorwort
- ☐ f. Trennblätter
- ☐ g. Inhaltsverzeichnis
- ☐ h. Projekthandbuch
- ☐ i. Projektdokumentation
- ☐ j. Zusammenfassung
- ☐ k. Kopien aus dem Internet
- ☐ l. Abbildungsverzeichnis
- ☐ m. Tabellenverzeichnis
- ☐ n. Grafiken
- ☐ o. Literaturverzeichnis
- ☐ p. Anhang

Wie geht's weiter?

Im Anhang finden Sie ein Musterhandbuch „Übungsfirmenmesse" und einige Checklisten.

Anhang:

Musterhandbuch Übungsfirmenmesse

Checklisten

Sie finden hier auszugsweise ein Musterhandbuch für die Beteiligung an einer Übungsfirmenmesse am Schulstandort. Dieses enthält die Durchführbarkeitsanalyse, die Projektwürdigkeitsanalyse, die zeitliche Projektabgrenzung und -kontextanalyse, die sachliche Projektkontextanalyse, die soziale Projektabgrenzung und -kontextanalyse, den Maßnahmenplan zur Projektumweltanalyse, das Projektorganigramm, den Projektauftrag, den Betrachtungsobjekteplan, den Projektstrukturplan, den Meilensteinplan, den Balkenplan, das Funktionendiagramm, die Kommunikationsstruktur und den Ressourcen- und Kostenplan.

Weiters finden Sie einige Checklisten.

Musterhandbuch Übungsfirmenmesse 222
Durchführbarkeitsanalyse 222
Projektwürdigkeitsanalyse 223
Zeitliche Abgrenzung und Kontextanalyse 223
Sachliche Abgrenzung und Kontextanalyse 224
Soziale Abgrenzung und Kontextanalyse 224
Maßnahmenplan zur Projektumweltanalyse 225
Projektorganigramm 225
Projektauftrag 226
Betrachtungsobjekteplan 227
Projektstrukturplan 228
Meilensteinplan 228
Funktionendiagramm 229
Balkenplan 230
Kommunikationsformen 230
Ressourcen- und Kostenplan 231

Checklisten 232
Checkliste Projekthandbuch 232
Checkliste Präsentation 233
Beschreibung des Projektstartprozesses 234
Beschreibung des Projektkoordinationsprozesses 235
Beschreibung des Projektcontrollingprozesses 236

Anhang

Musterhandbuch Übungsfirmenmesse

Sie finden hier auszugsweise ein Musterhandbuch für die Beteiligung an einer Übungsfirmenmesse am Schulstandort.

Die Teilnahme an Übungsfirmenmessen bietet ein großes Lernpotenzial mit einem hohen Spaßfaktor. Dabei darf man allerdings nicht übersehen, dass hier viele und unterschiedliche Aufgaben mit vielen Mitarbeitern, zielorientiert, mit einem Risiko behaftet und für die ÜFA-Mitarbeiter neu zu bewältigen sind – daher – Management des Projektes ÜFA-Messe!

Durchführbarkeitsanalyse

Legende:
5 Punkte = sehr gut,
1 Punkt = sehr schlecht

Bereich	Frage	Ergebnis	Bewertung
Personalressourcen	Gibt es genügend Personen in und außerhalb der Schule, die an dem Projekt mitarbeiten können?	Die Anzahl der Schüler/Schülerinnen in der ÜFA gewährleistet einen normalen Übungsfirmenbetrieb während der Messevorbereitung sowie eine erfolgreiche Messepräsenz und Messenachbereitung.	JA 5 Punkte
Finanzielle Ressourcen	Können die erforderlichen Geldmittel aufgebracht werden?	EUR 350,00 pro Messestand zuzüglich Nebenkosten können durch das Schulbudget finanziert werden.	JA 5 Punkte
Zeitliche Ressourcen	Ist das geplante Projektende zeitlich realistisch erreichbar?	Erfahrungsgemäß reicht die vorgesehene Zeit für die Messevorbereitung aus.	JA 5 Punkte
Know-how	Gibt es in der Schule das notwendige Know-how, um das Projekt umzusetzen?	Die ÜFA-Leitung verfügt über das notwendige Know-how. Die ÜFA-Mitarbeiter/innen werden durch ÜFA-Leitung und Mitarbeiter/innen der Partnerfirma sowie durch andere Klassenlehrer/innen (Fremdsprachen) geschult.	Befriedigend 3 Punkte
Wirtschaftlichkeit	Rechtfertigt der Nutzen den zeitmäßigen und kostenmäßigen Aufwand?	Beteiligung an ÜFA-Messen wird von den Schüler/innen erfahrungsgemäß als sehr positiv eingeschätzt und steht daher in sinnvollem Verhältnis zu den Kosten.	JA 5 Punkte

Version: 1.0	Datum: 15. 11. 20..	Ersteller/in:	Seite 1 von 1

Projektwürdigkeitsanalyse

Merkmal	Hoch	Mittel	Niedrig	Begründung
Komplex	x			Die Messebeteiligung ist für alle Abteilungen bedeutsam. Dabei sind viele unterschiedliche Aktivitäten und Vorbereitungen zu koordinieren.
Neuartig		x		Die Übungsfirma hat sich bereits an Übungsfirmenmessen beteiligt. Für das jährlich wechselnde ÜFA-Mitarbeiterteam ist es aber ein vollkommen neues Projekt.
Zieldeterminiert	x			Kosten, Leistung, Termine stehen fest
Strategisch bedeutsam	x			Die Beteiligung an Übungsfirmenmessen entspricht den Intentionen des Schulleitbildes und des Übungsfirmenleitbildes und ist damit eine wesentliche Maßnahme zur Erreichung der festgesetzten Ziele in wirtschaftlicher und didaktischer Hinsicht.
Riskant		x		Negative Folgen können sich durch Imageverlust und Probleme hinsichtlich Aufsichtspflicht der Lehrer/innen ergeben.

Version: 1.0	Datum: 15. 11. 20..	Ersteller/in:	Seite 1 von 1

Zeitliche Abgrenzung und Kontextanalyse

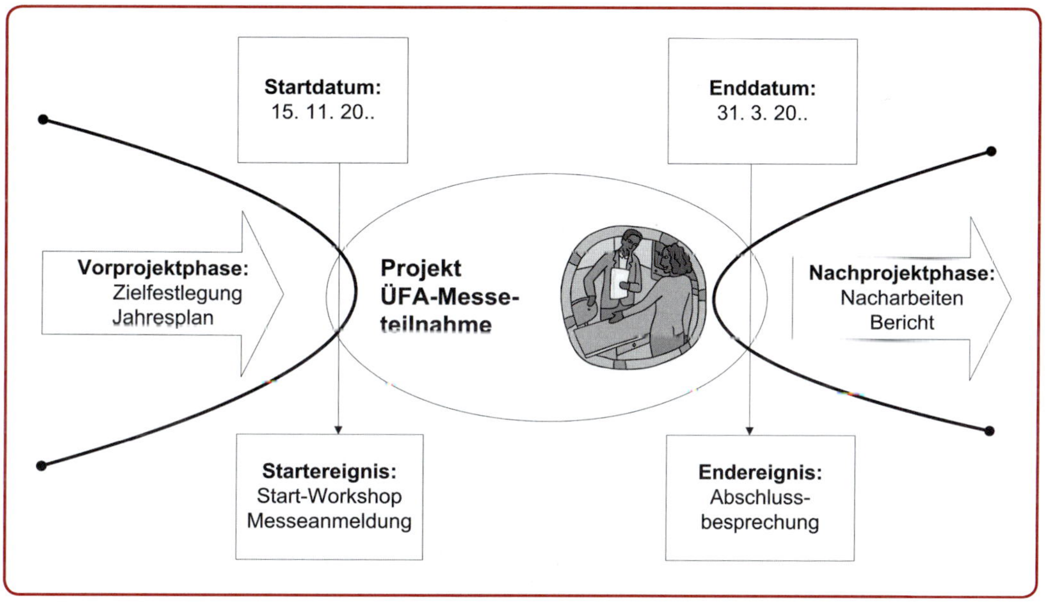

Sachliche Abgrenzung und Kontextanalyse

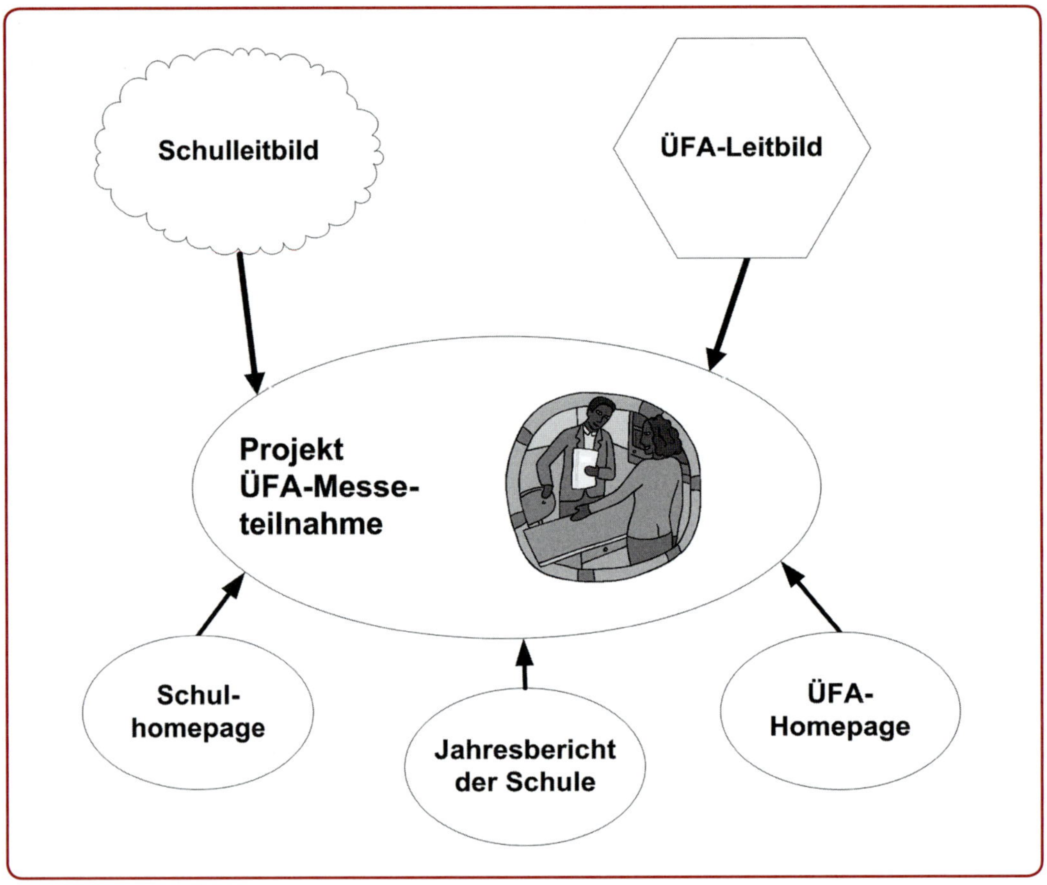

Soziale Abgrenzung und Kontextanalyse

Legende:
PAG = Projektauftraggeber/in
PL = Projektleiter/in
PKTM = Projektkernteammitglied
PMA = Projektmitarbeiter/in

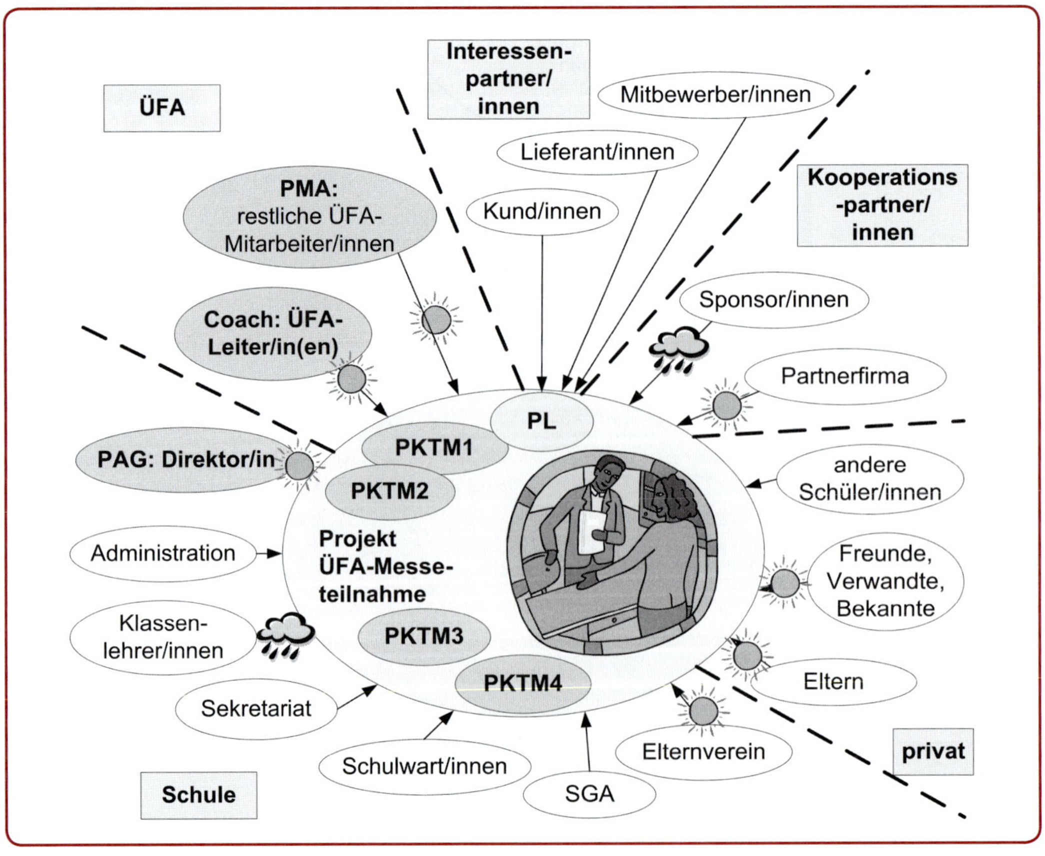

Maßnahmenplan zur Projektumweltanalyse

Umwelt	Probleme/ Positiva	Folge	Maßnahme	Wer	Bis wann
Direktor/in	Wissen über Schulaktivitäten	Genehmigung der Kosten, Unterstützung	Projektauftrag	PL	15. 11. 20..
Sponsor/ innen	Mangelndes Interesse an der Arbeit der Übungsfirma	Keine finanziellen Mittel für Giveaways	Bittbrief (Werbemittel, Unterstützung)	PTM1	Jänner, nachfassen im Februar
Klassenlehrer/ innen	Information über Abwesenheit der Klasse	Beschwerden	Genehmigung Lehrausgang, Information der Lehrer/ innen	PTM2	Spätestens ab Beginn des Sommersemesters vor Eintragung der Schularbeiten
Partnerfirma	Unterstützt Übungsfirma bei der Arbeit	Bereitstellung von Werbemitteln, Ausstellungsmaterial, Verkaufsschulung (v. a. Wissen über Ware bzw. Dienstleistung)	Bitte um Unterstützung (telefonisch, brieflich)	PTM3	Sofort nach Messeanmeldung
Elternverein, Eltern, Verwandte und Bekannte	Unterstützt Übungsfirma bei der Arbeit	Bereitstellung von Werbemitteln, Dekorationsmaterial etc. eventuell auch finanzielle Unterstützung (Reisekosten)	Bitte um Unterstützung (Brief)	PTM4	Sofort nach Messeanmeldung

Version: 1.0	Datum: 15. 11. 20..	Ersteller/in:	Seite 1 von 1

Projektorganigramm

Legende:
PAG = Projektauftraggeber/in
PL = Projektleiter/in
PKTM = Projektkernteammitglied
PSTM = Projektsubteammitglied
PMA = Projektmitarbeiter/in
PC = Projektcoach

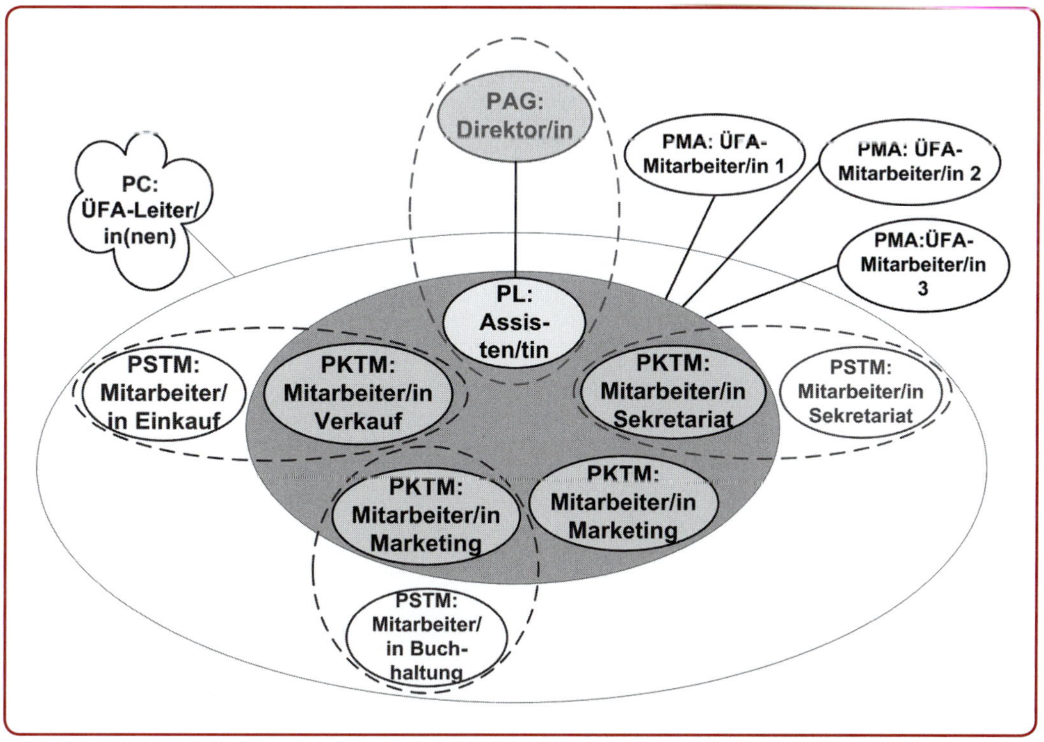

Anhang

Projektauftrag

<table>
<tr><th colspan="2">ÜFA-Messeteilnahme</th><th colspan="2">Projektauftrag</th></tr>
<tr><td colspan="2">Projektstartereignis: Start-Workshop und Abschicken der Messeanmeldung</td><td colspan="2">Projektstarttermin: 15. 11. 20..</td></tr>
<tr><td colspan="2">Projektendereignis: Abschlussbesprechung</td><td colspan="2">Projektendtermin: 31. 3. 20..</td></tr>
<tr><td colspan="2">Hauptziele:
a) Messeziele
● Kontaktziel: Jeder/Jede ÜFA-Mitarbeiter/in muss mindestens einen Kunden pro Viertelstunde kontakten.
● Kommunikationsziel: Alle Standbesucher/innen sollen sich an die ÜFA erinnern können.
● Informationsziel: Alle Standbesucher/innen sollen das Messeangebot (das neue Produkt) wahrnehmen.
● Umsatzziel: Es sollen mindestens 20 Bestellungen entgegengenommen werden.
b) Didaktische Ziele:
● Die Schüler/innen sollen sich am Messestand richtig verhalten (Business Behavior).
● Die Schüler/innen sollen richtig verkaufen, präsentieren und beraten (auch in der Fremdsprache …).</td><td colspan="2">Nicht-Projektziele:
● Irreale Verträge abschließen
● Für die Schule werben
● Für die Partnerfirma werben</td></tr>
<tr><td colspan="2">Zusatzziele:
● Die Schüler/innen sollen Spaß haben.
● Die Schüler/innen sollen die anderen Übungsfirmenmitarbeiter/innen persönlich kennenlernen.</td><td colspan="2"></td></tr>
<tr><td colspan="2">Hauptaufgaben:
● Mittel aufbringen
● Messe-Marketing betreiben
● Stand gestalten
● Schulen (Verkaufsgespräch, Business Behavior, Produkt- bzw. Dienstleistungswissen)
● Transportieren und Reisen
● An der Messe teilnehmen</td><td colspan="2">Ausgabewirksame Projektkosten:
● Standkosten: EUR 350,00
● Kopierkosten:
● Transport- bzw. Reisekosten:</td></tr>
<tr><td colspan="2">Projektauftraggeber/in:</td><td colspan="2">Projektleiter/in:</td></tr>
<tr><td colspan="2">Projektkernteam:
PKTM1:
PKTM2:
PKTM3:
PKTM4:</td><td colspan="2">Projektcoach:</td></tr>
<tr><td colspan="4">Wien, am 15. 11. 20.. ....
(Projektleiter/in) (Projektauftraggeber/in)</td></tr>
<tr><td>Version: 1.0</td><td>Datum: 15.11.20..</td><td>Ersteller:</td><td>Seite 1 von 1</td></tr>
</table>

Betrachtungsobjekteplan

Betrachtungsobjektart	Betrachtungsobjekt
1. Standgestaltung	1.1 Standskizze bzw. Standmodell
	1.2 Standeinrichtung: Sitzgelegenheiten, Tische, Vitrinen, Regale …
	1.3 Ausstellungstücke
	1.4 Dekoration und Beschilderung (Blendenbeschriftung, Plakate …)
	1.5 Computer (Laptop, Drucker …) mit Finanz- und Warenbuchhaltung sowie Präsentationsprogrammen
	1.6 Beleuchtung, Energieversorgung, Internetzugang
	1.7 Stauraum (Regal, verschließbares Kästchen, Bar)
	1.8 Ordnungs- und Ablagesystem: Ordner, Mappen, Prospektaufsteller
	1.9 Musik: Musikanlage, CDs, Lautsprecher
	1.10 Duft: Duftlampe, ätherische Öle
2. Standutensilien	2.1 Schreibgelegenheit (z. B. Unterlage mit Klemmvorrichtung)
	2.2 Schreibmaterial: Bleistift, Kugelschreiber, Edding-Stifte, Radiergummi, Papier, Kohlepapier (Blaupapier), Briefpapier und Kuverts
	2.3 Bewirtung (Getränke, Speisen, Geschirr, Servierutensilien)
	2.4 Diverses Büromaterial: Locher, Scheren, Heftklammermaschine, Büroklammer, Klebeband, Klebestift, Kleber, Lineal, Stempel, Stempelkissen, Taschenrechner
	2.5 Abdeckungen
	2.6 Mistkübel
	2.7 Diverses (Tragetaschen, Werkzeug, Verlängerungskabel, Erste-Hilfe-Kasten, Nähzeug, Putzmittel)
3. Marketing- und Verkaufsunterlagen	3.1 Geschäftsunterlagen: Bestellformulare, Rechnungen (Inland, EU, Drittland, Unternehmer, Konsument), Lieferscheine, Barverkaufsrechnung, Bestellscheine, Firmenstempel, Stempelkissen, Geschäftsbedingungen
	3.2 Messeutensilien: Messenotiz, Visitenkarten, Namensschilder, Schilder mit Sprachbezeichnung
	3.3 Kataloge in Deutsch und Fremdsprache(n) (bei SW-Kopien eventuell Farbvorlagen mitnehmen)
	3.4 Finanz- und Lagerbuchhaltung: Lagerbestandsliste, Kunden- und Lieferantenliste
	3.5 Werbematerialien (Flugblätter, Aufkleber, Werbegeschenke, Gutscheine …)
	3.6 Unterlagen Gewinnspiel und Preise, Rätsel
	3.7 Materialien für Incentives und Vorführungen (z. B. Tanz)
	3.8 Musterformulare und Beschreibungen (z. B. für Rechnungen, Bestellungen, Fakturierung am PC …)
4. Transportmittel	4.1 Standeinrichtung und -materialien
	4.2 Stand- und Begleitpersonal
5. Schulungen	5.1 Seminar Business Behavior
	5.2 Seminar Produktwissen
	5.3 Seminar Verkaufstraining
6. Sponsoring	6.1 Bittbriefe
	6.2 Informationen
7. Personal	7.1 Einteilung Standmannschaft
	7.2 Verpflegung der Standmannschaft
8. Dokumentation	8.1 Messebericht
	8.2 Fotos

Version: 1.0	Datum: 15. 11. 20..	Ersteller/in:	Seite 1 von 1

Projektstrukturplan

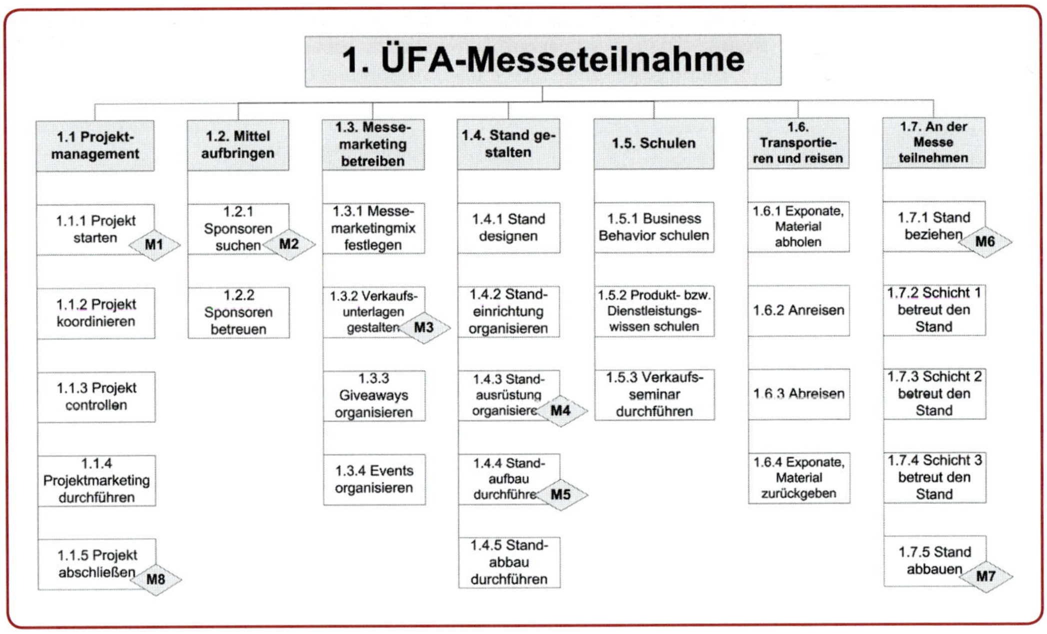

Meilensteinplan

Nr. PSP	Code	Meilensteinbezeichnung	Basis-Plan	Aktualisierter Termin	Ist-Termin
1.1	M1	Projekthandbuch fertig			
2.1	M2	Liste der Sponsoren mit Beitrag erstellt			
3.2	M3	Verkaufsunterlagen fertiggestellt			
4.3	M4	Standausrüstung zusammengestellt			
4.4	M5	Stand fertig aufgebaut			
7.1	M6	Stand bezogen			
7.5	M7	Endkontrolle leerer, sauberer Stand durchgeführt			
7.6	M8	Abschlussbesprechung inklusive Projektevaluation und KVP durchgeführt			

Version: 1.0	Datum: 15. 11. 20..	Ersteller/in:	Seite 1 von 1

Legende:
D = durchführen
PAG = Projektauftraggeber/in
AP = Arbeitspaket
M = mitarbeiten
PL = Projektleiter/in
I = wird informiert
KTM = Projektkernteammitglied

Funktionendiagramm

AP-Nr.	AP-Bezeichnung	PAG	Coach	PL	PKTM1	PKTM2	PKTM3	PKTM4
1.1	**Projektmanagement**							
1.1.1	Projekt starten (planen)			D	M	M		
1.1.2	Projekt koordinieren			D	M	M		
1.1.3	Projekt controllen			D	M	M		
1.1.4	Projektmarketing durchführen			D	M	M		
1.1.5	Projekt abschließen			D	M	M		
1.2	**Mittel aufbringen**							
1.2.1	Sponsoren suchen							
1.2.2	Sponsoren betreuen							
1.3	**Messemarketing betreiben**							
1.3.1	Messemarketingmix festlegen							
1.3.2	Verkaufsunterlagen gestalten							
1.3.3	Giveaways organisieren							
1.3.4	Events organisieren							
1.4	**Stand gestalten**							
1.4.1	Stand designen							
1.4.2	Standeinrichtung organisieren							
1.4.3	Standausrüstung organisieren							
1.4.4	Standaufbau durchführen							
1.4.5	Standabbau durchführen							
1.5	**Schulen**							
1.5.1	Business Behavior schulen							
1.5.2	Produkt- bzw. Dienstleistungswissen schulen							
1.5.3	Verkaufsseminar durchführen							
1.6	**Transportieren und reisen**							
1.6.1	Exponate, Material abholen							
1.6.2	Anreisen							
1.6.3	Abreisen							
1.6.4	Exponate, Material zurückgeben							
1.7	**An der Messe teilnehmen**							
1.7.1	Stand beziehen							
1.7.2	Schicht 1 betreut den Stand							
1.7.3	Schicht 2 betreut den Stand							
1.7.4	Schicht 3 betreut den Stand							
1.7.5	Stand abbauen							

Version: 1.0	Datum: 15. 11. 20..	Ersteller/in:	Seite 1 von 1

Anhang

Balkenplan

ID	Aufgabenname	Anfang	Ende	Dauer
1	1.1.1 Projekt starten	15.11.20..	15.11.20..	1t
2	1.1.2 Projekt koordinieren	15.11.20..	31.03.20..	19w 4t
3	1.1.3 Projekt controllen	15.11.20..	31.03.20..	19w 4t
4	1.1.4 Projektmarketing betreiben	15.11.20..	31.03.20..	19w 4t
5	1.1.5 Projekt abschließen	31.03.20..	31.03.20..	1t
6	1.2.1 Sponsoren suchen	01.12.20..	21.12.20..	3w
7	1.2.2 Sponsoren betreuen	08.01.20..	31.03.20..	12w
8	1.3.1 Messemarketingmix festlegen	03.12.20..	15.12.20..	2w
9	1.3.2 Verkaufsunterlagen gestalten	17.12.20..	29.12.20..	2w
10	1.3.3 Giveaways organisieren	08.01.20..	03.03.20..	8w
11	1.3.4 Events organisieren	15.12.20..	01.02.20..	7w
12	1.4.1 Stand designen	08.01.20..	20.01.20..	2w
13	1.4.2 Standeinrichtung organisieren	22.01.20..	07.02.20..	2w 3t
14	1.4.3 Standausrüstung organisieren	01.03.20..	14.03.20..	2w
15	1.4.4 Standaufbau durchführen	31.03.20..	31.03.20..	1t
16	1.4.5 Standabbau durchführen	31.03.20..	31.03.20..	1t
17	1.5.1 Business Behavior schulen	15.01.20..	15.01.20..	1t
18	1.5.2 Produktwissen schulen	22.01.20..	22.01.20..	1t
19	1.5.3 Verkaufstraining durchführen	08.02.20..	08.02.20..	1t
20	1.6.1 Exponate, Material abholen	19.03.20..	19.03.20..	1t
21	1.6.2 Anreisen	31.03.20..	31.03.20..	1t
22	1.6.3 Abreisen	31.03.20..	31.03.20..	1t
23	1.6.4 Exponate zurückgeben	31.03.20..	31.03.20..	1t
24	1.7.1 Stand beziehen	31.03.20..	31.03.20..	1t
25	1.7.2–1.7.4 Schicht 1–3 betreut den Stand	31.03.20..	31.03.20..	1t
26	1.7.5 Stand abbauen	31.03.20..	31.03.20..	1t

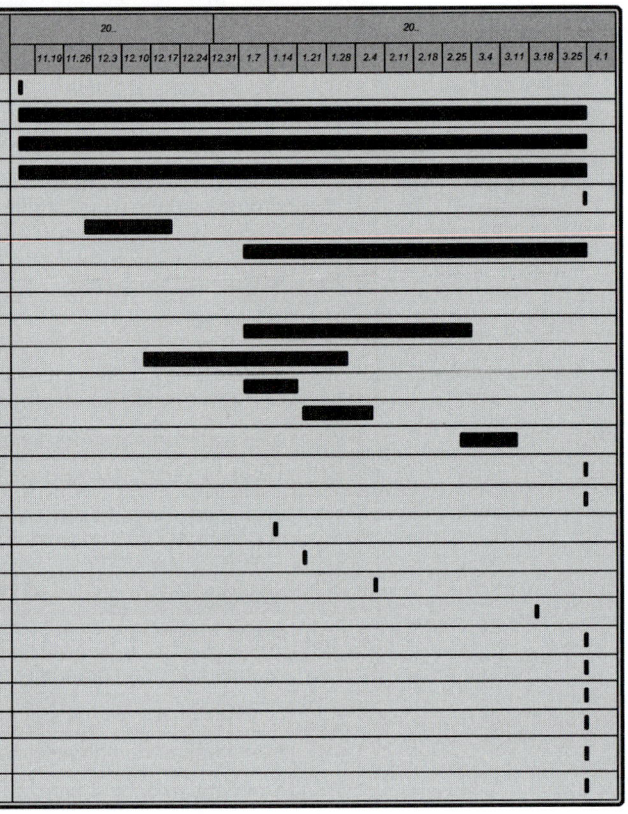

Kommunikationsformen

Bezeichnung	Inhalt	Teilnehmer/innen	Häufigkeit/Dauer
E-Mail	Kurzfristige Abstimmung von Details	PL und PTM	Laufend
Projektteamsitzungen	Controlling	PL und PTM	Zu Beginn eines jeden Übungsfirmentages
Krisenmeeting	Projekt ist gefährdet	PL, PB und PTM	Im Anlassfall nach vorheriger Terminvereinbarung
Besprechung mit externen Beratern/Beraterinnen	Inhaltliche Klärung offener Fragen	PL, PTM und Berater/innen	Im Anlassfall nach vorheriger Terminvereinbarung
Version: 1.0	Datum: 15. 11. 20..	Ersteller/in:	Seite 1 von 1

Ressourcen- und Kostenplan

AP-Nr.	AP-Bezeichnung	Ressourcenbedarf			Kosten in €	
		Benötigte Ressourcen	Einheit	Menge	Preis je Einheit	Gesamt-kosten
1.1	**Projektmanagement**					
1.1.1	Projekt starten (planen)					
1.1.2	Projekt koordinieren					
1.1.3	Projekt controllen					
1.1.4	Projektmarketing durchführen					
1.1.5	Projekt abschließen					
1.2	**Mittel aufbringen**					
1.2.1	Sponsoren suchen					
1.2.2	Sponsoren betreuen					
1.3	**Messemarketing betreiben**					
1.3.1	Messemarketingmix festlegen					
1.3.2	Verkaufsunterlagen gestalten					
1.3.3	Giveaways organisieren					
1.3.4	Events organisieren					
1.4	**Stand gestalten**					
1.4.1	Stand designen					
1.4.2	Standeinrichtung organisieren					
1.4.3	Standausrüstung organisieren					
1.4.4	Standaufbau durchführen					
1.4.5	Standabbau durchführen					
1.5	**Schulen**					
1.5.1	Business Behavior schulen					
1.5.2	Produkt- bzw. Dienstleistungs-wissen schulen					
1.5.3	Verkaufsseminar durchführen					
1.6	**Transportieren und reisen**					
1.6.1	Exponate, Material abholen					
1.6.2	Anreisen					
1.6.3	Abreisen					
1.6.4	Exponate, Material zurückgeben					
1.7	**An der Messe teilnehmen**					
1.7.1	Stand beziehen					
1.7.2	Schicht 1 betreut den Stand					
1.7.3	Schicht 2 betreut den Stand					
1.7.4	Schicht 3 betreut den Stand					
1.7.5	Stand abbauen					

Version: 1.0	Datum: 15. 11. 20..	Ersteller/in:	Seite 1 von 1

Checklisten

Checkliste Projekthandbuch

Checkliste Projekthandbuch							
Kurzname des Projektes:							Namen:
Beurteilungskriterien	M[1]	K[2]	B[3]	A[4]	E[5]	N[6]	**Bemerkung**
Deckblatt	X		X				
Inhaltsverzeichnis	X		X				
Änderungsverzeichnis	X		X	X			
Ansprechpartner/innen	X		X				
Durchführbarkeitsanalyse	X		X				
Projektwürdigkeitsanalyse	X		X				
Projektzieleplan	X		X	X			
Sachliche Abgrenzung und Kontext-analyse	X		X				
Zeitliche Abgrenzung und Kontextanalyse	X		X				
Projektorganigramm	X		X				
Soziale Abgrenzung und Kontextanalyse	X		X				
Maßnahmenplan zur Umweltanalyse	X		X				
Business-Case-Analyse		X	X				
Projektauftrag	X		X				
Betrachtungsobjekteplan	X		X				
Projektstrukturplan	X		X				
Meilensteinplan (MS-Projekt-Ausdruck Meilensteine)	X		X	X	X		
Balkenplan (MS-Projekt-Ausdruck Balken-diagramm Gantt)	X		X	X	X		
Arbeitspaketspezifikationen	X		X				
Funktionendiagramm (MS-Projekt-Aus-druck Wer-macht-was)	X		X	X	X		
Ressourcen- und Kostenplan (MS-Projekt-Ausdruck Kostenrahmen)	X				X		
Finanzmittelplan		X	X	X			
Projektrisikoanalyse		X	X	X			
Spielregeln	X						
Kommunikationsstruktur	X						
Besprechungsprotokoll	X			X			
Tätigkeitsbericht	X			X			
Formatierungsrichtlinien	X						
Feedback	X				X		
To-do-Liste		X		X			
Projektänderungsformular	X			X			
Abnahme Arbeitspakete		X		X			
Projektfortschrittsbericht	X			X			
Projekteskalationsantrag	X			X			
Projektabschlussbericht (mit aktualisierten MS-Projekt-Ausdrucken und Ausdruck Projektübersicht)	X				X		
Gesamteindruck:							

1 M = muss im Projekthandbuch enthalten sein
2 K = kann im Projekthandbuch enthalten sein
3 B = Basisplan = wird bei der ersten Planung erstellt
4 A = adaptierte … (Planung wird laufend an die tatsächlichen Gegebenheiten angepasst)
5 E = Evaluation (ist im Rahmen des Projektabschlusses Bestandteil der Evaluation)
6 N = Note

Checkliste Präsentation

Checkliste Präsentation								Datum:
Name:		Thema:						
Kriterium	☺	+		≅		–	☹	Bemerkung
Verhalten								
Aussprache	deutlich						undeutlich	
Sprechtempo	angepasst						zu schnell, zu langsam	
Lautstärke	angepasst						zu leise, zu laut	
Pausen	genau richtig						zu viele, zu wenig	
Betonung	melodisch, hebt und senkt						monoton	
Mimik	locker, freundlich						starr, verkrampft	
Gestik	unterstützend						zu viel, zu wenig	
Haltung	locker, geht herum						verkrampft	
Blickkontakt	M oder W						fehlt, auf eine Person konzentriert	
Vortragsweise	frei gesprochen						vorgelesen	
Wortwahl	gewählt, verständlich						nicht verständlich	
Satzbau	gut, flüssig formuliert						nicht korrekt	
Aufbau								
Einstieg	motivierend						langweilig	
	führt zu den Hauptfragen						Hauptfragen bleiben unklar	
	vorhanden						nicht vorhanden	
Beispiele	genügend						zu wenig, gar keine	
	leicht verständlich						verwirrend	
Schluss	vorhanden						nicht vorhanden	
	enthielt die wichtigsten Aspekte						unvollständig	
Aufbau	gut gegliedert						verwirrend, kein „roter Faden"	
Inhalt								
	aktuell						veraltet	
	interessant aufbereitet						schlafanregend	
	relevant						nicht zum Thema passend	
	praxisbezogen						theoretisch	
Folien (Medien)								
Einsatz	angepasst						keiner	
Gestaltung	gute und einheitliche Visualisierung						lieblos	
	selbsterklärend						erklärungsbedürftig, unklar	
Lesbarkeit	gut lesbar						in den letzten Reihen nicht mehr lesbar	
Zeitvorgaben	eingehalten						nicht eingehalten	
Termin-einhaltung	eingehalten						nicht eingehalten	
Sonstiges								
Gesamt-eindruck:								

Beschreibung des Projektstartprozesses

Zuständigkeit / Vorgänge	Projektauftraggeberteam	Projektmanager	Projektteam	Projektteammitglieder	PM-Consultant	Expertenpool-Manager	Externe	Ergebnisse/Dokumente
Planung Projektstart								
• Check: interner Projektauftrag und Ergebnisse der Vorprojektphase		D						
• Auswahl der Startkommunikationsform		D						
• Auswahl der Projektteammitglieder (und eines PM-Consultant)		M				D		
• Auswahl einzusetzender PM-Methoden und PM-Dokumentationsform		D						
• Abstimmung mit Projektauftraggeberteam	M	D						1)
Vorbereitung Projektstartkommunikation								
• Beschaffung Projektcoach (eventuell)		D			(M)			
• Vorbereitung Startkommunikation I, II …		D			(M)			
• Einladung Teilnehmer		D				M		2)
• Dokumentation der Ergebnisse der Vorprojektphase		D		M	(M)		M	
• Erstansätze für Projektplanung, -organisation, -marketing		D		M	(M)		M	
• Erstellung Info-Material für Startkommunikation		D		M	(M)		M	3)
Durchführung Projektstartkommunikation								
• Verteilung Info-Material an Teilnehmer		D						
• Durchführung Startkommunikation I	M		D		(M)		M	
• Erstansatz PM-Dokumentation „Projektstart"		D			(M)			
• Durchführung Startkommunikation II …	M		D		(M)		M	
Nachbereitung Projektstartkommunikation								
• Fertigstellung PM-Dokumentation „Projektstart"		D			(M)			
• Abstimmung mit Projektauftraggeberteam	M	D						4)
• Projektmarketing: Erstinfo	M			D	(M)		M	
• Verteilung PM-Dokumentation „Projektstart"		D				I		
• Abgabe PM-Dokumentation „Projektstart"	M			D			M	
Erste inhaltliche Arbeiten (parallel)				D			D	

Legende:
D = Durchführung
M = Mitarbeit
I = Information
K = Koordination

Ergebnisse/Dokumente:
1) Liste einzusetzender Projekt-Management-Methoden
2) Einladung an Teilnehmer zu Projektstart-Workshop
3) Info-Material für Projektstart-Workshop
4) Projektmanagement-Dokumentation „Projektstart"

Beschreibung des Projektkoordinationsprozesses

Zuständigkeit / Vorgänge	Projektauftraggeberteam	Projektmanager	Projektteammitglieder	Subteam	Expertenpool-Manager	Vertreter relevanter Projektumwelten	Ergebnisse/Dokumente
● Kommunikation mit Projektauftraggeberteam	M	D	M				1)
● Kommunikation mit Projektteammitgliedern und Projektmitarbeitern					I		2)
● Kommunikation mit Vertretern relevanter Umwelten	M	D	M			M	1)
● Laufendes Projektmarketing	M	D	M				
● Teilnehmer an Subteamsitzungen		M		D			3)

Legende:
D = Durchführung
M = Mitarbeit
I = Information
K = Koordination

Ergebnisse/Dokumente:
1) To-do-Listen
2) Abnahmeprotokolle
3) Sitzungsprotokolle

Beschreibung des Projektcontrollingprozesses

Vorgänge / Zuständigkeit	Projektauftraggeberteam	Projektmanager	Projektteammitglied	Projektteam	Expertenpool-Manager	Externe	Ergebnisse/Dokumente
Planung Projektcontrolling							
• Adaptierung festgelegter Projektcontrollingstrukturen		D					
• Abstimmung Projektcontrollingstrukturen	M	D					1)
Vorbereitung Projektstartkommunikation							
• Ist-Datenerfassung und Soll-Ist-Vergleich		D	M				
• Abweichungsanalysen, Planung steuernde Maßnahmen		D	M		M		
• Erstansatz: Adaptierte Projektpläne und Projektcontrollingberichte		D	M				
• Vorbereitung Projektcontrollingkommunikation		D					2)
Durchführung Projektcontrollingkommunikation							
• Verteilung Info-Material an Teilnehmer	I	D		I	I	I	
• Durchführung Projektcontrollingkommunikation I	M	K		D		M	
• Durchführung Projektcontrollingkommunikation II …	M	K		D		M	
Nachbereitung Projektcontrollingkommunikation							
• Fertigstellung adaptierter PM-Dokumentation, Projektcontrollingberichte		D					3),4)
• Veranlassung: Eintragung in Projektportfolio-Datenbank		D					
• Projektmarketing	M	K	D			M	
• Verteilung Projektcontrollingberichte, Project Score Card	I	D	I		I	I	
Inhaltliche Arbeiten (parallel)			D			D	

Legende:
D = Durchführung
M = Mitarbeit
I = Information
K = Koordination

Ergebnisse/Dokumente:
1) Adaptierte Projektcontrollingstrukturen
2) Einladung an Teilnehmer zu Projektteamsitzung
3) Adaptierte Projektmanagement-Dokumentationen
4) Projektcontrollingberichte

Stichwortverzeichnis

ABC-Analyse 163
Ablauforganisation 134
Ad-hoc-Gruppe 181
aktive Rollen 182
aktives Zuhören 172
akzeptierende Haltung 172
ALPEN-Methode 163
Arbeitspaketbeschreibungen 71
Arbeitspaketspezifikation 71
Aufbauorganisation 134
Auftraggeber 112
Auftragnehmer 112
autokratischer Stil 182

Balkenplan 77
Basistechniken der Kommunikation 167
Beratungsgespräch 176
Besprechungsprotokoll 98
Betrachtungsobjekteplan (BOP) 65
Beurteilung 127
Bewusstseinszustände 174
Bisoziation 159
Blickkontakt 168
Brainstorming 152
Brainwriting 154
Business Case 60

Change Management 109
Change Request 111
Claims 110
Collective Notebook 155

demokratischer Führungsstil 182
Denkstühle 158
Diskontinuität 116
Divisionalorganisation 134
Dreidimensionales Sprachgitter 170
Durchführbarkeitsanalyse 31

Earned-Value-Analyse 115
Eigen-Claims 112
Eigenständigkeitserklärung 212
Eisenhower-Regel 163
Endereignis 50
Ergebnisdokumentation 213
Eskalationsantrag 117
Eskalationsstufen 189

Feedback 99, 173
Finanzmittelplanung 88
formale Gestaltung 213
Formatierungsrichtlinien 96
Fortschrittsgrad 114
fremde Claims 111
Führungsstile 182
Funktionendiagramm 79

Gestik 169
Gruppen 181

Hauptziele 46

Ich-Botschaften 173
Ideenentwicklung 30
interpersoneller Konflikt 188
intrapersoneller Konflikt 188
Ishikawa-Diagramm 116

Kärtchenabfrage 157, 199
kollegialer Führungsstil 182
Kollektives Notizbuch 155
Kommunikationsstruktur 97
Konfliktanalyse 192
Konfliktbearbeitung 191
Konfliktdenken 187
Konflikteskalation 189
Konfliktspirale 189
Konfliktstile 188
kontrollierter Dialog 172
Körperhaltung 169
Kreativität 149
Kreativitätsblockaden 150
Kreativitätstechniken 149
Kritikgespräch 177
Kunden 11

Laissez-faire-Stil 182
Linienorganisation 134
Liste der Ansprechpartner 98
Literaturverzeichnis 214

Maßnahmenplan 199
Matrixorganisaton 135
Matrix-Projektorganisation 136
Maturity-Modell 137
Medientechnik 203
Meilensteine 70
Meilensteinplan 76
Meilenstein-Trendanalyse 114
mentale Provokation 160
Metaplantechnik 157
Methode 6-3-5 154
Mimik 168
Mindmapping-Methode 156
Moderationsaufbau 198
Moderationsmedien 198
Moderationsmethode 157, 197
Moderator 197
Morphologische Matrix 158

Nachprojektphase 50, 128
neutrale Zone 169
Nicht-Ziele 45
NIE-Technik 160
N-N-Kontakt 169

Objektstrukturplan (OSP) 65
Organisation 134
Organisationsmittel der Kommunikation 98
Osborn-Checkliste 160

Pareto-Prinzip 163
passive Rollen 182

PDCA-Zyklus 12
Peer Groups 181
permanente (laufende) Organisation 134
PM-Büro 137
Programm 138
Programmmanagement 138
Programmmanagement-Prozess 139
Programmorganisation 139
Project Score Card 114
Projekt 3
Projektabgrenzung 43
Projektabnahme 126
Projektabschluss 126
Projektabschlussbericht 128
Projektänderungsformular 111
Projektantrag 34
Projektarbeit 5
Projektarten 5
Projektaudits 137
Projektauftrag 34, 62
Projektauftraggeber (PAG) 21
Projektcoach (PC) 21
Projektcoaching 137
Projektconsulting 137
Projektcontrolling 112
Projektdokumentation 129
Projektdurchführung 108
Projektendtermin 50
Projekte-Netzwerke 137
Projekterfolgsmatrix 127
Projektevaluierung 127
Projektfinanzpläne 88
Projektfortschrittsbericht 115
Projektkette 137
Projektkontextanalyse 44
Projektkoordination 108
Projektkostenpläne 86
Projektkrise 116
Projektkultur 94
Projektleiter (PL) 21
Projektmanagement 4
Projektmanagementprozess 17
Projektmanager (PM) 6, 21
Projektmarketing 35, 117
Projektmitarbeiter (PMA) 21
Projektnetzwerk 137
Projektorganigramm 54
Projektorganisation 54
Projektorientierte Organisation 136
Projektportfolio 140
Projektportfoliobericht 140
Projektportfolio-Group 137
Projektreflexion 127
Projektressourcen 85
Projektressourcenplan 85
Projektrevision 113
Projektrisiken 91
Projektrisikoanalyse 91
Projektstarttermin 50
Projektstrukturplan (PSP) 67
Projektteammitglied (PTM) 21
Projektwürdigkeitsanalyse 32
Prozess 12
Prozessdokumentation 213
Prozessorentiertes Projektmarketing 118
Prozessqualität 114
Punktwert- oder Scoringmethode 31

Qualität 11
Qualitätskontrolle (QK) 14
Qualitätslenkung 13
Qualitätsmanagement 14
Qualitätspolitik 13
Qualitätssicherung 13
Quellenangabe 214

Read it back 180
reine Projektorganisation 136
Reizwortanalyse 160
Ressourcen-/Kostenplan 87
rhetorisches Instrumentarium 168
Rollen im Projekt 21

sachliche Abgrenzung 45
sachliche Kontextanalyse 48
sachliche Projektabgrenzung 43
soziale Abgrenzung 53
soziale Projektabgrenzung 43
soziale Projektkontextanalyse 55
Spielregeln 95
Stablinienorganisation 135
Startereignis 50
Stimmrelief 170
Stufen der Konfliktbearbeitung 192
Synektik 159
Szenariotechnik 116

Tätigkeitsbericht 99
Teams 134
temporäre Organisation 134
Terminplanung 76
Themensammlung 199
Themenspeicher 199
Titelblatt 212
To-do-Listen 108
Transaktion 174
Transaktionsanalyse 174

Umfeld 205
Umweltanalyse 55
Ursache-Wirkungsdiagramm 116

Veränderungsprozess 110
Visualisierung 203
Vorprojektphase 50

Wellenmodell der Kritik 178

Zeitfresser 162
zeitliche Kontextanalyse 50
zeitliche Projektabgrenzung 43
Zeitmanagement 162
Ziele 45
Zitate 214
Zusatzziele 46

Literaturverzeichnis

Backerra/Malorny/Schwarz: Kreativitätstechniken, Pocket Power, 2. Auflage, München 2002, ISBN 3-446-21869-6

Berger/Schubert: Projektmanagement – Mit System zum Erfolg, 1. Auflage Manz Verlag Wien 2002, ISBN 3-7068-1105-7

BMUK, Abteilung II/3: Handreichung für die Erstellung der Projektarbeit an Handelsakademien, 1. Fassung, April 1998

Gareis, Roland: Happy Projects. 1. Auflage Manz Verlag, Wien 2003, ISBN 3-7272-2705-2

Glasl, Friedrich: Konfliktmanagement. 7. Auflage Verlag Freies Geistesleben, 2004, ISBN 3-7725-0954-1

Herzlieb, Heinz-Jürgen: Konflikte lösen. Cornelsen Verlag, 2004, ISBN 3-5892-1924-6

Hierhold, Emil: Sicher präsentieren – wirksamer vortragen. 1. Auflage Redline Wirtschaftsverlag, Frankfurt/Wien 2006, ISBN 3-6360-1406-4

Kellner, Hedwig: Projektmeetings professionell und effizient. 1. Auflage Hanser Verlag, München/Wien 2003, ISBN 3-446-22250-2

Olfert, Klaus: Organisation. 14. Auflage Kiehl Verlag, 2006, ISBN: 13470513740

Patzak/Rattay: Projektmanagement, 4. Auflage Linde Verlag, Wien 2004, ISBN 3-7143-0003-1

Peschanel, Frank D.: Phänomen Konflikt. Die Kunst erfolgreicher Lösungsstrategien. Junfermann 1993, ISBN 3-8738-7123-8

pma – PROJEKTMANAGEMENT AUSTRIA: pm baseline. V2.4 Deutsch, www.p-m-a.at

Probst/Haunerdinger: Projektmanagement leicht gemacht. 2. Auflage Redline-Wirtschaft bei Ueberreuter, Frankfurt/Wien 2003, ISBN 3-8323-0820-2

Radtke/Stocker/Bellabarba: Kommunikationstechniken, Pocket Power, 2. Auflage, München 2002, ISBN 3-446-21878-5

Schwarz, Gerhard: Konfliktmanagement. 5. Auflage Gabler Verlag, Gebundene Ausgabe – Dr. Th. Gabler Verlag 2003, ISBN 3-4095-9605-4

Seifert, Josef W.: Visualisieren. Präsentieren. Moderieren. 22., unveränderte Auflage Gabal Verlag, 2007, ISBN 3-9307-9900-6

Seiwert, Lothar: Das neue 1x1 des Zeitmanagement, 25. Auflage Gräfe und Unzer Verlag, München 2005, ISBN 3-7742-5670-5

Seiwert, Lothar: Mehr Zeit für das Wesentliche. 9. Auflage Redline-Wirtschaft bei Ueberreuter, Frankfurt/Wien 2003, ISBN 3-478 81314-X

Bildnachweis/Abbildungsnachweis

Seite 3: Autoren, MS Clipart
Seite 4: Gareis, Autoren
Seite 5: iStock, Böhler Uddeholm (kostenfrei), fotolia
Seite 8: Autoren
Seite 9: Autoren, MS Clipart
Seite 10: iStock
Seite 11: iStock
Seite 12: Autoren, MS Clipart
Seite 13: nach Patzak/Rattay
Seite 14: Autoren
Seite 17: Autoren, MS Clipart
Seite 18: Autoren, MS Clipart
Seite 19: Autoren, MS Clipart
Seite 20: Autoren, MS Clipart
Seite 21: nach Gareis
Seite 22: Autoren, MS Clipart
Seite 23: Autoren, MS Clipart
Seite 29: Autoren, MS Clipart
Seite 30: Autoren
Seite 36: iStock
Seite 37: fotolia
Seite 38: fotolia
Seite 41: Autoren, MS Clipart
Seite 43: Autoren, MS Clipart
Seite 44: fotolia, iStock
Seite 45: iStock
Seite 47: Autoren, MS Clipart
Seite 49: Autoren
Seite 50: Autoren
Seite 51: Autoren
Seite 52: Autoren, MS Clipart

Seite 53: iStock
Seite 54: Autoren
Seite 56: Autoren, MS Clipart
Seite 58: Autoren, MS Clipart
Seite 63: fotolia
Seite 66: Autoren
Seite 67: Autoren
Seite 68: nach Patzak/Rattay
Seite 69: Autoren
Seite 70: Autoren
Seite 71: Autoren
Seite 73: Autoren, fotolia, iStock
Seite 75: Autoren, fotolia
Seite 76: Autoren, fotolia
Seite 79: Autoren
Seite 84: fotolia
Seite 85: fotolia, iStock
Seite 88: fotolia, pma
Seite 90: fotolia
Seite 95: fotolia
Seite 96: MS Cliparts
Seite 97: fotolia
Seite 98: iStock
Seite 107: Autoren, MS Clipart
Seite 108: iStock
Seite 109: Garscha ua: EDV- und Office-Basics 2, Wien 2007
Seite 110: nach dem Modell des Instituts für Supervision und OE in Zürich
Seite 111: fotolia
Seite 113: Autoren, iStock
Seite 114: nach Patzak/Rattay
Seite 115: nach Gareis
Seite 116: pma: baseline
Seite 117: Autoren
Seite 119: Autoren
Seite 126: Autoren, MS Clipart
Seite 127: nach Patzak/Rattay
Seite 134: nach Olfert
Seite 135: nach Olfert
Seite 136: nach Gareis
Seite 137: nach Gareis
Seite 138: Gareis, pma
Seite 139: Gareis
Seite 140: pma
Seite 150: fotolia
Seite 151: Autoren, MS Cliparts
Seite 152: Autoren
Seite 153: Autoren
Seite 155: fotolia
Seite 156: Autoren
Seite 157: fotolia
Seite 159: Autoren, MS Cliparts
Seite 163: Autoren, MS Cliparts
Seite 167: iStock
Seite 168: Autoren AMS (kostenfrei), iStock
Seite 169: Autoren, Verlag
Seite 170: fotolia, Autoren
Seite 171: Autoren, iStock
Seite 172: iStock
Seite 173: iStock
Setie 174: iStock
Seite 176: iStock
Seite 177: iStock
Seite 180: fotolia, iStock
Seite 181: kostenfrei, iStock
Seite 182: iStock
Seite 189: Autoren, iStock
Seite 190: Glasl
Seite 192: MS Cliparts
Seite 193: MS Cliparts
Seite 202: Autoren
Seite 203: iStock
Seite 204: iStock, Katalog Schäfershop
Seite 205: iStock
Seite 207: Autoren
Seite 208: Autoren
Seite 209: iStock
Seite 223: Autoren, MS Clipart
Seite 224: Autoren, MS Clipart
Seite 225: Autoren
Seite 228: Autoren
Seite 230: Autoren